역사 古典 강의

이 도서의 국립중앙도서관 출판시도서목록(CIP)은 e-CIP 홈페이지 (http://www.nl.go.kr/ecip)와 국가자료공동목록시스템(http://www.nl.go.kr/kolisnet)에서 이용하실 수 있습니다. (CIP 제어번호: CIP2012002158)

강유원

역사 古典 강의

전진하는 세계

성찰하는 인간

라티오

차 례

이 책을 읽는 이들에게   /13

첫 시간   /17

Ⅰ 고대 지중해 세계와 폴리스 시대

제1강
/
29

진화를 멈춘 인류는 도구와 관념을 통해 세계와 상호작용하는 **문명 단계**로 들어선다. 이 단계의 중요한 사건인 '신석기 농업혁명' 이후 인류의 삶은 고통스러운 것이 된다. 역사는 이러한 **고난의 기록이자 그 기록에 대한 통찰**이다.

제2강
/
38

희랍 세계의 저 아래에는 **지중해**가 있다. 동 지중해, 즉 에게 해라는 지리적 조건 아래에서 자급자족을 할 수 없었던 희랍인들은 여기저기에 식민지를 건설한다.

제3강
/
45

희랍의 야망은 페르시아와 충돌하고, **페르시아 전쟁**이라는 거대한 사건을 낳는다. 이 전쟁은 그것과 관계없어 보이는 자그마한 사건들의 묶음이자 그것들의 복합적 귀결이다. 이 모든 것을 기록하는 것은 **역사가의 원초적 과제**이다. **헤로도토스**는 이 과제를 수행하기 위하여 모든 것을 조사하고 연구한 탐사 보고서 《**역사**》를 쓴다. 이로써 그는 '역사'의 아버지로 불리게 된다.

제4강
/
65

마라톤 평원과 살라미스 앞바다에서 **페르시아를 물리친 희랍인들**은 이것을 '자유의 승리'로 규정한다. 승리는 그들에게 번영과 영광을 안겨 주지만 그들 사이에 깊은 불신과 공포를 불러일으키기도 한다. 이에 희랍인들은 뜻이 맞는 나라들끼리 동맹을 맺고 **패권을 향한 쟁투**를 벌이기 시작한다.

제5강
/
77

한편에는 아테나이 쉬마키아가, 다른 한편에는 펠로폰네소스 쉬마키아가 있다. 이 두 동맹은 전쟁을 시작한다. **투퀴디데스**는 이 전쟁의 경과를 기록함과 동시에 인간 활동의 법칙을 찾고자 《**펠로폰네소스 전쟁사**》를 쓴다. 이로써 **역사가의 반성적 과제**를 수행한 투퀴디데스는 '역사학' 의 아버지로 불리게 된다.

제6강
/
95

아테나이는 스파르테의 공격에 맞서 '비기는 전쟁' 을 시도하고, 적에게 '약탈당하지 않았다' 는 심성으로 살아온 앗티케의 농민들은 도시로 피난을 간다. 전쟁 첫해가 지난 후 치러진 장례식에서 아테나이의 지도자 **페리클레스**는 **장엄한 연설**을 한다. 그의 연설에는 '**희랍의 학교** 로서의 아테나이'에 대한 자부심이 넘쳐 흐른다.

제7강
/
106

전쟁은 예측할 수 없는 일들을 불러오기 마련이다. **아테나이의 역병**도 그중 하나이다. 이 역병은 아테나이 사람들의 인내심과 도덕심을 무너뜨리고, 동족을 향한 **대량 살육의 추악한 전쟁**으로 나아가는 문을 열어 젖힌다.

제8강
/
117

전쟁의 추악함과 잔혹함에 대한 투퀴디데스의 서술은 냉정하다. '**잔혹한 교사**' 로 **서의 전쟁**. 전쟁은 말의 의미와 가치를 전도시키고, 그에 따라 기존의 객관적 질서를 파괴한다.

제9강
/
123

멜로스를 침략한 아테나이는 보편적인 선善을 가볍게 무시해 버린다. 광기에 휩싸인 인간들은 현실적 힘의 우위를 앞세운 제압의 논리에만 의존한다. 결국 아테나이 제국주의는 실패하고, 펠로폰네소스 전쟁은 '**국제사회**' 라는 문제를 남긴다.

제10강
/
136

희랍의 폴리스들은 서로를 죽이면서 공멸의 길을 향해 가고 이 세계는 다시금 페르시아가 지배하지만 그것도 잠깐, 에게 해와 페르시아는 **마케도니아 제국**으로 흡수된다. 번영은 오만을, 오만은 싸움을 부르고 **싸움에 지친 사람들**은 편안함을 찾아 자신만의 세계로 파고든다.

Ⅱ 로마와 중세 가톨릭 제국 시대

제11강
/
149

'영원한 제국' 로마는 지중해를 '우리의 바다'라 부르면서 '세계'를 제패한다. 이는 북아프리카의 카르타고를 멸망시킨 **포에니 전쟁**을 거치면서 굳건해졌으나 제국의 시민들은 농노나 다름없는 처지로 전락한다.

제12강
/
159

시민들은 이제 신민이 되어 강력한 일인자들 아래의 병졸이 된다. 일인자 중의 한 명인 **율리우스 카이사르**는 로마 군단을 이끌고 갈리아 정복을 시도한다. 그가 쓴 보고서 《**갈리아 원정기**》는 로마 군대의 식민지 침략과 지배가 어떻게 이루어졌는지를 여실히 알려 준다.

제13강
/
177

넓은 제국은 군대로써 지키지만, 계속되는 영토 확장으로 인해 '**테크놀러지**'(네크워크)**의 한계**에 직면하면 통치에 어려움을 겪을 수밖에 없다. **콘스탄티누스의 제국 분할**은 이 한계를 극복하려는 노력이었으나 제국에 대한 신민들의 충성심은 더 이상 찾아볼 수 없다.

제14강
/
184

로마제국 말기와 중세 초기는 엄밀하게 구별되지 않는다. 중세는 로마제국 말기의 지주-전사 연합체를 이어받아 그것을 밑바탕에 두고, 그 위에 기독교를 얹어서 **로만 가톨릭 제국**을 세운다.

제15강
/
187

제국 말기를 살았던 아우구스티누스의 눈에는 세상의 모든 것이 멸망할 운명에 놓인 것들이다. 진정한 나라는 신의 나라이다. 그의 《**신국론**》은 무너지는 '영원한 로마'를 대신할 '영원한 신의 도시'를 설파한다. 이로써 아우구스티누스는 **역사의 철학적 전망**을 연다.

제16강 / 202	천국의 열쇠를 쥐었다고는 하나 기독교가 **로만 가톨릭 제국의 통일성**을 장악하는 데에는 한계가 있다. 세속의 황제들은 교황에게 도전한다. 후기에 접어들어 여기저기에서 균열이 발생하면서 이 제국은 **해체의 징후들**을 드러낸다.
제17강 / 211	중세 제국 해체의 뚜렷한 표상 중의 하나는 신권에 반대하여 **세속권의 우위를 선포한 텍스트**가 등장한다는 것이다. 이것만이 아니다. 동서 교역의 산물이기도 한 **14세기의 흑사병**은 사회의 기반을 무너뜨리면서 기존 질서의 전반적 붕괴를 가속화한다. 동시에 새로운 체제의 맹아도 싹트기 시작한다.
제18강 / 219	로만 가톨릭 제국 말기의 사태를 가리킬 때는 '르네상스'보다는 '화약과 대포'를 사용하는 것이 더 정확할 것이다. 이 시기 **종교개혁**의 주체였던 프로테스탄트는 **새로운 시대의 정신적 지배에 대한 열망**을 광신적으로 뿜어 낸다.
제19강 / 232	르네상스 인문주의는, 가 본 적이 없기 때문에 자꾸 갈망하게 되는 유토피아 같은 것이다. 17세기 사람 **비코**는 '수학적 확실성'이라는 시대정신에 맞서 신의 섭리와 인문주의를 제창한다. 그의 《새로운 학문》은 비감한 텍스트이다.
제20강 / 247	신의 섭리를 폐기하지는 못했지만 **'역사는 인간이 만들어 가는 것'이라는 자각**은 비코에서 뚜렷하게 그 원리를 드러낸다. 진리 역시 태초부터 있던 것이 아니라 인간의 활동을 통해 만들어진 것이므로, 인간이 만든 역사가 진리인 것이다.

Ⅲ 근대 국민국가 체제와 세기말

제21강 / 259   종파 분쟁으로 시작된 **30년전쟁**은 정치적 쟁투를 숨기고 있었고, 근대적 영토 국가 성립의 씨앗을 뿌린다. 사람들은 기독교 공화국의 신도가 아닌 **근대 국가의 '국민'**이 되어 간다. 이는 국민군이 되는 것에서 시작한다.

제22강 / 272   종파 간의 피흘림은 종교의 위력을 무너뜨리고, 세계와 인간을 설명하는 근본 범주는 자연과학이 만들어 낸다. **과학과 기술**은 긴밀하게 얽히고 유력자들의 후원과 제도적 뒷받침에 힘입어 **사회적 권위의 자리**에 오른다.

제23강 / 284   과학의 성과는 **계몽주의자들**의 노력을 거쳐 대중화된다. 이렇게 해서 **'이성의 시대'**가 열리는 것이다. 삶의 모든 영역에 이성의 원리를 적용하면 미래는 행복한 세상이 되리라는 **낙관적 진보주의**가 그들의 가슴을 뿌듯하게 하였다.

제24강 / 292   낙관적 진보를 소망하는 것은 **인간의 완전가능성**을 갈망하는 것과 다르지 않다. 소망에 들뜬 **콩도르세**는 역사 속에서 실현할 '완전한 인간'에 관한 계획서를 작성한다. 《**인간 정신의 진보에 관한 역사적 개요**》는 환상적인 아름다움으로 가득 차 있다.

제25강 / 305   18세기는 현대사회의 **'기원'**이다. 이 시기에 **정치혁명, 산업혁명**이 일어나고 **통신 혁명, 사회혁명, 국제관계 혁명, 문화혁명** 등의 힘이 퍼져 나간다. 세계는 과거의 모습을 완전히 벗어 버리고 낙관적이고 찬연한 미래를 향해 나아가는 듯하다.

제26강 / 315   **'새로운 세계'**의 법칙은 **'상품화'**이다. 인간, 토지, 화폐가 시장에서 거래되는 상품이 된 것이다. 상품이 된 이것들은 산업혁명이 이루어 내고 있는 **기술혁신**의 틀 속으로 들어가 이윤을 만들어 내는 원자재가 된다.

제27강 / 320   산업혁명은 근대 산업도시를 만들었고, 그 도시에는 '자유로운 노동자'가 살고 있다. 청년 **엥겔스**는 산업혁명의 도시 맨체스터와 노동자들을 관찰한다. 《**영국 노동자계급의 상태**》는 이 모든 것을 전형적으로 집약한다.

제28강 / 331   '근대화' 된 맨체스터는 **근대 도시의 전형적인 공간 배치**를 구현한다. **노동자들의 거주지와 삶**은 체계적으로 배제되고 은폐된다. 그들에게는 낙관적 미래가 보장되어 있지 않다. '인간 정신의 진보'는 모두에게 해당되는 말은 아닌 것이다.

제29강 / 343   산업도시에 사는 노동자들에게는 **사회의 살인 행위**가 벌어지는 반면, 부르주아계급은 이윤 추구를 위해 **냉혹한 계산**을 되풀이한다. 엥겔스는 노동자들의 총 봉기에 의한 부르주아계급의 타도라는 헛된 희망을 품는다.

제30강 / 353   **19세기에 만개한 근대화**는 수많은 찬양자를 거느리고 있다. 그들은 이윤 추구가 인간의 파괴적 정념을 다스리는 처방전이 되리라고 자신만만하게 말한다. **자본주의 정신**은 '훌륭한' 정신인 것이다. 이 자신감은 20세기에 이르도록, 아니 지금까지도 소멸되지 않는다.

제31강 / 359   **프랑스혁명**은 부르주아계급의 정치적 지배를 추구하는 과정에서 벌어진 사태였으나 혁명은 거기서 그치지 않는다. 애국심으로 무장한 국민군을 탄생시킨 혁명은 계몽주의적 엘리트 지식인 콩도르세를 처형하면서 대중들에게 힘의 과시와 체제 장악의 기회까지 제공한다. 이로써 프랑스혁명은 '**혁명적 집단심성**'의 위력을 드러내면서 '대혁명'이 된다.

제32강 / 368   기존 질서를 중시하는 이들은 **대혁명의 여파**에 노심초사한다. 영국의 버크도 그중 한 사람이다. 독일에서도 지식인들이 대혁명을 두고 논쟁을 벌인다. 어쨌든 혁명은 **인류가 끝없이 향해 가야 할 이상**을 하나 덧붙인다.

제33강 **독일의 낭만주의자들**은 인류 역사의 진행 경과를 고민한다. 급격한 변화의 시대에
/ 는 설계도가 난무하는 법이다. **헤르더**는 역사의 최종 목적을 내세운다. 아우구스
375 티누스의 《신국론》을 세속화한 듯한 《**인류의 역사철학에 대한 이념**》은 인류 도야의
학교로서의 세계사를 말한다. 이로써 미래의 전망을 세우는 역사철학이 또 하나
등장한다.

제34강 **마르크스**는 엥겔스와 함께 1848년 혁명의 선언서, 《**공산당 선언**》을 작성한다. 그들
/ 은 근대 세계의 주인공인 **부르주아계급의 등장 과정과 업적**을 극적으로 묘사한다.
385 이 문헌은 묘사로 가득 찬 듯하지만 미래의 전망을 세우기는 마찬가지다. 다가올
세상의 주인공이 신의 섭리나 인류 일반이 아닌 프롤레타리아계급이라는 점이
다를 뿐이다.

제35강 **부르주아계급은 새로운 기술에 기반한 문명을 창출**했고, 이로써 19세기는 그들의 시
/ 대가 된다. 부르주아 체제의 헤게모니를 부정하였기에 폭력으로 완벽하게 진압
397 된 파리코뮌 같은 **프롤레타리아계급 운동**은 그러한 운동이 있었다는 것만을 역사가
기록할 뿐이다.

제36강 19세기 세계에서는 **국민경제들 사이의 경쟁**이 절정에 이른다. 이 시대의 주인공인
/ 부르주아계급은 유한계급으로 변태하고, 세계에는 **세기말적 징후들**이 여기저기서
407 솟아난다. 프롤레타리아계급 운동이 아직은 절멸되지 않은 상태이다.

제37강 프롤레타리아계급은 쉽게 단결하지 못한다. 그들이 공동의 계급의식을 갖는 것
/ 은 너무나 어렵다. 그들은 하나의 정체성만 가진 게 아니기 때문이다. 이런 모습
417 을 반영이라도 하듯이 **프롤레타리아계급 운동 내부에서도 전선은 분열**되었다.

Ⅳ 제1, 2차 세계대전과 전 지구적 자본주의 체제

제38강 / 429   절정은 파국에 앞선 것일 뿐이다. **두 번에 걸친 20세기의 세계대전들**은 19세기 부르주아 전성기의 거의 필연적인 귀결이다. '대전쟁'이었던 제1차 세계대전은 인간의 진보와 이성에 대한 신념을 파괴했고, **인간은 국가라는 거대 행위자가 동원하는 부품**으로 전락한다.

제39강 / 445   어떻게 해서든 파국과 절멸은 막아야 한다. 한가하게 이상주의를 말할 때가 아니다. **에드워드 카**는 전간기에 쓰인 《**20년의 위기**》에서 질타와 처방을 제시한다. 그러나 전쟁을 막을 수 있는 건 아니다. 전쟁은 **자기운동을 가진 체제가 벌이는 최악의 결과**다.

제40강 / 460   제2차 세계대전 이후는 **미합중국의 헤게모니가 관철되는 시대**이다. 황금시대도 있었으나, 더욱 짧아진 전 지구적 자본주의 체제의 순환고리는 다시 저점을 향하고 있다. **대규모의 체제 전환기라는 조짐**은 있는데, 인간 행위자는 무엇을 해야 하는지 아직 모르고 있는 듯하다.

마지막 시간   / 469

더 읽어 볼 책들   / 473

이 책을 읽는 이들에게

고전은 언제 읽어도 새로운 지혜를 길어 올릴 수 있는 책입니다. 역사 고전은 그 새로움이 더욱 강렬합니다. 역사 고전은 과거의 이야기와 교훈 등을 담고 있지만, 그것들은 책을 읽는 이가 어떤 상황에 처해 있는가에 따라 다른 의미를 제시하기 때문입니다. 이번에 강의를 하기 위해서 예전에 읽었던 역사 고전들을 다시 읽으니, 제가 지금 살고 있는 시대가 고전의 내용들에 겹쳐지면서 역사적 사실들이 단순한 과거의 것으로만 여겨지지 않았습니다. 지금 우리 시대가 이행기라는 어렴풋한 자각이, 이른바 '역사의 이행기'라 일컬어지는 시대의 사태들에 비춰지면서 일종의 역사철학적 통찰을 가져다주었던 것입니다.

저는 1990년대 초반부터 철학을 비롯한 인문학 전반에 관한 강의를 다양한 사람들에게 해 왔습니다. 2009년에는 서울시 동대문구정보화 도서관에서 2월부터 11월까지 40주 동안 매주 2시간씩 인문학 고전을 강의했으며, 그 강의 내용은 《인문 古典 강의》라는 책으로 출간되었습니다.

이 책은 《인문 古典 강의》와 마찬가지로 강의를 바탕으로 쓴 것입니다. 저는 2011년에도 2월부터 11월까지 40주 동안 매주 2시간씩 서울시 동대문구정보화 도서관과 인천시 연수 도서관에서 서양의 역사와 고전에 관한 강의를 했습니다. 《인문 古典 강의》가 인문학 전반에 걸친 기본적인 고전을 다루었다면 이 책은 인문학의 세 분야인 문학, 역사, 철학 중 역사만을 다루었습니다. 인문학 공부는 어떤 분야에서 시작하여도 무방하겠지만, 저는 역사가 먼저라고 생각합니다. 우리가 살아가고 있는 세상 속에서 형성된 우리 자신의 참된 모습, 즉 우리가 사는 세상과 우리 자신의 역동적 상호작용에 대한 역사적 통찰이 있어야만 인문학 공부가 시작될 수 있기 때문입니다.

사실 '역사 고전'이라는 말은 정확한 표현이라 할 수 없습니다. 이 말은 특정 시대를 연구한 '역사학'의 고전을 가리킬 수도 있고, 어떤 시대의 인간 행위자가 자신의 시대를 탁월하게 기록한 '역사'의 고전일 수도 있으며, 어떤 시대에 관한 것이면서도 그것을 넘어 역사 전체에 대한 통찰과 세상의 이치를 아우르는 '역사철학'의 고전을 뜻할 수도 있습니다. 역사 고전은 이러한 특징들을 조금씩이라도 모두 담고 있습니다. 특히 이 책에 나오는 역사 고전들은 그 시대의 정신을 가장 잘 드러낸 것들이거나, 미래에 대한 역사철학적 전망을 탁월하게 제시하는 것들입니다. 저는 이 역사 고전들을 강의하면서 그 고전들이 생겨난 시대적인 맥락부터 주의 깊게 살펴보았습니다. 모든 고전은 반드시 이러한 맥락에 따라 공부하는 것이 가장 좋겠습니다만 역사 고전은 더욱 그러할 것입니다.

이 책의 내용은 고대 지중해 세계와 폴리스 시대, 로마와 중세 가톨릭 제국 시대, 근대 국민국가 체제와 세기말, 제1, 2차 세계대전과 전 지구적 자본주의 체제로 크게 나뉘어 있습니다. 이 시대 구분은 일반적으로 통용되는 방식이 아닌 정치체제와 국제관계라는 범주에 근거한 것입니다. 시대 구분 아래 강의별 세부 항목들에는 각 시대의 구체적인 전개 과정과 역사 고전에 관한 설명, 시대의 의의 등이 들어 있는데, 이것의 대강은 "차례"와 본문에 서술형 문장으로 적혀 있습니다. "차례"에서 이 대강을 읽어 책 전체 내용을 개관하고 본문으로 들어가면, 본문에서 제시하는 역사의 큰 흐름과 독서의 맥을 짚어 내기가 수월할 것입니다. 책을 다 읽은 다음에는 강의를 하면서 소개했던 "더 읽어 볼 책들"을 읽음으로써 이 책의 한계를 넘어서는 공부로 나아갈 수 있습니다.

앞서 밝혔듯이 이 책을 쓰는 데에는 도서관 강의가 큰 도움이 되었습니다. 공공 도서관은 말 그대로 '공공 장소'이고, 그런 까닭에 공공 도서관에서 강의를 하고 공부를 하는 것은 '공적인 일', 라틴 어로 말하면 '레스 푸블리카res publica'입니다. 공공 장소를 시설로만 간주하여 그것을 관리하는 것이 전부라고 여기거나 공공 장소에 대한 접근과 허용을 제한하는, 심지어 사적 이익 창출의 수단으로 만들려고 하는 시도가 만연한 시대에, 도서관을 비롯한 여러 공공 장소에서 공적인 강의와 공부가 제약 없이 이루어지는 것은 민주 공화국의 이념을 실현하는 데 적으나마 도움이 되리라고 확신합니다. 그러한 도움이 계속되기를 바라면서 함께 공부한 이들에게 다시금 깊은 감사의 마음을 전합니다. 그리고 고단한 사정 속에서도 강의를 준비하고 진행함으로써 지식 공동체 형성에 있어 큰 기여를 해 온 사서들의 우정을 각별히 기억해 둡니다.

2012년 6월
강유원 적음

일러두기

1. 강의에서 주요 교재로 사용했던 고전들의 서지사항은 다음과 같습니다.

    - 《역사》, 헤로도토스 지음, 천병희 옮김, 도서출판 숲
    - 《펠로폰네소스 전쟁사》, 투퀴디데스 지음, 천병희 옮김, 도서출판 숲
    - 《갈리아 원정기》, 율리우스 카이사르 지음, 천병희 옮김, 도서출판 숲
    - 《신국론》, 아우구스티누스 지음, 조호연 외 옮김, 현대지성사
    - 《새로운 학문》, 잠바티스타 비코 지음, 이원두 옮김, 동문선
    - 《인간 정신의 진보에 관한 역사적 개요》, 마르퀴 드 콩도르세 지음, 장세룡 옮김, 책세상
    - 《영국 노동자계급의 상태》, 프리드리히 엥겔스 지음, 박준식 외 옮김, 두리미디어
    - 《인류의 역사철학에 대한 이념》, 요한 고트프리트 폰 헤르더 지음, 강성호 옮김, 책세상
    - 《공산당 선언》, 칼 마르크스·프리드리히 엥겔스 지음, 강유원 옮김, 이론과실천
    - 《20년의 위기》, 에드워드 카 지음, 김태현 옮김, 녹문당

2. 본문에서 언급된 책들의 서지사항은 "더 읽어 볼 책들"에 강의별로 나와 있습니다.

3. 본문에서는 서지사항을 다음과 같이 표기하였습니다.

    1) 시대별 해당 고전은 저자와 생몰 연도, 도서명과 저술·출간 연도를 원어와 함께 표기함.
    2) 시대별 해당 고전은 아니지만 고전으로 알려진 책들은 저자와 생몰 연도, 도서명과 저술·출간 연도를 표기하고, 한국어로 번역되지 않은 경우 원어와 함께 표기함.
    3) 그 밖의 책들은 저자, 도서명, 출판사와 출간 연도를 표기하고, 한국어로 번역되지 않은 경우 저자 및 도서명을 원어와 함께 표기함.

첫 시간

 우리가 지금부터 공부하려는 역사와 역사에 관한 학문은 문학, 철학과 함께 일반적으로 인문학에 속하는 것으로 알려져 있습니다. 역사를 공부한다는 것은 과연 무엇인지, 그리고 서양 역사의 고전은 어떻게 공부해야 하는지는 앞으로 차차 구체적인 기회에 이야기하기로 하고, 먼저 인문학의 각 영역이 어떠한 것이고 그것을 공부하는 것이 어떤 의미를 가지고 있는지를 알아보겠습니다.
 문학은 인간의 정서와 관련된 영역입니다. 기쁨과 노여움, 슬픔과 즐거움을 느끼지 못하면 제대로 된 인간으로서 살아갈 수 없습니다. 문학은 인간이 그런 정서를 갖출 수 있도록 돕는 역할을 합니다. 물론 그런 정서를 갖추는 데 가장 중요한 역할을 하는 것은 부모나 가까운 사람들의 관심과 배려, 즉 사랑일테지만 말입니다. 문학 작품은 그것이 쓰인 역사적 맥락과 상관없이도 읽고 즐길 수 있습니다. 예를 들면 우리는 일본 제국 시대의 작가인 나쓰메 소세키(1867~1916)의 소설들, 그러니까 《나는 고양이로소이다》(1905~1906), 《도련님》(1906), 《행인》(1912)과 같은 작품들을 그가 살았던 시기를 염두에 두지 않고도 읽을 수 있습니다. 저는 그의 소설을 읽으면 일본 제국 시대의 엘리트들이 자신들의 야심을 펼쳤던 곳인 남만주철도 주식회사, 이른바 '만철滿鐵'이 생각납니다. 동경제국 대학교를 졸업한 소세키는 남만주철도 주식회사에 근무하던 친구 나카무라 요시코토의 초청으로 만주와 조선을 여행한 적이 있습니다. 그는 그때의 경험을 바탕으로 〈만한滿韓 기행〉이라는 글을 쓰기도 했습니다. 이런 사실들은 그의 소설을 이해하는 데 도움이 되기도 하고 그렇지 않기도 할 것입니다. 문학 작품을 이해하는 데에는 작가의 인생이나 역사적 배경이 반드시 필요한 것은 아닙니다. 그런데 저는 나쓰메 소세키의 소설은 물론이고 다른 작가들의 작품도 그것 자체로는 잘 즐기지 못합니다. 그 작품들에 스며들어 있는 이러저러한 역사적 사실들이 떠오르기 때문일 것입니다.

역사는 인간의 기억과 관련된 영역입니다. 인간은 어제 했던 일을 오늘 기억하고 되새길 수 있습니다. 이를 '반성적 통찰력'이라고 합니다. 아주 쉽게 말하자면 반성적 통찰력은 과거에 있었던 일을 잘 정리해 두었다가 그걸 바탕으로 다시는 똑같은 잘못을 저지르지 않으려는 태도라고 할 수 있습니다. 과거에 있었던 일을 잘 정리한다고 해서 있는 그대로 기록할 수는 없습니다. 흔히 역사는 있는 그대로의 사실에서 출발한다고 하지만 반드시 그런 것은 아닙니다. '있는 그대로'라는 것이 과연 얼마나 정확한지에 대해서는 사람들마다 의견이 다를 수 있는 것입니다. 여러 사람이 똑같은 일을 겪었다 해도 각각의 개인이 가진 기억은 저마다 다르고 더러는 불확실하기까지 합니다. 똑같은 사태를 겪어도 기억이 다른 건 사람들마다 사태를 바라보는 관점이나 틀이 다르기 때문입니다. 이렇게 관점이나 틀이 다르면 사태를 경험하는 방식도 달라질 수 있습니다. 이때 생겨나는 불확실함을 극복하기 위해서는 여러 사람에게 물어보고 가능한 한 다양한 측면을 살펴봐야 하며, 그러한 과정을 통해서 이른바 '객관적인 증거'를 확보하려고 노력해야 합니다. 이와 같은 태도와 행위, 즉 먼저 경험한 사람들이나 다른 처지에 놓인 사람들을 통해서 내 판단의 근거와 앞으로 살아갈 방향을 찾는 것을 역사적 태도와 통찰이라고 말할 수 있겠습니다.

《구약 성서》〈창세기〉 1장 1절을 보면 "한 처음에 하느님께서 하늘과 땅을 창조하셨다"라고 쓰여 있습니다. "한 처음"은 시간을, "하늘과 땅"은 세계를 가리킵니다. 이에 따라 이 문장을 다시 써 보면 "하느님은 시간과 세계를 함께 만드셨다"가 됩니다. 시간은 태초부터 있었던 게 아니라 세계가 만들어지면서 흐르기 시작했습니다. 시간은 '빅뱅'과 같은 우주 대폭발 이후 우주가 생성되면서 흐르기 시작한 것입니다. 기독교 신앙에 따르면 하느님이 시간을 만들었습니다. 하느님은 시간 밖에 있고 인간은 시간 안에 있습니다. 시간의 반대말은 영원입니다. 영원은 시간을 무한대로 늘린 것이 아닙니다. 시간과는 아무런 관계가 없는 것이 영원입니다. 다시 말해서 영원은 시간 바깥을 가리킵니다. 하느님에게는 마땅히 이루어져야 할 바와 현실에서 일어나는 바가 똑같습니다. 하느님은 시간 바깥에 있는 존재이기 때문입니다. 신은 미리 아는 것도 나중에 아는 것도 없습니다. 항상 알고 있습니다. 반면에 인간은 시간 속에서 살아가는 존재입니다. 뱃속의 아기는 세계가 창조되기 전과 마찬가지 상태에 있습니다. 태아에게는 열 달의 시간이 느껴지지 않습니다. 시간은 인간이 태어나는 순간부터 시작됩니다. 시간은 곧 역사이므로, 인간은 태어나는 순간부터 역사적 존재라 할 수 있습니다.

인간은 시간 속에서 살아가는 존재이므로 영원한 진리도 알 수 없습니다. 그저 과거를 어렴풋하게 알아낼 수 있을 뿐입니다. 그런데 과거를 보는 우리도 시간 속에서 흘러가고 있습니다. 어제 본 과거와 오늘 본 과거가 달라질 수 있습니다. 그래서 과거를 본다는 것은 사실 말장난에 불과합니다. 과거를 보기 위해서는 우리가 시간 바깥으로 나가야 하기 때문입니다. 그건 시간 속의 존재인 인간이 결코 할 수 없는 일입니다. 이처럼 우리는 인간이 나약한 존재임을 인정해야 합니다. 우리 자신의 판단이 절대적으로 옳다고 여겨서는 안 됩니다. 역사를 공부하는 가장 기본적인 목적은 인간의 이러한 한계를 극복하고 좀 더, 아주 조금 더 현명해지기 위해서입니다. 나약한 인간의 활동에 의해 만들어지는 것이 역사이며, 역사적 지식은 확실한 지식이 아니라 개연적 지식임을 인정하기 위해서입니다. 그런 까닭에 엄격한 의미의 학문 개념을 가진 사람들은 역사가 법칙을 찾아내는 '학문'이 아니라 과거의 '이야기'라고 말합니다. 그런 견해를 가진 사람으로는 근대 초기의 철학자 데카르트(1596~1650)를 들 수 있습니다. 그는 《방법 서설》(1637)에서 역사는 확실한 지식을 주지 않기 때문에 학문의 영역에서 배제해야 한다고 말하였습니다. 데카르트가 훌륭한 철학자이기는 하지만 그의 말이 아주 옳다고는 할 수 없을 것입니다. 사실 우리의 인생에는 확실한 것보다는 그렇지 않은 것이 더 많습니다. 이렇게 생각하는 사람들, 즉 인생에서 어느 정도 확실성을 포기한 사람들이 역사 공부를 즐길 수 있습니다. 그렇다고 해서 우리가 인생을 제멋대로 살겠다는 것은 아닐 겁니다.

철학은 보편적인 원리를 찾으려는 학문입니다. 언제 어디서나 적용할 수 있는 원리를 찾아서 내 삶에 적용하려는 노력입니다. 철학은 아주 추상적입니다. 그렇기 때문에 철학은 문학과 역사보다 먼저 공부하면 안 됩니다. 어린 나이에 추상적인 원리를 다루는 철학부터 공부하면 되바라진 사람이 되기 십상입니다. 인류가 당대의 역사 속에서 축적한 모든 경험이 추상화된 원리로 드러난 것이 철학입니다. 역사에서 철학이 나온 것이지 그 반대는 아닙니다. 가장 많이 알려진 철학자 플라톤(BC 427~BC 347)은 영원불변한 존재 자체가 있다고 주장한바 있습니다. 그가 말하는 이 존재 자체는 사실 있지도 않은 것, 눈에 보이지도 않는 것으로 여겨집니다. 그런데 우리가 그의 대화편들을 읽어 나가고 그가 살았던 시대와 그의 삶을 잘 살펴보면 그 이론에는, 가장 직접적으로는 그가 살았던 시대의 가장 큰 사건이었던 펠로폰네소스 전쟁의 경험, 스승 소크라테스의 활동과 죽음의 과정이 응축되어 있습니다. 또한 간접적으로는 과거 호메로스 시대부터 서기전 5세기의 아테나이에 이르기까지의 문화적 전통과, 그에 대한 소크라테스와 플라톤의 통찰과 반성이 스며들어 있습니다. 앞서 말한 데카르트의 철학도 마찬가지입니다. 그는 근대 세계를 만들어 낸 30년전쟁의 한복판에서 살았으며 그런 만큼 그의 시대는 불확실했음을 고려한다면, 확실성에 대한 추구를 철학의 참된 목표로 삼았던 것은 충분히 이해할 수 있는 것입니다. 이처럼 철학은 그것 자체의 이론적인 논의를 가지고 있기는 하지만 적어도 그 이해의 실마리는 이러한 역사적 맥락에서 찾을 수 있습니다.

  지금까지 저는 인문학의 세 분야 각각에 대해서, 그리고 그것들의 관계에 대해서 간략하게 이야기했습니다. 이 강의에서는 서양사를 중심으로 크게 두 가지를 배우는데, 하나는 '특정 시대'이고 다른 하나는 '고전 읽기'입니다. 예를 들어 처음에는 서양 고대 세계의 역사를 공부한 다음, 희랍의 헤로도토스가 쓴 역사 책을 읽습니다. 물론 모든 시대를 이런 방식으로 공부하지는 않습니다. 어떤 경우에는 시대의 역사를 더 집중적으로 살펴보고 역사 고전은 조금 소홀히 다루기도 할 것입니다. 우리가 이렇게 공부하는 것이 역사를 공부하는 가장 좋은 방법은 아닙니다.

역사를 공부하는 방식은 아주 다양할 것입니다. 그중 우리에게 가장 익숙한 방법은 바로 중·고등학교 때 배운 '시대의 흐름을 따라가면서 사건과 인물을 익히는 방식'입니다. 이런 방식으로 역사를 공부할 때 참조할 만한 책으로는 먼저 《세계의 역사》(윌리엄 맥닐, 이산, 2007)가 있습니다. 이 책의 저자 윌리엄 맥닐은 탁월한 역사가이며, 이 책은 세계사 분야의 '교과서'로 인정받고 있습니다. 저자 서문에 따르면 이 책은 "평이한 관점에서 세계사를 통합적으로 이해할 수 있도록 서술"하고 있으며, "다른 교재들에 비해 설명이 굉장히 간결하다"는 특징을 가지고 있습니다. 세계의 역사를 800페이지 내외로 썼으니 실제로 무척 간결한 책이어서 조금은 모자라다는 느낌을 줄 수도 있습니다만, 지나치게 두꺼운 역사 책을 읽으면 오히려 전체의 흐름을 놓치기 쉬우니 초보적인 독자는 이 책에서 시작하는 것이 좋겠습니다. 이보다 조금 더 두꺼운 책으로는 《서양 문명의 역사》(에드워드 맥널 번즈 외, 소나무, 2007)가 있습니다. 이런 책들을 읽으면서 우리는 시대의 흐름에 따른 사건과 인물을 공부할 수 있습니다.

기본적인 역사 책들을 읽은 다음에는 특정한 주제를 중심으로 전체 역사를 살펴보는 주제 중심의 역사 책을 읽어야 합니다. 이 분야의 역사 책은 정말로 셀 수 없이 많습니다만 간단하게 《전쟁의 세계사》(윌리엄 맥닐, 이산, 2005)와 《말랑하고 쫀득한 세계사 이야기》(W. 버나드 칼슨, 푸른숲 주니어, 2009)를 추천합니다. 칼슨이 쓴 책의 원제는 "기술의 측면에서 살펴본 세계사"입니다. 이런 책들을 읽어 보면, 세계의 역사를 특정한 단면을 잘라서 살펴볼 때 얻을 수 있는 통찰이 무엇인지를 확연하게 알 수 있습니다. 앞으로 강의를 해 나가면서 이런 종류의 주제사, 부문사에 관한 여러 책들을 다시 세부적으로 소개할 것입니다.

주제사, 부문사를 읽고 난 다음에는 《미완의 통일 이탈리아사》(크리스토퍼 듀건, 개마고원, 2001) 같은 각국의 역사를 다룬 책을 읽는 것이 순서입니다. 이 책은 케임브리지 대학교 출판부에서 나온 "콘사이스 히스토리A Concise History" 시리즈 중 한 권입니다. "케임브리지 세계사"와 같은 표제가 붙은 책은 대부분 믿을 만한 것들입니다. 이런 책들과 더불어 지도 책과 연표가 반드시 필요합니다. "아틀라스 역사 시리즈"(한국교원대학교 역사교육과 외, 사계절출판사, 2004)로 나온 《아틀라스 한국사》, 《아틀라스 중국사》, 《아틀라스 일본사》, 《아틀라스 세계사》 등은 지도책입니다. 그리고 연표로는 《곁에 두는 세계사》(수요역사연구회, 석필, 2007)를 추천합니다. 내셔널 지오그래픽National Geographic에서 출간하는 역사 사진집도 가지고 있으면 좋겠습니다. 마지막으로 다양한 주제를 한 권에 집어넣은 책들이 있습니다. 여기서 추천하는 것은 이른바 '글로벌 히스토리'에 속하는 책으로 주제사와 부문사를 종합한 것입니다. 캔디스 고처 등이 쓴 《세계사 특강》(삼천리, 2010)을 보면 인류의 이주, 기술과 환경, 도시와 도시 생활, 종교와 공동체 등과 같은 여러 주제의 글이 실려 있습니다.

지금까지 소개한 것처럼 우리 시대의 역사가들이 쓴 통사 → 주제사 · 부문사 → 각국사 → 지도 책 · 연표 → 글로벌 히스토리를 순서대로 읽고 나면 역사 공부를 한 번 한 셈이라 할 수 있는데, 그러고 나서 마지막에 각 시대의 역사가들이 쓴 역사 고전을 읽으면 좋습니다.

그렇다면 옛날 역사가들이 쓴 역사 책은 어떻게 읽어야 하겠습니까? 이 방법을 알기 위해서는 그 시대에 가장 심각했던 문제는 무엇이었는가, 또는 역사가를 움직인 가장 기본적인 요소는 무엇이었는지를 한번 생각해 보아야 합니다. 희랍의 역사가 ─ 오늘날의 의미에서의 역사가라기보다는 일종의 '이야기꾼'이라 하는 것이 더 적절

할지도 모르겠습니다만 — 헤로도토스는 《역사》라는 책을 왜 썼을까요? 그냥 심심해서 쓰지는 않았을 것입니다. 책을 쓸 수밖에 없었던 시대의 절실한 요청이 있었을 것이고, 그러한 요청에 대한 자신의 반응이 있었을 것입니다. 이에 대해서는 우리가 역사학 고전들을 읽을 때 다시 상세하게 다루기로 하고, 지금은 역사학 고전을 읽을 때 그러한 물음을 가지고 시작해야 한다는 것만을 유념해 두기로 하겠습니다.

이제 역사 공부를 하면서 얻을 수 있는 구체적이고 현실적인 성과를 이야기하겠습니다. 우리는 역사를 공부함으로써 인생의 질을 바꾸겠다고 결심해야 합니다. 역사는 물론이고 인문학 공부의 근본적인 목적은 이것입니다. '우리 집에서 책 읽는 사람은 나밖에 없다'고 생각하는 사람도 있을 것입니다. 그런 집에서는 역사 책을 읽고 있으면 부모가 뭐 그런 쓸데없는 짓을 하느냐고 꾸중을 할지도 모릅니다. 한국 사회 전체를 놓고 생각해 보아도 '역사 책을 뭣 하러 읽어. 그럴 시간 있으면 쓸모 있는 공부나 하지' 라고 생각하는 사람이 절대 다수일 것입니다. 이런 상황에서 나라 전체의 수준을 높이려면 나머지 소수가 결단해야 합니다. 그 소수라 해서 대단한 엘리트에 속하는 사람은 아닙니다. 사실 한국 사회의 엘리트들은 나라 전체의 수준을 높이기보다는 엘리트라는 지위를 이용해서 자신의 이익을 늘리는 데 더 관심이 있어 보입니다. 그러니 우리처럼 평범한 소수의 사람들이 힘든 형편을 감내하면서 역사 공부, 더 나아가 인문학 공부에 매진해야 합니다. 제가 이렇게 말하면 누군가 물을 것입니다. "그렇게 해서 우리가 한국 사회와 역사에 기여하는 게 뭡니까?"라고 말입니다. 제 대답은 이렇습니다. 당연히 기여합니다. 굉장히 많이 기여합니다. 우리는 역사 공부, 인문학 공부를 함으로써 한국 사회의 교양, 시대의 교양에 기여하다가 죽습니다. 즉 무명의 독자와 공부인으로 죽는 겁니다. 저나 여러분이나 마찬가지입니다. 21세기 한국의 교양 수준을 높이는 데 기여하고 죽는 것, 이게 우리가 공부하는 목적입니다. 이름 없는 사람으로 죽는다 해도 그것은 고귀한 삶을 산 것입니다. 고대의 희랍 사람들은 '아름다운 것, 고귀한 것에 대한 사랑'을 '필로칼리아 philokalia'라 불렀습니다. 이것이 바로 우리 삶의 목표여야 합니다.

I

고 대 지 중 해 세 계 와 폴 리 스 시 대

I

제1강

> 진화를 멈춘 인류는 도구와 관념을 통해 세계와 상호작용하는 **문명 단계**로 들어선다. 이 단계의 중요한 사건인 '신석기 농업 혁명' 이후 인류의 삶은 고통스러운 것이 된다. 역사는 이러한 **고난의 기록이자 그 기록에 대한 통찰**이다.

본격적으로 지중해 세계의 정치체제들을 논하기 전에 인류의 문명이 어떻게 시작되었고 이것이 역사라는 '기록'으로 이어지기까지 어떤 과정을 거쳤는지에 대해 이야기해 보도록 하겠습니다.

생물학적 종의 측면에서 가리킬 때 인간은 '호모 사피엔스 사피엔스Homo Sapiens Sapiens'라고 합니다. '사피엔스'는 지혜롭다는 뜻이므로 이 말은 이성적인 인간을 의미합니다. '이성'을 기준으로 인간과 다른 동물을 구별할 수 있다는 것입니다. 그러나 이 말은 인간을 오로지 이성적인 존재로만 인식하는 오해를 불러일으킬 수도 있습니다. 또한 이에 근거해서 인간을 이성과 감정이 대립하는 존재로 잘못 인식할 수도 있습니다. 그러나 인지 심리학이나 발달 심리학의 성과를 담은 책을 살펴보면 인간은 오로지 이성적인 존재도, 오로지 감정적인 존재도 아님을 알 수 있습니다. 요즘 세상에서 널리 쓰이는 말 중에 '좌뇌적 인간/우뇌적 인간'이라는 게 있는데 이는 과장된 말일 뿐, 사고를 당해 다친 경우가 아니라면 어느 한 쪽의 뇌만을 사용하는 인간은 세상에 존재하지 않습니다. 간단히 말해서 인간은 이성적인 것과 감정적인 것이 서로 뒤엉킨 존재라고 할 수 있습니다.

역사 공부를 하면서 왜 이런 이야기를 하는 걸까요? 인간에 대한 기본적인 이해가 있어야만 역사의 주인공인 인간 — 과연 주인공인지 아닌지는 의문의 여지가 있습니다만 — 을 좀 더 잘 이해할 수 있기 때문입니다. 우리는 과거의 인물을 살펴볼 때 그가 오늘날의 우리와 비슷할 것으로 지레짐작하거나, 그가 처한 자연적 문화적 환경을 전혀 고려하지 않고 판단하는 경향이 있습니다. 그러나 역사 속의 인간 행위자는 오늘날의 우리와 다르게 생각하고 행동할 수 있습니다. 따라서 과거의 인물을 이해하려면 가장 먼저 그가 어떤 환경에서 살았는지를 살펴보아야 합니다. 그런데 그러한 환경을 고려하기 전에 반드시 염두에 두어야 할, 인간에 대한 판단이 있습니다. 첫째, 인간은 이성뿐만 아니라 신체를 통해서 세상을 인식합니다. 다시 말해서 인간은 어떤 사물을 인식할 때 이성적인 것과 감각적인 것을 동시에 사용합니다. 자신이 뭔가를 알고 있음을 정확하게 알 수 있는 사람은 없습니다. 세계에 대한 인간의 이해와 행위는 무의식적으로 일어나는 경우가 훨씬 많습니다. 따라서 과거의 사람들이 자신의 행위나 당시에 일어난 사건을 기록한 것에는 그가 의식으로 알아내지 못한 것들은 포함되어 있지 않습니다. 이는 우리가 과거의 역사를 이해하고자 할 때 반드시 고려해야 하는 점입니다. 둘째, 인간은 이기적인 목적뿐만 아니라 감성적인 만족, 나아가 도덕적인 가치도 추구합니다.

가끔 우리는 아무리 따져 봐도 자신에게 이익이 되는 것인데 그것을 깨끗이 털고 일어나는 사람을 봅니다. 돈을 아무리 많이 주어도 자존심을 건드리면 어떤 제안도 거절하는 게 인간이기도 합니다. 물론 요즘 시대에는 인간에 대한 관점이 하나로 굳어져 있는 듯합니다. 그것은 바로 인간은 자신의 이익에 따라 움직인다는 것입니다. 흔히 하는 말로 '경제적 인간', 즉 호모 이코노미쿠스 homo economicus가 그러한 인간 모형입니다. 그러나 우리가 공부하는 역사 속의 인간들은 그러한 모형으로는 도저히 파악할 수 없는 경우가 많습니다. 인간이 '경제적 인간'으로 살아온 지는 얼마되지 않았습니다. 그리고 '경제적 인간'이라 해도 모든 행위를 경제적 관점에서만 판단하여 행하지도 않습니다. 그러니 우리가 역사 속 행위자를 이해하기 위해서는 인간의 행위에 대한 섣부른 판단 모형을 버려야 하겠습니다.

　인간의 특성을 이해하기 위해서는 진화에 대해 다시 한번 생각해 볼 필요가 있습니다. 진화를 아주 좁은 의미에서 생물학적으로 정의해 보면 '환경에 적응하여 신체를 특수하게 발달시킨 것'입니다. 스티븐 J. 굴드라는 생물학자에 따르면 인간은 지금으로부터 4~5만 년 전에 진화를 멈췄다고 합니다. 진화가 멈췄다는 것은 이후 인간의 모든 행위가 진화의 산물이 아니라 학습의 산물이라는 뜻입니다. 따라서 우리 주위에서 흔히 들을 수 있는 이야기들, 이를테면 남성은 본능적으로 성욕을 참을 수 없다라든가, 인간은 반드시 고기를 먹어야 한다는 것들은 모두 거짓말입니다. 실제로 인간의 신체 구조는 다른 영장류보다 원시적인 형태로 이루어져 있습니다. 원숭이를 예로 들어 봅시다. 긴팔원숭이, 긴꼬리원숭이 등은 그들이 처한 환경에 잘 적응하여 살아남기 위해서 팔이나 꼬리 같은 신체를 특수하게 만드는 길을 선택했습니다. 앞서 정의한 진화 개념에 따르면, 원숭이가 인간보다 더 진화한 동물인 것입니다. 반면 인간은 손을 사용해서 도구를 만들고 뇌의 용량을 키움으로써 — 어느 시점에 이르러서 뇌의 용량이 더는 커지지 않았습니다 — 자신의 행위 방식을 바꾸는 길을 선택했습니다.

'육식은 인간의 본능'이라는 주장에 반대되는 사례를 하나 살펴봅시다. 널리 알려져 있듯이 일본 사람들은 에도 막부 시절(1603~1868)부터 육식을 많이 즐기지 않았습니다. 그러므로 메이지 유신 이후에는 군대에서 고기 먹는 것을 힘들어 한 병사들에 관한 기록들이 꽤 많습니다. 《일본의 군대》(요시다 유타카, 논형, 2005)라는 책에 나온 사례를 하나 들어 보겠습니다.

> 나는 군대에 들어가기까지 돼지고기나 쇠고기 등은 거의 먹은 적이 없었다. […] 스튜라는 것도 군대에서 처음으로 먹었다. 처음에는 '왠지 토한 것 같아서 싫다'고 생각해 먹을 기분이 나지 않았다. 카레라이스도 자주 나왔지만, 밥 위에 갓난아이의 똥을 뿌린 것같이 생각되고, 또 카레 가루의 향이 익숙하지 않아 아무리 해도 먹지 못했다.
>
> _《일본의 군대》, 52쪽

일본군 병사의 경우에서 알 수 있듯이 육식은 본능이라고 하지만 그것 역시 일종의 '식습관'이어서 제도적인 제약이나 문화적인 영향에 따라 얼마든지 달라질 수 있습니다. 다시 강조하지만, 진화가 멈춘 이후 인간의 모든 행위는 학습의 결과라는 것을 뚜렷하게 기억해 두어야 합니다.

인간은 진화가 멈춘 4~5만 년 전부터 문명 단계에 접어들었습니다. 문명과 비문명을 구별하는 핵심적인 기준은 기술입니다. 이때 문명은 '발달한 기술을 보유한 복합 사회'로 정의할 수 있습니다. 기술은 도구와 관념으로 이루어져 있습니다. 흔히 사람들은 기술과 도구를 똑같은 것으로 생각하는 경향이 있는데 전혀 그렇지 않습니다. 어떤 사람이 우연한 기회에 혼자서 돌도끼를 만들어 썼다고 해 봅시다. 이것은 기술이 아니라 도구일 뿐입니다. 기술은 도구만이 아니라 그것을 만들고 사용하고 전달하는 방식까지 포함합니다. 이러한 도구 사용법과 제작법, 의사소통 방식 등이 관념에 해당합니다. 따라서 도구는 그것이 받아들여지는 지역에 따라 달리 쓰일 수 있습니다. 한국인은 세계 최초의 강우량 측정기인 측우기를 발명한 것을 자랑스러워 합니다. 그러나 조선 시대에 측우기는 발명되었지만 측우기와 관련된 기상학은 발전되지 않았습니다. 이 경우 측우기는 기술이기보다는 도구입니다. 그리고 그 도구를 둘러싼 관념은 농사짓기입니다. 다시 말해서 측우기는 농사짓기의 도구였기 때문에 그것을 중심으로 기상학적 관념들은 생겨나지 않았다는 것입니다.

한 가지 예를 더 들어 봅시다. 세계에서 가장 유명한 칼 중의 하나는 다마스쿠스 검입니다. 이 칼은 단단하고 유연하며, 표면에는 특유의 미세한 소용돌이 무늬나 물결 무늬가 있습니다. 사실 이 칼은 다마스쿠스가 아니라 인도에서 만들었다고 합니다. 십자군 전쟁을 벌이던 유럽의 병사들이 다마스쿠스에서 이 칼을 사 갔기 때문에 다마스쿠스 검으로 부르게 된 것입니다. 이 칼의 본래 이름은 '우츠 강철검'입니다. 그런데 이토록 뛰어난 칼을 만들 정도로 탁월했던 인도의 제련 기술은 후대로 전수되지 않았는데, 이는 당시 인도인들이 철이 아니라 구리를 가장 귀한 금속으로 여겼기 때문입니다. 칼을 만든 사람들은 하층민이었는데, 그들이 사회적으로 대접을 받지 못하니 자연스럽게 기술이 사라지게 된 것입니다. 이렇듯 기술은 그것을 둘러싼 관념에 따라 사라지기도 하고 유지되기도 합니다. 우리는 이러한 사례를 통해 도구보다는 사회적으로 통용되는 관념이 중요하다는 것을 알 수 있습니다.

문명 단계에 들어선 이후의 인류 역사를 나누는 데 적용되는 요소는 크게 네 가지가 있는데, 식량, 금속, 거주지, 에너지가 그것들입니다. 첫째, 식량을 얻는 방식과 관련해서 인류 역사는 '수렵과 채집으로 먹고사는 사람들'(유목민)과 '농사를 지어 먹고사는 사람들'(농경민)로 나눌 수 있습니다. 지금 우리는 자신이 직접 농사를 짓지 않더라도 농사 지은 쌀을 먹고 살아가므로 농경 민족이라고 할 수 있습니다. 여기서 문명화된다는 것은 도시화된다는 것을 의미하기도 합니다. 도시는 '식량 생산에 종사하지 않는 사람들이 모여 사는 도시'와 '그 도시에 식량을 공급하는 농촌 배후지'를 함께 묶은 것입니다. 둘째, 금속을 기준으로 인류 역사는 철기 시대와 이전 시대(석기, 청동기, 구리 등)로 나눌 수 있습니다. 이것에 근거하면 지금 우리는 철기 시대를 살아가고 있습니다. 셋째, 거주지는 도시거주 인구 비율로 따집니다. 인류 역사는 이 비율이 50퍼센트를 넘느냐 아니냐를 기준으로 둘로 나눌 수 있습니다. 도시거주 인구 비율이 50퍼센트를 넘으면 산업화된 국가라고 부릅니다. 영국은 18세기 중반, 독일은 20세기 초, 미합중국은 1920년대, 일본은 1930년대에 이 비율이 50퍼센트를 넘었습니다. 이 시기 이후를 산업화 시대라 합니다. 넷째, 에너지를 사용하는 방식으로도 시대를 구분할 수 있습니다. 목재는 가장 먼저 사용된 에너지원이고 이후 석탄, 석유, 수력, 원자력 등이 등장하였습니다. 어떤 에너지원을 쓰느냐를 기준으로 그 나라가 선진국이냐 아니냐를 나눌 수는 없습니다. 이것 역시 그 나라가 처한 환경에 따라 편리한 것을 사용할 뿐입니다. 이를테면 산업혁명 당시 영국에서는 시계 톱니바퀴를 쇠로 만들었지만 미합중국에서는 나무로 만들었습니다. 그 당시 미합중국에서는 그만큼 나무가 싸고 흔했기 때문입니다. 또한 영국은 증기기관을 돌리기 위해 석탄이 나오는 곳 근처에 방적 공장을 세웠지만 미합중국은 강의 수력을 이용해서 공장을 돌렸으므로 방적 공장이 강가에 많았습니다. 이러한 입지와 에너지 규모는 미합중국의 산업화만이 가진 독특한 성격을 형성했는데, 이렇게 본다면 특정 국가의 문명 정도나 산업화 정도 등을 이해할 때에는 단순히 기술의 측면만을 살펴보아서는 안 된다는 것을 알 수 있습니다.

기술과 문명에 관한 논의는 이 정도에서 그치고 인류의 역사에서 최초로 일어난 혁명적 사건이라 할 수 있는 농업의 시작에 대해서 살펴봅시다. 인류의 문명은 농업과 함께 시작되었습니다. 인류는 아주 오랜 세월(약 50만 년 전부터 1만 년 전까지의 구석기 시대) 동안 수렵과 채집으로 살았습니다. 그러다가 처음으로 다른 삶을 살기 시작한 게 신석기 농업혁명부터입니다. 우리는 문명을 좋은 것이라 생각하기 쉽지만 사실은 고통스러운 것입니다. 고인류학자들의 유골 조사를 통해 밝혀진 바로는, 구석기 시대의 수렵 채집인들은 질병의 흔적이 별로 없고 건강 상태가 굉장히 좋았다고 합니다. 그들은 하루 1~2시간 정도 일하고도 충분한 먹을거리를 구했으며 나머지 시간은 휴식을 취했습니다. 또한 대규모로 모여 살 필요가 없었으니 인간관계에서 오는 스트레스도 적었을 것입니다. 이에 반해 신석기 시대의 유골을 살펴보면, 비타민 C 결핍증(괴혈병), 비타민 D 결핍증(구루병), 관절염의 흔적 등을 발견할 수 있다고 합니다. 그들은 한 곳에 정착해 단일 품종을 재배하면서 1년 내내 똑같은 것을 먹고 살았습니다. 노동 집약적인 삶, 곡물 중심의 삶을 살다 보니 음식의 질이 떨어지고 영양 상태도 부실해졌습니다. 게다가 거대하고 복잡한 공동체를 부양하고 사람들 사이에서 부대끼며 살았으므로 인간관계에서 오는 스트레스도 많았습니다.

그렇다면 왜 인류는 구석기 시대의 행복한 나날을 버리고 신석기 시대의 고통스러운 삶으로 옮겨 간 것일까요? 농경 사회는 한 곳에서 발생해 퍼져 나간 게 아니라 전 세계에 걸쳐 여러 곳에서 거의 동시에 독립적으로 일어났는데, 아직 그 이유가 밝혀지지는 않았습니다. 다만 확실한 것은 신석기 농업혁명 이후에 생겨난 것들, 예를 들어 조직된 사회와 곡물 중심의 식사 등이 오늘날 우리의 삶을 가장 근본적으로 규정하고 있다는 점입니다. 신석기 농업혁명을 통해 집단 거주지에 모여 살게 되면서 잉여 농산물이 생겨났습니다. 또한 부분적인 교역이 일어나고 도시가 등장했습니다. 사람들이 함께 모여 살게 되면서 의사소통에 필요한 문자 체계도 만들어졌습니다. 강수량을 예측하는 천문학과 기상학, 토지를 측정하는 기하학, 달력을 만드는 역법, 종교 등이 발전하였습니다. 흔히 문명의 요소라고 여겨지는 것들이 모두 신석기 농업혁명 이후 생겨난 것입니다. 신석기 농업혁명은 문명으로 이행하는 최초의 단계였고, 유목민 사회를 제외한 모든 문명 세계는 신석기 농업혁명이 가진 기본적인 성격을 그대로 가지고 있습니다.

몇몇 역사 이론가들은 물을 중심으로 신석기 농업혁명을 설명하기도 합니다. 4대 문명의 발상지를 예로 들면서, 강 근처에 모여 살던 사람들이 홍수를 방지하기 위해 노동력을 집단으로 동원해서 대규모 관개시설을 갖춰야 했고 그 과정에서 독재적인 전제 왕정이 출현했다는, 이른바 수력 사회 이론을 내놓은 학자도 있습니다. 이러한 이론은 대체로 맞는 말이긴 하지만 어디에나 적용할 수 있는 건 아닙니다. 물이 중요하긴 하지만 물로써 모든 게 해명되지는 않습니다. 신석기 농업혁명 시기에는 물 관리가 중요했고, 그 때문에 노동력이 집약되었다는 정도로만 알아 둡시다.

지금까지 농경 사회에 대해 간략하게 알아보았습니다. 이와 구별되는 집단인 유목민에 대한 역사 책은 찾기 어려운데 이는 그들이 역사 기록을 별로 남기지 않았기 때문입니다. 그럼에도 유목민의 삶과 역사를 살펴볼 수 있는 책을 하나 소개하겠습니다. 그것은 《유라시아 유목 제국사》(르네 그루세, 사계절출판사, 1998)입니다. 이 책은 신석기 시대부터 18세기 중반 최후의 유목 제국이 사라질 때까지를 다루고 있습니다. 참고로 오늘날 유목민은 아프리카 베두인 족처럼 소수 부족으로만 남아 있을 뿐 더는 국가 단위로 존재하지 않습니다. 지금으로부터 약 300년 전인 청나라 강희제(재위 1661~1722) 때 몽골제국이 멸망하면서 유라시아 대륙에 세워졌던 거대 유목 민족 국가도 자취를 감추었습니다.

제 2 강

희랍 세계의 저 아래에는 **지중해**가 있다. 동 지중해, 즉 에게 해라는 지리적 조건 아래에서 자급자족을 할 수 없었던 희랍인들은 여기저기에 식민지를 건설한다.

우리는 고대 희랍 세계를 다룬 역사 고전으로 헤로도토스의 《역사》를 맨처음 읽을 것입니다. 이 책을 읽기 위해서는 먼저 《역사》라는 책의 배경인 고대 지중해 세계의 역사를 알아야 합니다. 우리가 앞으로 읽을 투퀴디데스의 《펠로폰네소스 전쟁사》 역시 지중해를 배경으로 하고 있습니다. 로마 사람 율리우스 카이사르의 《갈리아 원정기》는 오늘날의 프랑스 지역인 갈리아가 주요한 지리적 배경이기는 하지만 로마사의 일부이기 때문에 당연히 지중해가 배경이 됩니다. 적어도 근대 제국주의 시대가 되어 대서양과 인도양이 유럽 인들의 활동 무대로 등장할 때까지는 거의 모든 서양사 책에서 지중해가 주요한 지리적 배경으로 끊임없이 등장합니다. 따라서 서양의 역사를 공부할 때는 처음부터 지중해를 잘 이해해 둘 필요가 있습니다. 지리 공부는 역사 공부의 중요한 바탕이기도 하니까 말입니다.

그러면 지중해와 관련된 기본적인 책들을 소개하겠습니다. 지중해의 역사를 다룬 책으로는 프랑스 역사학자 페르낭 브로델의 《지중해의 기억》(한길사, 2012)을 추천합니다. 페르낭 브로델은 《물질 문명과 자본주의》(까치, 1995)라는 역저를 남긴 역사가입니다. 《지중해의 기억》은 선사 시대부터 로마제국까지 지중해를 중심으로 펼쳐지는 고대 세계의 역사를 살펴본 책으로, 그가 쓴 책 중에서 소품에 해당합니다. 지중해를 배경으로 펼쳐진 역사만을 추려서 쓴 책도 있습니다. 존 줄리어스 노리치의 《지중해 5000년의 문명사》(뿌리와이파리, 2009)가 그것입니다. 지중해에 관한 책은 거론하자면 끝이 없습니다. 역사 책만 추려 보아도 굉장히 많습니다. 그만큼 지중해가 오랫동안 많은 역사적 사건의 배경이 되어 왔다는 증거라 하겠습니다.

헤로도토스의 책을 읽으려면 고대 희랍의 역사에 관한 전반적인 지식도 필요할 텐데 그 분야에 관한 교과서적인 책으로는 《서양 고대 문명의 역사》(루카 드 블로와 외, 다락방, 2003)가 읽을 만합니다. 앞서 소개한 윌리엄 맥닐의 《세계의 역사》는 세계사 전체를 매우 간략하게 다룬 책이므로 각 시대의 역사를 좀 더 자세히 알고 싶은 사람은 이러한 책들을 참고해야 합니다. 그런데 이런 책은 말 그대로 교과서처럼 되어 있어서 어느 부분이 중요한지, 어떤 요소를 핵심으로 잡아서 읽어야 할지를 잘 알 수 없다는 단점이 있기도 합니다. 헤로도토스의 《역사》혹은 투퀴디데스의 《펠로폰네소스 전쟁사》와 함께 읽을 만한 책으로 《랜드마크 헤로도토스 The Landmark Herodotus》와 《랜드마크 투퀴디데스 The Landmark Thucydides》를 추천합니다. 두 책 모두 로버트 B. 스트라슬러 Robert B. Strassler가 편집했고, 각각 안드레아 L. 퍼비스Andrea L. Purvis와 리처드 크롤리Richard Crawley가 번역한 책들입니다. 이 책들은 각주나 설명이 풍부할 뿐 아니라 관련 지도까지 실려 있어서 대학에서 희랍의 역사를 전문적으로 공부할 형편이 되지 않는 일반 독자들에게 도움이 됩니다.

이제 지중해 세계 이해의 출발점인 지리를 살펴봅시다. 지중해는 왼쪽으로는 스페인 남단과 아프리카 북서단 사이에 있는 지브롤터 해협까지이며, 오른쪽으로는 소아시아와 고대 시리아 지방의 연안인 레반트 지역까지입니다. 남쪽으로는 이집트, 리비아, 알제리, 튀니지, 모로코 등과 같은 북아프리카 지역에 닿아 있습니다. 오늘날 지중해에 접해 있는 나라도 20개가 넘습니다. 지중해는 라틴 어로 메디테라네우스Mediterraneus라 합니다. 메디medi는 메디우스medius에서, 테라네우스terraneus는 테라terra에서 나온 말인데 메디우스medius는 '가운데', 테라terra는 '땅'이라는 뜻을 가지고 있습니다. 말 그대로 '땅 가운데 있는 바다, 지중해地中海'입니다. 지중해의 서쪽 끝, 스페인과 모로코 사이에는 조그만 바다가 있습니다. 여기를 알보란Alboran 해라고 합니다. 그 위로 올라가면 바르셀로나가 보이는데 그 앞에 섬이 하나 있습니다. 이 섬과 이베리아 반도 사이가 발리아레스Baleares 해입니다. 이 두 지역은 고대 희랍 시대에는 그리 중요하지 않았지만 로마 시대부터는 역사 책에서 조금씩 거론되기 시작합니다. 발리아레스 군도에서 오른쪽으로 가면 사르데냐 섬이 있는데, 이곳과 이탈리아 반도 사이를 튀레니아Tyrrenia 해라고 합니다. 이탈리아 반도 끝에는 시칠리아 섬이 있습니다. 이곳과 발칸 반도 사이의 바다가 이오니아Ionia 해입니다. 그리고 좀 더 오른쪽으로 가면 발칸 반도와 아나톨리아 지역 사이에 에게Aegae 해가 있습니다. 이오니아 해와 에게 해는 고대 희랍 세계에서 중요한 싸움이 벌어진 장소입니다다. 이오니아 해에서 위로 올라가면 이탈리아 반도와 발칸 반도 사이에 아드리아Adria 해가 있습니다. 이곳은 베네치아가 패권을 잡았던 시기에 중요해집니다. 코르시카 섬 위로 제노바가 있는데 이 두 지역 사이에 있는 바다를 리구리아Liguria 해라고 합니다. 마지막으로 흑해와 발칸 반도, 그리고 지금의 터키 영토인 아나톨리아 지역 사이에 조그만 바다가 있습니다. 이곳을 마르마라Marmara 해라고 합니다. 1571년 기독교 연합 함대가 오스만 제국의 함대를 격퇴한 레반트 해전을 얘기할 때 마르마라 해가 거론됩니다. 지금까지 이야기한 이 바다 이름들이 역사적 사건의 주요 무대가 되는 시기는 각각 다릅니다.

당시 지중해 지도를 볼 때는 우리들 머릿속에 있는 현재의 국경선을 지워야 합니다. 오늘날 우리는 이집트나 알제리는 아프리카에 있고 이탈리아는 유럽에 있다고 생각합니다. 그러나 고대 세계에서는 그러한 나라들이 없었고, 그 지역들은 지중해를 접하고 있는 땅들이었을 뿐입니다. 오늘날 우리는 어딘가를 갈 때 자동차나 철도를 이용하고, 아주 먼 곳으로 가려면 비행기를 탑니다. 그러나 이러한 교통수단이 널리 사용된 것은 인류 역사에서 아주 최근의 일입니다. 고대 세계부터 근대에 이르기까지 사람들은 가장 빠른 교통수단으로 배를 이용하였습니다. 따라서 어떤 지역이 큰 강이나 바다에 접해 있다는 것은 지리적으로 중요한 의미를 가지게 됩니다. 그런 곳들로 물산이 모이고 그에 따라 상업의 중심지가 되기도 쉽습니다. 이런 생각을 바탕에 두고 지중해를 보게 되면 오늘날의 국경선에 근거해서 볼 때에는 눈에 잘 드러나지 않는 것들이 뚜렷하게 나타납니다. 다시 말해서 지중해에 떠 있는 크레타 섬이나 시칠리아 섬이 과거 지중해에서 어떤 역할을 했는지가 분명해지는 것입니다. 이를테면 이탈리아 반도나 발칸 반도에서 북아프리카 지역으로 가려면 단번에 갈 수 있는 배가 없었으므로 반드시 중간에 어딘가를 들러야 했을 테고, 그런 경우에 크레타 섬이나 시칠리아 섬은 중간 기착지 역할을 할 수 있는 것입니다. 일찍이 크레타 섬에서 문명이 발달한 것도 이런 이유에서입니다. 또한 에게 해에 떠 있는 많은 섬들은 그 지역에서 활동하는 사람들에게도 중요한 지점들이었습니다.

헤로도토스의 책을 읽을 때는 발칸 반도의 희랍 및 레반트 지역, 그리고 아나톨리아 지역을 잘 살펴봐야 합니다. 스페인과 북아프리카 지역, 이탈리아 반도는 아직 주목할 필요가 없습니다. 나중에 로마사를 공부할 때 자세히 살펴보겠지만, 로마 인들은 이집트 나일 강 삼각주와 오늘날 리비아 북부 — 당시에는 사막이 아니었습니다 — 에서 식량을 가져다 먹었습니다. 이때 시칠리아가 중간 기착지 역할을 했습니다. 희랍의 폴리스들이 있는 발칸 반도에는 섬도 많고 산맥도 많습니다. 이곳에서는 농사를 짓기가 어렵습니다. 달리 말해서 공동체를 유지하기 위해서는 배를 타고 나갈 수밖에 없는 환경입니다. 반드시 희랍 사람들에게만이 아니라 페니키아 사람, 크레타 섬 사람들에게도 지중해는 인간의 힘으로는 도저히 벗어날 수 없는 근본적인 삶의 구조인 것입니다. 따라서 우리는 이 지역의 역사를 공부할 때에는 거의 본능적으로 '지중해'라는 이 환경을 떠올려야 합니다. 그래서 그런지 페르낭 브로델은 《지중해의 기억》에서 "지중해라는 압도적인 자연조건"이라는 말을 했습니다. 이러한 자연조건 때문에, 국경이 생기고 종교가 달라진 근대 이후에도 지중해 주변 지역에는 여전히 특유의 생활방식과 가치체계가 남아 있는 것입니다.

그렇다면 지중해 특유의 생활방식과 가치체계를 만들어 낸 핵심적인 요인은 무엇일까요? 이를 알기 위해서는 지중해의 기본적인 특성을 살펴보아야 합니다. 이곳의 기후는 여름에는 고온건조하고 겨울에는 온난다습합니다. 비가 적고 빗물도 흙 속에 오래 남아 있지 않아 습식 농법이 아니라 건식 농법으로 농사를 짓습니다. 땅을 깊게 파면 물기가 다 마르기 때문에 쟁기가 널리 사용되지 않았고, 당연히 땅속 깊이 심는 작물을 재배하지 못했습니다. 농사를 지어도 많은 사람을 먹여 살릴 수 없으므로 대단위로 모여 사는 것이 불가능합니다. 도시 인구는 많아야 4~5만 명 정도이고 배후 농업지를 합해도 20만 명을 넘지 못합니다. 고대 희랍의 폴리스가 많은 인구를 유지할 수 없었던 까닭이 여기 있습니다.

지중해 주변 지역에는 돌은 많지만 나무가 적어 목조 건축 — 희랍 사람들이 나무를 얼마나 귀하게 여겼는지는 《펠로폰네소스 전쟁사》에도 그 증거가 나오니 그때 다시 살펴보겠습니다 — 을 찾아보기 어렵습니다. 그들이 돌을 좋아해서가 아니라 돌밖에 쓸 것이 없었기에 석조 건축을 지은 것입니다. 오늘날처럼 운송 기술이 발달하기 이전의 시대를 살펴볼 때는 항상 그 지역의 환경을 고려해야 합니다. 앞서 말했듯이 고대 세계에서는 육지로 이동하는 것보다 배로 이동하는 게 훨씬 빠르고 편리했습니다. 문화적 정치적 중심지도 해안에서 가까운 곳에 있었습니다. 그래서 통치자들은 언제나 바다와의 연결고리를 확보해야 했습니다. 적어도 19세기 중반까지는 자신이 살고 있는 지역의 뱃길이 어디인지를 알아 두어야 했던 것입니다. 거리가 아무리 멀다 해도 뱃길이 닿아 있으면 교류가 이루어지기 쉽습니다. 오늘날의 용어로 말하면 네트워크의 밀도는, 물리적 거리가 얼마나 가까운가에 달려 있지 않고 접근이 얼마나 수월한가에 달려 있습니다.

서기전 8세기 무렵 지중해의 희랍 사람들은 먹고사는 게 쉽지 않았습니다. 배를 만드는 기술이나 항해술도 많이 발달하지 않아서 배를 타고 나가는 것도 활발하지 않던 시기였습니다. 결국 좁은 땅에서 인구가 늘어나자 수많은 사람들이 떠돌이가 되었습니다. 호메로스의 서사시를 읽어 보면 떠돌이들이 많이 나옵니다. 이들이 그저 허구로 만들어진 이야기의 구성 요소만은 아닌 것입니다. 자신들이 태어난 곳에서 먹고살 수 없었던 많은 희랍인들은 100년에 걸쳐서 지중해 여기저기에 식민지를 건설했습니다. 식민지 개척은 서기전 7세기부터 활발해졌고 서기전 6세기에는 그 속도가 더욱 빨라집니다. 그 결과 소아시아 지역에 희랍인들의 식민지가 많이 생겼습니다. 식민지 개척의 전성기는 서기전 490년 무렵까지입니다. 이처럼 희랍인들은 자신이 태어난 고향에서 오래 살지 못했습니다. 그들은 어쩔 수 없이 떠돌아 다녀야 하는 유랑민이었고, 다른 곳에 자리를 잡아야만 했습니다.

제 3 강

희랍의 야망은 페르시아와 충돌하고 **페르시아 전쟁**이라는 거대한 사건을 낳는다. 이 전쟁은 그것과 관계없어 보이는 자그마한 사건들의 묶음이자 그것들의 복합적 귀결이다. 이 모든 것을 기록하는 것은 역사가의 원초적 과제이다. **헤로도토스**는 이 과제를 수행하기 위하여 모든 것을 조사하고 연구한 탐사 보고서 《**역사**》를 쓴다. 이로써 그는 '역사'의 아버지로 불리게 된다.

헤로도토스Herotodtos(BC 484?~BC 425)의 《역사Histories Apodexis》(BC 431?~BC 425)는 많은 이야기를 다루고 — 그런 점에서 그는 탁월한 이야기꾼입니다 — 있지만 주요 내용 중의 하나는 페르시아 전쟁입니다. 우리는 이 전쟁을 중심으로《역사》를 살펴볼 것입니다. 페르시아 전쟁은 희랍인들의 식민지 개척이 거의 끝나갈 무렵인 서기전 494년에 페르시아제국이 이오니아 지역을 모두 정복하고, 서기전 492년에 아테나이를 응징하기 위한 전쟁에 돌입하면서 시작되었습니다. 이어진 전쟁의 경과를 간단히 보면, 유명한 마라톤 전투가 서기전 490년에 마라톤 평원에서 벌어졌고, 그로부터 10년 뒤인 서기전 480년에 살라미스 해전에서 희랍군이 승리함으로써 전쟁은 일단락됩니다. 그러나 이것은 오래 지속되지 않은 평화였습니다. 전쟁에서 승리한 희랍 세계가 분열되어 내전에 돌입하게 되었기 때문입니다. 곧이어 아테나이 연합군과 스파르테 연합군 사이의 전쟁, 즉 펠로폰네소스 전쟁이 시작되었고, 서기전 404년 스파르테 측이 승리하면서 이 전쟁이 끝납니다. 그러니까 서기전 492년부터 서기전 404년까지 100년 가까운 기간을 전쟁기로 볼 수 있습니다. 펠로폰네소스 전쟁에서 스파르테가 승리한 건 페르시아가 뒷돈을 댔기 때문입니다. 어쨌든 이 전쟁 기간을 거치면서 고대 희랍의 폴리스 시대가 마무리됩니다. 대량 살상 무기가 없는 고대의 전쟁이라 해도 100년 가까이 전쟁을 계속했다면 문명을 지속할 수 있는 힘은 거의 소진되어 버렸을 것입니다.

본격적으로 페르시아 전쟁을 살펴보기에 앞서 헤로도토스가 《역사》를 쓴 목적을 살펴보기로 합시다. 헤로도토스는 발칸 반도가 아니라 소아시아 지역에서 태어난 사람입니다. 그는 전쟁을 통해 아주 낯선 사람들을 많이 만나게 되었을 것입니다. 그리고 그들에 대한 깊은 관심이 생겨났을 것입니다. 여러 유럽 어에서 '역사'라는 뜻을 지닌 말로 쓰이는 '히스토리아historia'는 본래 '조사하고 연구한다'는 뜻을 가지고 있습니다. 헤로도토스는 자신이 접할 수 있는 모든 걸 조사하고 연구했습니다. 그러므로 《역사》는 오늘날의 기준으로 보면 엄밀한 의미에서의 역사 책이라기보다는 탐구 보고서라 할 수 있습니다. 그러면 그가 이 책을 쓴 목적은 어디에 있었겠습니까? 그는 지중해 세계에서 보고 들은 것을 조사하고, 연구하고, 기록함으로써 이 모든 것을 포괄하는 보편적인 관점을 얻으려고 했습니다. 그가 '역사'의 아버지로 불리게 된 이유도 이 때문입니다.

이제 페르시아 전쟁에 이르기까지 《역사》에 기록된 내용을 간략하게 살펴보겠습니다. 페르시아 전쟁이 일어나기 전에 소아시아의 이오니아 지방에서 반란이 일어났습니다. 이곳을 포함해 그 주변에 있는 아비도스, 일리온(트로이아), 페르가몬, 사르데스, 에페소스, 밀레토스, 로도스는 원래 뤼디아 영토였는데, 페르시아의 퀴로스 대왕(BC 576/590~BC 530)이 이 지역을 정복함으로써 페르시아 영토가 되었습니다. 퀴로스는 마키아벨리(1469~1527)의 《군주론》(1513)에서도 모세, 로물루스 등과 함께 "자신의 역량에 의해서 군주가 된 인물", 즉 탁월한 군주의 모범으로 거론됩니다. 또한 희랍 사람 크세노폰(BC 430~BC 354)이 쓴 《퀴로스(키루스)의 교육》(BC 4C경)의 주인공이기도 한데, 이 책에는 퀴로스가 어떻게 강한 군주가 되었는가에 대한 내용이 실려 있습니다.

이 지역에서 중요한 곳으로는 우선 일리온(트로이아)이 있습니다. 이곳은 호메로스(BC 8C경)의 서사시 《일리아스》(BC 8C경)의 무대입니다. 에페소스는 사도 바울 시기에 중요한 의미를 가지는 곳입니다. 《신약 성서》의 〈에페소 신자들에게 보낸 편지〉는 에페소스에 있는 교회에 보낸 것입니다. 마르마라 해와 아비도스 사이에 있는 해협은 헬레스폰토스 해협(지금의 다르다넬스 해협)입니다. 페르시아 전쟁에서 중요한 사건이 벌어지는 곳이니 기억해 둘 필요가 있습니다. 밀레토스는 흔히 서양 철학의 아버지로 불리는 탈레스의 고향입니다. 로도스 섬은 희랍에서 가장 좋은 학교가 있었고, 로마 시절에도 귀족 자제들이 이 섬으로 유학을 왔습니다. 뤼디아를 정복한 퀴로스 왕은 맛사게타이 족 원정에서 전사합니다. 여기까지가 《역사》 제1권의 내용입니다.

이어서 제2권은 퀴로스의 아들 캄뷔세스 2세(BC 6C경)가 왕위에 올라 이집트를 정복하는 내용을 담고 있습니다. 제3권부터 제6권까지는 캄뷔세스의 아들 다레이오스 1세(BC 550~BC 485) 왕에 관한 것인데,

자세히 살펴보면 제3권과 제4권에서는 그가 즉위하고 통치한 내용이, 제5권과 제6권 초반에는 그가 이오니아 반란 지역을 진압한 이야기가 나옵니다. 마지막으로 제7권부터 제9권까지는 다레이오스의 아들 크세르크세스(BC 519~BC 465) 왕에 관한 내용입니다.

페르시아 전쟁은 3차에 걸쳐 일어났습니다. 이 전쟁은 이오니아 지역에서 일어난 희랍인들의 반란에서 시작됩니다. 이 지역의 희랍인들은 참주들에게 저항을 시도했으나 페르시아가 나서서 진압합니다. 그런데 다레이오스 왕은 아테나이가 이 저항을 지원했다는 것을 알고 분노하게 됩니다. 당연히 아테나이를 응징하기 위해 전쟁에 돌입했습니다. 제1차(BC 492) 시기에 그는 아토스 곶까지 갔다가 돌아왔습니다. 그런데 왜 에게 해를 바로 건너지 않고 해안선을 따라 돌아갔을까요? 그럴 만한 해군이 아직 준비되지 않았기 때문입니다. 제2차 전쟁 때는 아토스 곶을 지나 마라톤 지역에 상륙하지만 마라톤 전투(BC 490)에서 패배합니다. 페르시아 제국의 후예임을 자부하는 이란 사람들은 지금도 마라톤 경기에 참여하지 않습니다. 마지막으로 제3차 전쟁은 전력을 총동원했다는 느낌이 들 정도로 침입로가 많습니다. 페르시아는 육군과 해군을 함께 파병했지만 살라미스 해전(BC 480)에서 패배합니다.

오늘날의 우리는 페르시아가 전쟁에서 졌으니 희랍 연합군이 압도적으로 우세한 전력을 가지고 있었으리라 생각하기 쉽지만 사실은 그렇지 않았습니다. 페르시아는 대제국이었고, 그에 비하면 희랍은 자그마한 폴리스들이 옹기종기 모여 있는 곳에 불과했습니다. 에게 해를 중심으로 왼쪽 발칸 반도와 오른쪽 소아시아 지역 중 어느 곳이 예로부터 더 부유했을까요? 소아시아 지역입니다. 트로이아 전쟁에서 희랍인들이 일리온(트로이아)을 공격한 이유는 일리온의 물질적 부유함을 동경했기 때문입니다. 《일리아스》를 보면 짐작할 수 있듯이, 희랍인들은 생활이 불안정한 유랑객이었지만 트로이아 사람들은 부유하고 품격 있는 문명인이었습니다. 전리품으로 획득한 여인을 차지하려고 아킬레우스와 아가멤논이 다투는 모습을 떠올려 보십시오. 얼마나 유치한지 모릅니다. 반면 트로이아의 명장 헥토르와 그의 아내 안드로마케가 이별하는 모습은 이 작품에서 가장 감동적인 장면 중의 하나입니다. 경제 규모로 보나 군사 규모로 보나 희랍이 페르시아를 이기는 건 굉장히 어려운 일이었습니다. 그런데 예상을 깨고 희랍이 승리했으니 희랍인들의 마음이 어떠했겠습니까? 교만해졌을 것이고, 에게 해의 패권을 잡았다는 생각에 우쭐했을 것입니다.

앞서 말했듯이 페르시아 군의 제3차 침입은 육지와 해상에서 동시에 이루어졌습니다. 먼저 육군은 테르모퓔라이에서 스파르테 군을 만나 승리를 거듭니다. 이때 스파르테 왕이 전사합니다. 반면 해군은 살라미스에서 아테나이 군을 만나 대패합니다. 마라톤 전투에서 승리한 이후 해군력을 키운 아테나이의 적수가 되지 못했던 것입니다. 마라톤 전투와 살라미스 해전에서 거둔 두 번의 승리는 아테나이로 하여금 패권적 야망을 갖게 합니다. 반면 전투에서 패한 스파르테는 아테나이에 대한 질투와 두려움에 사로잡히게 됩니다. 페르시아 전쟁의 결과로 인해 희랍 세계 내부에서 반목이 생겨나기 시작한 것입니다. 나중에 자세히 살펴보겠지만, 투퀴디데스가 말하는 펠로폰네소스 전쟁의 원인이 바로 이것입니다. 즉 아테나이의 야망과 스파르테의 두려움이 두 나라 사이의 전쟁을 불러일으켰다는 것입니다. 페르시아 군이 물러간 다음, 스파르테 군은 노예 반란이 두려워 펠로폰네소스 반도로 돌아가지만 아테나이 군은 테르마를 거쳐 아비도스까지 쫓아가 세를 과시하기도 합니다.

에게 해의 패권을 잡은 아테나이는 주변 폴리스들과 이른바 델로스 동맹이라는 것을 맺습니다. 그러나 말만 동맹일 뿐 이는 보호를 명분으로 돈을 강탈하는 것과 다를 바 없었습니다. 오늘날의 미합중국처럼 아테나이는 나라 안에서는 민주주의를, 나라 밖에서는 제국주의 정책을 펼쳤습니다. 페르시아 전쟁을 겪으면서 아테나이의 주력 부대는 보병에서 해군으로 바뀌었는데 이는 전문적으로 노를 젓는 사람, 즉 월급 주고 고용할 사람이 등장했다는 뜻도 됩니다. 델로스 동맹을 맺은 여러 가지 목적이 있었겠지만 그중 하나는 자국의 해군 병사들에게 줄 돈을 마련하기 위한 것도 있었습니다.

지금까지 페르시아 전쟁과 그 이후에 나타난 사건들을 대략 살펴보았습니다. 이제 《역사》의 목차를 봅시다. 언뜻 보기에 페르시아 전쟁과 상관없어 보이는 내용이 꽤 많습니다. 헤로도토스는 이 모든 내용을 알아야 페르시아 전쟁을 이해할 수 있다고 생각한 듯합니다. 《역사》의 목차는 우리가 일반적으로 보는 책과는 달리 권과 장으로 나뉘어 있습니다. 그러므로 이 책을 인용할 때는 쪽수가 아니라 권과 장을 표기하는 것을 원칙으로 삼습니다.

"1권 1~5장 서언, 헬라스 인들과 비헬라스 인들의 불화의 발단: 이오, 에우로페, 메데이아, 헬레네의 납치". 여기에서 "헬라스 인들"은 희랍인들을, "비헬라스 인들"은 페르시아 인들을 가리킵니다. 그러면 희랍인들과 페르시아 인들은 왜 싸우게 됐을까요? 헤로도토스는 이를 살펴보기 위해 먼 옛날의 신화부터 이야기합니다. "1권 6~94장 뤼디아 왕 크로이소스 이야기", "1권 95~216장 퀴로스 이야기". 앞서 말했듯이 퀴로스 왕이 뤼디아 땅을 정복한 이야기입니다. 퀴로스 왕이 죽은 다음에는 캄뷔세스가 즉위합니다. "2권 1장 캄뷔세스의 즉위와 아이귑토스 침공 결심". 여기서 "아이귑토스"는 오늘날의 이집트 지역입니다. "3권 61~87장 캄뷔세스가 죽고 다레이오스가 즉위하다", "5권 23~126장 이오니아 반란", "5권 97장 아테나이가 아리스타고라스에게 함선 20척을 내주다", "5권 98~103장 이오니아 인들과 아테나이 인들이 진격하여 사르데이스에 불을 지르다". 아테나이가 이오니아 반란을 돕자 페르시아가 가만히 있지 않습니다. "5권 117~123장 페르시아가 공세를 취하다: 헬레스폰토스, 카리아, 아이올리스, 이오니아". 여기까지가 페르시아 전쟁 시작 직전까지의 이야기인 것입니다.

이제부터가 페르시아 전쟁입니다. "6권 1~33장 이오니아 반란의 분쇄", "6권 31~33장 페르시아 인들과 포이니케 인들이 이오니아 인들을 정복하고 벌주다", "6권 102장 페르시아 인들이 마라톤에 상륙하다". 그러나 아테나이 군에게 패배합니다. "7권 1~19장 다레이오스가 죽고 크세르크세스가 즉위하다. 헬라스 원정에 관한 논의", "7권 26~131장 크세르크세스가 텟살리아로 진격하다". 텟살리아는 테살로니카입니다. "7권 192~201장 페르시아 육군이 테르모퓔라이까지 진출하다", "7권 202~239장 테르모퓔라이 전투, 레오니다스가 이끄는 스파르테 300인 결사대의 최후, 크세르크세스의 작전 토론". 이오니아 반란을 분쇄하는 것부터 시작하여 테르모퓔라이 전투까지의 이야기입니다. 앞부분에도 흥미 있는 이야기가 많지만 《역사》를 페르시아 전쟁 중심으로 읽고자 한다면 여기부터 읽어도 무방합니다. "8권 1~20장 아르테미시온 해전", "8권 21~26장 테르모퓔라이에서 패한 헬라스 함대가 남쪽으로 철수하다", "8권 27~39장 페르시아 군이 보이오티아 지방을 지나 델포이까지 진격하다가 격퇴하다", "8권 40~125장 살라미스 해전", "9권 25~89장 플라타이아이 전투". 이제 전투에서는 계속 희랍군이 이기고 있습니다. 그리고 전쟁이 마무리되는 부분이 이어집니다. "9권 90~107장 뮈칼레 전투", 마지막으로 "9권 122장 아르타윅테스의 선조와 다른 페르시아 인들에게 준 퀴로스 대왕의 현명한 조언에 대한 회고". 여기에는 아테나이 군대가 헬레스폰토스까지 진격한 이야기가 나오고 마지막에 퀴로스 왕의 조언으로 끝납니다.

헤로도토스는 9권 121장에서 전쟁에 관한 이야기를 멈춥니다. 이어지는 122장은 전쟁과는 무관합니다. 여기서 헤로도토스는 퀴로스 왕의 말을 인용해서 제국의 흥망성쇠를 말합니다. 퀴로스 왕의 말에 따르면, 페르시아 제국은 척박한 땅에서 성장했지만 소아시아의 풍요로운 땅을 지배하면서 부드러운 나라가 되었습니다. 페르시아가 부드러워졌을 때 희랍 사람들은 척박한 땅에서 살고 있었습니다. 그래서 페르시아의 부드러운 남자들은 희랍의 용감한 전사들을 이길 수 없었다는 것입니다. 이러한 요인은 펠로폰네소스 전쟁에서 아테나이와 스파르테 사이에서도 반복되어, 척박한 스파르테의 승리와 부드러운 아테나이의 멸망으로 이어집니다.

"부드러운 나라에서는 부드러운 남자들이 태어나는 법. 놀라운 곡식들과 용감한 전사들이 같은 땅에서 태어나기란 불가능하기 때문이오"라고 그는 말했다. 그래서 페르시아 인들은 그의 말이 옳음을 인정하고 물러났고, 자신들의 견해가 퀴로스의 견해보다 못하자, 평야를 경작하며 남의 노예가 되느니 척박한 땅에 살며 지배자가 되기를 택했던 것이다.

_《역사》, 9권 112장

이것은 일종의 순환에 관한 것입니다. 이를 암시하는 말은《역사》앞부분에도 나옵니다.

인간의 행복이란 덧없는 것임을 알기에 나는 큰 도시와 작은 도시의 운명을 똑같이 언급하려는 것이다.

_《역사》, 1권 5장

"인간의 행복이란 덧없는 것임을 알기에"는 인간의 번영은 결코 계속되지 않는다는 것입니다. 도시의 흥망은 돌고 돕니다. 즉 한 번 흥하면 한 번 망합니다. 이것이 바로 헤로도토스가 발견한 역사의 작동 원리입니다. 이런 점에서 《역사》는 순환 사관에 입각해서 쓰였다고 할 수 있습니다. 어쩌면 헤로도토스는 이 말을 하기 위해서 그렇게 긴 서술을 필요로 했을지도 모르겠습니다. 그러나 그는 무작정 길고 자세하게 쓰지는 않았습니다. 그의 서술은 대체로 보아 '상근략원詳近略遠'의 원칙을 지킵니다. 즉 가까운 시대는 상세하게, 먼 시대는 대략 쓰는 것입니다. 이는 중국 한漢나라의 역사가 사마천(BC 145?~BC 86?)이 《사기史記》를 저술하면서 사용한 원칙이기도 합니다. 또한 헤로도토스는 놀라운 얘기가 나오면 많이 기록합니다. 예를 들어 《역사》 2권 35장을 보면 이집트에 관한 온갖 이야기가 적혀 있습니다. 이렇게 쓴 이유는 페르시아 전쟁을 이해하기 위해서는 가능한 한 모든 것(신화적 기원, 초기 역사, 지리적 형세, 삶의 방식, 심성구조 등)을 알아야 한다고 생각했기 때문입니다. 헤로도토스는 전쟁의 원인을 찾기 위해 모든 것을 끌어모았고, 이에 대한 판단은 독자에게 맡겼다고 할 수 있습니다. 그렇다고 해서 헤로도토스가 원칙 없이 아무것이나 《역사》에 끌어들였다는 것은 아닙니다. 그의 기록은 크게 세 가지로 나눌 수 있는데 자명하고 논박의 여지가 없는 것, 전해 들은 것, 서로 충돌하는 것의 구분이 뚜렷합니다. 따라서 《역사》를 읽을 때는 이 세 종류를 잘 구분해야 합니다. 다음 구절을 한번 봅시다.

내가 지금까지 아이귑토스에 관해 말한 것은 내가 직접 보고 판단하고 탐사한 것에 근거한다. 이제부터는 내가 아이귑토스 인들에게 들은 것을 그대로 전하되 내가 직접 본 것도 간혹 덧붙이려 한다.

_《역사》, 2권 99장

"직접 보고 판단하고 탐사한 것" 그리고 "들은 것"을 기록하는 것이 역사가의 일이며, 이런 점에서 사람들은 헤로도토스를 이야기꾼이 아니라 역사가라고 부르는 것입니다. 이런 종류의 기록이 있는 곳에서 역사가 시작된다는 것을 염두에 둔다면, 가장 초보적인 형태이기는 하지만 헤로도토스에게서 자각적인 의미의 역사가 시작되었다고 하겠습니다. 그런데 그는 이렇게 기록만 한 것이 아니라 사건들의 원인과 결과도 찾아내려고 합니다. 다시 말해서 그의 서술은 원인과 결과를 탐색하기 위한 기록들인 것입니다. 따라서 《역사》를 읽을 때에는 이런 서술 방식을 따라 읽어야 하는 것입니다. 《역사》는 먼저 서문에서 질문을 제기하고 맨 마지막에 퀴로스의 말을 빌려 원인을 이야기합니다. 그리고 그 사이에 "조사했다", "알아냈다"로 끝나는 말들이 끊임없이 반복되어 묶여 있습니다. 제기한 질문에 대한 대답을 차곡차곡 쌓는 방식입니다. 따라서 《역사》는 이런저런 이야기들을 그러모아 놓은 듯하지만 상당히 치밀한 구조를 가진, 합리적인 정신이 담긴 책이라 하겠습니다.

이를 알아보기 위해 1권 56장을 살펴보겠습니다. "그 뒤 그는 동맹을 맺기 위해, 가장 강력한 헬라스 국가가 어느 나라인지 조사했다." 여기에 "조사했다"라는 말이 있습니다. 그리고 "알아냈다"는 말이 1권 65장과 69장에 나옵니다. "크로이소스는 당시 아테나이의 사정이 그러하다는 것을 알아냈다"(1권 65장). "이런 모든 정보를 알아낸

크로이소스는 사절단에게 선물들을 가지고 스파르테로 가서 동맹을 청하되 어떻게 말해야 하는지 일러 주었다"(1권 69장). 이를 통해 우리는 57장부터 64장까지, 66장부터 68장까지가 조사한 내용이라는 것을 짐작할 수 있습니다. 《역사》는 이러한 묶음의 연속입니다. 이를테면 서문과 맨 마지막이 가장 큰 동그라미이고 그 안에 작은 동그라미들이 연쇄를 이루는 구조입니다.

지금까지 《역사》의 서술방식에 대해 이야기했으니 이제 본문으로 들어가 보겠습니다. 우리가 먼저 읽어야 할 것은 '서문Proem' 입니다. 이를 영역본과 대조해서 보겠습니다.

이 글은 할리카르낫소스 출신 헤로도토스가 제출하는 탐사 보고서다. 그 목적은 인간들의 행적들이 시간이 지나면서 망각되고, 헬라스 인들과 비헬라스 인들의 위대하고도 놀라운 업적들이 사라지는 것을 막고, 무엇보다도 헬라스 인들과 비헬라스 인들이 서로 전쟁을 하게 된 원인을 밝히는 데 있다.

This is publication of the inquiry of Herodotos of Halicarnassus, which he presents in the hope that the achievements of men should not be obliterated by time, nor that the great and wonderful deeds of both Greeks and barbarians should be without their due fame, and also for what reason they fought each other.

_《역사》, 서문

우리말로 된 것은 두 문장이지만, 원래 희랍어 원문은 한 문장으로 되어 있고 영역본은 그걸 살려서 옮겨 놓은 것입니다. 퍼블리케이션 publication은 공표, 보고, 발표라는 뜻입니다. 인콰이어리inquiry는 탐사한다, 조사한다는 뜻입니다. 히he는 헤로도토스를 가리킵니다. 자신을 3인칭으로 썼습니다. 호메로스의 《일리아스》에는 노래하는 시인이 누구인지 밝혀 있지 않습니다. 《일리아스》에서 노래하는 주체는 형식적으로 여신입니다. 그렇지만 《역사》는 탐구 보고서이기 때문에 누가 썼는지를 분명히 밝힙니다. 어치브먼트achievement는 정신적인 것과 물질적인 것을 망라한 업적, 오블리터레이트obliterate는 소멸하다, 디드deed는 행위라는 뜻입니다. 바바리언barbarian은 보통 야만인으로 옮기는데 여기서는 그렇게 해서는 안 됩니다. 고대 희랍 세계에서는 헬라스 말을 쓰지 않는 사람들을 바바리언이라고 불렀습니다.

이 서문은 크게 세 덩어리로 이루어져 있습니다. 처음 부분에서는 이 책이 탐사 보고서인 점을 밝히고, 둘째 부분에서는 소극적인 목적 두 가지를, 마지막 부분에서는 적극적인 목적 한 가지를 이야기합니다. "인간들의 행적들"과 "위대하고도 놀라운 행위"를 기록하는 것이 소극적인 목적이라면, "헬라스 인들과 비헬라스 인들이 서로 전쟁을 하게 된 원인을 밝히는" 것은 적극적인 목적입니다. "원인"은 희랍어로 아이티아aitia입니다. 원인 이외에도 탓, 책임 등의 뜻을 가집니다. 1권 1장에는 "페르시아 학자들에 따르면, 헬라스 인들과 비헬라스 인들이 반목하게 된 것은 포이니케 인들 탓이라고 한다"라는 문장이 있는데 바로 그럴 때 쓰는 말입니다.

앞서 목차에서 살펴보았듯이 1권 1장부터 4장까지는 신화를 기록한 것입니다. 1권 5장을 보면 "이상이 페르시아 인들과 포이니케 인들의 주장이다. 하지만 나는 사실은 이랬느니 저랬느니 꼬치꼬치 따지고 싶지 않다. 대신 내가 알기에 헬라스 인들에게 맨 처음으로 적대 행위를 시작했음이 분명한 남자에 관해 이야기하고자 한다"라는 말이 나옵니다. 즉 여기서부터 사실이라고 말하는 것입니다. 헤로도토스는 자기 눈으로 확인하지 못한, 전해 들은 이야기도 기록합니다.

신화와 사실 둘 다를 이야기합니다. 왜 그랬을까요? 그는 인간이 이 두 가지를 통해 움직인다고 생각했는지도 모릅니다. 인간은 항상 합리적으로 판단하고 행동하는 존재가 아닙니다. 사람을 움직이게 하는 것 중에는 신화적인 것도 있으며, 우리 안에 있는 알 수 없는 편견이 우리의 행동에 큰 영향을 미치기도 합니다. 헤로도토스는 그런 것까지 생각하고 있었는지도 모르겠습니다.

지금까지는 이 책이 가진 형식적인 특징과 서문에 대해 이야기했습니다. 다음에는 페르시아 전쟁의 대결 국면들을 집중적으로 살펴보겠습니다. 대결 국면들 중에서 중요한 것들은 마라톤 전투와 살라미스 해전입니다. 우선은 이 두 전투가 어떻게 전개되었는지를 살펴보고, 이어서 이 두 전투를 치르면서 희랍인들이 사용한 도구와 그 도구를 둘러싼 정치체제에 대한 관념, 나아가 그 관념이 서구 사회에서 어떻게 관철되었는지를 검토하겠습니다.

페르시아 인들은 아테나이 인들이 뛰어오는 것을 보자 받을 준비를 하며 그들이 전멸하고 싶어 발광하는 줄 알았다. 수적으로 열세인 데다 기병대와 궁수들의 지원도 받지 않고 달려오고 있었던 것이다. 페르시아 인들은 그렇게 생각했다. 그러나 아테나이 인들은 페르시아 인들과 맞붙어 싸우게 되자 훌륭하게 싸웠다. 우리가 알기에, 그들은 적군을 향해 뛰어서 돌격한 최초의 헬라스 인들이었고, 페르시아 풍의 옷과 그것을 입고 있는 자들을 보고도 참고 버틴 최초의 헬라스 인들이었기 때문이다. 그때까지 헬라스 인들은 '페르시아 인들'이라는 말만 들어도 주눅이 들었기에 하는 말이다.

_《역사》 6권 112장

《역사》 6권 102장부터 117장까지는 마라톤 전투에 관한 서술입니다. 그런데 헤로도토스는 이 전쟁에서 사용한 무기나 진법에 대해서는 상세하게 서술하지 않았습니다. 이에 대해 보충 설명을 하자면, 위의 인용문에서 페르시아 인들이 맞닥뜨린 것은 희랍의 '팔랑크스 phalanx' 대형입니다. 창과 방패로 중무장한 보병들이 어깨를 걸고 나란히 서서 서로를 지켜주면서 적진을 향해 나아가는 대형입니다. 위의 인용문에서 "최초의 헬라스 인들"이라는 표현이 중요합니다. "그때까지 헬라스 인들은 '페르시아 인들'이라는 말만 들어도 주눅이 들었"지만 마라톤 전투에서 승리함으로써 전쟁의 주도권을 잡기 시작했기 때문입니다. 6권 117장을 보면 "마라톤 전투에서 페르시아 측은 약 6천400명이 전사하고, 아테나이 측은 192명만이 전사했다"라고 쓰여 있습니다. 이처럼 아테나이 인들은 마라톤 전투에서 페르시아에 대한 두려움을 극복하고 실질적인 전과를 만들어 냈습니다. 이는 문명사적으로도 중요한 사건으로 여겨집니다. 후대의 많은 이들이 마라톤 전투는 역사상 처음으로 서양이 동양을 이긴 기념비적 전투라고 합니다. 그러나 사실 마라톤 전투와 살라미스 해전, 알렉산드로스의 동방 원정은 세계사에서 아주 예외적인 사건입니다. 17세기 이전에는 서양과 동양이 싸우면 대부분 동양이 승리를 거두었습니다. 왜 그랬을까요? 그건 잘 조직된 군대와 앞선 무기 체계 때문입니다. 이미 중국에서는 진秦나라 시대(BC 221~BC 206)에 당시로는 최첨단 무기인 석궁을 국가에서 만들어, 훈련받은 군인에게 일괄적으로 지급했습니다. 전제 정치체제 속에서 노예와 다름없는 군인에게 표준화된 무기를 제공하고 진법 훈련을 시켰던 것입니다. 따라서 각자 알아서 무기를 챙기고 전투에 나서는 서양의 군대가 고도로 조직화된 동양 군대를 이기는 건 매우 어려운 일이었습니다.

팔랑크스 대형은 밀집 대형입니다. 이 대형으로 전투에 나선 사람들을 호플리테hoplite(중장 보병)라고 부르는데, 이들은 평상시에는 농부(자작농)로 생활하다가 전쟁이 나면 자신의 능력껏 무기를 마련해서 참전했습니다. 중장 보병은 투구를 쓰고 정강이받이를 차고 창과 방패 — 이 방패는 희랍어로 호플론hoplon이라 하는데 이 말에서 호플리테라는 말이 나왔습니다 — 를 들고 있습니다. 이러한 무기를 마련할 능력이 없는 사람들은 조잡한 무기를 들고 경장 보병으로 전투에 나섰습니다. 중장 보병은 희랍의 시민으로서 자신의 땅을 지키기 위해 전쟁에 나섰고 그만큼 죽기 살기로 싸웠습니다.

마라톤 전투의 승리는 아테나이 인들의 자신감을 한껏 올려 주었습니다. 각자 무기를 마련하고 팔랑크스 대형을 통해 페르시아 제국의 조직화된 군대를 이겼으니 의기양양을 넘어 기고만장해졌을 것입니다. 아이스퀼로스(BC 525?~BC 456)의 비극 중에 페르시아 전쟁에 관해 쓴 〈페르시아 인들〉(BC 472)이라는 작품이 있습니다. 이 작품은 살라미스 해전에 참전한 아이스퀼로스가 자신의 경험을 바탕으로 쓴 것입니다. 보통 비극은 신화의 한 대목을 소재로 삼는데 이 작품은 역사적 사건을 소재로 삼았습니다. 이 비극을 본 관객은 대부분 참전용사였을 것이므로 상연장의 분위기는 한마디로 흥분과 열광의 도가니였을 것입니다. 우리에게는 예술작품이지만 당시에는 생생한 전쟁 체험의 선전물이었다고 할 수 있습니다.

팔랑크스는 밀집 대형이므로 왼손에 든 방패는 내 몸의 절반만 가리고 나머지 절반은 옆에 있는 사람의 방패가 가려 줍니다. 따라서 죽기 싫으면 내 옆에 있는 사람의 왼편에 붙어야 하므로 팔랑크스가 자꾸 오른쪽으로 휘게 됩니다. 이런 대형을 갖추고 벌이는 전투의 승리는 지속성과 병력 수로 결정됩니다. 집단의 지구력이 승패를 갈라 놓으므로 많은 체력이 소모됩니다. 그래서 짧은 시간 안에 승패가 결정됩니다. 또한 대규모 병력으로 대형을 짜야 하므로 평지에서만 구사할 수 있습니다. 그런데 희랍은 대부분의 지역이 산이므로 전투가 가능한 공간은 제한적일 수밖에 없습니다. 이렇게 한 덩어리 상태로 밀고 나아가는 희랍의 팔랑크스는 나중에 공화정 시대의 로마 군대로 이어지기도 합니다. 이들 중장 보병에게는 튀모스thymos라는 특성이 필요합니다. 튀모스는 우리말로 대개 '용기'나 '격정'으로 옮기지만 사실 희랍에서 이 말은 적을 끝내 죽이고야 말겠다는 매우 공격적인 의미로 사용되었다고 할 수 있습니다. 각자 무기를 마련한 시민, 즉 호플리테는 팔랑크스라는 대형으로 뭉쳐서 이러한 투지를 가지고 움직였고, 그것을 기르기 위해 희랍의 젊은이들은 김나시온gymnasion이라는 체육장에서 훈련했습니다. 아테나이에서 시민 교육은 플라톤이 만든 아카데미아Academia 같은 곳이 아니라 파이데이아paideia라는 곳에서 이루어졌습니다. 전쟁에서 승리한 중장 보병들 사이에는 남다른 전우애가 생겼는데 이것이 바로 아테나이 인들이 생각한 '우정'입니다. 빅터 데이비스 핸슨은 《살육과 문명》(푸른숲, 2002)에서 아테나이 인들의 전면적인 살육은 그들 자신이 이러한 우정으로 똘똘 뭉쳐 싸울 수 있는 훈련을 받았기 때문에 가능한 일이었다고 말하기도 했습니다. 마라톤 전투에 참여한 중장 보병은 튀모스를 가지고 싸웠고 그 결과 페르시아 인들을 전면적으로 살육했습니다. 그리고 이 전투에서 얻은 자부심은 향후 아테나이의 정신을 이끌어 가는 밑바탕이 되었습니다.

이번에는 테르모퓔라이 전투를 살펴봅시다.

테르모퓔라이에서 페르시아 왕을 기다리던 헬라스 인들은 다음과 같다. 중무장 보병에 관해 말하자면 스파르테에서 300명, 테게아와 만티네이아에서 각각 500명씩 도합 1천 명, 아르카디아의 오르코메노스에서 120명, 나머지 아르카디아 지방에서 1천 명이 파견되었다.

_《역사》 7권 202장

이 전투에는 스파르테 말고 헬라스의 다른 나라들도 참전했습니다. 이 전투에 앞장선 스파르테의 왕 레오니다스는 플루타르코스(46~120)의 《플루타르코스 영웅전》(105?~115?)에 나오는 유명한 왕입니다.

"[…] 저들은 목숨을 걸고 싸우러 갈 때는 머리를 손질하는 버릇이 있사옵니다. 하오나 알아두소서. 전하께서 저들과 스파르테에 아직 남아 있는 자들을 제압하신다면, 팔을 들어 전하에게 맞설 민족은 세상 어디에도 없사옵니다. 전하. 지금 전하께서 공격하시려는 것은 헬라스에서 가장 아름다운 왕국이요 가장 용감한 전사들이기 때문이옵니다."

_《역사》 7권 209장

페르시아의 왕에게 스파르테 인들이 얼마나 용기 있는 사람들인지 설명하는 부분입니다. 테르모퓔라이 전투가 끝난 다음에 전사자들을 기리는 비가 세워졌습니다.

쓰러진 곳에 그들은 묻혔다. 그리고 그곳에는 이들과, 레오니다스가 일부 동맹군들을 떠나보내기 전에 전사한 이들을 위해 다음과 같은 명문이 새겨진 기념비가 세워졌다.

"이곳에서 전에 펠로폰네소스에서 온 4천 명이

3백만의 적군과 맞섰노라."

_《역사》 7권 228장

위의 두 구절은 참전자 모두를 기리는 명문이고, 스파르테 인들만을 위한 명문은 다음과 같습니다.

"지나가는 나그네여, 가서 라케다이몬 인들에게 전해 주시오.
우리가 그들의 명령을 이행하고 이곳에 누워 있다고."

_《역사》 7권 228장

위의 인용에서 두 번째 비명이 중요합니다. 여기서 "명령"은 법과 같은 말입니다. 그래서 어떤 번역본에서는 법으로 옮기기도 합니다. 이 법을 제정한 사람은 《플루타르코스 영웅전》에도 등장하는 뤼쿠르고스입니다. '라케다이몬'은 스파르테 인이 자신을 가리키는 말로서 그들이 살았던 라코니아라는 지명에서 나온 것입니다. 영어 단어 라코닉laconic은 '말을 많이 하지 않는' 혹은 '할 말만 하는'이라는 뜻인데, 이는 라코니아 사람, 즉 스파르테 인의 특징에서 나온 것입니다. 과묵하지만 강단이 있는 사람을 가리킬 때 이 말을 쓸 수 있겠습니다. 반대로 아테나이 인들은 수다스러웠다고 할 수 있습니다. 스파르테 사람들의 특징을 《역사》는 다음과 같이 적어 놓았습니다.

"라케다이몬 인들은 일대일로 싸울 때는 누구 못지않게 잘 싸우지만 집단으로 싸울 때는 세상에서 가장 용감하옵니다. 그들은 자유롭지만 전적으로 자유롭지는 않사옵니다. 그들의 주인은 법이며, 그들은 전하의 신하들이 전하를 두려워하는 것 이상으로 법을 두려워하옵니다. 아무튼 그들은 법이 명하는 대로 행동하는데, 법의 명령이란 언제나 같사옵니다. 즉 아무리 많은 적군을 만나더라도 싸움터에서 도망치지 말고 대열을 지키며 버티고 서서 이기든 죽든 하라는 것이옵니다. 제가 드리는 말씀이 허튼소리로 들리신다면 이제부터는 입 다물겠나이다."

_《역사》 7권 104장

군국주의적인 성향이나 전체주의적인 취향을 가진 사람들은 이 구절을 아주 좋아할 것입니다. 그래서 오랫동안 스파르테는 많은 독재자들과 노예적인 심성을 가진 사람들의 이상향으로 여겨져 왔습니다. 테르모퓔라이 전투에서 스파르테는 패배했습니다. 그러나 그들은 부끄러워하지 않았습니다. 전쟁에서 지고 살아 돌아오는 것보다는 그것이 훨씬 더 명예로운 것으로 간주되었기 때문입니다.

살라미스 해전은 전략적으로 중요한 전투입니다. 이 해전은 페르시아 전쟁을 종결지었고 그 이후로 희랍 세계에는 커다란 변화가 일어났습니다. 같은 '페르시아 전쟁'에서 벌어진 전투지만 마라톤 전투와 살라미스 해전은 전술적으로 다릅니다. 또한 두 전투에 들어 있는 의미도 상당히 다릅니다. 마라톤 전투에서는 중장 보병의 팔랑크스가 평원에서 싸웠지만, 살라미스 해전에서는 경장 보병이 탑승한 전함이 바다에서 싸웠습니다. 3단 노를 사용해서 빠른 속도로 움직일 수 있는 이 전함에는 노잡이 170명과 갑판 위에서 적을 처치하는 해병 30명, 즉 200명 정도의 군인이 타고 있었습니다. 당시 아테나이의 집정관이었던 테미스토클레스는 이런 규모의 전함을 200척 건조해서 페르시아의 침략에 대비했습니다. 그런데 전쟁 중에 4만 명(200명×200척)을 모으는 건 쉬운 일이 아니었으므로 국가 차원에서 월급을 주고 군인을 고용할 필요가 생겼으며, 돈을 벌기 위해 배에 올라탄 사람들 대부분은 자기 땅이 없는, 즉 무기를 소유할 능력이 없는 경장 보병이었습니다. 이로써 중장 보병에 밀려 시민으로서의 발언권이 세지 않았던 경장 보병이 전쟁의 주역이 될 기회가 마련되었습니다. 이는 전쟁이 끝난 후의 아테나이 정치에 중요한 요소로서 작용하게 됩니다.

이번 격전에서 다레이오스의 아들이자 크세르크세스의 동생으로 장군이었던 아리아비그네스를 비롯하여 페르시아 인들과 메디아 인들과 다른 동맹국의 이름 있는 자들이 다수 전사했다. 그러나 헬라스 인 측의 사상자는 그리 많지 않았다. 헬라스 인들은 헤엄칠 줄 알아, 타고 있던 함선이 파괴될 경우 백병전에서 살아남은 자는 살라미스로 모두 헤엄쳐 갔기 때문이다. 그러나 페르시아 인들은 대부분 헤엄을 칠 줄 몰라 바닷물에 빠져 죽었다. 가장 많은 함선들이 파괴된 것은 맨 앞에 배치된 함선들이 도주할 때였다.

_《역사》 8권 89장

제 4 강

마라톤 평원과 살라미스 앞바다에서 **페르시아를 물리친 희랍인들**은 이것을 '자유의 승리'로 규정한다. 승리는 그들에게 번영과 영광을 안겨 주지만 그들 사이에 깊은 불신과 공포를 불러일으키기도 한다. 이에 희랍인들은 뜻이 맞는 나라들끼리 동맹을 맺고 **패권을 향한 쟁투**를 벌이기 시작한다.

《역사》 8권 40장부터 115장까지는 살라미스 해전에 대한 이야기입니다. 배의 선체가 물에 잠기는 한계선을 '흘수선'이라 합니다. 배가 물에 많이 잠기면 안정적일 수도 있지만 동시에 위험할 수도 있습니다. 당시의 배는 3단 노와 흘수선과의 거리가 멀지 않기 때문에 옆에서 살짝만 충격을 주어도 가라앉았습니다. 그래서 해전에서는 배 앞에 '충각衝角'(충돌을 위한 뿔)을 달고 빠른 속도로 적의 전함을 들이받아서 사람들을 물에 빠뜨려 죽이는 방법을 썼습니다. 아테나이 군은 이렇게 물에 빠뜨린 페르시아 군 — 그들은 수영을 못했고 기다란 겉옷을 입고 있었습니다 — 을 배 위에서 창으로 찔러 죽였습니다. 이렇게 죽은 페르시아 군이 4만 명 이상입니다. 딱 잘라 말해서 대량학살전이었습니다.

앞서 말한 아이스퀼로스의 〈페르시아 인들〉의 한 대목을 봅시다.

코로스(우1)　뜻밖에 이런 흉보를 듣다니,
　　　　　　우리 노인들이
　　　　　　너무 오래 살았구나.

사자　　　　그리고 남에게 들은 것이 아니라 제가 현장에 있었기에,
　　　　　　페르시아 인들이여, 그곳에서의 재앙을 말할 수 있사옵니다.

코로스(좌2)　아아, 슬프고 슬프도다.
　　　　　　날아다니는 무기들이 서로 뒤섞여
　　　　　　아시아 땅에서 헬라스 땅으로 수없이
　　　　　　진격한 것도 모두 허사였구나.

사자　　　　살라미스 섬의 해안들과 그 인근 지역은
　　　　　　비명횡사한 자들의 시신으로 가득하옵니다.

코로스(우2)　아아, 슬프고 슬프도다.
　　　　　　소중한 이들의 시신이 바닷물에 잠겨
　　　　　　소용돌이치며 페르시아의 겉옷을 입은 채
　　　　　　이리저리 밀려 다닌단 말인가.

사자　　　　활은 아무 쓸모가 없었사옵니다. 군대가
　　　　　　함선들의 충각에 제압되어 전멸했사옵니다.

코로스(좌3)	오오, 가련한 페르시아 인들을 위해
	비통한 곡소리를 울려라.
	그들의 계획은 모두 물거품이 되고,
	아아 슬프도다. 군대는 전멸했구나.
사자	오오, 살라미스, 내게는 가장 듣기 싫은 이름이여.
	오오, 아테나이여, 너를 생각하면 한숨이 절로 나는구나.

_〈페르시아 인들〉, **263~285**행

위 구절은 페르시아 군 전령이 패배를 알리는 장면 다음에 나옵니다. 이 비극이 경연대회에서 우승할 당시의 코레고스choregos(연극 경연대회에서 극에 필요한 비용과 의상, 소품 등을 책임지던 부유한 시민들)가 페리클레스였습니다. 그는 폴리스의 자부심이 한없이 올라갔을 때의 사람입니다. 아테나이 시민들의 자부심은 더 말할 필요도 없을 겁니다. 에게 해의 패권을 잡았다는 느낌이 들었을 것입니다. "'페르시아 인들'이라는 말만 들어도 주눅이 들었"던 그들이 페르시아 인들을 몰살하였으니 말입니다. 그렇다면 아테나이 사람들의 자부심은 어디에서 생겨났을까요? 먼저 다음 구절을 읽어 보겠습니다.

5일 뒤, 소란이 진정되자 마고스들에게 반기를 들었던 자들은 사태를 논의하기 위해 모였다. 이 모임에서 연설들이 행해졌는데, 헬라스 인들 중에는 믿을 수 없다고 주장하는 자들이 더러 있기는 하지만, 그런 연설이 있었던 것은 확실하다. 오타네스는 나라의 통치를 페르시아 백성들에게 맡겨야 한다고 주장하며 다음과 같이 말했다. "이제 더 이상 우리들 가운데 한 사람이 독재자가 되어서는 안 된다는 것이 내 신념이오. 독재 정치란 즐거운 것도, 좋은 것도 아니기 때문이오. 캄뷔세스의 횡포가 얼마나 심했는지 여러분들도 알고 있을 것이며, 마고스의 횡포도 여러분들은 겪어 보았소이다. 아무 책임도 지지 않고 무엇이든 마음대로 할 수 있는 독재 정치를 어찌 좋은 제도라 할 수 있겠소?"

_《역사》3권 80장

이 구절은 희랍인들이 정치체제에 대한 개념을 가지고 있었음을 보여 줍니다. 계속 읽어 봅시다.

"민중 정치는 첫째, 법 앞에 만인이 평등하니 그 이름부터 가장 좋고, 둘째, 독재자가 하는 못된 짓을 하나도 하지 않소. 민중 정치에서 관리들은 추첨으로 선출되고 직무에 책임을 지며 모든 안건이 민회에 제출되오. 그래서 나는 우리가 독재정치를 철폐하고 민중의 힘을 늘리기를 제의하오. 국가는 민중에게 달려 있기 때문이오."

_《역사》3권 80장

세 번째로, 다레이오스가 일어나 다음과 같이 말했다. "나는 메가뷔조스가 민중에 관해 말한 것은 옳다고 생각하지만, 과두 정치에 관해 말한 것은 옳지 않다고 생각하오. 우리가 논의를 위해 문제의 세 정체政體들, 즉 민주제와 과두제와 군주제가 최선의 상태에 있다고 가정한다면 나는 군주제가 월등히 우수하다고 단언하오. 가장 탁월한 한 사람에 의한 지배보다 더 나은 것은 분명 없기 때문이오."

_《역사》3권 82장

이것은 페르시아가 군주정을 갖추게 된 경위를 밝히는 부분입니다.

실제로 페르시아 인들이 체제 개념을 가지고 있었는지는 모르겠지만, 적어도 희랍인들은 그것을 가지고 있었음을 알 수 있습니다. 아테나이 인들은 페르시아 전쟁에서 승리함으로써 민주정이 독재정을 이긴다는 생각을 하게 되었습니다. 즉 자신들의 정치체제에 대한 확신을 갖게 된 것입니다. 이것이 아테나이 인들이 페르시아 전쟁을 통해 얻은 체제 아이덴티티입니다. 스파르테 사람이건 아테나이 사람이건 그들은 자신들이 노예가 아닌 자유인이라는 것에 한없는 자부심을 가졌습니다.

"그대는 노예가 된다는 것이 어떤 것인지는 알아도, 자유가 무엇인지는 전혀 경험해 보지 않아 그것이 달콤한지 아닌지 모르신단 말이오. 그대가 자유를 경험했더라면 우리에게 창뿐 아니라 도끼를 들고 자유를 위해 싸우라고 조언했을 것이오."

_《역사》7권 135장

이 말은 페르시아 인들에게 항복을 권유받은 스파르테 인들의 대답입니다.

그런데 아테나이 인들은 헬라스의 자유를 지키는 길을 택해 페르시아에 부역하지 않은 나머지 헬라스 전체를 분기시킴으로써 신들의 도움으로 페르시아 왕을 물리쳤던 것이다. 그들은 무섭고 두려운 델포이의 신탁에도 불구하고 헬라스를 포기하지 않고 굳건하게 버티고 서서 침입자들을 맞아 싸웠다.

_《역사》7권 139장

이 구절은 헤로도토스가 《역사》를 통해 전하고자 하는 메시지이자 페르시아 전쟁을 서술한 궁극적인 계기로 보입니다. 아테나이 인들은 헬라스의 자유를 지키기 위해 두려움에 떨고 있는 나머지 헬라스 전체를 분기시켰으며, 아테나이는 이렇게 분노를 일으킴으로써 동맹을 만들어 냈고 이를 통해 에게 해의 헤게모니를 잡게 되었다는 것을 말하려 한 것입니다. 간단히 말해서 희랍 사람들의 '자유'에 관해 말합니다. 그렇다면 그 자유는 어떤 성격을 띤 것이었을까요? 윌리엄 맥닐은 《세계의 역사》에서 희랍 사람들이 팔랑크스를 통해 "근원적인 차원의 사회성"이 생겼다고 말합니다. 서로 힘을 합하여 어깨를 겯고 벌인 전투에서 승리함으로써 자신이 살고 있는 폴리스의 위대함을 느꼈고 그것이 개인의 자부심으로까지 연결된 것입니다. 이는 바로 자신의 폴리스에 헌신함으로써, 그리고 그러한 헌신을 바탕으로 굳게 뭉쳐서 싸움으로써 외부의 침략, 즉 페르시아의 압제에서 벗어났다는 의미입니다. 이는 개인주의적인 의미에서의 자유가 아닙니다. '체제에 헌신해서 얻은 자유'입니다. 그러나 이러한 자유도 얼마 안 있어 희미해집니다. 폴리스 안에서의 분열과 대립이 심각한 상태로 전개되기 때문입니다.

 페르시아 전쟁이 끝나고 아테나이에서는, 마라톤 전투에서 공을 세운 중장 보병과 살라미스 해전에서 공을 세운 경장 보병 및 해병 사이에 대립이 생겨났습니다. 구식 보병과 신식 해병, 자기 땅을 가진 농민(반농반상半農半商)과 가진 것 없는 가난한 노동자의 대립은 펠로폰네소스 전쟁기에 더욱 첨예해졌습니다. 물론 아테나이가 그런 두 집단으로만 나뉜 것은 아닙니다. 상인, 직인, 농민, 병사, 수병, 노예, 외국인, 지주, 소작인 등 다양한 계층 분화가 일어났습니다. 그렇지만 대체로 보아 부유한 보수주의자와 가난한 민주정 지지자로 나뉘었다고 보면 되겠습니다. 아테나이 민주정 절정기를 이끈 페리클레스는 구식 보병의 지지를 받은 귀족 출신이었지만, 그가 죽자 다시는 귀족 출신의 집정관이 선출되지 않았습니다. 페리클레스 다음으로 집정관이 된 클레온은 신식 해병의 지지를 받은 인물이었습니다. 사실상 이때에 이르러서야 본격적인 아테나이의 민주정이 시작됩니다. 신식 해병들은 가난한 사람들이었습니다. 그래서 아리스토텔레스(BC 384~BC 322)는 《정치학》(BC 1C)에서, 민주정은 빈민정으로도 불린다고 하였습니다. 고대 세계에서 민주정은 경멸적인 용어였습니다. 가난한 빈민이 머릿수로 밀어붙이는 게 민주정이었기 때문입니다. 이렇게 아테나이 내부에도 대립이 생겨나고 아테나이와 스파르테 사이에도 대립이 생겨나자 희랍 세계 전체가 분란에 휩싸이게 됩니다. 이것은 페르시아 전쟁이 가져다준 결과 중의 하나였습니다. 페르시아 전쟁을 통해 자유 개념을 깨닫고 에게 해의 헤게모니를 쥐게 된 아테나이는 나라 안에서는 민주정 체제를 유지했지만 대외적으로는 제국주의적인 행태를 일삼았기 때문입니다.

그러나 언제나 돈 욕심이 많은 테미스토클레스는 다른 섬들에도 페르시아 왕에게 보냈던 바로 그 사자들을 보내 돈을 요구하며, 만일 요구를 들어주지 않으면 자기가 헬라스 함대를 이끌고 와서 그들의 도시를 포위 공격해 함락할 것이라고 위협하게 했다. 이렇게 위협하여 그는 카뤼스토스 인들과 파로스 인들에게서 거액을 받아 내는 데 성공했는데, 이들은 안드로스가 페르시아에 부역한 탓에 포위 공격당하고 있고, 테미스토클레스가 헬라스의 장군들 중에 가장 명망이 높다는 것을 알고 겁이 나 돈을 보낸 것이다. [...] 그렇게 테미스토클레스는 안드로스 섬을 기지 삼아 다른 장군들 몰래 섬 주민들에게서 돈을 갈취했다.

_《역사》 8권 112장

테미스토클레스는 살라미스 해전의 영웅입니다. 나중에 그는 도편추방을 당했고, 《플루타르코스 영웅전》에 따르면 "추방 중 페르시아 왕과 내통하고 있다는 모함으로 사형선고를 받자 소아시아로 탈출, 페르시아의 아르타크세르크세스 1세 밑에서 여생을 보냈다"고 합니다. 아테나이 인의 전형을 보여 주는 테미스토클레스는 말을 잘하고 전술에 능했으며 배신을 일삼는 사람이었습니다. 우리는 소크라테스나 플라톤 같은 철학자들에 관한 이야기에 익숙해서 아테나이 사람들을 똑똑하고 착한 사람들이라고 생각하기 쉽습니다. 그러나 소크라테스를 사형에 처한 사람들이 바로 아테나이 사람들임을 생각해 보면 그들이 그렇지 않음을 금방 알 수 있습니다. 더욱이 이때는 아테나이 사람들이 페르시아 전쟁의 승리에 취해 있을 때입니다. 아테나이 인들은 스스로를 위대하다고 생각했습니다. 델포이 신탁도 그들의 승리를 알려 주지 못했으므로 왠지 지혜로운 사람이 된 것 같은 기분도 들고, 또한 에게 해의 패권을 잡았으니 무엇이든 이룩할 수 있다는 자신감도 생겼을 것입니다. 이런 자신감이 대외적으로는 제국주의적인 착취를 일삼게 한 것일 수도 있습니다. 그러나 동시에 이때는 폴리스의 위상과 부유함이 절정에 이르렀을 때이므로 문화와 예술도 최고조에 이르렀음을 알 수 있습니다. 물론 이러한 절정과 최고조는 그것에 이어지는 쇠락의 징후이지만 그 즐거움을 누리고 있을 때에는 그것이 쇠락의 징후임을 알아차리지 못합니다. 그리고 그러한 쇠락 바로 앞에서 그 문명은 유형 무형의 탁월한 성취들을 남겨 놓습니다.

고대 아테나이가 이룩한 성취를 이해하기 위해서 개념 하나를 설명하겠습니다. 그것은 '인공물'이라는 뜻을 가진 독일어 '쿤스트베르크Kunstwerk'입니다. 이 단어는 대개 '예술작품'으로 번역됩니다.

그러나 저는 이것을 '인공물'로 옮깁니다. 사람이 만들어 낸 것 일반을 가리키기 위해서입니다. 인공물은 인간이 신적인 위력이나 자연적인 위력에서 벗어나서 독자적인 세계를 구축할 수 있을 때 만들 수 있습니다. 이것은 대단히 어려운 일입니다. 예를 들어 기독교 문화에서 인간의 힘으로 뭔가를 만들었다 해도 그것이 신을 숭배하기 위한 것이라면 오로지 인간의 힘으로 가능한, 본래적인 의미의 인공물을 만들었다고 할 수 없습니다.

이 말은 19세기 스위스의 역사가 야콥 부르크하르트가 쓴 《이탈리아 르네상스의 문화》(한길사, 2003)에서 가져온 개념입니다. 희랍에서 만든 조각은 인간을 사실적으로 묘사하지 않았습니다. 조각에 나타난 인간의 모습은 가장 이상적인 황금 비율로 새겨졌습니다. 여기서 중요한 것은 아테나이 인들이 자신들의 손으로 이상적인 것을 만들 수 있다고 생각했다는 점입니다. 즉 그들은 시간의 변화에 의해 훼손되지 않는 이상적인 것을 생각했고 그것을 본떠서 뭔가를 만들 수 있다고 생각했습니다. 시간의 흐름에 따라 마모되지 않는 불변의 것, 이것을 찾는 것이 바로 과학입니다. 플라톤이 세운 아카데미아의 정문에는 "기하학을 모르면 들어오지 마시오"라고 쓰여 있었다는데, 여기서 기하학은 항상 그대로인 것을 찾는 학문입니다. 다시 말해 아카데미아 정문에 걸린 그 말은 불변의 것에 관심이 있는 사람만 들어오라는 뜻입니다.

아테나이 인들은 과학뿐만 아니라 국가도 인공물이라고 생각하였습니다. 《이탈리아 르네상스의 문화》에는 "인공물로서의 국가"라는 말이 나옵니다. 부르크하르트는 인공물을 "계산적으로 의식된 창작물"이라고 정의했습니다. 인간이 자각적으로 계산해서 만들어 낸 창작물로서의 국가라는 개념의 맹아는 페르시아 전쟁에서 승리한 아테나이 인들이 싹틔웠고, 훗날 르네상스는 바로 이 인공물 개념을 부활시켰습니다. 르네상스의 인문주의는 정확히 말하면 인간 중심주의이고, 그것은 인간이 세계를 만들어 낸다는 뜻입니다. 또한 르네상스 시대에는 전쟁도 인공물로서의 전쟁이 되었습니다. 부르크하르트의 책에서 마키아벨리 관련 부분을 보면, "한 나라를 구성해 낼 수 있다고 생각했던 모든 사람 가운데서 마키아벨리는 단연 위대한 사람이었다"라는 구절이 있습니다. 이 말은 마키아벨리가 인공물로서의 국가를 생각했다는 뜻입니다. 마키아벨리는 자신의 조국 피렌체에는 건국 신화가 필요 없다고 말했습니다. 인간이 국가를 구성한다는 이 생각은 근대 국가의 기본 정신이 되었습니다.

 이것을 보면 아테나이가 성취한 생각의 싹이 서양 사람들에게 얼마나 오랫동안 그 맥을 이어 왔는지 알 수 있습니다. 조금 과장해서 말하자면 인공물 개념, 즉 사람이 세계를 만들었다는 생각을 알지 못하면 서양의 역사와 예술, 철학과 과학을 깊이 이해할 수 없습니다. 인공물 개념은 사람이 하는 일의 위대함을 드러냅니다. 이것이 아테나이가 남겨 놓은 중요한 정신사적 업적입니다.

 아시아의 강대국 페르시아와의 전쟁에서 이겼다고 하지만 그것으로써 희랍 세계의 평화가 곧바로 찾아온 것은 아닙니다. 아니 어쩌면 이제부터 또 다른 어려움이 닥칠지 모릅니다. 전쟁에서의 승리감이 희랍 세계에 넘쳐났지만 부강해진 폴리스들은 서로가 서로를 견제하는 세력 관계를 형성하게 됩니다. 이 과정에서 차츰 어떤 알력이 생겨납니다. 이것만이 아닙니다. 전쟁은 인간의 심성을 피폐하게 합니다. 다른 나라의 예를 들 것도 없습니다. 당장 우리가 살고 있는 한국 사회를 떠올려 봅시다. 아직 우리 사회는 60여 년 전에 벌어진 한국 전쟁의 흔적에서 벗어나지 못하였습니다. 청소년 시절에 전쟁의 참상을 겪은 이들은 희미하게라도 그 영향 아래에 있습니다. 대립하는 체제는 곳곳에서 파열음을 내며 우리 사회의 근본적인 고통의 원인 중 하나가 되고 있습니다. 전쟁의 영향력은 그만큼 크고도 깊습니다.

 페르시아 전쟁이 끝난 뒤 얼마 지나지 않아 희랍 세계는 심각한 내전으로 들어서게 됩니다. 펠로폰네소스 전쟁이 그것입니다. 이 전쟁이 한창일 때 쓰인 텍스트 중의 하나는 플라톤(BC 428?~BC 347?)의 《국가》(BC 380~BC 370)입니다. 플라톤의 이 대화편은 올바름이 무엇인지, 그러한 올바름을 실현하려면 어떠한 공동체를 이룩해야 하는지를 탐색하는 책입니다. 그런데 이 대화편을 읽다 보면 당시의 전쟁이 얼마나 잔혹한 것이었는지를 짐작하게 하는 구절들을 만나게 됩니다. 하나만 예로 들어 보겠습니다.

"그러므로 시체를 벗기는 짓과 적이 시신을 갖고 가는 걸 방해하는 짓은 그만두어야 하는가?"
"단연코 그만두어야만 합니다."

_《국가》 469e

 희랍에서는 시신을 땅에 묻지 않으면 큰 죄를 짓는 것이었습니다. 전투가 끝나면 양편의 군대가 뒤로 물러나 자기 편의 시신을 수습하는 절차가 있었습니다. 그런데 펠로폰네소스 전쟁을 거치면서 그런 규범이 사라져 버렸습니다. 그만큼 전쟁의 양상이 잔인하고 살벌해진 것입니다. 플라톤은 이민족과 싸우는 건 '전쟁'이지만 동족끼리 싸우는 건 '내분'이라고 용어를 달리해서 말했습니다. 그 역시 동시대에 일어난 사태를 인식하고 있었던 것입니다. 그런데 이 '내분'에서는 시체를 모욕해서는 안 된다는, 동족으로서 지켜야 할 최소한의 규범마저도 훼손되어 버렸던 것입니다. 바로 앞에서 말했듯이 한국 사회도 60여 년 전에 동족끼리의 내분을 겪었습니다. 그 내분에서 벌어졌던 잔혹한 일들을 떠올려 봅시다. 우리는 이 점을 각별히 염두에 두면서 《펠로폰네소스 전쟁사》를 읽어 나가기로 하겠습니다. 이 시대의 희랍의 역사와 지중해 세계의 변화를 살펴보는 것도 중요하겠습니다만 그와 동시에 이 전쟁이 사람들의 삶(생활세계)과 심성구조를 어떻게 변화시켰는지도 각별히 눈여겨보는 것이 좋겠습니다. 또한 이러한 변화들의 총체적 산물로 등장한 전쟁 이후의 세계는 어떠한지도 잘 검토해 봅시다.

제 5 강

한편에는 아테나이 쉬마키아가, 다른 한편에는 펠로폰네소스 쉬마키아가 있다. 이 두 동맹은 전쟁을 시작한다. **투퀴디데스**는 이 전쟁의 경과를 기록함과 동시에 인간 활동의 법칙을 찾고자 《**펠로폰네소스 전쟁사**》를 쓴다. 이로써 **역사가의 반성적 과제**를 수행한 투퀴디데스는 '역사학'의 아버지로 불리게 된다.

책을 읽어 보면 알겠지만 투퀴디데스Thoukydides(BC 460?~BC 400?)의 《펠로폰네소스 전쟁사Ho Polemos Ton Peloponnesion Kai Athenaion》(BC 431)에는 연설문과 전쟁 뒤처리에 대한 얘기가 많습니다. 연설문은 이 책의 중요한 텍스트 자료입니다. 전쟁 뒤처리는 전쟁 방식의 변화와 관련됩니다. 이것과 관련해서도 한국전쟁을 생각해 봅시다. 한국전쟁에서 비롯된 증오가 아직도 완전히 해소되지 않은 건 이 전쟁이 굉장히 잔인하게 진행되었기 때문입니다. 남과 북의 군인들끼리만 싸운 것이 아니라 같은 마을에서도 일종의 '작은 전쟁'들이 벌어졌습니다. 평소에 잘 알고 지내던 사람들끼리 그랬으니 원한이 사무치고 넘쳐 났습니다. 한국전쟁을 연구하는 이들은 전선戰線이 톱날처럼 들쭉날쭉했다는 점에서 한국전쟁을 '톱날 전쟁'이라고도 부릅니다. 한마디로 다양한 이유로 서로 적대하는 집단들이 한반도 여러 지역에 가득 차 있었던 것입니다. 《마을로 간 한국전쟁》(돌베개, 2010) 같은 책을 보면, 좌익 편에 섰다가 몰살당한 이들의 후손들이 아직도 고향을 방문할 수 없다는 이야기가 나옵니다. 아주 큰 상처가 여전히 남아 있는 것입니다. 똑같은 것은 아니지만 동족끼리의 전쟁, 즉 '내분'이었다는 점에서 펠로폰네소스 전쟁도 비슷한 양상으로 전개되었고 마찬가지의 흔적을 남겼습니다. 3년도 아닌 27년간의 내분이었으니 그 흔적은 더욱 깊었습니다. 전쟁이 시작될 무렵에 태어난 아이들이, 전쟁이 끝나기 전에 전사하는 일이 생겨났습니다. 전쟁 시기 아테나이에서는 성인이 되기 전에 아버지를 잃은 아이들이 절반 이상이었다고 합니다.

 그러면 이 전쟁을 자세히 살펴보기 위해서 다시 한번 에게 해를 들여다봅시다. 에게 해는 크게 4개의 세력권으로 나눌 수 있습니다. 왼쪽 아래를 보면 펠로폰네소스 반도(스파르테, 아르고스, 코린토스 등)가 있는데 이곳에 살았던 사람들은 도리아 방언을 사용했습니다. 거기서 조금 오른쪽 위로 가면 앗티케 반도(아테나이, 테바이, 메가라 등)가 보이는데 이곳에서는 이오니아 방언을 사용하였습니다. 다음으로 아테나이의 세력권 안에 있었던 소아시아 연안의 섬들(레스보스, 키오스, 사모스, 로도스 등)과 예전에는 뤼디아 영토였던 소아시아의 서부 지역도 각각 하나의 세력을 형성하고 있었습니다. 이들 4개의 세력권에는 속하지 않지만 이탈리아 반도 아래쪽에 있는 시칠리아 — 희랍어로는 '시켈리아'라고 합니다 — 섬도 중요한 전투가 벌어진 장소입니다. 지금 우리는 에게 해와 이탈리아 반도 주변의 바다를 지중해 일부로 생각하지만 당시 사람들은 이 지역을 세계 전체로 인식하였습니다. 그리고 오늘날 미합중국이 전 세계 바다를 영역을 나누어 관할 — 이를 테면 한국은 미합중국 해군 7함대 관할구역 안에 들어 있습니다 — 하듯이, 해군력이 강한 아테나이가 펠로폰네소스 반도 이외의 지역을 각각의 세력권으로 나누어서 관리하였습니다.

페르시아 전쟁이 끝난 후 아테나이는 페르시아의 위협으로부터 희랍 세계를 지키겠다는 명분으로 주변 폴리스들과 이른바 델로스 동맹을 맺었습니다. 그런데 델로스 동맹이라는 용어는 델로스 섬에 공통 금고가 있었음을 고려하여 오늘날 우리가 사용하는 말이고 당시에는 '쉬마키아symmachia'라고 불렀습니다. 쉬마키아를 우리말로 옮기면 '싸움에서의 협력', '공격과 수비를 함께 하는 공수 동맹', 혹은 '아테나이 사람들과 그들의 동맹국'이라 할 수 있습니다. '방어 동맹'은 '에피마키아epimachia'라 불렀습니다. 아테나이는 쉬마키아를 통해 제국주의 정책을 펼쳤습니다. 즉 동맹국을 보호한다는 명분으로 돈을 걷는 정책을 펼친 것입니다. 쉬마키아가 구성되려면 일단 헤게모니가 관철되어야 합니다. 오늘날 헤게모니라는 말은 별다른 기준 없이 우위를 가리킬 때도 사용되지만 희랍어 '헤게모니아 hegemonia'는 '군사적 우위 확보'라는 의미를 가지고 있었습니다. 아테나이는 다른 폴리스의 군대를 움직일 수 있는 권한, 즉 전시 작전권을 가지고 있었던 것입니다.

아테나이 쉬마키아를 이해하기 위해서 한국과 미합중국의 군사 동맹을 예로 들어 봅시다. 한국과 미합중국은 해마다 연례 국방장관 회의라는 걸 합니다. 미합중국의 기본적인 세계 전략은 아테나이와 마찬가지로 제국주의라 할 수 있습니다. 국내 정치에서는 민주정을 채택하지만 국제정치의 국면에서는 군사적 우위를 바탕으로 한 제국주의적 전략을 채택합니다. 아테나이가 동맹국의 주권을 인정 — 그런 점에서 '연방'과는 구별됩니다 — 하는 대신 전시 작전권과 회의 주재권을 가졌듯이, 일종의 '미합중국 쉬마키아' 안에 들어 있는 한국은 동맹국으로서의 주권은 인정받고 있지만 전시 군사작전권은 가지고 있지 않습니다. 이처럼 헤게모니를 유지하는 첫째 요소는 군사적 우위입니다.

둘째 요소는 시장입니다. 시장은 헤게모니를 바탕으로 만들어집니다. 스파르테인들은 자신보다 20배나 많은 노예를 부리며 자급자족하는 삶을 살았기 때문에 국제적인 교역의 필요성을 절실하게 느끼지 않았습니다. 이와 달리 아테나이는 해상 세력이었기 때문에 헤게모니를 바탕으로 시장을 만들어 냈습니다. 《일리아스》에 나오는 아카이오이 족은 바다 상인이었습니다. 그런데 이들 바다 상인과 해적은 별다른 차이가 없습니다. 배를 타고 평화롭게 무역을 하면 상인이고, 이들이 자신들을 지키기 위해 무기를 가지고 다니면서 다른 배나 나라를 약탈하면 곧바로 해적이 되는 것입니다. 아테나이 쉬마키아에서는 동맹국이나 동맹국의 배가 약탈당하면 아테나이가 쫓아가 응징하였습니다. 즉 군사적 우위를 기반으로 하여 시장을 유지했던 것입니다.

오늘날에도 한 나라의 영해 바깥은 공해空海입니다. 공해는 어느 나라의 바다도 아닙니다. 그러나 공해에 배 하나가 떠 있다면 그 배의 공간은, 그 배가 속한 나라의 땅으로 간주됩니다. 가령 태극기를 단 선박이 공해에 진입하면 그 배는 한국의 영토로 인정됩니다. 따라서 다른 국가의 선박이 한국 선박을 공격하면 한국을 침략한 것으로 간주됩니다. 그렇다고 이런 사태를 막기 위해서 한국 군함이 모든 한국 선박을 호위할 수는 없습니다. 지금과는 비교할 수 없는 위험과 엄청난 돈이 필요할 것이기 때문입니다. 그러니 누군가가 전 세계의 바다를 관리하고 질서를 지키는 일종의 해양경찰 업무를 맡을 필요가 있습니다. 이 일은 전 세계 바다를 관할하는 미합중국의 함대가 수행하고 있습니다. 아테나이가 그랬던 것처럼, 원칙적으로는 미합중국이 막강한 해군력을 통해 전 세계 바다를 관리하기 때문에 여러 나라의 배들이 전 세계 바다를 다닐 수 있는 것입니다. 미합중국의 헤게모니를 인정하는 나라들은 이것을 믿고 세계시장에서 장사를 합니다.

헤게모니를 유지하는 셋째 요소는 문화입니다. 비유를 들어 보자면 쉬마키아는 단순히 가맹비 내고 장사하는 프랜차이즈 사업이 아닙니다. 프랜차이즈라 해도 그 나름의 문화가 있습니다. 쉬마키아를 유지하려면 그것을 인정하는 국가의 구성원들에게 '이것이 좋은 것'이라는 심정을 심어 주어야 합니다. '아메리카나이즈 americanize' 라는 말이 있습니다. 미합중국의 관습과 문화, 사고방식을 받아들여서 자기 삶에 적용하는 것을 가리킵니다. 사전을 찾아보면 '앗티카이즈 atticize' 라는 말도 있습니다. 아테나이가 있는 곳이 앗티케 반도였으므로 이 말은 '아테나이 식으로 하다' 라는 뜻으로 이해할 수 있습니다. 이 말은 바로 아테나이의 문화적 헤게모니를 가리키는 것입니다. 그러므로 당시 아테나이의 문화는 에게 해에서 일종의 표준으로 작용하였음을 알 수 있습니다.

역사상 수많은 강대국이 있었지만 쉬마키아의 세 요소를 모두 확보한 나라는 드물었습니다. 한반도에는 미합중국 쉬마키아의 세 요소가 모두 관철되어 있습니다. 대한민국과 북한 모두에 그렇습니다. 북한이 미합중국과 대립각을 세우고 핵무기를 개발하지만, 그것 역시 어떻게 해서든지 미합중국의 양해를 받아 세계로 나아가려는 협상 과정에서 들고 나온 것입니다. 아무리 '자주' 를 외치고 대립각을 세운다 해도 그 틀에서 움직이고 있는 것입니다. 한반도는 지정학적으로 주변 강대국과의 관계에서 벗어나서 살 수 없습니다. 남북통일을 논의하는 것도 '6자 회담'이라는 틀 안에서 합니다. 한국과 북한이 통일의 당사자이지만 미합중국, 중국, 러시아, 일본 등과 의논을 해야 하는 것입니다. 이것은 거의 역사적 필연에 가깝고 우리에게 주어진 구조적인 틀입니다. 이처럼 우리가 처한 사태를 현실 정치와 국제정치의 맥락에서 볼 때에만 우리는 우리의 역사를 어떻게 이해해야 하는지, 어떤 방향으로 밀고 가야 할지를 파악할 수 있습니다. 그리고 그러한 이해와 파악에는 과거 아테나이 쉬마키아에 대한 이해가 도움이 되는 것입니다.

앞서 말하였듯이 아테나이는 에게 해에서 자신들의 세력을 확장해서 제국을 이룩하였습니다. 이는 희랍의 다른 폴리스들에게 위협적인 요소가 되었으며, 이것이 펠로폰네소스 전쟁의 '깊은 원인'이라 할 수 있습니다.

> 그러나 진정한 원인은 사실 눈에 보이지 않는 곳에 있다고 나는 생각한다. 말하자면 아테나이의 세력 신장이 라케다이몬 인들에게 공포감을 불러일으켜 전쟁을 불가피하게 만들었던 것이다. 그러나 양쪽이 공공연하게 제기한 휴전협정 파기와 선전포고의 원인은 다음과 같다.
>
> _ 투퀴디데스, 《펠로폰네소스 전쟁사》 1권 23장

아테나이 쉬마키아가 세력을 넓혀 가자 스파르테(라케다이몬)와 그 동맹국들은 두려움을 느꼈습니다. 단순히 심리적인 두려움이 아니라 쉬마키아의 구성 요소를 포함한, 구조적인 두려움입니다. 투퀴디데스는 이것을 진정한 원인으로 보았지만 그것을 알아내는 데 그치지

않았습니다. 이 전쟁을 기록함으로써 뭔가를 성취하고자 했습니다.

그렇지만 여기 제시된 증거에 따라 내가 기술한 대로 과거사를 판단하는 사람은 실수하지 않을 것이다. 그는 분명 주제가 무엇이든 찬양하려 드는 시인의 시구나, 사실을 이야기하기보다는 청중의 주목을 끄는 데 더 관심이 많은 산문 작가의 기록에 방해받지 않을 것이다. 그들이 다루는 주제는 증명의 영역 밖에 있으며, 세월이 흘러 대체로 사료로서의 신뢰성을 상실하여 신화의 영역에 속한다. 대신 우리는 가장 확실한 증거들에 힘입어 고대사를 나름대로 충분히 규명했다고 주장해도 좋을 것이다. 사람들은 현재 진행 중인 전쟁을 가장 큰 전쟁이라고 여기다가 전쟁이 끝나고 나면 다시 옛날의 전쟁에 더 감탄하는 경향이 있기는 하지만, 그럼에도 사실 자체로 판단하는 사람에게는 이번 전쟁이 이전의 어떤 전쟁보다 큰 전쟁으로 밝혀질 것이다.

_ 투퀴디데스, 《펠로폰네소스 전쟁사》 1권 21장

투퀴디데스는 자신이 "제시된 증거에 따라… 기술"하는 사람이라 자부합니다. 그에 따르면 시인은 허구를 만들어 내는 사람이고 산문 작가는 이야기꾼입니다. 여기서 산문 작가는 헤로도토스를 가리킬 것입니다. 투퀴디데스 자신은 그렇게 하지 않겠다는 것입니다. 그러나 우리는 투퀴디데스의 말을 곧이곧대로 믿을 수는 없습니다. 그가 《펠로폰네소스 전쟁사》에 담아 둔 수많은 연설들은 직접 들은 것이 아니기 때문입니다. 그렇지만 연설문이 중요한 자료인 것은 분명합니다. 그가 어떤 원칙을 가지고 서술을 하였는지, 이 책을 쓴 궁극적인 목적은 어디에 있는지 살펴봅시다.

각각의 인물이 전쟁 직전이나 전쟁 중에 발언한 연설에 관해 말하자면, 직접 들었든 간접적으로 전해 들었든 나로서는 정확히 기억하기가 어려웠다. 그래서 나는 실제 발언의 전체적인 의미를 되도록 훼손하지 않으면서 연설자로 하여금 그때그때 상황이 요구했음직한 발언을 하게 했다. 그리고 전쟁 중에 실제 일어난 사건에 관해 말하자면, 나는 우연히 주워들은 대로 또는 내 의견에 따라 기술하지 않고, 내가 직접 체험한 것이든 남에게 들은 것이든 최대한 엄밀히 검토한 다음 기술하는 것을 원칙으로 삼았다. 그래도 사실을 알아내기란 힘든 일이다. 왜냐하면 각각의 사건의 증인이 어느 한쪽을 편들거나 또는 정확히 기억하지 못해 같은 사건을 두고 다른 말을 하기 때문이다. 내가 기술한 역사에는 설화說話가 없어서 듣기에는 재미가 없을 것이다. 그러나 과거사에 관해 그리고 인간의 본성에 따라 언젠가는 비슷한 형태로 반복될 미래사에 관해 명확한 진실을 알고 싶어 하는 사람은 내 역사 기술을 유용하게 여길 것이며, 나는 그것으로 만족한다. 이 책은 대중의 취미에 영합하여 일회용 들을 거리로 쓴 것이 아니라 영구 장서용으로 쓴 것이기 때문이다.

_ 투퀴디데스, 《펠로폰네소스 전쟁사》 1권 22장

연설을 있는 그대로 기록하기는 불가능하므로 수정해서 적었다는 말도 나옵니다. 위의 서술을 보면 투퀴디데스의 목표 역시 헤로도토스와 마찬가지로 전쟁의 원인을 찾는 것이었습니다. 그러나 그의 목표는 "일회용 들을 거리" ─ 이 말은 헤로도토스를 겨냥한 것일 수 있습니다 ─ 가 아니라 "영구 장서용"의 역사를 쓰는 것이었습니다. "과거사에 관해 그리고 인간의 본성에 따라 언젠가는 비슷한 형태로 반복될 미래사에 관해 명확한 진실을 알고 싶어 하는 사람은 내 역사 기술을 유용하게 여길 것", 이 구절이 중요한 부분입니다. 여기서

'인간의 본성'은 '인간사의 보편적 일반적 원리'로 이해하면 됩니다. 투퀴디데스는, 제시된 증거에 따라 기술한 자신의 이 탐구 보고서를 읽고 나면 엄밀한 인과적 법칙까지는 아니더라도 인간사가 대체로 어떻게 흘러가는지에 대한 일정한 법칙에 도달할 수 있다고 생각했습니다. 이런 점에서 헤로도토스가 '역사'의 아버지라면, 투퀴디데스는 '역사학'의 아버지라고 말할 수 있습니다. 역사학의 기본적인 목표는 인간이 행한 일들을 연구해서 일정한 법칙을 찾고 그것을 미래에 적용해서 예측하는 것입니다. 책의 서술 방식, 특성, 목적을 밝힌 데 이어서 투퀴디데스는 전쟁의 성격을 대략적으로 정리합니다.

지난날 최대의 전쟁은 페르시아 전쟁이었다. 하지만 이 전쟁은 두 번의 해전과 두 번의 지상전으로 일찌감치 결판이 났다. 그러나 펠로폰네소스 전쟁은 아주 오랫동안 지속되었을 뿐 아니라 그것이 지속되는 내내 헬라스에 미증유의 고통을 안겨 주었다. 그토록 많은 도시가 비헬라스 인들 또는 헬라스 인들 자신에게 함락되어 폐허가 된 적은 없었다. 어떤 도시는 함락된 뒤 주민이 완전히 바뀌기까지 했다. 그토록 많은 난민이 발생한 적도, 전쟁이나 당파 싸움으로 그토록 많은 인명이 손실된 적도 없었다. 전에는 소문으로만 듣고 현실로는 확인되지 않던 일들이 갑자기 있음 직한 일로 믿어졌다. 유례 없이 격렬한 대지진들이 발생했고, 일식이 유례 없이 자주 일어났고, 곳곳에 가뭄이 들어 기근으로 이어졌고, 역병이 엄청난 타격을 가하며 수많은 목숨을 앗아갔다. 전쟁이 터지면서 이 모든 재앙이 헬라스 인들을 덮쳤다.

_ 투퀴디데스, 《펠로폰네소스 전쟁사》 1권 23장

아테나이를 중심으로 한 편과, 스파르테를 중심으로 한 편이 팔랑크스 형태로 맞붙었다면 전쟁은 금방 끝났을 것입니다. 그러나 이 전쟁은 페르시아 전쟁과는 다른 양상을 보였습니다. 여러 전선에서 다양한 적대를 만들었기 때문에 "헬라스에 미증유의 고통을 안겨 주었"습니다. 전쟁은 군사적인 대결만으로 이루어지는 것이 아닙니다. 이 대결에 "당파 싸움"이 개입되고 "대지진", "일식"과 같은 기괴한 자연현상이나 "가뭄", "역병" 등이 겹치면 사람들은 절망감에 빠지게 됩니다. 이러한 집단적 심성은 전쟁의 향방을 결정짓는 중요한 요소들입니다. 실제로 아테나이에서 발생한 두 번의 역병은 전쟁의 전개에서 중요한 구조로 작용합니다. 이에 대해서는 나중에 다시 살펴보기로 하고, 우리는 이렇게 1권의 몇몇 주요 부분을 읽어 봄으로써 《펠로폰네소스 전쟁사》에 관한 기본적인 개관을 얻을 수 있습니다. 이어서 도널드 케이건이 펠로폰네소스 전쟁을 정리하여 쓴《펠로폰네소스 전쟁사》(까치, 2006)의 목차를 통해 펠로폰네소스 전쟁의 주요 계기와 진행 과정을 살펴보기로 합시다. 앞으로 투퀴디데스를 읽어 나가면서는 그가 쓴 책과 케이건의 책을 번갈아 인용하겠습니다. 전쟁의 큰 흐름과 의의 등을 살펴볼 때에는 주로 케이건의 책을 읽고, 원문을 따져 가며 읽을 필요가 있을 때에는 투퀴디데스의 원문을 읽겠습니다.

다음은 케이건이 정리한 펠로폰네소스 전쟁의 큰 흐름입니다. 그가 쓴 책의 목차이지만 전쟁의 큰 가닥을 정리하는 데 많은 도움이 됩니다.

제 1 부　전쟁을 향하여
제1장　치열한 경쟁(BC 479~BC 439)
제2장　"머나먼 나라에서 벌어진 분쟁"(BC 436~BC 433)

제3장　아테나이의 개입(BC 433~BC 432)

제4장　개전 결정(BC 432)

제 2 부　페리클레스 전쟁

제5장　전쟁의 목표와 자원(BC 432~BC 431)

제6장　테바이의 플라타이아이 공격(BC 431)

제7장　흑사병(BC 430~BC 429)

제8장　페리클레스의 마지막 날들(BC 429)

제9장　제국의 반란(BC 428~BC 427)

제10장　공포와 모험(BC 427)

제 3 부　새로운 전략

제11장　데모스테네스와 새로운 전략(BC 426)

제12장　퓔로스와 스팍테리아(BC 425)

제13장　공세에 나선 아테나이: 메가라와 델리온(BC 424)

제14장　브라시다스의 트라케 출정(BC 424~BC 423)

제15장　평화의 도래(BC 422~BC 421)

제 4 부　거짓된 평화

제16장　평화의 해체(BC 421~BC 420)

제17장　아테나이와 아르고스의 동맹(BC 420~BC 418)

제18장　만티네아 전투(BC 418)

제19장　만티네아 전투 이후: 스파르테와 아테나이의 정치와 정책

　　　　(BC 418~BC 416)

제 5 부 시켈리아에서의 재앙

제20장 결정(BC 416~BC 415)

제21장 본국의 전선과 제1차 작전(BC 415)

제22장 제1차 쉬라쿠사이 공격(BC 415)

제23장 쉬라쿠사이 포위 공격(BC 414)

제24장 포위군이 포위되다(BC 414~BC 413)

제25장 패배와 파멸(BC 413)

제 6 부 제국과 아테나이에서의 혁명

제26장 재난, 그 이후(BC 413~BC 412)

제27장 에게 해의 전쟁(BC 412~BC 411)

제28장 혁명을 향한 움직임(BC 411)

제29장 쿠데타(BC 411)

제30장 권력을 잡은 400인 협의회(BC 411)

제31장 5천 인회(BC 411)

제32장 헬레스폰토스의 전쟁(BC 411~BC 410)

제 7 부 아테나이의 몰락

제33장 회복(BC 410~BC 409)

제34장 알키비아데스의 귀환(BC 409~BC 408)

제35장 키로스와 리산드로스, 그리고 알키비아데스의 몰락
         (BC 408~BC 406)

제36장 아르기누사이(BC 406)

제37장 아테나이의 몰락(BC 405~BC 404)

펠로폰네소스 전쟁은 서기전 431년에 시작해 서기전 404년에 끝났습니다. 27년이 공식적인 전쟁 기간입니다. 그런데 투퀴디데스의 기록은 서기전 411년 가을에서 끝나 있습니다. 27년의 전쟁 중 마지막 7년이 기록되지 않은 것입니다. 그러나 전쟁의 결말에 대해서는 몇 군데에 언급되어 있습니다.

아테나이 인 투퀴디데스는 그 이후 역사도, 사건이 발생한 순서대로 배열하되 여름과 겨울로 나누며, 라케다이몬 인들과 그 동맹군이 아테나이 인들의 제국에 종지부를 찍고 긴 성벽들과 페이라이에우스 항을 점령할 때까지 기록했다. 그때까지 전쟁은 모두 합쳐 27년 동안 지속되었다.

_ 투퀴디데스, 《펠로폰네소스 전쟁사》 5권 26장

펠로폰네소스 전쟁은 크게 두 부분으로 나눌 수 있습니다. 서기전 431년부터 서기전 421년까지가 첫째 부분입니다. 이 기간은 전통적으로 이 시기 스파르테 왕의 이름을 따서 '아르키다모스 전쟁'으로 불립니다. 케이건의 책에는 '페리클레스 전쟁'이라고 되어 있는데 이는 그의 견해에 따른 것입니다. 그는 이 10년 동안의 전쟁이 페리클레스가 짜 놓은 구도에서 전개되었다고 생각하기 때문입니다. 그러면 우리는 전통적인 견해와 케이건의 의견을 절충해서 '아르키다모스 또는 페리클레스 전쟁'으로 기억해 두기로 합시다. 그리고 이 목차에서 '흑사병'이라 되어 있는 부분은 전염병이나 역병으로 이해하면 되겠습니다. 아직까지 정확한 병명이 밝혀지지 않았기 때문입니다. 둘째 부분은 서기전 421년부터 서기전 404년까지입니다. 이 기간은 다시 세 부분으로 나눌 수 있습니다. 우선 "거짓된 평화"는 니키아스라는 사람이 주도했기 때문에 '니키아스 평화'라고 합니다. 서기전 421년부터 서기전 415년까지입니다. 그리고 시켈리아 원정이 서기전 415년부터 서기전 413년까지 진행되었습니다. 마지막으로 데켈레아 전쟁(이오니아 전쟁)은 서기전 413년부터 서기전 404년까지입니다.

펠로폰네소스 전쟁에서 우리가 살펴볼 인물은 페리클레스와 브라시다스, 그리고 알키비아데스 등입니다. 시켈리아 원정 때부터 아테나이가 몰락할 때까지 가장 활발하게 활동한 사람이 바로 알키비아데스입니다. 이 활약은 전쟁이 가진 여러 측면을 잘 보여 줍니다. 알키비아데스는 플라톤의 대화편에도 자주 등장하는 사람인데 페리클레스 다음 세대에 속하는 사람입니다. 알키비아데스는 어렸을 때부터 페르시아 전쟁에서 공을 세운 어른들의 말을 들으면서 자랐을 것이고 전쟁에 참전할 때 부모 세대처럼 잘 싸워야 한다는 중압감을 가지고 있었을 것입니다. 그러나 앞서 살펴봤듯이, 한 세대가 지나면서 전쟁이 치러지는 기본적인 토대가 바뀌어 있었습니다. 또한 페르낭 브로델에 따르면, 펠로폰네소스 전쟁의 최종 승자는 '페르시아의 황금'이었습니다. 전쟁이 20년 넘게 진행되면서 돈이 떨어질 수밖에 없었고, 이때 페르시아 황금이 유입되어 — 아테나이가 약할 때에는 아테나이에게, 스파르테가 약해지면 스파르테에게 전쟁 자금을 주어 — 아테나이와 스파르테가 끊임없이 싸움을 계속하게 되었고, 결국에는 두 나라 모두 지리멸렬해졌기 때문입니다. 그래서 빅터 데이비스 핸슨은 《고대 희랍 내전, 펠로폰네소스 전쟁》(가인비엘, 2009)에서 이 전쟁을 '페르시아의 꿈이 이루어진 전쟁'이라 하기도 했습니다.

이제 케이건 책의 몇 구절을 살펴보면서 이 전쟁의 시작을 검토해 보기로 합시다.

서기전 5세기 아테나이 민주정의 힘과 번영은 에게 해와 그 섬들, 연안 도시들에 중심을 둔 거대한 아테나이 해상 제국에 대한 통솔권에 주로 의존했다. 이 제국은 오늘날 학자들이 델로스 동맹이라고 부르는, '아테나이 인과 그들의 동맹자들'의 결사에서 시작되었다. 이것은 지속적인 대對 페르시아 해방 및 보복 전쟁에서 아테나이를 지도자로 초빙한 희랍 국가들의 자발적인 동맹이었다. 이것이 점차 아테나이가 통솔하는 제국으로 바뀌었고 주로 아테나이의 이익을 위해서 작동하게 되었다.

_ 케이건, 《펠로폰네소스 전쟁사》, 28쪽

"아테나이 인과 그들의 동맹자들"은 앞서 말했듯이 아테나이 쉬마키아를 가리킵니다. 페르시아가 침략해 왔을 때 희랍의 여러 폴리스들이 힘을 합치긴 했지만 그렇다고 정치적 군사적 동맹을 맺은 건 아니었습니다. 그들을 하나로 묶어 준 건 동일한 신을 숭배하고 같은 언어를 쓴다고 하는 문화적 동질감이었습니다. 이 동질감이 그들을 묶어 주었는데 전쟁이 끝나고 페르시아라는 공동의 적이 사라지니 희랍의 폴리스들 사이에서 정치적 분열이 일어났고 이는 두 강대국, 즉 아테나이와 스파르테를 중심으로 결집되었습니다. 내전은 이 두 세력의 충돌로 시작된 것입니다.

동맹국 중 대부분은 독자적인 함대를 포기하는 대신 공동 금고에 돈을 지불하는 편을 택했다. 아테나이는 이 기금을 이용해서 자신의 함대 수를 늘렸고, 노잡이들이 매년 8개월 동안 노를 저을 수 있도록 급료를 지불했다. 그럼으로써 아테나이 해군은 마침내 그 당시로는 역사상 최대, 최고의 희랍 함대를 보유할 수 있었다. 펠로폰네소스 전쟁 직전에는 150개의 동맹국 중 오직 레스보스와 키오스 두 섬만이 독자적인 함대를 보유하고 상대적인 자율성을 누렸다. 그러나 그들 역시 아테나이의 명령에 반항하지 않았을 것이다.

_ 케이건, 《펠로폰네소스 전쟁사》, 29쪽

이는 아테나이 쉼마키아가 운영된 방식을 말하고 있습니다. "독자적인 함대를 포기하는 대신 공동 금고에 돈을 지불하는 편을 택했다." 구체적인 방식은 이것입니다. 여러 폴리스들이 아테나이에 전시 작전권을 넘기고 가맹비를 지불한다는 말입니다.

아테나이 인은 제국을 장악함으로써 큰 이익을 얻었고, 그것을 자신을 위해서 사용했다. 특히 거대한 건축 사업을 벌임으로써 도시를 아름답고 영광스럽게 만들었으며, 시민들에게는 일거리를 제공했다. 또 막대한 양의 예비 자금을 축적했다. 해군은 지중해 전역과 그 너머에서 번창하는 교역에 종사하던 아테나이 상인들의 배를 보호했다. 또 아테나이 인은 해군 덕분에 우크라이나의 밀밭에 도달하고 흑해의 생선을 입수할 수 있었다.

_ 케이건, 《펠로폰네소스 전쟁사》, 29쪽

아테나이 쉼마키아는 군사적인 측면에서만 작동하는 것이 아니었습니다. 교역에서도 중요한 역할을 하였습니다. 앞서 말했듯이 이 쉼마키아를 통해서 시장이 만들어진 것입니다. 오늘날 미합중국의 헤게모니가 관철되는 세계에서는 달러가 기축통화로서 국제무역에 통용되듯이 아테나이에서 만든 은화 ― 뒷면에 아테나 여신을 상징하는 올빼미가 그려져 있습니다 ― 가 에게 해의 공식 통화로 사용되었습니다. 이렇게 아테나이의 세력이 커지니까 스파르테가 두려움을 갖게 되었습니다. 이 두려움은 사소해 보이는 사건들로부터 터져 나왔습니다. 그것은 에피담노스와 케르퀴라에서 벌어진 사건들입니다. 이 두 지역 모두 아테나이가 있는 앗티케 반도와 스파르테가 있는 펠로폰네소스 반도에서 멀리 떨어져 있습니다. 게다가 아테나이와 스파르테의 쉬마키아에 속한 나라들도 아니었습니다.

> 희랍 세계의 먼 구석에서 생긴 사소한 사건이 위기를 조성했고, 이 위기는 이제 희랍 세계 전체의 안정성을 위협하기 시작했다. 이 사건에 에피담노스와 케르퀴라만이 관련되었을 때에는 문제는 순전히 지역적인 것이었다. 둘 중 누구도 희랍을 지배하는 두 국제 동맹의 일원이 아니었다. 그러나 코린토스가 개입하고, 스파르테 동맹의 구성원들이 말려들기 시작하여 케르퀴라가 아테나이에 도움을 요청하자, 중대한 전쟁이 눈앞으로 다가왔다.
>
> _ 케이건, 《펠로폰네소스 전쟁사》, 51쪽

이런 경과를 따라 전쟁이 시작되었기 때문에 펠로폰네소스 전쟁과 제1차 세계대전이 비슷하다고 생각하는 학자들이 있습니다. 사라예보에서 오스트리아 황태자 부부가 암살당했을 때 그 누구도 그 사건이 제1차 세계대전으로 번져 가리라고 생각하지 못했습니다. 위 인용문의 표현처럼, 전쟁은 여러 나라가 "말려들기 시작"하면서 그 규모가 커지게 됩니다. 에게 해를 무력으로 장악한 아테나이는 자신들이 만든 은화를 통해 이 지역의 시장을 관리했습니다. 펠로폰네소스 전쟁이 시작될 무렵에 아테나이는 당시 화폐 단위로 약 6천 탈란트 — 오늘날로 치면 30억 달러, 즉 3조 원 정도 — 를 보유하고 있었습니다. 그만큼 넉넉한 전쟁 비용을 비축해 두고 있었습니다. 전쟁 비용이 많다는 것은 장기전에 돌입할 수 있음을 의미합니다. 페리클레스가 구상한 것이 바로 이러한 자금을 바탕으로 한 장기전이었습니다.

희랍 국가 간의 전쟁에서 일반적인 유형은 한편의 팔랑크스가 적의 영토에 진격하여 적군의 팔랑크스와 대면하는 것이었다. 두 군대가 충돌하면, 분쟁을 촉진했던 문제는 하루가 가기 전에 결정되고는 했다.

_ 케이건, 《펠로폰네소스 전쟁사》, 76쪽

스파르테의 팔랑크스는 최고의 무력을 자랑했습니다. 아테나이는 팔랑크스끼리 맞붙는 전투를 치르면 패배할 것이 분명했기 때문에 이를 피하고자 했습니다. 팔랑크스 대 팔랑크스로 전쟁이 일어났다면 펠로폰네소스 전쟁은 27년 동안이나 계속되지 않았을 것입니다.

제6강

아테나이는 스파르테의 공격에 맞서 '비기는 전쟁'을 시도하고, 적에게 '약탈당하지 않았다'는 심성으로 살아온 앗티케의 농민들은 도시로 피난을 간다. 전쟁 첫해가 지난 후 치러진 장례식에서 아테나이의 지도자 **페리클레스**는 **장엄한 연설**을 한다. 그의 연설에는 '**희랍의 학교**' **로서의 아테나이**에 대한 자부심이 넘쳐 흐른다.

전쟁에 말려든 스파르테는 앗티케 반도로 침공을 강행합니다.

만약 아테나이 인이 다른 경로의 행위를 선택한다면, 스파르테 인은 1년 혹은 2, 3년 동안 아테나이의 영토를 약탈함으로써 자신들이 원하는 결정적 전투를 이끌어 내거나 아테나이의 항복을 받아 낼 수 있을 것이라고 확신했다.

_ 케이건,《펠로폰네소스 전쟁사》, **76쪽**

그러나 스파르테의 예상과는 달리 아테나이는 페리클레스의 전략에 따라 장기전으로 돌입했습니다.

> 페리클레스는 "만약 아테나이 인이 가만히 있고, 함대를 잘 보호하며, 전시에 제국을 확장하려고 하다가 자신의 도시를 위험에 몰아넣지 않으면, 승리할 것이다"(2.65.7)라고 믿었다.
>
> _ 케이건, 《펠로폰네소스 전쟁사》, 77쪽

아테나이가 농성전에 들어가자 스파르테도 전략을 다시 세웁니다. 당시에는 성을 공격하는 전술이 존재하지 않았으므로 어떻게든 적군을 성 밖으로 불러내서 싸울 수밖에 없었습니다. 그래서 스파르테는 아테나이의 촌락들을 약탈하면 아테나이 인들이 성 밖으로 나올 거라고 기대했습니다.

페리클레스는 한편으로는 성을 굳게 지켜 스파르테 군을 지치게 하고 다른 한편으로는 해군력을 이용해 게릴라 전을 벌이면, 전쟁에서 승리할 것으로 생각했습니다. 다시 말해서 그는 '비기는 전쟁'을 구상했습니다. 페리클레스의 작전을 자세히 살펴보면 네 가지입니다. 첫째, 앗티케 반도의 농민을 성 안으로 철수시킨다. 둘째, 정기적으로 함대를 파견하여 에게 해의 동맹국들을 안심시킨다. 이 두 가지가 소극적인 작전이라면 나머지 둘은 적극적인 작전입니다. 셋째, 펠로폰네소스 반도 후방으로 3단 노선을 보내 적을 가끔 위협한다. 넷째, 스파르테의 동맹국들에서 활동하는 민주파를 부추겨 내분을 유발한다. 넷째 작전은 오늘날로 치면 민사작전民事作戰입니다. 페리클레스가 이러한 작전을 채택할 수 있었던 까닭은 세 가지였습니다. 첫째, 아테나이는 장기전을 할 수 있을 정도로 돈이 많았습니다. 둘째, 페르시아 전쟁 이후 폴리스의 정치적 경제적 체제가 크게 바뀌면서 중장 보병으로 종군할 농민이 많지 않았고, 시민의 절반 이상이 수병이나 공공 사업으로 먹고살았습니다. 셋째, 아테나이는 해상 제국이었기 때문에 농업을 포기해도 나라를 유지할 수 있었습니다.

투퀴디데스의 책에서 페리클레스의 전략을 더 살펴봅시다.

그래서 그는 민회에서 아테나이 인들에게, 아르키다모스는 물론 자기 친구이지만 그것이 국가에 손해가 되어서는 안 될 것이며, 만일 그도 남들처럼 재산과 집이 적군에게 유린되지 않을 때는 공공 재산으로 헌납할 테니 그 때문에 자기를 의심해서는 안 될 것이라고 공언했다. 그리고 당면 문제에 관해서는 예전과 같은 조언을 했는데, 그것은 전쟁에 대비하고, 농촌에 있는 재산을 시내로 들여 오고, 나가서 싸울 것이 아니라 시내로 들어와 지키고, 대신 주된 전력戰力인 해군을 정비하고, 아테나이의 힘의 원천은 동맹국들이 공물로 바치는 군자금이고 전쟁의 승리는 현명한 판단과 풍부한 자금력에 달려 있는 만큼 동맹국들을 확실히 관리하라는 것이었다.

_ 투퀴디데스, 《펠로폰네소스 전쟁사》, 2권 13장

아테나이 인들은 그의 조언을 받아들여 농촌에서 처자와 가재도구를 시내로 옮기기 시작했는데, 심지어 집에서 목재를 뜯어 오기까지 했다. 양떼와 짐 나르는 가축들은 에우보이아와 이웃 섬들로 건너보냈다. 그러나 대부분 농촌 생활에 익숙해 있던 그들에게 이런 이주移住는 힘든 경험이었다.

_ 투퀴디데스, 《펠로폰네소스 전쟁사》, 2권 14장

아테나이 사람들이 페리클레스의 전략에 따라 이렇게 움직이자 스파르테는 애초에 생각했던 방식으로 전투를 할 수가 없게 되었습니다.

마침내 아르키다모스는 오이노이 포위를 포기하고 침공의 주된 목적인 '앗티케 유린'으로 돌아설 수밖에 없었다. 테바이 인이 플라타이아이를 공격한 지 80일 후에, 5월 말 앗티케의 곡물이 익어 갈 무렵, 펠로폰네소스 군은 남쪽으로 움직여서 엘레우시스와 트리아 평야를 약탈하기 시작하여, 곡물을 잘라 내고 포도 넝쿨과 올리브 나무를 파헤쳤다. 그런 다음 아르키다모스는 동진해서 아카르나이로 나아갔다. 명백한 목표인 아테나이의 기름진 평야, 즉 아테나이 귀족의 땅이자 가장 큰 타격을 입힐 수 있는 곳을 내버려 둔 것이다.

_ 케이건, 《펠로폰네소스 전쟁사》, 95쪽

스파르테 군대가 한 일 중에서 "곡물을 잘라 내고 포도 넝쿨과 올리브 나무를 파헤쳤다"는 말에 주목해 봅시다. 우리는 이것을 그리 대단한 일로 생각하지 않을 것입니다. 그런데 올리브 나무는 여간해서 파헤칠 수 없고 불을 질러도 싹이 완전히 죽지 않습니다. 게다가 아테나이 사람들이 농촌을 떠나 성 안으로 들어가는 건 투퀴디데스의 서술대로 "힘든 경험"이었습니다. 투퀴디데스의 서술에는 "집에서 목재를 뜯어 오기까지 했다"는 말이 있습니다. 우리는 피난을 하면서 목재를 뜯어 갔다는 말을 이해하기 어렵습니다. 그러나 당시 앗티케 지방에 살고 있던 사람들에게는 '목재'가 굉장히 소중한 자산이었습니다. 앗티케 지방에서는 큰 나무가 자라지 않았고 그에 따라 그 목재는 마케도니아 방면에서 수입한 것이었습니다.

이 상황을 이해하기 위해서는 '아포르테토스aporthetos'라는 말을 거론할 필요가 있습니다. 이는 우리말로 '약탈당하지 않은'이라는 뜻입니다. 당시 앗티케 반도에 살던 농부들은 자신들이 직접 마련한 무기를 가지고 중장 보병으로 참전하여 약탈당하지 않고 살아온 사람들입니다. 스스로 마련한 무기를 가지고 싸워서 자기 땅을 지킨 사람들이니 얼마나 자부심이 넘쳤겠습니까. 그런데 이런 사람들이 자기 땅을 약탈당한 채 집에서 뜯어 온 목재를 들고 성 안으로 들어와 생활하게 되었던 것입니다. 그들로서는 자존심이 상하고 고통스러운 나날이었을 것입니다. 이것을 고려하지 못한 것이 페리클레스의 실책이었습니다. 전쟁은 인간이 하는 것이지만 인간은 전략에 따라 움직이기보다는 심성에 따라 움직이는 존재인데 말입니다.

아테나이 중장 보병의 삶이 어떠했는지 살펴봅시다.

아테나이 인들은 이렇듯 오랫동안 여러 개의 독립된 공동체를 이루며 앗티케 지방의 농촌에서 거주했다. 그리고 앗티케가 통일된 뒤에도 그들은 옛날에도 그랬지만 이번 전쟁이 터지기 전의 근래에도 관습을 따르며 대부분 농촌에서 태어나 자기가 태어난 곳에서 살았다. 그런 그들에게 가족을 모두 데리고 거처를 옮기는 것은 쉬운 일이 아니었는데, 더구나 페르시아 전쟁이 끝나고 이제 겨우 가산을 복구했기 때문이다. 살던 집과 통일되기 이전 먼 옛날부터 가족이 늘 찾곤 하던 신전을 떠나자니 마음이 무겁고 괴로웠다. 생활방식 또한 완전히 바꿀 수밖에 없었는데, 그들 각자에게 그것은 조국에서 추방되는 것이나 다름없었다.

_ 투퀴디데스, 《펠로폰네소스 전쟁사》, 2권 16장

페리클레스의 전략은 이론적으로는 훌륭했습니다. 그렇지만 그 전략은 앗티케 반도의 농민(중장 보병)의 생활방식과 마음을 고려한 것이 아니었습니다. 페리클레스도 그 상황을 짐작하긴 했겠지만 전쟁에 직면한 아테나이의 객관적 상황 때문에 어쩔 수가 없었을 것입니다. 또한 전쟁이 그렇게 오랫동안 계속되리라고는 조금도 상상하지 못했을 것입니다. 그런데 여기에 페리클레스의 구상을 결정적으로 무너뜨린 사태가 벌어집니다. 전쟁 2년째에 아테나이에 역병이 돌았던 것입니다. 분지 형태의 도시인 아테나이에 앗티케 반도의 농민이 떼로 몰려왔으니 역병이 창궐하기 좋은 조건이 되었습니다. 역병 때문에 수많은 사람이 죽어 나가자 사람들의 심성은 차츰 피폐해졌고 인간이 지켜야 할 선을 넘는 일도 종종 발생했습니다. 예를 들면 아테나이 사람들은 시신을 매장하지 않는 사람을 야만인으로 간주했기 때문에 장례를 치르는 것을 굉장히 중요하게 생각했습니다. 그런데 최근의 발굴 조사에 따르면, 아테나이에서 함부로 쌓아 놓은 시신이 무더기로 발견되었는데, 학자들은 이 시신들이 펠로폰네소스 전쟁기에 묻힌 것으로 추정하고 있습니다.

케이건은 아테나이가 처한 상황을 다음과 같이 정리하고 있습니다.

> 그 첫 번째 약점은 이 계획이 근본적으로 신뢰받지 못했다는 점이었다. 〔…〕 그것은 희랍인의 문화적 경험, 즉 전장에서의 용기를 가장 높은 희랍인의 덕목으로 삼는 영웅적 전통을 송두리째 무시하는 행위였다. 더구나 아테나이 인 대부분은 시골에 살고 있었고, 적들이 자신들의 곡물을 짓밟고 과수와 포도 넝쿨을 망가뜨리며 자신들의 집을 불태우는 동안에 도시의 성벽 뒤에서 수동적으로 바라보고만 있어야 했다. 어떤 희랍인도 조금이라도 저항할 기회만 있다면 결코 그렇게 내버려두지는 않았을 것이고, 채 10년도 전에 아테나이 인은 그러한 약탈을 허용하기보다는 나가 싸우는 편을 선택했었다.
>
> _ 케이건, 《펠로폰네소스 전쟁사》, 78쪽

이런 이유 때문에 페리클레스에 대한 사람들의 미움이 커졌고, 결국 그에 대한 공격이 시작되었습니다.

> 페리클레스를 공격한 자들 중 가장 주목할 만한 이는 클레온이었다. 그는 몇 년 전부터 페리클레스를 반대했다. 클레온은 아테나이에서 새로운 정치인 계급에 속했다. 즉 귀족은 아니지만 부유한 자로서 전통적인 부의 원천인 토지가 아니라 무역과 제조업을 통해서 부를 쌓은 인물이었다. 당시까지 아테나이 정치는 민주적이었으나 여전히 차별적이었고, 그것을 지배하던 귀족들의 코드에서 볼 때는 그러한 직업은 저급하고 보잘것없었다.
>
> _ 케이건,《펠로폰네소스 전쟁사》, 96쪽

페리클레스는 전통적인 토지 귀족이었지만 클레온은 토지와 관계 없는 신흥 계급이었습니다. 선전 선동에 능한 클레온 같은 사람들이 플라톤의 대화편에 나오는 민주파를 구성했습니다. 클레온을 보면 아테나이의 계급 대립이 정치 지도자들 사이에서도 그대로 나타났다는 것을 알 수 있습니다. 이들 민주파는 기본적으로는 상인과 빈민을 대변합니다. 펠로폰네소스 전쟁이 끝난 후 철학자 소크라테스는 아테나이 사람들에게 민주주의의 적으로 간주되어 사형당한 것으로 알려져 있습니다만, 더 정확하게 말하자면 바로 이러한 사람들, 즉 반지성주의적인 사람들에게 미움을 사서 죽은 것으로 보아야 할 것입니다.

사람들이 페리클레스의 전략을 마음에 들어하지는 않았지만 어쨌든 전쟁은 첫해를 넘겼습니다. 그해에 최초의 전몰자들을 위해 장례식을 치릅니다. 이 장례식에서 페리클레스가 연설을 합니다. 이 연설은 아주 유명한 것이니 상세하게 읽어 볼 필요가 있습니다.

이번 전쟁에서 죽은 최초의 전사자들을 위한 장례식에서는 크산팁포스의 아들 페리클레스가 연설하도록 선출되었다.

_ 투퀴디데스, 《펠로폰네소스 전쟁사》, 2권 34장

페리클레스는 연단에 올라 전쟁에 관한 것을 말하기보다는 아테나이의 자부심과 생활방식부터 말하기 시작합니다.

우리의 정체는 이웃 나라들의 제도를 모방한 것이 아닙니다. 우리는 남을 모방하기보다 남에게 본보기가 되고 있습니다. 소수자가 아니라 다수자의 이익을 위해 나라가 통치되기에 우리 정체를 민주 정치라고 부릅니다. 시민들 사이의 사적인 분쟁을 해결할 때는 법 앞에 만인이 평등합니다. 그러나 주요 공직 취임에는 개인의 탁월성이 우선시되며, 추첨이 아니라 개인적인 능력이 중요합니다. 마찬가지로 누가 가난이라는 불리한 조건에도 불구하고 도시를 위해 좋은 일을 할 능력이 있다면 가난 때문에 공직에서 배제되는 일도 없습니다.

_ 투퀴디데스, 《펠로폰네소스 전쟁사》, 2권 37장

"민주 정치"는 희랍어로 데모크라티아demokratia, 즉 민중에 의한 통치입니다. 모든 사람이 법 앞에 평등하다는 말은 오늘날에는 너무나 당연하게 쓰이지만, 지금으로부터 2천500년 전에 국가 지도자가 이렇게 말하는 것은 쉬운 일이 아니었습니다. 아테나이에서는 누구나 자유롭게 공직에 종사할 수 있었습니다. 모든 시민은 재산과 계급에 상관없이 공직자가 될 권리를 가지고 있다는 말입니다. 여기서 페리클레스가 말하는 핵심은 "가난 때문에 공직에서 배제되는 일"이 없다는 것입니다. 공직에 취임할 공평한 권리, 이는 민주 정치의 핵심 중의 하나입니다. 이와 관련해서 참고할 만한 책 두 권을 추천합니다. 하나는 버나드 마넹의 《선거는 민주적인가》(후마니타스, 2004)이고 다른 하나는 코린 쿨레의 《고대 그리스의 의사소통》(영림카디널, 1999)입니다. 앞의 책은 아테나이의 민주주의 체제 운영에 대해, 뒤의 책은 민회의 구성 방식과 운영 등에 대해 잘 설명하고 있습니다.

> 군사 정책에서도 우리는 적들과 다릅니다. […] 우리 도시는 온 세계에 개방되어 있으며, 적에게 유리할 수 있는 군사 기밀을 사람들이 훔쳐보거나 알아내는 것을 방지하기 위해 외국인을 추방하곤 하지도 않습니다. 그것은 우리가 비밀 병기 따위보다는 우리 자신의 용기와 기백을 더 믿기 때문입니다. […] 라케다이몬 인들은 어릴 적부터 용기를 북돋기 위해 혹독한 훈련을 받지만, 우리는 얽매이지 않는 삶을 살면서도 그들 못지않게 위험에 맞설 각오가 되어 있습니다.
>
> _ 투퀴디데스, 《펠로폰네소스 전쟁사》, 2권 39장

아테나이에는 직업군인이 없지만 그럼에도 스파르테(라케다이몬)에 밀리지 않는다는 말입니다. 이런 말들에 이어 그는 아테나이를 단 한 마디로 규정합니다.

> 간단히 말해 우리 도시 전체가 헬라스의 학교입니다.
>
> _ 투퀴디데스, 《펠로폰네소스 전쟁사》, 2권 41장

아테나이는 희랍의 학교이며, 삶의 방식을 전파하는 곳이라는 말입니다. 자신들을 희랍 세계의 삶의 표준으로 규정하고 있습니다. 자신들의 문화가 전 희랍 세계에 전파되어 다른 모든 폴리스들도 그들을 모범

으로 삼고 있다는 뜻입니다. 이는 정치적 군사적 영향력을 넘어 문화적 자부심을 표명한 것으로 보입니다. 앞서 말한 '앗티카이즈atticize'를 천명하는 것이라 하겠습니다. 이로써 아테나이에 대한 자랑이 절정에 이르렀습니다. 이제부터는 전사자들에게 찬사를 바칩니다.

> 이 분들은 사람들의 비난은 피했지만, 위험에 몸으로 맞서다가 잠시 뒤 위기를 맞아 두려움이 아닌 영광의 절정에서 세상을 하직했던 것입니다. 그리하여 이분들은 이 도시에 어울리는 분들이 되었습니다.
> _ 투퀴디데스, 《펠로폰네소스 전쟁사》, 2권 42~43장

희랍의 중장 보병이 쓰던 투구를 자세히 보면 귓구멍이 없습니다. 투구를 쓰면 눈만 빼꼼히 보이는 형태입니다. 청동으로 만들어서 바깥 소리도 잘 들리지 않습니다. 오늘날 군인들이 입는 전투복은 아군을 식별할 수 있게 되어 있습니다. 그런데 당시에는 국가에서 군복을 일괄적으로 지급한 것이 아니기 때문에 적군과 아군을 구별할 수 있는 복장이 없었습니다. 심지어 아군의 복장도 통일되어 있지 않았습니다. 복장은 물론 무기까지도 자기 형편에 맞춰 스스로 마련했기 때문입니다. 따라서 팔랑크스 대열에서 이탈하면 아군의 손에 죽을 수도 있었습니다. 살아남으려면 어떻게든 사람들 옆에 붙어 있어야만 했습니다. 이렇게 밀고 들어가서 적을 쓰러뜨리고 반나절 안에 끝내는 것이 희랍 시대의 전투였습니다. 그런 까닭에 팔랑크스에서는 개인의 전투 기술이 아니라 대오를 어떻게 유지하느냐가 성패를 갈라놓았습니다. 그리고 그 안에서 생사고락을 함께 한 사람들은 우리가 상상하기 어려운 전우애를 가지게 되었습니다. 이런 상황이었으므로 전사한 전우를 나라가 올바로 대접하지 않으면 살아남은 사람들이

가만히 있지 않았을 것입니다. 이런 점에서 페리클레스의 연설은 빈말이 아니라 진심으로 그들의 상황을 이해한 것이라 하겠습니다.

이제 나는 관행에 따른 연설에서 해야 할 말을 다 했습니다. 또한 여기 묻힌 분들에게 제물을 바침으로써 우리는 행동으로도 경의를 표했습니다. 그리고 앞으로는 국가가 이분들의 자녀를 어른이 될 때까지 국비로 부양할 것입니다. 이것이 고인이 이런 시련을 겪은 데 대한 보답으로 고인과 그 자녀들에게 국가가 바치는 상賞이자 영관榮冠입니다. 용기에 가장 큰 상을 주는 도시에는 가장 훌륭한 시민들이 살기 때문입니다. 여러분은 각자 친척을 위해 충분히 애도했으니 이제는 이곳을 떠나도록 하십시오.

_ 투퀴디데스, 《펠로폰네소스 전쟁사》, 2권 46장

마지막으로 원호 사업이 진행됩니다. 페리클레스의 연설은 첫째 아테나이 자부심에 대한 표명, 둘째 전몰자에 대한 추모, 셋째 살아남은 자들에 대한 보상으로 이루어져 있습니다. 이 연설을 보면 이때까지만 해도 폴리스에 대한 시민들의 소속감은 굉장했던 것으로 보입니다. 폴리스에 사는 시민들은 폴리스의 구성원으로 혼연일체의 삶을 살았습니다. 개인적인 이익과 손해를 따져서 공동체를 구성하는 것이 아니라 나면서부터 자신이 공동체의 유기적 일원이라는 생각을 가지고 살았으며 그것을 전쟁터에서 실증해 보였습니다. 그러나 펠로폰네소스 전쟁이 끝나면서 에게 해 지역은 혼연일체의 폴리스 시대를 끝냅니다. 이제 시민들은 공동체의 일원이라는 자각을 가지고 있지 않습니다. 국가는 하나의 낯선 통치 체제로서 군림합니다. 이러한 변화를 살펴보는 것도 펠로폰네소스 전쟁에 관한 공부에서 중요한 부분입니다.

제 7 강

전쟁은 예측할 수 없는 일들을 불러오기 마련이다. **아테나이의 역병**도 그중 하나이다. 이 역병은 아테나이 사람들의 인내심과 도덕심을 무너뜨리고, 동족을 향한 **대량 살육의 추악한 전쟁**으로 나아가는 문을 열어 젖힌다.

앞에서도 잠깐 이야기가 나왔지만 전쟁이 2년째 접어들었을 무렵, 전쟁의 향방을 가름할 중대한 사건이 발생합니다. 그것은 바로 역병의 창궐입니다.

투퀴디데스는 이 병을 앓았고 그 증상을 상세하게 기록했다. 이 병은 폐렴, 흑사병, 홍역, 장티푸스, 그리고 여러 다른 병들과 유사한 증상을 보였지만, 정확하게 들어맞는 병명은 알 수 없다. 서기전 427년에 진정될 때까지, 이 병으로 중장 보병 4천400명, 기병 300명, 하층민 다수가 사망했다. 아테나이 주민의 약 3분의 1이 휩쓸려 나갔다.

_ 케이건, 《펠로폰네소스 전쟁사》, **106쪽**

이 당시 아테나이의 성인 남성은 3~4만 명 정도였다고 합니다. 그 중에서 약 3분의 1이 죽었으니 "휩쓸려 나갔다"라는 말이 결코 과장이 아닙니다.

원정대는 6월 중순 이후 어느 시기에 되돌아왔는데, 그때는 이미 역병이 아테나이에서 한 달 이상 기승을 부리고 있었다. 페리클레스의 정책에 따라 시내에 밀집해 있던 아테나이 인들은 전염에 대단히 취약했고, 이것은 어떤 이들에게는 죽음을 안겨 주었고, 남은 모든 이들에게는 혼란을 불러왔다. 공황, 공포, 그리고 문명의 가장 신성한 유대가 너무나 심하게 붕괴되어서 많은 이들이 희랍 종교의 가장 거룩한 의식인 적절한 장례마저도 등한시할 정도였다.

_ 케이건, 《펠로폰네소스 전쟁사》, 106쪽

오늘날의 우리들도 이와 유사한 상황을 겪곤 합니다. 조류 독감이나 구제역이 발병하면 그 지역의 가축들을 살처분합니다. 그러는 과정에서 이른바 농촌 공동체의 유대감이 사라집니다. 가축 살처분의 여파가 이 정도인데 전체 주민의 3분의 1이 죽었다면 그 상황이 얼마나 암담했겠습니까. 역병으로 말미암아 "공황, 공포, 그리고 문명의 가장 신성한 유대"가 심하게 붕괴되는 상황이 아테나이에서 벌어졌습니다. 전장에서 죽는 것보다도 더 중대한 사태입니다. 전쟁을 치르는 집단의 심성과 관련되기 때문입니다. 이 심성을 투퀴디데스는 다음과 같이 서술합니다.

이 역병의 가장 무서운 점은 이 병에 감염되었다는 것을 알면 절망감에 사로잡히는 것(그럴 때 사람들은 희망이 없다고 믿고는 당장 자포자기에 빠져 저항력을 상실하기 때문이다)과, 사람들이 서로 간호하다 교차 감염되어 양 떼처럼 죽어 가는 것이었다.

_ 투퀴디데스,《펠로폰네소스 전쟁사》, 2권 51장

이처럼 역병은 아테나이 인들을 심리적 피폐 상태로 몰고 갔습니다. 사람들은 감염이 두려우니까 병자에게 다가가지 않았고, 예의바른 처신을 중시한 사람들은 친지의 집을 찾아갔다가 병에 전염되어 죽었습니다.

엄청난 재앙에 압도되어 자신이 어떻게 될지 알 수 없는 처지인지라 사람들이 종교나 법률의 규범 따위에는 무관심해졌기 때문이다. 전에는 늘 지키던 장례 의식이 이제는 뒤죽박죽이 되어, 각자 되는 대로 시신을 묻었다.

_ 투퀴디데스,《펠로폰네소스 전쟁사》, 2권 52장

재난이 극에 달하면 신성함이 무너집니다. 이러한 상황에서 힘을 발휘하는 집단이 바로 종교인들입니다. 고난에 처했을 때 그걸 이겨 내고 남을 도울 수 있는 것이 우리가 느낄 수 있는 신성함의 출발점입니다. 그러나 고대 희랍에서는 아직 이러한 정신 세계가 구축되어 있지 않았습니다. 이런 상황에서 역병의 영향은 광범위하게 퍼져 나갔습니다.

다른 점에서도 아테나이는 이 역병 탓에 무법천지가 되기 시작했다. 운세가 돌변하여 부자들이 갑자기 죽고, 전에는 무일푼이던 자들이 그들의 재산을 물려받는 것을 보고 이제 사람들은 전에는 은폐하곤 하던 쾌락을 공공연하게 탐닉하였다. 그래서 사람들은 목숨도 재물도 덧없는 것으로 보고 가진 돈을 향락에 재빨리 써 버리는 것이 옳다고 여겼다. 목표를 이루기도 전에 죽을지도 모르는 판국에 고상해 보이는 목표를 위해 사서 고생을 하려는 사람은 아무도 없었다. 당장의 쾌락과 그것에 이바지하는 것이면 무엇이나 고상하고 유용하다는 것이 중론이었다. 신들에 대한 두려움도, 인간의 법도 구속력이 없었다. 신들에 대한 두려움에 관해 말하자면, 착한 사람이든 악한 사람이든 무차별적으로 죽는 것을 보자 그들은 신을 경배하든 않든 마찬가지라고 생각했다. 인간의 법에 관해 말하자면, 재판을 받고 벌을 받을 만큼 오래 살 것이라고 기대하는 사람은 아무도 없었다. 대신 저마다 자기에게는 이미 더 가혹한 판결이 내렸으며, 그것이 집행되기 전에 인생을 조금이라도 즐기는 것이 옳다고 여겼다.

_ 투퀴디데스, 《펠로폰네소스 전쟁사》, 2권 53장

이른바 '전쟁 허무주의'가 초래한 상황이 아주 적나라하게 묘사되어 있습니다. 이 묘사는 너무나 적확해서 절망이 휩쓰는 곳이라면 어디에서나 틀림없이 일어날 만한 상황입니다. 이렇게 되면 죽음을 가볍게 여기는 사람들이 생겨납니다. 사랑하는 이들의 끔찍한 죽음을 지켜본 사람들은 타인의 목숨 따위에는 아랑곳하지 않습니다. 그래서 전쟁이 일어나면 대규모 학살이 일어나기 쉽습니다. 아테나이의 질서 붕괴는 당대 현실에 가장 민감하게 반응하는 시인들의 작품에 반영되었습니다. 예를 들어 에우리피데스(BC 484?~BC 406?)의 〈메데이아〉(BC 431)에는 아이스퀼로스와 소포클레스의 작품에서 볼 수 있는 '개연성'이 존재하지 않습니다. 이야기는 구조 없이 마구 흘러갑니다. 이야기가 진행되다가 좀 꼬인다 싶으면 '데우스 엑스 마키나 deus ex machina', 즉 '기계로부터 온 신'이 내려와 사건을 해결해 버립니다. 임기응변이 넘쳐 흐릅니다. "인간은 만물의 척도"라고 말한 프로타고라스 등과 같은 소피스트는 규범(노모스)이 없는 시대를 대표하는 집단입니다. "신들에 대한 두려움도, 인간의 법도 구속력이 없었다"는 것은 객관적 노모스가 붕괴되었다는 것입니다.

역병 때문에 주민의 3분의 1이 죽자 아테나이에서는 네 가지 일이 연쇄적으로 발생했습니다. 첫째, 인구의 감소로 인해 군사력이 현저하게 떨어졌습니다. 둘째, 정치적 소요가 발생하고 페리클레스의 지도력이 더 이상 힘을 쓸 수 없게 되었습니다. 셋째, 아테나이 쉬마키아가 약화되었습니다. 넷째, 전쟁의 전략이 바뀌었습니다. 이러한 모든 변화는 전통적인 중장 보병이 들고 다니던 '방패'로써 상징적으로 설명할 수 있습니다. 앞서 말했듯이 펠로폰네소스 전쟁에서는 전통적인 중장 보병이 더 이상 중요한 역할을 하지 못하였습니다. 이 전쟁은 처음부터 방패가 사라진 전쟁이었고 전쟁 초기에 역병이 창궐함으로써 너무 일찍부터 도덕적 인내심을 회복할 수 있는 한계를 넘어서 버렸습니다. 그리고 이는 추악한 전쟁으로 이어졌습니다. 방패 없이 전장에 나선 경장 보병은 가능한 한 많은 사람을 죽였습니다. 희랍인들을 동족 의식으로 엮어 주던 전통적인 사회 체제가 붕괴하면서 대량학살의 전쟁이 일어나게 된 것입니다. 전쟁과 정치, 대외 정책과 국내의 음모, 전장과 전장 밖에서의 살인 사이의 구별이 없어졌습니다. 지금부터는 그러한 양상들을 살펴보기로 합시다.

> 아테나이의 서방 동맹국인 케르퀴라에서 곧 새로운 위협이 나타났다. 정치적 분쟁이 가열되면서 아테나이의 적들이 권력을 잡고 그 섬의 강력한 해군을 상실하게 될 위험에 처한 것이다. 서기전 433년 시보타 전투에서 코린토스 인에게 포로로 잡혔던 250명 가량의 케르퀴라 인이 귀환한 것이 문제의 시작이었다.
>
> _ 케이건, 《펠로폰네소스 전쟁사》, 149쪽

케르퀴라 내전은 추악한 전쟁의 아주 전형적인 사례입니다. 이것을 단계별로 보겠습니다. 케르퀴라와 아테나이는 동맹을 맺고 있었지만, 케르퀴라 내부에서는 아테나이를 적대하는 사람들이 권력을 잡았습니다. 이로써 전선戰線이 외부와 내부에 걸쳐 이중으로 형성되었습니다. 코린토스는 스파르테와 동맹을 맺고 있었습니다. 코린토스가 "포로로 잡혔던 250명 가량의 케르퀴라 인"을 귀환시킨 이유는 케르퀴라와 아테나이 사이에서 분란이 일어나기를 바랐기 때문입니다. 여기까지가 케르퀴라 내전 1단계입니다.

> 케르퀴라의 누구도 이들이 자신들의 정부와 적대적인 외국 세력의 첩자가 되었다는 사실을 알아차리지 못했다. 그들은 자신들이 안전하게 돌아온 것이 800탈란트라는 엄청난 몸값을 치른 덕이라고 주장했다. 그들은 일단 귀국하자 케르퀴라를 스파르테 동맹에 넣으려는 의도는 숨긴 채, 아테나이와의 동맹을 끊을 것과 전통적인 중립을 회복할 것을 주장했다. 그들의 노력에도 불구하고, 민주적인 케르퀴라 민회는 중도 노선을 택했다. 방어 동맹을 재확인하되, 동시에 '과거에 그러했듯이 펠로폰네소스 인들과 친구가 될 것'(3.70.2)을 결의했다.
>
> _ 케이건, 《펠로폰네소스 전쟁사》, 149쪽

케르퀴라 내부에서 과두파와 민주파의 내분이 일어났습니다. 과두파는 스파르테, 민주파는 아테나이 편입니다. 이중의 전선이 초래한 결과는 불 보듯 뻔합니다. 대량학살이 벌어지는 겁니다. 한국전쟁에서 벌어진 민간인 학살도 이중의 전선이 형성된 결과였습니다. 공식적인 전선과 각 지역 내부의 대결이 겹쳤기 때문입니다. 게다가 패배는 완전한 절멸을 의미했기 때문에 말 그대로 목숨을 걸고 싸울 수밖에 없었습니다. 희랍에서든 한반도에서든 동족 의식은 중요하지 않게 되었습니다. 누가 얼마나 잔인하게 반대파를 죽이느냐가 체제에 대한 충성의 척도가 되고 맙니다.

> 보통의 케르퀴라 인들은 아테나이와의 동맹을 반역과 동등한 것으로 여기지 않고 페이티아스는 무죄를 인정받았다. 그러자 그는 자신을 고발한 자들 중 가장 부유한 5명에게 종교적인 불법행위의 죄를 씌우는 데 성공했다. 피고인들은 막대한 벌금을 지불할 능력이 없었고, 신전으로 피할 수밖에 없었다. 과두파는 승리를 거둔 페이티아스가 이 승리를 이용해 아테나이와의 전면적인 공격 및 방어 동맹을 추진할 것을 두려워하여, 그것을 막기 위해서 암살과 공포의 방법을 취했다. 그들은 단검으로 무장하고서 협의회장에 침입하여 페이티아스 외 6명을 살해했다. 페이티아스의 민주파 동료 몇 사람은 항구에 있던 아테나이 삼단 노선으로 도피했다. 그 배는 즉각 아테나이로 떠났고, 망명자들은 아테나이에서 자신들의 사연을 이야기하고 보복을 요청했다. 이러한 공포 분위기에서 암살자들은 민회를 소집했지만, 케르퀴라 시민들은 여전히 동맹을 바꾸기를 거부했다.
>
> _ 케이건, 《펠로폰네소스 전쟁사》, **149**쪽

과두파가 민주파 소속인 페이티아스 외 6명을 살해했고 아테나이로 도피한 민주파 동료는 아테나이에 보복을 요청했습니다. 이것이 케르퀴라 내전 2단계입니다. 이제 외부의 세력들이 개입할 시기가 된 것입니다.

과두파는 스파르테가 지지해 줄 것이라는 희망에 용기를 얻어 평민들과 정면 대결을 벌였으며, 비록 민주파 반대자들을 파멸시키지는 못했지만

승리를 거두었다. 민주파는 아크로폴리스와 다른 여러 고지대, 그리고 항구 바다쪽을 점거했으며, 과두파는 시장 주변과 항구 내륙 쪽을 통제했다. 다음 날 양편은 노예들에게 자유를 약속하며 지원을 구했다. 노예 대부분은 민주파에 동참했지만, 과두파는 내륙에서 용병 800명을 고용했고, 케르퀴라는 공개적으로 내전에 돌입했다.

_ 케이건, 《펠로폰네소스 전쟁사》, 149쪽

외부 세력과의 결합을 염두에 둔 내부의 세력들이 서로 갈등의 단계에 들어섰습니다. 이것이 케르퀴라 내전 3단계입니다.

이틀 후 민주파는 두 번째 전투에서 형세를 역전시켰고, 과두파는 도주해서 겨우 목숨을 건졌다. 다음 날 나우팍토스 주둔 아테나이 군 사령관인 니코스트라토스가 전함 12척과 메세니아 중장 보병 500명을 데리고 도착했다. 그는 대단히 온건하게 행동했다. 패배한 분파가 보복하지도 않았고, 단지 케르퀴라가 아테나이에 위협이 되지 않도록 안전한 공격 및 방어 동맹만을 요구했다. 재판에 회부된 것은 혁명을 선동한 일에 가장 책임이 크다고 인정된 10명의 과두파뿐이었다. 나머지 케르퀴라 인은 서로 평화를 이룰 것을 요구받았다. 그러나 케르퀴라의 열정은 너무나 불타올랐기 때문에 그토록 점잖은 해결책은 불가능한 것으로 판명되었다. 재판에 회부된 그 10명은 도주했다.

_ 케이건, 《펠로폰네소스 전쟁사》, 149~150쪽

알키다스 휘하에서 에게 해로부터 무질서하게 귀환하던 40척의 함대가 킬레네에서 13척의 동맹 함대를 징발하고 브라시다스를 참모(크심불로스)로 삼아 아테나이의 주력 함대가 오기 전에 케르퀴라에 도달하려고 서둘러 왔다. 케르퀴라의 민주파는 아테나이 인의 충고를 무시하고 이들을 맞아 무질서하고 훈련도 되지 않은 60척의 함대를 보냈다. 펠로폰네소스 인이 쉽게 승리했다.

_ 케이건, 《펠로폰네소스 전쟁사》, 151쪽

외부 세력의 도움을 얻기는 했지만 어쨌든 내부 투쟁 단계에서 민주파가 승리했습니다. 그러자 이 싸움은 스파르테와 아테나이의 싸움으로 확대됩니다. 이것이 케르퀴라 내전 4단계입니다.

투클레스의 아들 에우리메돈이 이끄는 60척의 아테나이 함대가 레우카스에서 출발했다는 소식이 들려 왔고, 펠로폰네소스 인은 도망쳐야 했다. 이제 위험에서 벗어난 민주파는 내전의 강력한 동기인 분노와 증오를 폭발시켰다. 정치적 처형은 단순한 살인으로 타락했다.

_ 케이건, 《펠로폰네소스 전쟁사》, 151쪽

아테나이가 스파르테에 승리하자 케르퀴라 내부에서는 과두파에 대한 민주파의 대학살이 일어납니다. 이것이 케르퀴라 내전의 최종 결과입니다. 대학살이 어떻게 일어났는지 투퀴디데스의 서술을 한번 봅시다. 길지만 찬찬히 읽으며 음미해 볼 만한 가치가 있습니다.

그래서 펠로폰네소스 인들은 그날 밤으로 바닷가를 따라 허둥지둥 귀로에 올랐다. 그들은 섬을 돌다가 아테나이 인들 눈에 띄는 일이 없도록 레우카스 지협을 가로질러 육로로 함선을 운반한 다음 도주했다. 앗티케 함대가 다가오고 있으며 적 함대가 물러갔다는 사실을 알게 되자 케르퀴라 인들은 여태껏 성벽 밖에 머물던 멧세니아 인 부대를 시내로 불러들이고,

자신들이 선원을 태운 함선들에 명하여 섬을 돌아 휠라이코스 항으로 들어오게 했다. 그러는 도중에도 눈에 띄는 적은 모조리 잡아 죽였다. 그리고 함대가 입항하자 그들은 선원이 되라고 자신들이 설득한 자들을 배에서 끌어내 죽였다. 이튿날 그들은 헤라 신전으로 가서 약 50명의 탄원자에게 재판을 받도록 설득하더니 모두에게 사형을 선고했다. 재판받기를 거부한 탄원자는 무슨 일이 일어나고 있는지 보자 대부분 그곳 신전 안에서 서로 죽였다. 더러는 나무에 목매달아 자살하고, 더러는 다른 방법으로 목숨을 끊었다. 에우뤼메돈이 60척의 함선을 이끌고 도착해 이레를 머무르는 사이 케르퀴라 인들은 자신들이 적으로 간주한 시민들을 계속 학살했다. 희생자들에게는 민주 정부를 전복하려 했다는 죄명이 씌워졌다. 그러나 더러는 개인적인 원한 때문에 죽었고, 더러는 빚을 준 까닭에 채무자의 손에 죽기도 했다. 죽음은 온갖 모습으로 다가왔고, 그러한 상황에서 있을 법한 모든 일이, 아니 더 끔찍한 일들이 일어났다. 아버지가 아들을 죽이기도 했고, 신전에서 끌려나와 신전 옆에서 살해되는 사람들도 있었다. 디오뉘소스 신전에 감금되어 그 안에서 죽는 자들도 더러 있었다.

_ 투퀴디데스, 《펠로폰네소스 전쟁사》, 3권 81장

희생자들에게 "민주 정부를 전복하려 했다는 죄명"이 씌워졌으니 이는 표면상으로 분명 이념을 내건 전쟁입니다. 그러나 사실은 "개인적인 원한"과 "채무" 때문에 죽인 것입니다. 이는 민간인 학살의 전형적인 모습입니다. "그러한 상황에서 있을 법한 모든 일", 이게 무서운 말입니다. 인간사가 모두 그렇다는 말이기 때문입니다. "죽음은 온갖 모습으로 다가왔"다는 것은 모든 형태와 형식의 죽음이 있었다는 말입니다. 여러 갈등이 얽히고설켜서 온 나라가 전장戰場이 되었습니다. 이것이 케르퀴라 내전의 최종 결과물입니다. 그러나 이것이

단 한 번만 일어난 일은 아닙니다. 앞으로 벌어지는 전쟁에서는 이런 일들이 흔해집니다.

이런 종류의 불법행위는 분명 케르퀴라에서 처음으로 자행되었다.

_ 투퀴디데스, 《펠로폰네소스 전쟁사》, 3권 84장

케르퀴라 내전이 중요한 이유는 그것이 무차별적인 대량 살육에 관한 최초의 사례이기 때문입니다.

제 8 강

전쟁의 추악함과 잔혹함에 대한 투퀴디데스의 서술은 냉정하다. **'잔혹한 교사' 로서의 전쟁**. 전쟁은 말의 의미와 가치를 전도시키고, 그에 따라 기존의 객관적 질서를 파괴한다.

투퀴디데스는 케르퀴라 내전을 서술하고 나서 곧바로 전쟁에 관한 자신의 생각을 간명하게 피력합니다. 3권 82~83장은 그의 '전쟁론' 입니다. 전쟁에 관한 어떤 책을 읽어도 이보다 놀라운 통찰은 발견할 수 없을 정도입니다. 프로이센의 장군 클라우제비츠(1780~1831)는 《전쟁론》(1831)에서 "전쟁은 다른 수단에 의한 정치"라고 말했습니다. 쉽게 말해 정치 — 이는 '협상'을 뜻할 것입니다 — 를 하다가 안 되면 전쟁을 하는 것이며, 전쟁은 정책 수단의 하나라는 뜻입니다. 클라우제비츠의 이러한 생각은 투퀴디데스에서 온 것입니다. 전쟁이라는 현실을 있는 그대로 인정하고 그것이 가진 잔혹함에 대해 뚜렷하게 파악하는 태도가 투퀴디데스에게서 시작된 것입니다.

이번 내란은 그처럼 잔혹한 양상을 띠었고, 처음 발생한 내란인 만큼 충격적이었다. 실제로 나중에는 헬라스 세계 전체가 동란에 휘말려 들었다고 할 수 있다. 나라마다 서로 경쟁 관계인 정파가 있어서, 민중파 지도자들은 아테나이 인들을, 소수파는 라케다이몬 인들을 불러들였기 때문이다. 평화 시 같으면 불러들일 핑계도 생각도 없었겠지만, 각 정파가 반대파에게 피해를 주면서 자신에게 유리한 동맹을 맺을 수 있는 전시에는 변혁을 꾀하는 자들이 외부에서 원군을 불러들이는 것은 자연스러운 일이 되었다. 이런 내란은 헬라스의 도시들에 크나큰 고통을 안겨 주었는데, 이런 고통은 사람의 본성이 변하지 않는 한 잔혹함에서 정도의 차이가 있고, 주어진 여건에 따라 양상이 달라져도 되풀이되고 있으며 언제나 되풀이될 것이다. 번영을 누리는 평화 시에는 도시든 개인이든 원하지 않는데 어려움을 당하도록 강요받는 일이 없으므로 더 높은 도덕적 수준을 유지한다. 그러나 일상의 필요가 충족될 수 없는 전쟁은 난폭한 교사敎師이며, 사람의 마음을 대체로 그들이 처한 환경과 같은 수준으로 떨어뜨린다. 그리하여 도시들에 잇달아 내란이 발생했다. 나중에 내란이 발생한 도시들은 먼저 내란이 발생한 도시에서 일어난 사건에 관해 듣고는 권력을 장악하는 치밀한 방법과 전대미문의 잔혹한 보복 행위라는 점에서 이전과는 달리 극단으로 흘렀다.

_ 투퀴디데스, 《펠로폰네소스 전쟁사》, 3권 82장

3권 82~83장은 문장 하나 하나를 꼼꼼히 읽어야 합니다. 투퀴디데스가 《펠로폰네소스 전쟁사》를 쓴 이유는 '토포스topos', 즉 본보기가 될 만한 원리를 제공하는 데 있습니다. 위의 인용문을 읽어 보면 그가 그 전범典範을 도출하고 있음을 알 수 있습니다. 이제 이 전쟁은 국가 간 전쟁에서 내부와 외부에 걸친 이중의 전선이 형성되는 방향으로 진행되었습니다. 그렇게 되면 잔혹함의 정도나 주어진 여건이 달라졌다 해도 고통은 "되풀이"될 것입니다. 투퀴디데스에 따르면 전쟁은 한마디로 "난폭한 교사"입니다. 영어판 중에는 이것을 "stern teacher"라고 번역한 것들이 있습니다. '잔혹한 교사'라고 옮기면 적절하겠습니다.

이제 그러한 전쟁에 의해 변화하는 것들을 살펴봅시다.

> 사람들은 행위를 평가하는 데 통상적으로 쓰던 말의 뜻을 임의로 바꾸었다. 그래서 만용은 충성심으로 간주되고, 신중함은 비겁한 자의 핑계가 되었다. 절제는 남자답지 못함의 다른 말이 되고, 문제를 포괄적으로 이해하는 것은 무엇 하나 실행할 능력이 없음을 뜻하게 되었다. 충동적인 열의는 남자다움의 징표가 되고, 등 뒤에서 적에게 음모를 꾸미는 것은 정당방위가 되었다.
>
> _ 투퀴디데스, 《펠로폰네소스 전쟁사》, 3권 82장

이처럼 전쟁은 말의 의미를 완전히 바꿉니다. 즉 가치 전도 현상을 불러일으킵니다.

> 이 모든 악의 근원은 탐욕과 야심에서 비롯된 권력욕이었으며, 일단 투쟁이 시작되면 이것이 광신 행위를 부추겼다.
>
> _ 투퀴디데스, 《펠로폰네소스 전쟁사》, 3권 82장

가치 전도 현상이 일어난 결과, 사람들은 기존의 규범에 따라 행위하지 않게 됩니다. 이처럼 객관적 질서(노모스)가 파괴되자 모든 것이 "권력욕"으로 귀착됩니다. 이런 상황에서는 권력에 대한 욕심을 가

지지 않거나 중립적인 위치에 서서 매사를 냉정하게 판단하고 행위하려는 자들은 몰살당합니다.

이처럼 내란 때문에 헬라스 세계 전체가 도덕적으로 타락했으며, 고상한 성품의 특징인 순박함은 조롱거리가 되어 자취를 감추었다. 세상은 이념적으로 적대하는 두 진영으로 나뉘었고, 두 진영이 서로 불신하는 것이 유행이 되었다. 말은 믿을 것이 못 되었고, 맹세는 이런 사태를 끝낼 억지력이 없었다.

_ 투퀴디데스, 《펠로폰네소스 전쟁사》, 3권 83장

투퀴디데스는 3권 82장에서 전쟁에 관한 일반론을 말한 다음, 3권 83장에서는 이처럼 더욱 추상적인 원리를 이끌어 내고 있습니다. 그는 앞서 1권 22장에서 다음과 같이 말한바 있습니다.

그러나 과거사에 관해, 그리고 인간의 본성에 따라 언젠가는 비슷한 형태로 반복될 미래사에 관해 명확한 진실을 알고 싶어 하는 사람은 내 역사 기술을 유용하게 여길 것이며, 나는 그것으로 만족한다. 이 책은 대중의 취미에 영합하여 일회용 들을 거리로 쓴 것이 아니라 영구 장서용으로 쓴 것이기 때문이다.

_ 투퀴디데스, 《펠로폰네소스 전쟁사》, 1권 22장

앞에서 이렇게 말했기 때문에 구체적인 얘기에서 추상적인 원리로 나아가는 것입니다. 투퀴디데스는 케르퀴라 내전이라는 구체적 사건을 살펴본 다음에 "난폭한 교사"라는 추상적 개념을 내놓았습니다. 그래서 '난폭한 교사로서의 전쟁 개념'이 하나의 원리처럼 우리에게 전해질 수 있었던 것입니다. 오늘날 우리가 투퀴디데스의 《펠로폰네소스 전쟁사》를 읽는 이유는 어디에 있겠습니까? 가령 중세 시대에는 투퀴디데스의 책이 거의 읽히지 않았습니다. 그 시대에는 분쟁을 조정하는 상위 권위체로서 가톨릭 교회가 있었기 때문에 《펠로폰네소스 전쟁사》처럼 분쟁을 다룬 책은 읽을 필요가 별로 없었습니다. 고전은 당대의 가장 첨예한 문제를 가장 잘 드러내 보인 텍스트입니다. 중세에 《펠로폰네소스 전쟁사》가 읽히지 않은 것처럼 이러한 의미의 고전은 시대가 바뀌면 사람들의 관심사에서 멀어질 수 있습니다. 《펠로폰네소스 전쟁사》를 영역한 사람 중에 유명한 이는 근대 철학자 토마스 홉스가 있습니다. 그가 이 텍스트를 의미 있는 것으로 간주한 까닭은 그가 살았던 잉글랜드 내전 시기와 상황에 비추어 보면 충분히 짐작할 수 있을 것입니다.

앞에서 페리클레스의 장례식 연설을 설명하면서, 펠로폰네소스 전쟁이 끝날 무렵 에게 해 지역은 폴리스 시대를 끝냈다는 말을 잠깐 했습니다. 이 시대에 이어서는 로마제국과 중세 가톨릭 제국이 2천 년 동안 지속되었습니다. 그러다가 중세 말에 르네상스를 거치면서 도시 국가들이 등장하기 시작했고, 1648년에 30년전쟁이 끝나고 체결된 베스트팔렌 조약은 지금 우리가 사는 근대 국민국가 체제의 출발점이 되었습니다. 근대 국민국가 체제는 한마디로 혼란스러운 시대입니다. 국가 단위로는 해결할 수 없는 문제들이 계속 일어나는데, 그것을 해결할 수 있는 권력을 가진 상위 권위체가 존재하지 않기 때문입니다. 유엔은 권위는 있지만 권력은 없습니다. 권력은 의무를 강제할 무력을 가지고 있어야 하는데 그것이 마땅치 않기 때문입니다. 미합중국이 그 권력을 가지고 있지만 국제사회의 동의를 얻어야만 그것을 수행할 수 있다는 점에서 최종적인 해결책이 없는 건 마찬가지입니다.

  이러한 고찰을 염두에 두면 투퀴디데스의 《펠로폰네소스 전쟁사》를 읽는 이유를 하나 더 찾을 수 있습니다. 투퀴디데스는 폴리스에서 제국 시대로 넘어가던 시기에 나타난 첨예한 국제 문제를 다루고 있습니다. 국제분쟁을 다루는 상위 권위체가 없을 때에는 어떤 일이 생겨나겠습니까? 케르퀴라 내전에서 일어난 것과 같은 학살들이 도처에서 발생합니다. 1990년대 초반에 발생하여 잔혹한 인종 청소를 불러일으켰던 보스니아 내전, 30여 년 가까이 계속된 소말리아 내전 같은 20세기의 내전들이 그러했습니다.

제 9 강

멜로스를 침략한 아테나이는 보편적인 선善을 가볍게 무시해 버린다. 광기에 휩싸인 인간들은 현실적 힘의 우위를 앞세운 제압의 논리에만 의존한다. 결국 아테나이 제국주의는 실패하고 펠로폰네소스 전쟁은 **'국제사회' 라는 문제**를 남긴다.

이제 다시 펠로폰네소스 전쟁이야기로 돌아와서, 이번에는 전쟁의 난폭함이 외교 무대에서까지 관철되는 사례로 널리 알려진 이른바 '멜로스 회담'을 살펴보겠습니다.

> 멜로스 인은 칼키디케 섬 사람들 중에서 유일하게 델로스 동맹에 가입을 거부했다. 그래서 이들은 아테나이 제국의 부담은 전혀 지지 않으면서도 그 유익을 누릴 수 있었다. 그들은 도리스 인이었고 아르키다모스 전쟁 동안에는 스파르테 인을 도왔던 것 같다.
>
> _ 케이건, 《펠로폰네소스 전쟁사》, 297쪽

멜로스 인들은 아테나이가 주도하는 델로스 동맹에 가입하지 않고 나름대로 행복하게 살아왔습니다. 그들은 도리스 인이었으므로 종족적으로는 스파르테 인들과 가까웠습니다. 그러나 전쟁 시기에는 적과 아군의 구별이 명백해져야 하므로 아테나이로서는 그 나라를 내버려 둘 수 없었을 것입니다.

아테나이 인으로서는 키클라데스의 조그만 섬 하나가 자신들의 의지와 권위를 비웃는 것을 오랫동안 방치할 수 없었고, 그래서 추가적인 분쟁이 불가피했다. 멜로스 인은 자신들의 안전을 위해서 특별한 관계에 있는 스파르테에 의지했고, 이것은 역설적이게도 아테나이의 공격 시점을 설명해 주는 요소가 된다.

_ 케이건, 《펠로폰네소스 전쟁사》, 297쪽

지도를 보면 멜로스 섬은 아테나이와 가까운 거리에 있습니다. 아테나이는 자신들을 비웃고 스파르테에 의지하는 멜로스 인들을 혼내 주기 위해 적절한 공격 시점을 찾고 있었습니다.

아테나이 인은 펠로폰네소스에서 스파르테 군에 의해서, 그리고 북부에서는 스파르테의 외교에 의해서 좌절당하자 최소한 바다에서는 스파르테 인이 아테나이에 해를 끼칠 능력이 없음을 증명하고 싶었을 것이다.

_ 케이건, 《펠로폰네소스 전쟁사》, 297쪽

스파르테에 의해 "좌절당하자" 아테나이 인들은 멜로스 인들을 본보기로 삼아 바다에서의 세력을 과시하려고 했습니다. 이것이 가장 밑바닥에 놓여 있는 아테나이의 멜로스 침공 목적입니다. 페리클레스가 제시한 '비기는 전쟁' 전략에서 가장 중요한 것은 해상에서의 헤게모니를 놓치지 않는 것이었습니다. 그런데 그것마저도 위협당할 상황에 직면하니까 아테나이는 멜로스 인들을 공격하기로 한 것입니다. 전쟁은 명백한 적대 행위가 있어야만 개시되는 것이 아닙니다. 세력을 과시하기 위해서나, 앞으로 생겨날 위협을 미리 제거하기 위해서도 시작됩니다. 게다가 당시 아테나이는 의사결정 과정이 굉장히 단순해서 민회의 결정이 곧바로 폴리스의 정책으로 옮겨지던 시기였습니다. 페리클레스는 민회의 결정을 거부하거나 그들을 설득하기도 했지만, 이후의 지도자들은 자신들의 인기를 유지하기 위해 민회의 결정을 그대로 따랐습니다.

> 아테나이 인은 전함 30척, 중장 보병 1천200명, 궁수 300명, 기마 궁수 20명을 멜로스로 보냈다. 아테나이의 동맹국이었던 여러 섬나라들은 전함 8척과 중장 보병 1천500명을 보냈다.
>
> _ 케이건, 《펠로폰네소스 전쟁사》, 297쪽

아테나이의 동맹국들까지 왔기 때문에 이제 사태는 기어코 멜로스 인들을 처단해야 하는 상황으로 전개됩니다. 즉 현실 상황이 국가라는 행위자를 밀고 가는 형국이 된 것입니다. 여기서 선악의 판단은 중요하지 않습니다.

> 이 원정은 니키아스나 알키비아데스가 직접 참가해야 할 만큼 중요해 보이지 않았고, 그래서 티시아스와 클레오메데스가 동맹군을 이끌었다. 그들은 멜로스의 땅을 휩쓸기 전에 사신을 보내어 항복을 권유했다.
>
> _ 케이건, 《펠로폰네소스 전쟁사》, 297쪽

"휩쓸기 전에"는 빈말처럼 보이지만 앞으로 전개될 상황을 충분히 예상할 수 있는 것입니다. 어쨌든 사신을 보내 항복을 권유한 것이 첫째 단계입니다.

> 멜로스의 정무관들은 그 사절단이 인민들에게 연설하는 것을 허락하지 않았다. 아마 대중이 항복하려고 할까봐 두려웠을 것이다. 대신에 그 사절단이 정무관 자신들과 과두 협의회 앞에서 말할 수 있도록 해 주었다. 아테나이 인의 목적은 멜로스 인이 싸우지 않고 항복하도록 설득하는 것이었다. 이것은 다른 어떤 수단보다도 위협을 통해서 성취하기를 원했던 목표였을 것이다.
>
> _ 케이건, 《펠로폰네소스 전쟁사》, 297쪽

둘째 단계는 아테나이 사절단과 멜로스 위원단의 회담입니다. 이것이 국제정치학에서 많이 연구되는 멜로스 회담Melian Dialogue입니다. 멜로스 회담은 구체적으로 일어난 사태를 가리키기도 하고 현실 정치적 정책이 펼쳐지는 대화 국면을 가리키기도 합니다. 아테나이의 목적은 멜로스의 항복이고 그 수단은 무력이 뒷받침된 "위협"입니다. 근본 목적은 세력을 과시하는 것입니다.

> 아테나이 인은 도시를 포위했고, 멜로스 인은 굶주림, 낙담, 배신의 공포 속에 마침내 항복할 수밖에 없었다. 아테나이 인은 남자를 모두 죽이고 여자와 아이들을 노예로 팔기로 결의했다. […] 이제 아테나이 인은 페리클레스의 온건한 제국 정책을 실패작으로 보고 완전히 포기했으며, 미래의 저항과 반란을 무산시키려는 바람으로 클레온의 강경책을 선택했다.
>
> _ 케이건, 《펠로폰네소스 전쟁사》, 297쪽

멜로스 정복에서 아테나이는 페리클레스의 온건한 제국 정책을 포기하고 클레온의 강경책을 선택했습니다. 이 정책에 따라 멜로스 사람들을 '청소'하기로 한 것입니다. 그러면 우리는 어떤 틀을 가지고 멜로스 회담을 봐야 하겠습니까. 국제정치학에서는 크게 세 가지 틀을 가지고 국가라는 행위자를 살펴봅니다. 첫째는 '합리적 행위자 모형'입니다. 이 모형은 개인의 행동방식과 국가의 행동방식을 연결해서 설명합니다. 앞서 아테나이에서는 민회의 결정이 곧바로 폴리스의 정책으로 이어졌다고 말했습니다. 그런데 현대 국가에서는 이렇게 의견이 일사불란하게 통일되는 경우가 드뭅니다. 현대 국가에는 이른바 관료적인 장치가 있으며, 또한 다양한 이익집단과 공식적인 의사결정 기구가 있기 때문입니다. 그런데 당시 아테나이는 아직 이런 것들을 고려할 단계에 들어서 있지 않았습니다. 둘째는 '관료제 모형'입니다. 이 모형은 각각의 조직이 자신의 이익을 극대화하는 것을 목표로 삼습니다. 셋째는 '정부 정치 모델'입니다. 이것은 요즘처럼 복잡한 기구들로 이루어진 국가의 행위를 설명할 때 주로 사용됩니다. 정부 조직, 조직 구성원, 비정부기구NGO, 언론, 여론 등이 대립하고, 타협하고, 조정하면서 최종적인 정책을 선택한다는 것이 정부 정치 모델입니다. 이런 모델이 잘 작동하려면 원론적인 의미의 민주주의가 이루어지고, 진정한 의미의 위원회(커뮤니티)가 발달해야 합니다. 리처드 뉴스타트의 《대통령과 권력》(효형출판, 1995) 같은 책을 보면 미합중국의 정부 정치 모델이 얼마나 강고한지 알 수 있습니다. 관료 집단의 힘이 막강하기 때문에 미합중국에서는 대통령이 '결단'을 내릴 수 있는 일이 거의 없습니다.

멜로스 회담은 합리적 행위자 모형을 가지고 설명할 수 있습니다. 아테나이 사절단과 멜로스 위원단의 목적은 둘 다 비용과 이익을 따져 기대 이익을 극대화하는 것입니다. 다시 말해서 아테나이는 멜로스의 항복을 받아 내는 게 목적이고, 멜로스는 항복하지 않고 공격당하지 않는 게 목적입니다. 그런데 이 회담의 바탕에는 무력이 놓여 있습니다. 무력을 가지고 위협하면서 설득하되 그게 잘 안 되면 공격한다는 것입니다. 이것이 현실정치적 정책이 가진 기본적인 출발점입니다. 오늘날 국가 간의 분쟁을 조정해 주는 상위 권위체는 (적어도 명목상으로는) 유엔이므로 미합중국 역시 다른 나라에 무력을 행사하기에 앞서 어떻게든 유엔의 협의나 결의를 거치려고 노력합니다. 그렇게 하지 않으면 침공의 명분이 없어지기 때문입니다. 그런데 펠로폰네소스 전쟁 당시의 고대 희랍에는 이러한 상위 권위체가 없었습니다. 그래서 현실정치적 정책이 바로 국가의 행동으로 옮겨질 수 있었습니다.

아테나이는 제국의 지배자로서 아량을 베풀기는커녕 멜로스처럼 작고 힘없는 폴리스를 무력으로 침략했습니다. 그래서 앙드레 보나르는 《그리스 인 이야기》(책과함께, 2011)에서 "27년 동안 계속된 펠로폰네소스 전쟁은 아테나이 지배 체제 하에 그리스 통합이 실패했음을 의미하며, 아테나이 제국주의가 실패했음을 의미했다"라고 합니다. 아테나이는 무력에 있어서나 설득력에 있어서, 즉 헤게모니에 있어서 제국으로 나아갈 수 있는 씨앗을 가지고 있었으나 그렇게 되지 못했습니다. 자신들이 에게 해를 지배하면서 상위 권위체로 올라서기보다는 여전히 하나의 폴리스의 입장에 서서 다른 폴리스를 대할 때에도 '폴리스 대 폴리스'라는 정책을 포기하지 않았습니다. 합의 이행을 강제하는 상위 권위체가 없으면 무정부적인 국제사회가 됩니다. 펠로폰네소스 전쟁 말기가 되면 '국제사회 international society'라는 개념이 등장하기는 합니다. 펠로폰네소스 전쟁은 '이 국제사회를 어떻게 통치하고 유지하며 조정할 것인가'라는 문제를 제기했습니다. 그러나 아테나이와 스파르테는 그 문제를 해결하지 못했고 결국 전쟁 막판에 페르시아의 황금이 등장합니다. 페르시아는 황금이라는 수단을 사용하기는 했지만 초보적인 형태로나마 국제사회를 지배하는 질서를 만들어 낸 것입니다. 이런 점들을 염두에 두면서 아테나이 인 사절단과 멜로스 위원들 사이에 오고 간 대화를 더 살펴봅시다.

> 아테나이 인 사절단: 여러분이 눈앞의 현실에 근거하여 여러분의 도시를 구할 방법을 강구하기 위해서가 아니라 여러분의 장래에 관해 제멋대로 억측을 늘어놓기 위해 여기서 우리를 만난 것이라면, 우리는 회담을 중단할 것이오. 그러나 여러분이 우리가 권하는 대로 한다면 우리도 회담을 계속할 것이오.
>
> _ 투퀴디데스,《펠로폰네소스 전쟁사》, 5권 87장

여기서 "눈앞의 현실"이라는 말이 중요합니다. 현실정치적 정책에 따라 협상할 때 그 출발점이 바로 "눈앞의 현실"입니다. 아테나이 사절단이 말하는 "눈앞의 현실"은 무력 시위를 가리킵니다. 자신들의 뜻에 따르지 않고 교섭을 중지하면 곧바로 폭력을 행사하겠다는 위협입니다.

> 멜로스 의원들: 사람들이 우리처럼 곤경에 빠지면 무슨 말인들 못하고, 무슨 생각인들 못하겠습니까? 그건 당연하고도 이해할 수 있는 일입니다. 그러나 우리가 만난 것이 우리 도시를 구원하기 위해서라는 여러분의 주장이 옳은 만큼, 우리는 여러분 제안대로 회담이 진행되는 것에 동

의합니다.

_ 투퀴디데스, 《펠로폰네소스 전쟁사》, 5권 88장

이 생각 저 생각이 들지만 멜로스 의원들은 아테나이 사절단의 말을 들어 보는 것 말고는 딱히 할 게 없습니다. 아테나이 사절단이 하자는 대로 따라가는 수밖에 없습니다.

아테나이 인 사절단: 우리를 해롭게 한 적이 없다는 말로 우리를 설득할 수 있다고 기대하지 마시오. [...] 인간관계에서 정의란 힘이 대등할 때나 통하는 것이지, 실제로는 강자가 할 수 있는 것을 관철하고, 약자는 거기에 순응해야 한다는 것쯤은 여러분도 우리 못지않게 아실 텐데요.

_ 투퀴디데스, 《펠로폰네소스 전쟁사》, 5권 89장

아테나이 사절단은 "우리를 해롭게 한 적이 없다는 말로 우리를 설득할 수 있다고 기대하지 마시오"라고 말합니다. 즉 일반적으로 통용되는 의미에서의 정의를 내세우지 말라고 한 것입니다. 아테나이 사절단이 견지하고 있는 기본적인 원칙은 '약육강식'입니다. 이 부분을 영문으로 보면 "the strong do what they have the power to do and the weak accept what they have to accept."입니다. 우리말로 옮기면, "강자는 그들의 힘으로 할 수 있는 일을 하며, 약자는 그들이 받아들여야 할 일을 받아들인다"입니다. 전쟁 시기 냉혹한 국제관계에서는 일단 힘을 갖추어야 하고 그렇게 힘을 갖춘 다음에야 비로소 '정의'를 말할 수 있다는 것입니다. 상황이 이러한데도 멜로스 의원들은 '정의'를 이야기합니다.

멜로스 의원들: 우리가 보기에는 보편적인 선善이라는 원칙을 지키는 것이 여러분에게 이익이 될 것입니다. 말하자면 위기에 처한 사람은 누구나 공정한 처우를 받아야 하며, 다소 타당성이 결여된 소명에 의해서도 도움을 받을 수 있어야 합니다. 이러한 원칙이 여러분에게도 이익이 될 것입니다.

_ 투퀴디데스, 《펠로폰네소스 전쟁사》, 5권 90장

멜로스 의원들은 아테나이 사절단에게 공동의 이익, 즉 정의를 말합니다. 지금은 아테나이가 힘이 강하지만 약해질 경우를 미리 생각해서 보편적인 선이라는 원칙에 따라 행위함으로써 그럴 때를 대비하라고 권유하는 것입니다. 그러나 아테나이 사절단에게는 그런 한가한 말이 받아들여질 리가 없습니다.

아테나이 인 사절단: 설령 우리 제국이 종말을 고한다 해도 우리는 나중에 일어날 일 때문에 의기소침하지 않을 것이오. […] 지금 우리가 원하는 바는, 우리가 여기 온 이유는 우리 제국의 이익을 위해서이며, 우리가 말하고자 하는 것은 여러분의 도시를 구하기 위해서라는 점을 분명히 하는 것이오. 우리는 힘들이지 않고 여러분을 우리 제국에 편입시키고 싶소. 양쪽의 이익을 위해 여러분이 살아남기를 바라오.

_ 투퀴디데스, 《펠로폰네소스 전쟁사》, 5권 91장

아테나이 사절단은 자신들이 죽을 때 죽더라도, 자신들의 나라가 망할 때 망하더라도 멜로스를 취하겠다는 것입니다. 아테나이의 목적은 "제국의 이익"이며, 그 방법은 힘들이지 않고 멜로스를 제국에 편입시키는 것입니다. 말은 "힘들이지 않고"라고 하지만 이는 무력을 배경으로 삼지 않으면 할 수 없는 말입니다. 무력을 가지지 못한 자들은 애초에 "힘들이지 않고"와 같은 말을 재미삼아서라도 할 수가 없습니다. 이제 멜로스 위원단은 더 이상 할 말이 없습니다.

멜로스 의원들: 여러분은 우리더러 정의는 말하지 말고 여러분의 이익을 위해 말하라고 하시니….

_ 투퀴디데스, 《펠로폰네소스 전쟁사》, 5권 98장

멜로스 사절단은 다시 한번 정의를 이야기합니다. 그러나 아테나이 사절단은 그런 것을 고려할 마음이 조금도 없습니다. 아테나이는 멜로스가 자신들과 대등한 입장에서 회담을 하고 있는 것이 아님을 상기시켜 준 다음, 다시 한번 "눈앞의 현실"을 이야기합니다. 그러고 나서 최후의 주장을 전개합니다.

아테나이 인 사절단: 우리가 이해하기에, 신에게는 아마도, 인간에게는 확실히, 지배할 수 있는 곳에서는 지배하는 것이 자연의 변하지 않는 법칙이오, 이 법칙은 우리가 제정한 것도 아니고, 이 법이 만들어지고 나서 우리가 처음으로 따르는 것도 아니오. 우리는 이 법칙을 하나의 사실로 물려받았고, 후세 사람들 사이에 영원히 존속하도록 하나의 사실로 물려줄 것이오. 우리는 이 법칙에 따라 행동할 뿐이며, 우리가 알기에 여러분이나 다른 누구도 우리와 같은 권력을 잡게 되면 우리처럼 행동할 것이오. 따라서 우리가 신들에게 불이익을 당할 것이라고 두려워할 아무런 이유가 없는 듯하오.

_ 투퀴디데스, 《펠로폰네소스 전쟁사》, 5권 105장

흔히 사람들은 보편적인 선, 즉 언제 어떤 일이 일어날지 모르니

누구에게나 호의를 가지고 대하라는 것을 불변의 법칙으로 생각합니다. 이것을 '신의 법칙'이라고 말하는 사람도 있을 것입니다. 그러나 여기서 아테나이 사절단이 말하는 신의 법칙은 그것과는 아주 다른 것입니다. 강자가 약자를 지배하는 것이 신의 법칙이라는 것입니다. 그들은 이것을 "하나의 사실로 물려받았"다고 말합니다. 그러니 그 법칙을 따르고 있는 이 순간, 신을 두려워할 까닭이 없다는 것입니다. 이는 멜로스 의원들이 말하는 신의 법칙과는 명백히 대립되는 것입니다. 아테나이 사절단이 신의 법칙을 천명함으로써 회담은 끝났습니다. 멜로스는 아테나이의 제안을 거부했고 그 결과는 참혹한 살육이었습니다.

> 아테나이 인들은 멜로스 주민 가운데 성인 남자를 잡히는 족족 다 죽이고, 여자들과 아이들은 노예로 팔았다. 아테나이 인들은 훗날 500명의 이주민을 보내 그곳을 자신들의 식민지로 만들었다.
>
> _ 투퀴디데스, 《펠로폰네소스 전쟁사》, 5권 116장

지금까지 우리는 펠로폰네소스 전쟁의 주요 국면들을 살펴보고 투퀴디데스의 전쟁론을 검토하였습니다. 그에 이어서 펠로폰네소스 전쟁이 보여 준 잔인한 살육의 전개 과정도 보았습니다. 이제 마지막으로 이 전쟁에서 등장했던 수많은 지도자들 중에서 대표적인 사례 하나를 살펴보기로 합시다. 물론 펠로폰네소스 전쟁에서는 페리클레스가 중요한 지도자였습니다. 그러나 그는 전쟁 초기에 등장했을 뿐이고, 전쟁의 여러 국면에서 등장한 지도자들은 그와 아주 다른 면모를 보입니다. 대표적인 사람들로는 니키아스와 알키비아데스를 들 수 있습니다.

니키아스와 알키비아데스는 누구도 부에 대한 탐욕에 이끌린 것이 아니었고, 또 둘 다 정책 결정을 대중에게 넘기기를 원했던 것도 아니었다. 그러나 두 사람 모두 아테나이 국가에서 으뜸이 되고자 하는 야망을 품었던 반면, 키몬이나 페리클레스에게서 종종 드러났던 탁월한 정치적 재능은 결여되어 있었다. 아테나이의 불행은 이 두 사람이 올림포스에 오른 페리클레스의 계승자가 되기를 원했지만, 두 사람이 할 수 있는 일은 고작해야 서로의 계획을 방해하는 것뿐이었다는 사실이다.

_ 케이건, 《펠로폰네소스 전쟁사》, 300쪽

니키아스와 알키비아데스는 페리클레스 이후의 지도자들입니다. 케이건의 평가로는, 두 사람 모두 야망은 있지만 능력은 없었던 자들입니다. 이는 지도자들 중에서 최악의 경우입니다. 차라리 무능하고 야망 없이 게으른 자들이 낫습니다. 이 부분을 통해 다음과 같은 중요한 주제가 제기됩니다. '민주주의 국가의 지도자와 시민은 어떠해야 하는가?' 이는 오늘날 우리에게도 직접적으로 다가오는 문제입니다. 투퀴디데스는 페리클레스에게 최고의 찬사를 보냅니다. 그는 훌륭한 지도자가 있으면 대중이 어리석다 해도 나라가 멸망하지 않는다고 생각했습니다. 그런데 페리클레스가 죽은 뒤에 아테나이는 본격적인 대중적 민주정으로 들어갔습니다. 그러면서 현명함과 민주정을 어떻게 결합해야 하는지에 관한 문제가 대두했습니다. 당시 민주정은 어리석음과 동일시되었기 때문입니다. 대중의 현명함을 무너뜨리는 핵심적인 요소는 돈에 대한 탐욕입니다. 그래서 아리스토텔레스는 《정치학》에서 '재산 획득 기술'을 강하게 비판합니다. 플라톤도 《국가》에서 이 문제를 심각하게 다룹니다. 이 문제를 해결하려면 '현명한 다수에 의한 민주정'이 필요할 터인데, 불행한 건 예나 지금이나 사람들 대부분은 이른바 화끈하고 유능한 지도자를 원하는 경향이 있다는 것입니다. 그런 지도자가 있으면 과연 국가가 잘 돌아갈까요? 그렇지 않다는 것을 보여 주는 역사적인 사례가 하나 있습니다.

제2차 세계대전 당시 독일에서 개발한 '마우스Maus'라는 이름의 전차가 있습니다. 전차의 적정 무게는 대략 60톤인데 마우스 전차는 무려 192톤입니다. 결국 이 전차는 너무 무거워서 제대로 써 보지도 못하고 소련군에게 포획되어 박물관 전시실로 옮겨졌다고 합니다. 마우스 전차를 개발한 사람은 폭스바겐 비틀을 개발한 세계적 기술자 포르쉐 박사입니다. 그런데 그는 왜 이런 쓸모없는 전차를 개발한 것일까요? 바로 화끈하고 유능한 지도자인 히틀러가 시켰기 때문입니다. 히틀러는 상상력이 풍부하고 아이디어가 넘치는 사람이었습니다. 그래서 그는 전투 상황에 따라 사용할 수 있는 무기를 다양하게 개발하라고 지시했습니다. 대표적인 사례 중의 하나가 마우스 전차입니다. 이는 화끈하고 유능한 지도자가 사태 전체를 바라보지 못해서 사태를 망가트리는 사례라고 할 수 있습니다.

《펠로폰네소스 전쟁사》를 마무리하면서 세 가지 정도의 문제를 정리해 두겠습니다. 첫째, 왜 아테나이 제국은 실패했는가? 둘째, 현실 정치에 충실하면 진정한 의미의 제국이 될 수 있는가? 셋째, 현명한 다수에 의한 민주정은 어떻게 이룩할 수 있는가? 이는 우리가 당장에는 답을 낼 수 없지만 계속해서 염두에 두어야 하는 문제입니다. 이제부터는 텍스트 바깥의 역사적인 흐름을 살펴봅시다. 즉 펠로폰네소스 전쟁 이후의 상황, 마케도니아와 로마제국으로 이어지는 과정을 알아 두어야겠습니다. 그리고 마지막으로는 희랍 사상 저변에 깔린 인간관도 살펴보기로 합시다.

제 10 강

희랍의 폴리스들은 서로를 죽이면서 공멸의 길을 향해 가고 이 세계는 다시금 페르시아가 지배하지만 그것도 잠깐, 에게 해와 페르시아는 **마케도니아 제국**으로 흡수된다. 번영은 오만을, 오만은 싸움을 부르고 **싸움에 지친 사람들**은 편안함을 찾아 자신만의 세계로 파고든다.

공식적으로 펠로폰네소스 전쟁은 서기전 404년에 아테나이가 스파르테에 패함으로써 끝났습니다. 그러나 큰불이 꺼져도 잔불이 남는 것처럼 아테나이와 스파르테, 테바이는 서로 상대를 바꿔 가며 자질구레한 전쟁을 계속했습니다. 문제는 30년 넘게 전쟁을 하다 보니 전쟁 비용이 바닥났다는 점입니다. 게다가 중장 보병이 사라지고 월급받는 용병이 등장하자 돈이 더욱 부족해졌습니다. 이때부터 황금을 가진 페르시아가 희랍 세계에 개입하기 시작합니다. 페르시아는 희랍의 폴리스들이 전쟁을 계속할 수 있도록 적절히 돈을 지원했습니다. 그러면 누군가는 이런 의문이 들지도 모르겠습니다. 예전에 페르시아 전쟁을 치렀을 때처럼 아테나이와 스파르테가 합심해서 페르시아에 맞서면 안 되는 걸까? 그러나 이건 어렵습니다. 30년 넘게 전쟁을 치렀기 때문에, 두 폴리스 사이에는 증오만 남아 있었습니다. 그만큼 인간이 가진 증오가 무섭습니다. 공식적인 것과 심정적인 것은 다릅니다. 케르퀴라 내전, 멜로스 정복 등을 통해 증오의 씨앗이 뿌려진 결과, 공식적으로는 전쟁이 끝났어도 심정적인 증오를 바탕으로 한 싸움이 계속해서 벌어졌던 것입니다.

서기전 386년에 페르시아는 아테나이와 스파르테에 평화조약을 맺으라고 지시했습니다. 그리고 또다시 전쟁이 벌어지면 자신들이 직접 개입하겠다고 엄포를 놓았습니다. 이를 통해 우리는 페르시아가 에게해와 소아시아 지역을 아우르는 '상위 권위체'가 되었음을 알 수 있습니다. 서기전 377년과 355년 사이에 제2차 아테나이 동맹이 결성되지만, 주요 동맹국이 반란을 일으키면서 희랍 세계는 지리멸렬한 상태에 빠집니다. 희랍 세계에서 세력을 가진 정치체는 더 이상 존재하지 않습니다. 문화적인 측면에서 보면 에우리피데스(BC 484?~BC 406?)의 시대가 끝나고 철학자의 시대가 도래합니다. 그러나 플라톤(BC 428?~BC 347?)의 철학은 당대 사회에 별다른 영향을 끼치지 못했습니다. 이때 등장한 사람이 마케도니아의 필립포스 2세(BC 382?~BC 336, 재위 BC 359~BC 336)입니다. 서기전 338년 필립포스 2세는 카이로네이아 전투에서 아테나이와 테바이에 결정적인 승리를 거두었습니다. 당시 18세였던, 필리포스 2세의 아들 알렉산드로스(BC 356~BC 323, 재위 BC 336~BC 323)는 새로운 전쟁 기술을 선보이면서 역사의 무대에 화려하게 등장했습니다.

필립포스는 사건의 진행 속도를 가속화하기로 결정했다. 그는 테르모필라이 협로를 통과할 수 있는 기회가 생기자마자 이를 놓치지 않았다. 일단 그리스 땅에 들어오자 그는 구실 따위는 보기 좋게 내동댕이쳐 버리고, 돌발적으로 앗티케 쪽으로 군대를 돌렸다. 이 소식을 들은 아테나이는 공포에 휩싸였다. 대대적으로 불길을 올려 앗티케의 농민들을 민회에 소환했다. 침묵을 지키는 대중들 사이에서 분연히 일어난 데모스테네스가 연단으로 올라갔다. 그는 용기를 북돋았다. 필립포스의 군대에 대항해서 진군할 것을 제안하고, 아테나이가 맞고 있는 이 절대절명의 위기의 순간에 아테나이의 오랜 숙적인 테바이와 동맹을 맺어야 한다고 주장했다. 사람들은 그의 연설을 경청했다. 시민들은 무장했다. 아테나이의 대표로 테바이로 파견된 데모스테네스는 그보다 한 발 앞서 그곳에 도착한 필립포스의 사절단이 마케도니아 군대가 테바이 영토를 지나 앗티케로 들어가는 것을 묵인해 준다면 전리품을 나누어 주겠다는 제안을 했음을 알았다. 하지만 데모스테네스의 뛰어난 웅변으로 상황은 역전되어, 테바이 인들은 아테나이와 동맹을 맺었다. 이렇게 극적으로 화해한 두 도시의 군대는 얼마간 필립포스의 진군을 막을 수 있었다. 하지만 서기전 338년에 벌어진 카이로네이아 전투는 결정타였다. 그리스 동맹군의 정예 부대가 필립포스의 아들 알렉산드로스가 이끄는 마케도니아 기병대에 의해 전멸되었던 것이다. 당시 알렉산드로스의 나이는 겨우 열여덟 살이었다. 3천 명의 아테나이 병사들이 죽거나 포로가 되었다.

_《그리스 인 이야기 3》, 136~137쪽

여기서 알렉산드로스가 이끌었던 기병대에 주목해야 합니다. 이 기병대는 희랍 중장 보병의 양옆을 치고 들어갔습니다. 밀집 대형의 가장 취약한 부분을 공격한 것입니다. 기병대는 새로운 전쟁 방식이었습니다. 알렉산드로스는 '컴패니언companion'이라 불린 이 기병대를 앞세워 페르시아도 멸망시켰습니다. 앙드레 보나르는 《그리스 인

이야기》에서 카이로네이아 전투를 "결정타"로 규정합니다. 그의 말대로 "도시 국가의 독립은 그것으로 막을 내렸"습니다. 이제 희랍 세계의 패권을 잡은 것은 마케도니아입니다. 필립포스 2세는 스파르테 — 물론 전성기보다 힘이 많이 약해진 상태입니다 — 를 제외한 희랍의 모든 폴리스를 하나로 묶고, 이를 '코린토스 동맹'이라 명명했습니다. 그 결과, 에게 해가 좌우로 양분되는데 왼쪽이 마케도니아, 오른쪽이 페르시아입니다. 두 나라는 필연적으로 대결해야 하는 구도로 들어갑니다. 에게 해를 둘러싸고 두 개의 상위 권위체가 맞선 형국이 된 것입니다. 두 나라의 전쟁은 불 보듯 뻔한 결과였습니다. 알렉산드로스는 이러한 대결 구도 속에서 새로운 전쟁 방식을 습득한 군대를 이끌어 페르시아를 멸망시켰습니다. 그러나 그가 일찍 죽고 그의 제국 또한 일찍 없어졌습니다.

흔히 알렉산드로스 제국을 말할 때 헬레니즘 문화를 거론합니다만, 사실 헬레니즘 문화에 알렉산드로스가 기여한 바는 별로 없습니다. 알렉산드로스는 정복욕은 넘쳤지만 문화적인 발상은 없는 사람이었습니다. 앞서 쉬마키아를 언급하는 부분에서 설명했듯이, 어떤 국가가 헤게모니를 쥐고 상위 권위체의 역할을 하려면 군사력과 경제력, 그리고 문화적 영향력이 있어야 합니다. 알렉산드로스 제국은 문화적 영향력을 가지고 있지 못했습니다. 이후 로마가 에게 해의 패권을 잡고 오늘날의 시리아 지역까지 영토를 넓혔습니다. 이때부터 로마는 에게 해만이 아니라 지중해를 "우리의 바다"라 부르기 시작했습니다.

여기서 잠시 희랍 세계가 끝날 무렵, 즉 마케도니아가 희랍의 폴리스들을 지배하기 시작할 무렵의 두 사람에게 주목할 필요가 있습니다. 한 나라가 멸망할 무렵에 이러한 인간 유형이 반드시 나타나기 때문에 알아 두면 좋겠습니다. 한 사람은 데모스테네스(BC 384~BC 322)입니다. 그는 마케도니아에 맞서 희랍의 자유를 지켜야 한다고 말한 사람이고, 다른 한 사람인 이소크라테스(BC 436~BC 338)는 희랍을 한 사람의 지도자 밑에 통합하여, 즉 마케도니아의 지배를 받아들여 아시아에 대항해야 한다고 말한 사람입니다. 두 사람 중 누가 더 훌륭한 사람인가는 아주 오래 전의 일이기 때문에 평가하기가 쉽지 않습니다. 다만 당대의 평가와 후대의 평가가 다르다는 것을 기억해 둡시다.

이 시대를 마무리하면서 윌리엄 맥닐의 《세계의 역사》를 한번 읽어 봅시다.

카이로네아 전투에서 마케도니아의 군사적 우세가 두말할 나위 없이 증명된 뒤에도, 희랍인은 자신이 속한 도시의 자주성과 정치적 독립성에 대한 끈질긴 열망을 버리지 못했다.

그렇지만 서기전 338년 이후 경제적 군사적 조직의 규모가 변함에 따라, 각 도시 국가는 더 이상 진정한 주권을 행사하지 못했다.

재산을 가지고 있던 시민들은 그냥 집에 머물러 있기를 좋아했고, 그들의 선조들이 자유로운 인간과 책임감 있는 시민의 유일한 임무라고 믿었던 고되고 영웅적인 역할을 포기해 버렸다. 이런 풍조와 함께 사람들의 관심은 점차 생활의 사적인 면으로 쏠리게 되었고, 희랍인의 상상력과 감정을 온통 사로잡았던 정치는 그 압도적인 매력을 상실하게 되었다.

_《세계의 역사 1》, 223~224쪽

이때가 바로 헬레니즘 시대의 철학으로 들어가는 시기입니다. 나라는 망해도 백성은 살아남습니다. 고된 시기를 거치면서 백성은 세상의 고난을 잊기 위해 마음을 편하게 해 주고 목숨을 길게 하는 데 도움이 되는 '안심입명安心立命'의 철학에 기울어지는 건지도 모릅니다. 헬레니즘 시대의 철학은 크게 세 가지로 나눌 수 있습니다. 첫째는 에피쿠로스 철학입니다. 사이좋은 친구들끼리 모여서 동아리를 만들고 놀자는 탈정치적인 철학입니다. 둘째는 스토아 철학입니다. 이 세상은 덧없는 것이고 진정한 행복은 우주적 질서와 교감할 때 얻을 수 있다는 탈현실적인 철학입니다. 이러한 철학들은 현실 세계를 바꿀 수 있다는 희망이 전혀 없을 때 등장합니다. 사실상 패배자의 철학입니다. 셋째는 퀴니코스 학파(회의주의)입니다. 이 학파의 대표적인 사람이 '통 속의 디오게네스'입니다. 그와 알렉산드로스 대왕의 일화는 사실 여부를 떠나서 상징적인 의미를 포함하고 있습니다. 그는 통 속에 살고 있었는데, 알렉산드로스가 현자라는 소문을 듣고 찾아오자 "햇볕을 가리지 말아 달라"고 말합니다. 여기서 통은 집이 아닙니다. 그저 내 몸 하나 뉘일 수 있는 공간일 뿐입니다. 희랍인은 자기 땅을 소유한 시민이었는데 그걸 포기하였다는 뜻이 함축되어 있습니다. 또한 그는 알렉산드로스 대왕에게 아무런 관심도 보이지 않습니다. 완전히 탈정치적인 사람인 것입니다. 민회에 나가서 나라의 일을 격렬하게 토론하던 폴리스 시민의 모습은 흔적도 없이 사라졌습니다.

서기전 338년 마케도니아의 정복에 의해 개별 폴리스의 주권이 완전히 상실되자, 희랍의 문명과 문화는 처음의 활력을 대부분 잃어버렸다. 오직 엘리트만이 플라톤이 완성한 철학의 정수를 향유하거나 프락시텔레스의 조각에 표현된 미묘한 불신의 뉘앙스를 이해할 수 있었다. 미천하고 교육을 받지 못했으며 가난에 찌든 다수의 사람들은 하나의 길을 걸어갔고, 좋은 집안에서 태어난 부유한 자들은 또 다른 길을 걸어갔다. 잠시나마 그들을 하나로 묶어 주었던 폴리스의 단결은 생명력을 잃고 기억 속에서만 희미하게 살아남았다.

_《세계의 역사 1》, 224쪽

이 시기에 들어서면서는 "오직 엘리트만이 플라톤이 완성한 철학의 정수를 향유" 했습니다. 지성인을 혐오하는 반지성주의가 나올 정도입니다. 지성에 대해서는 아무런 관심조차 보이지 않는 것입니다. 마케도니아에 이어 지중해의 패권 국가로 등장한 로마제국에서는 대부분 아주 나중에 신플라톤주의자들이 나타날 때까지 플라톤 철학을 읽지 않았습니다. "미천하고… 걸어갔다"라는 문장은 이때 벌어진 사태를 탁월하게 집약하고 있습니다. "좋은 집안에서 태어난 부유한 자들은" 기존의 삶을 유지하거나 새로운 기회를 마련했지만, "미천하고 교육을 받지 못했으며 가난에 찌든 다수의 사람들은" 온갖 고통과 어려움에 시달리며 하루하루를 연명하며 살았습니다. 미천하고 교육을 받지 못한 사람들일수록 나라가 망하면 고생길에 접어듭니다. 그러니 좋은 집안에 태어나 부유한 사람들이 나라를 버리고 떠나든 말든 가난하고 미천한 사람들은 나라를 지키고 올바르게 만드는 데 힘을 쏟아야 하는지도 모릅니다.

마지막으로 플라톤의 철학을 간략하게 정리하겠습니다. 펠로폰네소스 전쟁 이전의 희랍 사람들은 자신들이 폴리스에서 살아가는 존재임을 몸과 마음으로 알고 있었습니다. 이는 아리스토텔레스의《정치학》에서 확인할 수 있습니다. 아리스토텔레스는 '준 폴리티콘 zoon politikon', 즉 인간은 폴리스에 사는 동물이라고 정의합니다. 이는 보편적 정의라기보다는 철저하게 희랍의 맥락에서 규정된 인간입니다. 그러나 전쟁을 겪으면서 희랍에서는 '호모 벨리쿠스homo belicus'와 '호모 모르탈리스homo mortalis'라는 새로운 인간관이 등장했습니다. 전자는 '전쟁하는 인간'이라는 뜻이고, 후자는 '유한한 생명을 가진, 죽을 운명의 인간'이라는 뜻입니다. 이 두 말은 서로 긴밀한 관계가 있습니다. 당대의 희랍 철학은 이러한 새로운 인간관을 통해 이해해야 합니다. 호모 벨리쿠스와 호모 모르탈리스, 이 두 단어의 밑바닥에 있는 정서는 '존재론적 허무주의'입니다. 여기서부터 눈앞에 보이는 것은 참다운 것이 아니라는 생각이 이끌어져 나옵니다. 그렇다면 진짜는 어디에 있겠습니까? 눈에 보이지 않는 곳에 있습니다. 플라톤 식으로 말하면 저 너머에 있는 것입니다. 당시 아테나이에는 '통 속의 디오게네스' 같은 사람들이 많이 있었습니다. 또한 회의주의에 이른 소피스트인 고르기아스처럼 우리가 할 수 있는 건 아무것도 없다고 생각하는 사람들도 적지 않았습니다. 플라톤은 이런 상황에서 끊임없이 그들에게 진짜가 있다는 것을 말해 주려고 했습니다. 그의 사상은 존재론적 허무주의를 극복하려는 굉장히 강력한 노력이었습니다.

 플라톤은 하나의 조화로운 우주가 있고 그것은 기하학적인 방법을 통해 뚜렷하게 알 수 있다고 생각했습니다. 눈앞에 보이는 대상을 가볍게 여겼다는 이유로 플라톤을 비판하는 사람들이 있습니다. 물론 타당한 지적이지만, 그럼에도 그가 전쟁을 겪은 사람이라는 점을 잊지 말아야 합니다. 객관적 질서가 모두 붕괴한 상황에서도 플라톤은 불변의 진리가 존재하며 거기에 기준을 두고 인생을 살아야 하고, 공동체를 세워야 한다고 주장했습니다. 즉 그의 철학은 이를 악물고 현실 세계를 올바로 살아 내기 위한 허무 극복의 철학이었습니다. 호모 벨리쿠스, 호모 모르탈리스라는 맥락에서 등장한 플라톤주의는 우리가 앞으로 읽을 아우구스티누스의 《신국론》에서도 발견할 수 있습니다. 아우구스티누스는 410년 서고트 족의 지도자 알라리크가 로마 시를 점령하고 사흘 동안 약탈, 노략질, 강간을 자행한 대참사에 대한 응답으로 자신의 저작을 구상했습니다. 그는 세속적인 것과 신성한 것을 근본적으로 구별하고, 전자를 속세의 "인간의 도시", 후자를 천상의 "신의 도시"라고 불렀습니다. "신의 도시"라는 이 생각이 플라톤의 사상에서 얻어진 것임을 아는 것은 그리 어렵지 않습니다. 기독교는 사람들을 공적인 맥락에서 완전히 떼어 내서 전혀 다른 차원에서 살아갈 수 있다는 희망을 심어 줍니다. 그들은 '신의 나라'라는 허구적인 공통의 기반 위에서 살아가게 되는 것입니다.

* * *

II

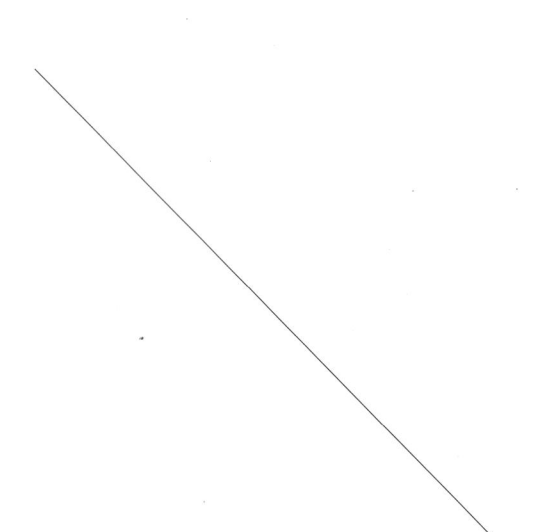

로마와 중세 가톨릭 제국시대

II

제 11 강

'**영원한 제국**' 로마는 지중해를 '우리의 바다'라 부르면서 '세계'를 제패한다. 이는 북아프리카의 카르타고를 멸망시킨 **포에니 전쟁**을 거치면서 굳건해졌으나 제국의 시민들은 농노나 다름없는 처지로 전락한다.

희랍의 폴리스들은 마케도니아의 알렉산드로스 시대를 거치면서 몰락하고, 지중해 세계는 제국의 시대로 접어들었습니다. 우리는 이어지는 시대를 '로마제국 시대'로 알고 있습니다. '로마', 서구에서 아주 오랫동안 사람들의 입에서 오르내리는 나라 이름입니다. 로마는 이탈리아 반도에서 시작되어 지중해를 중심으로 유럽, 아시아, 북아프리카 지역의 넓은 땅을 지배했던 국가만을 가리키는 것이 아닙니다. 그것은 하나의 문명을 가리키는 말이기도 하고, 환상적인 뭔가를 가리킬 때에도 쓰입니다. 고대 로마가 멸망한 지 한참이나 지났을 때에도 '신성로마제국'(962~1806)이라는 명칭이 사용되었습니다. 또한 '로만 가톨릭Roman Catholic'이라는 말에서 알 수 있듯이 세계에서 중요한 종교 집단 중의 하나를 가리킬 때에도 아주 오래 전에 멸망한 이 제국의 형용사형이 오늘날에도 여전히 사용되고 있습니다. 많이 노력하지 않아도 로마제국을 소재로 한 영화 한두 편 쯤을 떠올릴 수 있을 정도입니다. 이러한 것들만 보아도 로마는 분명 뭔가 강력한 의미와 영향력을 가지고 있음을 알 수 있습니다. 로마에 대해서는 모든 것을 공부할 수가 없습니다. 그런 생각을 하는 것 자체가 헛된 야망일 것입니다. 여기서는 먼저 로마 공화정 시기를 포함하여 이른바 '일인자 시대'에 이르기까지의 과정을 살펴보겠습니다. 그런 다음 율리우스 카이사르의 《갈리아 원정기》를 읽은 뒤, 마지막으로 로마제국의 멸망을 몇 가지 측면에서 공부합니다.

로마의 역사를 중요한 연대에 따라 정리하면 대체로 다음과 같습니다. 서기전 750년 무렵부터 서기전 510년까지 — 이는 전설에 따른 연대입니다 — 는 왕정기, 서기전 510년부터 서기전 27년까지는 공화정기입니다. 공화정이라고 해서 오늘날의 민주 공화정을 떠올리면 안 됩니다. 원로원에 의한 통치였으므로 사실상 귀족정으로 봐야 합니다. 서기전 27년부터 서기 476년까지는 서로마제국의 통치기이고, 동로마제국은 그로부터 약 1천 년 뒤인 1453년에 오스만 튀르크에 의해 멸망했습니다. 대체로 역사학자들은 로마가 동서로 분열되기 전인 330년에 콘스탄티누스 1세가 수도를 비잔티움으로 옮겼기 때문에 동로마제국도 정통성을 가지고 있다고 봅니다. 이렇게 보면 로마는 무려 2천 년 동안 지속된 나라입니다.

로마 공화정에 대해서는 여기서 자세히 공부하지 않습니다. 이 시기에 대해 혼자서 공부하고자 한다면 허승일의 《로마 공화정》(서울대출판부, 1997)과 톰 홀랜드의 《공화국의 몰락》(웅진닷컴, 2004) 등을 참고할 수 있습니다. 로마는 다른 여러 나라들과 마찬가지로 왕정으로 시작되었습니다. 그러나 얼마 가지 않아 그것은 폐지되고 귀족이 주도하는 공화정이 성립합니다. 이 체제는 오랫동안 유지되었고 로마 사람들에게 일종의 이상적인 체제로 각인되었습니다. 그래서 그들은 황제가 통치하는 시대로 이행한 다음에도, 적어도 명목상으로는 공화정이라는 것을 내세웠습니다. 우리가 읽을 카이사르의 《갈리아 원정기》는 공화정에서 황제정으로 이행하는 시기에 나온 텍스트입니다. 카이사르가 태어났을 무렵에는, 평민이 귀족과 대등한 세력을 가지고 맞서는 공화정의 모습은 이미 옛날 일이 되었고, 평민의 힘은 상대적으로 훨씬 약화되어 있었습니다. 귀족들은 오랫동안 지속된 공화정 체제가 가져다준 번영의 열매를 누리고 있었고, 평민의 근간을 이루던 농민들은 상당수가 몰락하여 자신들이 가지고 있던 토지를 팔아 버리는 사태가 속출했습니다. 귀족들은 그 토지들을 매점한 뒤 노예를 이용하여 광대한 농장을 경영하기 시작했습니다. 공화정의 경제적 토대라 할 수 있는 농민과 그들의 보유 토지가 이러한 상황에 처하게 되자 아주 당연하게도 체제를 유지하는 근본적인 장치들인 선거제도와 징병제도 등에서 문제가 불거져 나왔으나 이는 종래의 방식으로는 해결할 수 없게 되었습니다.

로마 공화정 말기는 서기전 133년부터 서기전 27년까지입니다. 이 시기의 로마는 희랍 세계가 몰락하던 시기와 비슷한 모습을 보입니다. 이즈음에는 힘 있는 사람들이 군인을 모집해서 자기 군단을 거느리기 시작합니다. 카이사르(BC 100~BC 44), 술라(BC 138?~BC 78), 폼페이우스(BC 106~BC 48), 크랏수스(BC 115~BC 53) 등이 그런 사람들이었습니다. 이들은 독자적인 군단을 거느리면서 세력을 넓혀 가고 서로 힘을 합하거나 대립하거나 합니다. 이른바 '일인자 시대'가 도래한 것입니다. 이 시대는 카이사르의 양자인 옥타비아누스(BC

63~BC 14)가 아우구스투스(재위 BC 27~BC 14), 즉 '존엄한 자'라는 호칭을 받는 것으로 일단락됩니다. 이 호칭을 받은 해가 서기전 27년으로 이때부터 로마에서는 사실상 제정이 시작됩니다.

로마 공화정 말기는 '내전의 세기'로 불립니다. 서기전 133년은 티베리우스 그락쿠스(BC 163~BC 132)가 평민의 권익을 옹호하는 호민관에 선출된 해입니다. 그는 빈민의 토지 확보를 목표로 공유지 점유 면적을 제한하는 개혁에 착수했으나 반대파에 의해 살해되었습니다. 여기서 중요한 것은 토지 개혁입니다. 공화정 시대의 로마 군인은 자기 땅에서 농사를 짓다가 나라가 위급해지면 각자 마련한 무기를 들고 싸우는 농민이었습니다. 농민들은 길어야 두 달 정도 전쟁을 치르고 돌아와 다시 농사를 지었습니다. 희랍의 폴리스들과 마찬가지로 로마도 전쟁 기간이 해를 넘기면 안 되는 나라였습니다. 그러나 전쟁에 나가서 죽는 사람들이 많아지자 주인 잃은 땅이 늘어나기 시작했습니다. 이 땅을 원로원 귀족들이 챙기면서 평민과 귀족 사이의 계급 갈등이 일어났습니다.

이 갈등이 심각해지자 그락쿠스 형제가 토지 개혁을 추진하게 된 것입니다. 역사 책을 읽을 때 토지 문제를 둘러싸고 대규모의 변화가 일어나면 그때는 바로 사회에 근본적인 변화가 일어난 시기입니다. 나중에 근대 초기를 공부할 때 자세히 살펴보겠지만 자본주의의 등장에서 반드시 거론되는 것이 공동으로 이용했던 토지에 울타리를 쳐서 사유지로 만든 인클로저 운동입니다. 그락쿠스 형제는 지배층이 불법적으로 점유한 공유지 중에서 법정 한도를 넘은 땅을 회수해 토지를 잃은 농민에게 재분배하는 정책을 시행했습니다. 그러나 이 법은 그락쿠스 형제의 죽음과 함께 유야무야되었습니다.

귀족의 대토지 소유 현상은 여러 이유에서 비롯된 것이지만, 그중에서 상징적으로 중요한 사건은 북아프리카의 강대국인 카르타고와의 전쟁, 즉 포에니 전쟁입니다. 포에니 전쟁은 서기전 264년에서 서기전 146년까지 세 차례에 걸쳐 벌어졌습니다. 100년 넘게 전쟁을 치르면서 로마는 공화정 체제에서 결정적으로 벗어나 제정으로 발돋움하기 시작했습니다. 이 과정에서 소농의 토지 상실과 농업의 황폐화가 나타났습니다. 또한 정복 전쟁이 계속되자 평민 지도자들이 몰락하고 장군이 유력한 정치가 집단으로 부상했습니다.

포에니 전쟁이 일으킨 효과를 정리해 보면 크게 세 가지입니다. 첫째는 장군들이 정치 지도자로 올라섰기 때문에 생겨난 군사 군주정의 조짐이고, 둘째는 앞서 말했듯이 소농의 몰락입니다. 이 둘은 동전의 앞뒷면처럼 결합된 현상입니다. 제국화 이후 이 두 현상은 긴밀하게 얽혀 진행되므로 이 당시 로마의 변화를 보려면 군대 구성원의 변화를 살펴야 합니다. 앞서 말했듯이 로마에서는 군인이 곧 농민이었기 때문입니다. 영토를 확장하고 해외에서 오랜 기간 벌어지는 전쟁이 늘어나면서 군인을 전문 직업으로 삼는 사람들이 늘어났습니다. 그들은 농민이었던 이전의 군인과 달리 전쟁을 치르면서 20년 넘게 외국을 떠돌다가 고향에 돌아가지 못하고 속주가 된 땅에 정착하는 삶을 살았습니다. 한마디로 로마 공화정을 지탱하던 사람들의 생활세계가 바뀐 것입니다. 셋째는 속주의 농토 및 농산물에 의한 경제 구조의 왜곡입니다. 로마 귀족에게 전쟁은 경제활동이었습니다. 전쟁에서 승리하면 노예와 전리품을 획득할 수 있었기 때문입니다. 그들은 이렇게 늘어난 재산을 가지고 속주에서 새로운 토지를 구입하거나 로마에 있는 농장에 투자함으로써 대토지를 소유했습니다. 이렇게 속주 농토가 늘어나고 그곳에서 값싼 농산물이 들어오면서 로마 사회를 지탱하던 기본적인 경제구조가 변형되기 시작했습니다.

그 결과, 토지에서 쫓겨난 소농은 로마 시내로 들어와 빈민으로 살거나 군대에 들어갔습니다. 이러한 현상들이 계속되면서 '내전의 세기'가 도래한 것입니다.

'SPQR'이라는 약자가 있습니다. 이는 '세나투스 포풀루스크 로마누스Senātus Populusque Rōmānus'의 약자로 '로마의 원로원과 시민'이라는 뜻입니다. 로마 정부의 공식 표어인 이 말은 로마 공화정이 원로원과 시민으로 이루어졌음을 나타냅니다. 이것이 로마 공화정의 기본 원리입니다. 그런데 정복 전쟁이 지속되면서 소농의 몰락, 하층민의 직업군인화가 일어났고 정치적 권리의 근거가 되는 땅이 사라졌습니다. 즉 SPQR에서 PQ에 해당하는 시민이 몰락한 것입니다. 그것을 막고자 한 사람들이 바로 그락쿠스 형제 같은 호민관들이었습니다. 대지주로 구성된 원로원과 도시와 농촌에 거주하는 하층민의 갈등이 '내전의 세기'에 벌어진 핵심적인 사태입니다. 로마가 정복 전쟁을 멈추고 토지 개혁을 이루어 냈다면 로마 공화정은 붕괴하지 않았을 것입니다. 그러나 로마는 그 길을 가지 않았고 결국에는 내전의 세기를 거쳐 제국을 향해 갔습니다.

오늘날의 우리가 보기에는 그렇게 하지 않았으면 더 좋았을 듯도 하지만 그것이 그렇게 간단한 문제는 아니었을 것입니다. 다시 말해서 공화정 체제에서 오랫동안 살아온 사람들은 전혀 달라진 상황에 직면하여 그에 걸맞은 전혀 다른 삶의 방식을 만들어 내야 했지만 그게 쉽지 않았을 것이라는 말입니다. 이를 이해하기 위해 희랍의 폴리스와 비교해 보겠습니다. 폴리스polis는 네 가지 정도의 뜻을 가지고 있습니다. 첫째, 폴리스는 공동체 삶의 중심지, 즉 언덕 위에 모여 살던 공간을 가리키는 말이었습니다. 그러다가 인구가 늘고 사람들이 언덕 밑으로 내려와 살게 되면서 삶의 중심지가 아고라agora로 바뀌

었습니다. 그리고 기존의 중심지였던 언덕은 아크로폴리스acropolis
로 불리게 되었습니다. 이때부터 폴리스는 공동체 자체를 가리키는
말이 되었습니다. 이것이 폴리스의 둘째 뜻입니다. '언덕 위'라는
공간이 구체적인 개념이라면 '공동체'는 추상적인 개념입니다. 이
개념은 셋째 뜻인 공동체에서 살아가는 '인민people'으로 이어집니
다. 예컨대 소포클레스(BC 469?~BC 406)의 희곡 〈오이디푸스 왕〉(BC
429?)에서 이오카스테 왕비는 오이디푸스 왕에게 "온 도시가 들었습
니다"라는 말을 하는데, 여기서 도시는 곧 인민을 가리킵니다. 마지
막으로 가장 추상적인 차원에서 폴리스는 '삶의 기술 (또는 방식)'을
가리키는 말입니다. 기술은 태어날 때부터 가지고 있는 게 아니라 공
동체에서 살아가면서 익히는 것입니다. 그 기술은 특정한 지리적 환
경과 사람들의 심성구조 등이 골고루 섞여서 만들어집니다. 삶의 기
술은 아주 오랜 세월에 걸쳐서 습득됩니다. 그런데 희랍의 폴리스가
무너지고 마케도니아와 로마제국이 등장하면서 삶의 기술이 바뀌었
습니다. 예를 들어 희랍인들은 연설을 중요한 삶의 기술로 여겼지만,
폴리스가 붕괴한 뒤에는 누구도 연설에 필요한 고급 희랍어를 익히
지 않았습니다. 이러한 전환기에는 삶의 기술을 습득하는 게 굉장히
어려우므로 많은 사람이 우왕좌왕하게 됩니다. 로마 인들은 공화정
에서 제정으로 이행해 가면서 전혀 새로운 삶의 기술을 익혀야 했으
나 하루 아침에 이루어 내기는 어려운 과제였습니다.

세나투스(원로원)와 포풀루스(시민/하층민)의 투쟁은, 토지 문제와 그
것에 근거한 재산권이 근본적으로 개혁되는 사회혁명으로 이어지지
않았습니다. 오히려 이 '내전의 세기'는 포풀루스의 불만을 흡수해
서 자신의 세력을 키운 일인자의 시대로 귀결되었습니다. 다시 말해
사회혁명이 아니라 정치권 내부의 권력투쟁이 전개된 것입니다. 어

떤 사회에서나 계층 간의 갈등이 극단적으로 일어나는 시기가 있습니다. 그런데 이 갈등이 근본적인 사회 개혁으로 이어져 사회의 저변을 바꾸지 못하고 몇몇 지도자들 아래 대중이 몰려들어 그들의 세력을 키워 주고 그것이 유력한 지도자들 사이의 정치적 권력투쟁으로 이어지면, 수많은 대중들은 결국 사회의 주체가 아니라 장기판의 졸과 같은 존재가 되고 맙니다.

'일인자 시대'의 로마는 바로 이러한 모습을 여실히 보여 줍니다. 이 시기의 대립은 포풀라레스populares와 옵티마테스optimates, 즉 평민파와 귀족파의 대립으로 불립니다. 그런데 평민파는 말만 평민파일 뿐 이 세력을 이끈 사람들은 카이사르 같은 귀족들이었습니다. 평민의 권익을 옹호한다는 명분을 내세웠지만, 사실은 하층민을 끌어들여 자신의 세력을 조직한 것입니다. 그리고 서기전 107년 가이우스 마리우스(BC 157~BC 86)의 군사 개혁이 실시되면서 일인자의 시대로 가는 결정적인 계기가 마련되었습니다. 재산이 없는 사람도 군단에 지원할 수 있게 한 이 개혁은 본래 유구르타와의 전쟁에서 부족한 병력을 보충하기 위한 개혁이었으나 결과적으로는 일인자들이 합법적으로 자기 휘하에 병력을 모을 수 있게 하였습니다. 이 당시 로마는 지중해를 '우리의 바다'라고 부를 정도로 부국강병을 이루었지만, 로마 시내에서는 하층민들이 늘어나고 무료 급식을 해야 하는 상황이 발생했습니다. 국력은 신장했는데 시민은 하층민이 되어 버린 것입니다.

과거 아테나이는 에게 해의 패권을 잡으면서 부가 늘어났습니다. 그런데 그 부를 유지하려면 무력으로 주변 폴리스들을 위협하고 군사적인 헤게모니를 유지하면서 계속해서 돈을 거둬야 합니다. 즉 군사 국가가 되어야 합니다. 이 당시의 로마도 마찬가지 상황이었습니다.

로마 역시 군국주의적인 제국으로 향해 가고 있었던 것입니다. 제국 체제가 유지되는 원리는 사실 간단합니다. 자기 영토 바깥에 있는 다수의 사람을 착취해서 자기 영토 안에 있는 국민 다수를 먹여 살리는 겁니다. 아테나이 인들이 그랬습니다. 이처럼 국내에서는 민주주의, 국외에서는 제국주의를 추구하기 위해서는 강력한 군대가 필요합니다. 로마는 그 점에서는 아테나이보다 많이 발전해 있었습니다.

로마는 정해진 규범에 따라 전쟁을 수행하기 위해 오랫동안 노력했습니다. 로마 군대는 마리우스의 군제 개혁 이후부터 국가에서 병사들에게 표준 무장을 제공했습니다. 로마 군인들의 무장은 투구, 갑옷, 정강이싸개, 각반, 신발, 그리고 칼과 방패와 창 등으로 이루어졌습니다. 그런데 여기서 더 주목해야 하는 것은 군인들이 짊어지고 다니던 장비입니다. '마리우스의 당나귀'라 불리던 이 장비에 로마 군대가 가진 일종의 비밀이 숨어 있습니다. 이 장비에는 식량이나 식기는 물론 괭이, 도끼, 톱 같은 건축 공사용 도구가 들어 있었는데, 그 무게가 40킬로그램 가까이 나갔습니다. 전쟁 중에 이 짐들을 짊어지고 다니면서도 로마 군대는 길을 닦고, 성을 쌓고, 도시를 만들었습니다. 그들은 전투병이면서 동시에 토목 공병이기도 했던 것입니다. 로마 군인들은 몸집이 크지 않았습니다. 그들의 평균 키는 160~170센티미터 정도였습니다. 세계를 제패한 것으로 널리 알려진 이들치고는 그리 대단하지 않았습니다. 그러나 우리가 로마 군인을 생각할 때는 그들이 짊어지고 다닌 '마리우스의 당나귀', 즉 도구를 함께 떠올려야 합니다. 오늘날 용어로 말하자면 그것은 '비인간 행위자 nonhuman actor'입니다. 로마 병사라고 하는 인간 행위자와 그들이 짊어진 장비, 즉 비인간 행위자가 결합함으로써 로마 군대는 도로와 성과 도시를 건설했고, 그것이 로마제국의 네트워크와 중심지들을 이

록한 것입니다. 이것이 로마제국의 통치에서 가장 밑바탕이 된 일종의 인프라입니다. 카이사르는 마리우스의 군제 개혁 이후 이런 방식으로 운용된 군대를 보유하고 있던 일인자 중의 한 사람이고, 그의 갈리아 원정은 이러한 군대로써 이루어진 것입니다. 그러면 이제부터 《갈리아 원정기》를 읽어 보기로 합시다.

제 12 강

시민들은 이제 신민이 되어 강력한 일인자들 아래의 병졸이 된다. 일인자 중의 한 명인 **율리우스 카이사르**는 로마 군단을 이끌고 갈리아 정복을 시도한다. 그가 쓴 보고서 **《갈리아 원정기》**는 로마 군대의 식민지 침략과 지배가 어떻게 이루어졌는지를 여실히 알려 준다.

카이사르Gaius Iulius Caesar(BC 100?~BC 44)가 쓴 《갈리아 원정기 Commentarii de Bello Gallico》(BC 50?~BC 40?)는, 로마가 제국으로 가는 걸음을 내딛고 있을 때 진행된 정복 전쟁의 양상을 가장 잘 보여 주는 일종의 보고서입니다. 그러나 이 책은 단순한 보고서가 아니라 카이사르가 자신의 업적을 로마 시민들에게 널리 알리려는 의도가 숨어 있는 책이기도 합니다. 사실 카이사르는 갈리아 총독으로 임명되면서 그 지역을 정복하라는 명령을 받지는 않았습니다. 물론 나중에 원로원이 그의 승전을 기념하여 감사제를 열기도 했지만 어쨌든 그는 이 정복을 조금은 독단적으로 수행했습니다. 따라서 이 보고서는 자신의 행동을 정당화하기 위한 것이기도 합니다. 그런 까닭에 이 책에는 은연중에 카이사르의 자화자찬이 들어가 있습니다. 우리는 이 책을 읽으면서 카이사르의 영웅적인 행적에 열광해서는 안 됩니다. 카이사르에 대한 평가가 호불호로 극명하게 갈리기는 하지만 그렇다고 해서 전쟁 영웅을 높이 찬양할 만한 일은 아닌 듯합니다. 카이사르는 갈리아를 정복하면서 수많은 사람을 죽이거나 노예로 끌고 갔기 때문입니다. 이는 무자비한 식민지 정복임에 틀림없습니다. 한국에서 많이 읽힌 시오노 나나미의 《로마 인 이야기》는 카이사르를 다루는 데 많은 분량을 할애하고 있습니다. 중요한 인물이라고는 하나 그 찬양의 정도는 심각한 수준입니다. 이런 것을 보면서 우리는 시오노 나나미의 책이 어떤 관점에서 쓰인 것인지를 평가할 수 있습니다. 자신도 모르게 역사 책을 읽으며 승리자의 편에 서서 자신이 그들과 한 편인양 즐거워하는 사람들이 꽤 많습니다. 우리처럼 식민 지배를 받은 경험이 있는 나라의 사람들이 《갈리아 원정기》를 읽으면서 카이사르의 편을 들며 즐거워하는 것은 정상적인 상태라 하기 어렵습니다. 억압받고 고통받은 피지배 민족들에게 안쓰러운 마음을 가져야 정상이지 식민지를 착취했던 제국의 반성 없는 후손처럼 굴면 곤란하겠습니다.

카이사르는 서기전 60년에 폼페이우스, 크랏수스와 함께 1차 삼두정치를 구성하며, 이듬해에는 집정관으로 선출됩니다. 그리고 집정관을 마친 다음에는 갈리아 지역의 총독으로 부임합니다. 집정관은 '콘술consul'이라고 합니다. 로마에서는 임기가 끝난 콘술을 주요 속주로 내보내 그곳을 통치하는 총독으로 임명하는데, 이 총독은 '프로콘술proconsul'이라고 합니다. 우리말로 옮기면 '전직 집정관'입니다. 로마에서는 집정관에게는 '임페리움imperium'이라는 권한을 줍니다. 이 말은 '절대적 지배권'이라는 뜻입니다. 그런데 원로원은 임

페리움을 취소할 수 있는 권한을 가지고 있어서 원로원이 귀환을 명령하면 속주의 총독으로 부임한 프로콘술은 무장을 해제하고 로마로 돌아와야 합니다. 서기전 49년 카이사르는 원로원에게 군대 해산을 명령받았습니다. 그는 당연히 무장을 해제하고 로마로 돌아와야 했습니다. 그런데 그는 그 명령을 거부했고, 그에 따라 로마는 내전에 휩싸입니다. 그가 명령을 거부한 후 군대를 이끌고 이탈리아 반도 북서쪽에 있는 루비콘 강을 건너기 전에 행한 연설은 유명합니다. 이 연설은 그의 또 다른 저서인 《내전기》(BC 40s)에 실려 있습니다.

> 본인은 9년 동안 그대들의 총사령관이었다. 로마를 위한 그대들의 노고는 본인의 지휘와 하늘의 도움으로 빛나는 전과를 만들어 냈다. 그대들은 수많은 전투를 승리로 이끌었고 갈리아와 게르마니아 온 지역을 평정했다. 이제 나 카이사르는 나의 명성을 지키고 적들을 격퇴할 것을 그대들에게 호소하는 바이다.
>
> _《내전기》 제1권 7장

다른 문헌에는 "이 강을 건너지 않으면 내가 파멸하고 이 강을 건너면 세계가 파멸한다"라는 말이 기록되어 있습니다. 이 연설을 마치고 카이사르는 부하들을 이끌고 강을 건넙니다. 이 사건에서 '돌아올 수 없는 일을 행한다'는 뜻을 가진 '루비콘 강을 건너다 Crossing the Rubicon'라는 말이 나왔습니다. 이처럼 카이사르는 군사적인 카리스마를 갖춘 지도자였지만 로마 공화정의 측면에서 보면 반란군 수괴였다고 할 수 있습니다. 그렇지만 앞서도 말했듯이 《갈리아 원정기》와 《내전기》를 남김으로써 그는 로마 대중들에게 자신의 행동에 대한 정당화를 시도합니다. 그가 쓴 《갈리아 원정기》는 명료하고 간결한 문체로 널리 알려져 있습니다. 그런 까닭에 라틴 어 산문을 공부하는 사람들에게는 필독서라고 합니다. 그는 이 '보고서'를 쓰면서 감정적인 표현을 피하고 3인칭을 사용하였습니다. 이렇게 하면 저자는 카이사르 본인이면서도 그가 저자라는 인상을 주지 않게 되는 효과가 있습니다. 다시 말해서 '사실'을 말하고 있음을 두드러지게 하기 위해서 이처럼 3인칭을 사용한 것입니다. 또한 카이사르는 이 책에 머리말을 넣지 않고 곧바로 본문으로 들어갑니다. 헤로도토스나 투퀴디데스가 머리말에서 책을 쓴 이유를 밝히는 것과는 대조적이라 할 수 있습니다. 3인칭을 사용하고 있으므로 카이사르 개인의 사정을 언급하지도 않으며, 자신에게 불리해 보이는 것까지도 적절하게 넣었습니다. 또한 자주 숫자를 넣는 등 가능한 한 정확하게 기록하려 애썼습니다. 그러나 신뢰성을 의심받을 만한 부분에서는 그 정보가 잘못된 것일 경우를 대비하여 '그들에 의하면'과 같은 말을 집어넣었습니다. 이러한 방식은 모두 사실성을 두드러지게 하려는 서술 기법이라 할 수 있습니다.

《갈리아 원정기》는 모두 8권으로 이루어져 있습니다. 카이사르가 쓴 부분은 1~7권이고, 8권은 카이사르 사후에 갈리아 원정의 막료였던 아울루스 히르티우스Aulus Hirtius(BC 90?~BC 43)가 썼습니다. 8권은 전쟁이 끝난 이후의 처리 과정에 대한 내용입니다. 따라서 7권 90절 마지막 문장은 사실상 이 책의 마지막 부분입니다.

> 카이사르 자신은 비브락테에서 겨울을 나기로 했다. 카이사르가 서찰로 로마에 승전 소식을 알리자, 20일 동안의 감사제가 개최되었다.
>
> _《갈리아 원정기》, 7권 90절_

이 마지막 문장에서 우리가 주목해서 볼 만한 부분은 "20일 동안의 감사제가 개최되었다"라는 구절입니다. 얼핏 보기에는 별다른 의미가 없는 구절입니다. 그런데 왜 주목해 볼 필요가 있겠습니까? 우리 눈에는 별다른 의미가 없어 보이지만 당시 로마 사람들이 보면 이 문장에는 대단한 뜻이 함축되어 있습니다. 로마에서는 누군가 훌륭한 전승을 거두면 10일 동안의 감사제를 개최했는데, 카이사르의 승전에는 그 기간이 15일, 20일로 늘어났습니다. 이 책을 읽은 로마 인들은 이것을 보고 카이사르의 승전이 얼마나 대단한 것인지 금방 알아챌 것입니다. 카이사르는 여기에 자신이 잘났다는 말은 한마디도 쓰지 않고 그냥 감사제 기간만을 적음으로써 자신의 승전을 과시하고 있는 것입니다. 이것이 바로 카이사르가 잘난 척하는 방식입니다. 이런 것들을 두고 어떤 사람들은 '투철한 문체'라 하기도 합니다.

《갈리아 원정기》를 읽을 때는 두 가지 측면에 주목해야 합니다. 첫째는 카이사르가 갈리아 속주를 로마화romanize하는 방식입니다. '로마화'는 《펠로폰네소스 전쟁사》를 읽으면서 이야기했던 '앗티카이즈atticize'와 같은 내용입니다. 로마화의 중요한 방식 중의 하나는 정복 지역을 다스렸던 지도자 계급의 자녀를 로마 본국이나 로마화가 된 속주 지역으로 보내 공부시키는 것입니다. 로마는 정복 지역 지도자 계급의 자녀를 공부시키고 그들에게 로마 시민권을 제공함으로써 제국으로 가는 길을 마련했다고 할 수 있습니다. 둘째는 통상 장려를 통한 경제적 유대감 강화입니다. 통상 관계를 장려하면 경제적 이익이 늘어날 뿐 아니라 로마의 화폐가 기축통화가 됩니다. 오늘날 미합중국이 달러를 가지고 전 세계의 경제활동을 통제하는 것처럼, 로마 역시 자기 나라 통화를 통해 경제 질서를 확립하려고 했습니다. 그리고 군사력으로 뒷받침된 그 질서 안에서 식민지 사람들에게 로마적 삶의 방식을 집어넣으려고 했습니다. 이렇게 로마화의 과정에는 군사적 경제적 문화적 힘이 함께 움직이며, 이를 총괄해서 넓은 의미의 제국주의 정치라고 할 수 있겠습니다.

이제 《갈리아 원정기》에 들어가서 1권을 펴 봅시다. 카이사르의 서술 방식은 오늘날 우리에게 일종의 탐구 순서를 알려 줍니다. 카이사르는 먼저 갈리아의 지리와 인종, 즉 인구학적 구성을 서술합니다. 마찬가지로 우리가 특정 지역을 탐구할 때 가장 먼저 살펴봐야 할 것이 바로 이 인구학적 구성일 것입니다.

> 갈리아는 전체가 세 지역으로 나뉜다. 그중 한 지역에는 벨가이 족이, 다른 지역에는 아퀴타니 족이, 세 번째 지역에는 그들 자신의 말로는 켈타이 족이라 부르지만 우리말로는 갈리 족이라고 부르는 자들이 살고 있다.
>
> _《갈리아 원정기》, 1권 1절

1권 첫 문장입니다. 거의 대부분의 책들은 첫머리에 그 책을 쓴 목적을 간략하게라도 쓰기 마련입니다. 그러나 이처럼 카이사르는 이 책을 쓴 목적을 거론하지 않고 곧바로 본론으로 들어갑니다. 벨가이 족은 레누스 강(지금의 라인 강)과 루테티아(지금의 파리) 사이에 거주했습니다. 레누스 강과 다누비우스 강(지금의 도나우 강, 영어로는 다뉴브 강의 상류)은 로마 영토가 최대였을 때의 북쪽 경계선입니다. 이 경계선 근처에 콜로니아와 보나라는 도시가 있었는데, 오늘날 이름은 각각 쾰른Köln과 본Bonn입니다. 두 도시 모두 로마의 식민지였습니다. 로마의 북쪽 경계선은 갈리아 정복을 통해서 형성된 것이라 할 수 있습니다. 게르마니아 지역을 로마화할 것인지 말 것인지 판단한 것도 카이사르였다 할 수 있습니다.

비브락테 지역에서는 아이두이 족이 살았고, 바로 그 밑의 지역에서는 아르베르니 족이 살았습니다. 《갈리아 원정기》 7권 마지막 절에 카이사르가 이 두 부족의 항복을 받아들였다는 이야기가 나옵니다. 가룸나 강(지금의 가론 강)과 히스파니아(지금의 스페인) 사이에는 퓌레나이이 산맥(지금의 피레네 산맥)이 있고, 다누비우스 강 아래서는 헬베티이 족이 살았습니다. 헬베티이 족은 로마 시대에 갈리 족 중에서 가장 용감한 부족으로 알려졌습니다. 헬베티이 족이 살던 곳은 오늘날 스위스 지역입니다. 스위스의 정식 국가 명칭은 콘페더라치오 헬베티카Confoederatio Helvetica(헬베티카 연합)입니다. 헬베티이 족은 게르마니아 지역에 있던 수에비 족에 쫓겨 갈리아 지방으로 이주하려고 했지만 카이사르 군대에게 막혀 산속으로 들어갔고 지금까지도 그곳에서 살고 있는 것입니다. 갈리아 원정은 이 헬베티이 족을 격퇴하는 것에서 시작합니다. 그러나 카이사르가 헬베티이 족을 격퇴한 다음에도 게르만 족들과의 싸움이 계속됩니다. 따라서 이제부터 우리는 카이사르가 이들과 어떻게 싸움을 벌이는지, 즉 로마 군대의 전투 방식에 대해 살펴보겠습니다. 먼저 카이사르가 군대를 어떻게 통솔했는지 보겠습니다.

병사들이 갈리 족과 그곳 상인들에게 물어보고는 게르만 족이 기골이 장대하고 용맹무쌍하며 무기를 능숙하게 다룬다는 말을 들었던 것이다. 그중 더러는 자기들이 게르만 족과 전장에서 만났을 때 때로는 그들의 얼굴 모습과 강렬한 눈빛조차 견딜 수 없었다고 주장했다. 이런 공포심은 먼저 연대장들, 동맹군의 지휘관들, 카이사르의 친구가 되려고 전쟁 경험도 별로 없이 로마에서 따라온 사람들 사이에서 일기 시작했다. 그들은 대부분 이런저런 급한 볼일이 생겼다며 카이사르에게 진지를 떠나는 것을 허락해 달라고 간청했다. 더러는 창피해서 비겁한 기색을 보이지 않으려고 뒤에 남았다. 그러나 이들도 막사에 틀어박혀 신세타령을 하거나 친구끼리 모여 그들 모두에게 닥친 위험을 슬퍼했다. 온 진지에서는 모두들 유서에 서명한 뒤 봉인하고 있었다. 이들 겁에 질린 자들의 푸념에 군단 병사들, 백인대장들, 기병 장교들처럼 전쟁 경험이 많은 자들도 차츰 영향을 받았다.

_《갈리아 원정기》1권 39절

로마 군대와 게르만 족이 맞붙은 것은 이때가 거의 처음이고 그것을 기록한 것도 아마 카이사르가 처음일 것입니다. 그런데 위의 서술에서 보듯이 로마 군대는 게르만 족을 두려워하고 있습니다. 여기서 카이사르는 특유의 지도력을 발휘합니다. 물론 이것은 전장 지도자로서의 능력입니다.

설사 따르는 자가 아무도 없다 해도 카이사르는 제10군단만 이끌고서라도 출발할 것인즉, 그는 제10군단의 충성심을 믿어 의심치 않으며, 앞으로 그들을 자신의 호위대로 삼겠다고 했다. 카이사르는 제10군단에 각별한 호감을 품고 있었으며, 그들의 용기를 아주 높이 샀다.

_《갈리아 원정기》, 1권 40절

카이사르는 치밀하게 계산된 연설을 통해서 제10군단에 호감을 표명함으로써 다른 군단의 분발을 촉구합니다. 그러자 다른 군단은 그가 원하는 방식으로 움직이기 시작합니다.

그의 연설이 끝나자 모든 대원의 태도가 극적으로 변하며 사기충천했고

전의를 불태웠다. 맨 먼저 제10군단 대원들이 자신들을 높이 평가해 주어 고맙다는 뜻을 연대장들을 통해 카이사르에게 전하면서, 자기들은 언제든 출동할 준비가 되어 있다고 알려 왔다. 그러자 다른 군단의 대원들도 연대장들과 고참 백인대장들을 움직여, 자기들은 의심을 품거나 두려움을 느낀 적도 없고, 작전 계획을 세우는 것은 지휘관의 소관이 아니라 자기들 소관으로 여긴 적도 없다고 카이사르에게 해명하게 했다. 카이사르는 그들의 사과를 받아들였다.

_《갈리아 원정기》, 1권 41절

게르만 족을 두려워하는 군단병들을 이렇게 격려하고 분발케 함으로써 카이사르는 본격적인 갈리아 원정에 나설 준비를 갖춘 것입니다. 이로써 갈리아 원정 1년이 지났습니다. 제2권은 갈리아 원정 2년째의 이야기입니다. 여기서는 로마 군대가 어떤 방식으로 진지를 구축하고 전투에 임하는지 살펴보기로 합시다.

그 사이 6개 군단이 먼저 도착해서 부지를 측량하고 진지를 구축하기 시작했다. […] 그리고 나서 그들은 같은 속도로 로마 군의 진지를 향해 언덕을 달려 올라오더니 열심히 방어 시설을 구축하던 로마 군 병사들을 공격했다.

_《갈리아 원정기》, 2권 19절

앞서 우리는 로마 군대의 '마리우스의 당나귀', 즉 로마 군대가 짊어지고 다니던 장비 꾸러미에 대해 간략하게 살펴본바 있습니다. 사실상 전쟁의 승패는 군대의 용맹함으로만 결정되는 게 아닙니다. 위에 나온 것처럼 로마 군대는 어딘가에 단 하룻밤을 주둔하더라도 "부지를 측량하고 진지를 구축"하였습니다. 그들은 더디더라도 이렇게 체계적인 진지를 구축하고 전투에 임했습니다. 로마가 고대 세계에서 그렇게 넓은 식민지를 지배하게 된 근본적인 까닭이 여기에 있습니다. 또한 그들은 엄격한 규율을 갖춘 군대이기도 했습니다.

> 카이사르는 한꺼번에 모든 조치를 취해야 했다. 무기가 있는 곳으로 달려가라는 신호로 기旗를 게양하고, 진지를 구축하던 병사들을 불러들이고, 방벽을 쌓는 데 쓸 재료를 찾아 들로 나간 병사들을 되돌아오게 하고, 전열을 갖추고, 병사들을 격려하고, 공격 개시 나팔을 울리게 해야 했다. [...] 그런데 이렇게 어려울 때 두 가지 요인이 도움이 되었다. 첫째는 병사들의 지식과 경험이었다. 이전에 여러 전투에서 단련된 병사들은 무엇을 해야 하는지 잘 알고 있어서 남의 명령을 받을 필요가 없었다. 둘째는 카이사르가 모든 부관들에게 진지가 완성될 때까지 작업장을 떠나지 말고 각자 자기 군단과 함께하라는 명령을 미리 내려 두었던 것이다. 그래서 적군이 그토록 빨리 가까이 다가오자 이 부관들이 카이사르의 명령을 기다리지 않고 자신들의 책임 아래 적절하다고 생각되는 조치들을 취했다.
>
> _《갈리아 원정기》, 2권 20절

이 구절들을 통해 우리는 로마 군대가 '숙달된 군대'였음을 알 수 있습니다. 이러한 숙달은 평소에 농사를 짓다가 전투가 벌어지면 징집되어 나온 병사들로는 이루어질 수 없습니다. 직업적으로 훈련을 해야 가능한 것입니다. 그렇게 훈련을 한 군대가 전투 경험까지 많으면 어떤 상황에서도 유연하게 대응하게 됩니다. 갈리아 인이 아무리 싸움을 잘한다고 해도 이렇게 조직적으로 훈련된 로마 군대를 이기는 건 불가능했습니다. 로마 군대는 더러 패하는 일이 있다 해도 곧

바로 그것을 극복할 수 있는 일종의 시스템을 갖춘 것입니다. 이것은 전쟁에는 유리하지만 그것이 국가 운영의 전부가 아니라는 점은 유념해 두어야 할 것입니다. 로마가 군사 국가가 되었다는 것은 국가의 흥망이 군대의 훈련에 달렸다는 뜻입니다. 다시 말해 군대를 끊임없이 훈련시키지 않으면 국가가 유지되지 않으며, 거의 모든 것이 그것을 중심으로 돌아가는 체제가 된 것입니다. 이 점은 나중에 서로마제국의 멸망에 중요한 원인 중의 하나로 작용하게 됩니다.

다시 로마 군대가 싸움하는 장면들을 봅시다.

아군이 처음 도착했을 때 아두아키 족은 성채에서 자주 출동하여 아군과 소규모 교전을 벌였으나, 나중에 자신들이 군데군데 보루가 있는 길이 1만5천 페스의 토루土壘에 갇힌 것을 발견하고는 성채 안에만 틀어박혀 있었다. 아군은 이동식 방호벽들을 밀어 올리며 토루를 쌓았다. 아군이 멀찌감치 떨어진 곳에 포위공격용 성탑을 세우는 것을 보고 성벽 위의 적군은 처음에 아군을 비웃으며 멀찍이 떨어진 곳에 그런 거대한 장치를 세운다고 큰 소리로 놀려 댔다. 그들이 말하기를, 체격이 그렇게 왜소한 자들이 대체 무슨 손으로, 무슨 힘으로 그토록 무거운 탑을 성벽 쪽으로 옮길 수 있겠느냐고 했다. 그도 그럴 것이, 대개 키가 큰 편인 갈리 족은 체구가 작다고 로마 인을 우습게 보았기 때문이다.

_《갈리아 원정기》, 2권 30절

그러나 탑이 움직이며 성벽에 다가오는 것을 보자 그들은 난생처음 보는 이 예사롭지 않은 광경에 놀라 카이사르에게 사절단을 보내 강화를 제의하게 했다. 사절단이 말하기를, 그토록 높은 장치를 그토록 빨리 움직이는 것을 보니 로마 인들은 신들의 도움으로 전쟁을 하고 있다는 결론을 내리지 않을 수 없다며, 그래서 자기들은 항복하고 모든 재산을 로마 인들의 처분에 맡기겠다고 했다.

_《갈리아 원정기》 2권 31절

로마 군대의 위력이 어디에 있는지를 정확하게 알 수 있는 구절입니다. 로마 군대는 적의 농성지보다 높게 쌓은 "포위공격용 성탑", 즉 공성루攻城樓를 만들어 적을 공격합니다. 또한 로마 군대는 이 성 주위에 거대한 참호를 파서 적의 구원군에 대비했습니다. 이것들은 인간이 만든 것이기는 하지만 그것 자체로 하나의 행위를 하는 "장치", 즉 '비인간 행위자'입니다. 그런 장치에 관한 생각이 없는 갈리 족은 자신들의 "체격"이 로마 인들보다 크다는 것만 내세워 "로마 인을 우습게" 보고 있습니다. 그들에게 전투란 인간과 인간이 맞붙는 것일 뿐이지만 로마 인들에게 전투는 인간 행위자와 비인간 행위자와의 결합으로 이루어지는 것입니다. 그런 까닭에 그들은 탑이 움직이는 것을 보자 로마 인들이 "신들의 도움으로 전쟁을 하고 있다는 결론"을 내리게 됩니다. 로마 군대의 강력함은 끊임없는 훈련을 통해 숙달된 행위자와 비인간 행위자의 결합에서 나왔습니다. 이 결합이 가장 잘 나타난 전투가 우리가 나중에 살펴볼 알레시아 전투입니다.

근대 세계를 공부할 때 다시 거론하겠지만 오랜 옛날부터 인류의 역사에서 중요한 한 축을 이루는 것은 도구입니다. 로마 인들이 만든 장치가 움직이는 것이 갈리 족에게는 "신들의 도움"으로 보였다는 이 보고는, 근대 서양에서 만든 여러 도구들이 제국주의적 침략에 사용될 때 침략을 받은 이들에게 어떻게 보였는지를 미리 알려 주는 듯합니다. 예를 들어 화약은 중국에서 만들어져 유럽으로 전해졌습니다. 유럽 인들은 화약을 쏘는 대포를 거듭 개량해서 강력한 것으로 만들었고, 그것을 거대한 범선에 싣고 나가 식민지 침략에 이용합니다. 이에 대한 상세한 내용이 궁금하면 카를로 치폴라가 쓴 《대포, 범선, 제국》(미지북스, 2010)을 참조할 수 있겠습니다만 여기서는 '비인간 행위자' 로서의 도구의 중요성만을 알아 둡시다. 어쨌든 카이사르는 로마 군대의 강력함에 힘입어 갈리아 지역을 정복해 나갑니다. 이 정복은 갈리아 지역에 사는 사람들에게는 커다란 재앙이었습니다.

> 그들 중 약 4천 명이 전사하고, 나머지는 성채 안으로 격퇴되었다. 이튿날 이제 아무도 지키는 자가 없는 성문들이 부서지며 열리자, 카이사르는 아군 병사들을 진입시키고 성채에서 노획한 것을 모조리 팔아 버렸다. 매입자들은 카이사르에게 노예로 팔린 자들의 수가 5만3천 명이라고 보고했다.
>
> _《갈리아 원정기》, 2권 33절

카이사르는 정복지 주민을 다음과 같은 세 가지 방법으로 처리했습니다. 첫째, 바로 항복한 주민은 모두 살려 주었습니다. 그리고 말 잘 듣는 지도자에게 율리우스(씨족)라는 성을 내려 주었습니다. 이것도 로마화의 방법 중 하나였습니다. 둘째, 뒤늦게 항복한 주민은 노예로 만들었습니다. 위 인용문에서 "매입자"는 노예 상인을 가리킵니다. 셋째, 끝까지 항복하지 않은 주민은 처형하였습니다. 로마 군대가 움직이면 노예 상인, 매춘부, 대장장이 등이 따라다녔습니다. 오늘날 전쟁 지역에서 민간업자가 활동하는 것과 똑같은 방식입니다. 고대 세계에서나 오늘날에나 전쟁은 하나의 거대한 사업입니다. 더욱이 로마 군대처럼 전문적인 군대는 체계적인 경제활동의 일환이었습니다.

> 이런 작전이 성공적으로 마무리되자 갈리아 전체에 평화가 찾아왔다. 야만족들은 이번 전쟁에 감명을 받았다. 그래서 레누스 강 동쪽에 살던 부족들이 카이사르에게 사절단을 보내 인질을 잡히고 그의 명령을 따르겠다고 약속했다.
>
> _《갈리아 원정기》, 2권 35절

카이사르가 가져온 "평화"는 살육과 노예화에 의한 것입니다. 그것을 가르는 기준은 '항복'이었습니다. 세상의 어떤 사람들이 자신들을 정복한 전쟁에 "감명"을 받겠습니까? 카이사르의 표현은 식민지를 정복한 제국주의자의 오만함일 뿐입니다. 그렇지만 로마 원로원에서는 카이사르의 전적을 칭송하면서 감사제를 허락했습니다.

> 카이사르가 이러한 전과를 보고하자 로마에서는 보름 동안 감사제를 열기로 결의했는데, 이런 명예는 일찍이 어느 누구에게도 주어진 적이 없었다.
>
> _《갈리아 원정기》, 2권 35절

앞서도 말했듯이 로마에서는 국가적 경사가 있으면 감사제를 여는 관습이 있었습니다. 카이사르가 말하는 것처럼 그때까지는 보름 동안 감사제가 열린 적이 없었고, 열흘이 관례였습니다. 그것을 넘는 예로는 폼페이우스가 미트리다테스 왕에게 승리했을 때의 12일입니다. 그러니 카이사르의 전과에 대해 보름 동안 감사제를 연 것은 말 그대로 파격적인 것이었다 하겠습니다. 이쯤 되면 카이사르는 일인자가 되려는 야망을 품을 만하였다고 짐작할 수 있습니다. 그리고 그는 갈리아 정복을 통해서 로마의 북쪽 국경선을 어느 정도 확정합니다.

이런 보고를 받았을 때는 카이사르가 게르만 족에게 공포감을 불러일으키고, 수감브리 족을 응징하고, 우비이 족을 곤경에서 구해 주는 등 군대를 이끌고 강을 건널 때의 목적을 모두 달성한 상태였다. 그래서 그는 레누스 강 동쪽에 모두 18일 동안 머무른 뒤 명예와 이익을 충분히 얻었다고 판단하고는 갈리아로 돌아갔으며, 뒤이어 다리를 끊게 했다.

_《갈리아 원정기》, **4권 19절**

카이사르는 레누스 강을 건너서 싸움을 벌입니다. 그런 다음 강을 건너 갈리아로 되돌아옵니다. 이러한 카이사르의 결정이 나중에 로마의 정책으로 굳어집니다. 다리를 파괴하고 갈리아로 돌아감으로써 레누스 강이 로마의 북쪽 경계선이 된 것입니다. 북쪽 지역을 정리한 카이사르는 서쪽으로 눈을 돌립니다. 거기에는 브리탄니아 섬이 있습니다.

갈리아에서 전쟁을 할 때마다 거의 언제나 그의 적들이 그곳에서 지원을 받았다는 사실을 알고 있었기 때문이다. 또한 시기상 전쟁을 벌일 시간이 충분하지 않은 계절이었지만, 섬에 상륙하여 그곳 주민들과 지형과 항구와 상륙 지점들을 알아 두는 것만으로도 큰 이익이 되리라고 생각했다.

_《갈리아 원정기》, **4권 20절**

브리탄니아 섬은 오늘날의 영국입니다. 카이사르는 이 섬의 일부를 정복했습니다. 그리고 나중에 하드리아누스 황제(76~138)는 이 섬에 하드리아누스 성벽을 세워 로마의 경계선으로 삼았습니다.

이제 《갈리아 원정기》에서 마지막으로 알레시아 전투를 살펴보겠습니다. 이 전투는 제7권에 서술되어 있는데, 발단은 갈리아 부족 연합군을 이끈 베르킹게토릭스의 반란이고 이 반란이 7년 동안 계속된 후 마지막에 치러진 전투입니다.

> 그(베르킹게토릭스)는 갈리아 전체의 자유를 위해 무기를 들라고 그들을 격려한 뒤 곧 대군을 이끌고 가서 얼마 전에 자기를 추방했던 반대 세력을 추방했다. 이제 자신의 추종자들에 의해 왕으로 선포된 베르킹게토릭스는 사방으로 사절단을 보내 약속을 지킬 것을 요구했으며 [⋯] 그들은 만장일치로 그에게 군 통수권을 맡겼다.
>
> _《갈리아 원정기》, 7권 4절

로마 군대와 일진일퇴의 전투를 치르던 베르킹게토릭스는 알레시아(오늘날 프랑스 중부 디종 근처의 구릉 지대) 지역으로 쫓겨 들어가 농성을 시작합니다. 서기전 52년에 벌어진 이 전투에서 로마 군은 약 5만 명의 병력으로 요새 안의 8만 명의 농성군과 26만 명의 포위군을 상대하여 승리합니다. 전쟁사에서는 이 전투를 카이사르의 군사적인 능력이 가장 잘 발휘된 것으로 평가합니다. 또한 여기서 로마 군대가 구축한 포위망도 유명합니다.

카이사르는 탈주병과 포로들을 통해 이런 사실들을 알게 되자 다음과 같이 더 정교한 공성 공사에 착수했다. 그는 20페스 너비의 참호를 파게 했는데, 그 단면들이 수직을 이루어 참호의 바닥이 위쪽만큼 넓어지게 했다. 그 밖의 다른 방어 시설은 모두 이 참호에서 400페스 뒤쪽에 구축하게 했는데, 이는 그토록 넓은 땅을 점령하고는 그 둘레에 빙 돌아가며 군사를 배치하기가 어려운 상황에서 적군의 기습이나 야습을 막고, 적군이 공성 공사에 열중하고 있는 아군 병사들을 날아다니는 무기로 겨냥하는 것을 예방하기 위한 조치였다. [...] 그리고 공성 시설물 둘레에는 빙 돌아가며 80페스 간격으로 탑을 세웠다.

_《갈리아 원정기》, 7권 72절

카이사르는 로마 군대가 만든 장벽과 토루의 모습을 이처럼 상세하게 설명합니다. 오늘날에는 이 설명에 따라 과거 포위망의 모습을 재현해 놓고 있기도 합니다.

이튿날 베르킹게토릭스는 회의를 소집해 놓고 자기는 이번에 사리사욕이 아니라 공동체의 자유를 위해 전쟁을 일으켰지만, 운명에는 누구나 굴복해야 하는 만큼 로마 군에게 보상하기 위해 자기를 죽이든 아니면 산 채로 넘겨주든 좋을 대로 하라고 했다. 그들이 이 문제를 논의하도록 카이사르에게 사절단을 파견하자, 그는 무기를 넘기고 주동자들을 데리고 나오라고 명령했다. 그러고 나서 그가 진지 앞 보루 안에 자리 잡고 앉자, 그곳으로 주동자들이 인도되었다. 베르킹게토릭스가 인계되고, 무기들이 땅에 던져졌다. 카이사르는 아이두이 족과 아르베니 족의 충성심을 되찾는 데 이용하려고 이들 부족의 포로들은 따로 제쳐 두고, 나머지 포로는 모든 병사에게 각각 한 명씩 전리품으로 나눠 주었다.

_《갈리아 원정기》, 7권 89장

로마의 식민 지배에 저항한 무장 독립군 베르킹게토릭스는 로마로 압송되어 처형당했습니다. 카이사르는 아이두이 족과 아르베니 족을 각별히 챙겼습니다. 이것은 카이사르의 식민지 지배 전략이었습니다. 베르킹게토릭스의 항복은 이후 수많은 이야기와 그림의 소재가 되었습니다. 이 전투를 끝으로 카이사르의 갈리아 정복도 일단

락됩니다. 그리고 카이사르의 《갈리아 원정기》가 출간되자 파르티아 전쟁의 패배로 마음이 어두웠던 로마 시민들은 카이사르의 갈리아 정복에 열광했고, 그에 따라 그의 인기가 하늘을 찌르기 시작했습니다. 그 뒤 카이사르는 10년 임기의 독재관이 되고 개선식을 올리는 등 명실상부한 일인자가 되었지만 공화정의 전통을 지키고자 했던 귀족들의 저항에 직면합니다. 서기전 44년 카이사르는 원로원 회의장에서 가이우스 캇시우스와 마르쿠스 브루투스가 이끄는 암살자 집단의 칼에 죽습니다.

제 13 강

넓은 제국은 군대로써 지키지만 계속되는 영토 확장으로 인해 **'테크놀러지'**(네트워크)**의 한계**에 직면하면 통치에 어려움을 겪을 수밖에 없다. **콘스탄티누스의 제국 분할**은 이 한계를 극복하려는 노력이었으나 제국에 대한 신민들의 충성심은 더 이상 찾아 볼 수 없다.

원로원의 귀족들이 카이사르를 살해했지만 로마는 결국 제정의 길로 들어섭니다. 이때부터 로마는 흔히 말하는 전성기를 맞게 됩니다. 이 시기를 가리키는 말로는 '팍스 로마나 Pax Romana'가 있습니다. 이 말에서 '팍스 브리타니카 Pax Britanica', '팍스 아메리카나 Pax Americana' 같은 말이 나왔습니다. 팍스 로마나 시기를 지나면 군인 황제 시대이며, 그에 이어서 중요한 시기는 콘스탄티누스 황제 시대입니다.

팍스 로마나는 옥타비아누스가 '존엄한 자', 즉 아우구스투스라는 칭호를 원로원으로부터 받은 서기전 27년부터 — 이런 까닭에 팍스 로마나를 '팍스 아우구스타 Pax Augusta'라고도 합니다 — 이른바 오현제五賢帝 시대가 끝나는 서기 180년까지를 가리킵니다. 오현제는 로마제국의 최고 융성기를 이끌었던 다섯 황제를 가리킵니다. 네르바(재위 96~98), 트라야누스(재위 98~117), 하드리아누스(재위 117~138), 안토니누스 피우스(재위 138~161), 마르쿠스 아우렐리우스(재위 161~180)가 그들입니다. 이 사람들은 모두 혈연관계가 아닙니다. 후계자를 양자로 삼아서 황제로 세운 것입니다. 이 시대는, 마르쿠스 아우렐리우스 황제의 아들인 콤모두스(재위 180~192)가 황제가 된 이후 피살되고 셉티미우스 세베루스(재위 193~211)가 즉위하면서 끝납니다.

팍스 로마나는 '로마에 의한 평화'라는 뜻인데, 정확하게 말하면 '로마의 군사력에 의한 평화', 즉 식민지에 대한 폭력과 착취로 유지되는 체제입니다. 로마는 트라야누스 황제 때 최대의 영토를 확보했습니다. 이 국경을 유지하기 위해 노력한 것이 팍스 로마나라 할 수 있다는 것입니다. 로마는 군사력을 통해 식민지를 점령하고 로마화를 진행했습니다. 앞서 카이사르가 게르마니아 지역을 정복하지 않은 상태로 두었다고 말했습니다. 그 뒤로도 로마는 게르마니아 지역을 정복하지 않았습니다. 갈리아 지역의 켈트 족은 농사를 지었지만 게르만 족은 수렵 채취 생활을 했는데, 먹고사는 방식이 다르면 의사소통하기가 쉽지 않습니다. 로마는 수렵 채취 생활을 하는 자들을 로마화하는 것이 불가능하다고 판단했던 것입니다. 어쨌든 로마의 정복과 지배가 200년 정도 지나자 로마화는 거의 완전히 이루어졌습니다. 물론 이 과정에서 로마의 지배를 받게 된 민족들은, 로마의 제도를 받아들이고 라틴 어로 교육을 받으면서 로마의 가치를 수용합니다. 이로써 로마제국은 군사적인 지배만이 아니라 문화적 지배까지 성취합니다. 후대의 사람들이 로마를 단순히 국가로만 이해하는 것이 아니라 하나의 문명으로 이해하는 까닭은 여기에 있을 것입니다. 이것이 어떤 것이었는지를 짐작해 보려면 일본 제국에 의한 식민 지배를 떠올려 보면 됩니다. 일제의 식민 지배 기간은 36년이었는데, 가령 200년 가까이 일제가 한반도를 지배했다면 어찌 되었을지를 상상해 보면 된다는 것입니다.

로마의 식민지 지배가 거의 완전히 자리 잡을 때인 212년에 카라칼라 황제(재위 211~217)는 "모든 자유민은 로마의 시민"이라고 선언했습니다. 이제 속주민이라는 개념은 완전히 사라지고, 로마 영토에 사는 사람은 노예를 제외하고 누구나 로마 시민이 되었습니다. 카라칼라 황제가 보편적인 로마 시민권을 선언한 가장 직접적인 이유는 군대 병력을 확보하기 위해서였습니다. 로마는 또한 모든 자유민에게 적용되는 법률 체계, 즉 만민법萬民法을 만들었습니다. 이로써 로마 시민권과 만민법은 로마제국을 유지하는 핵심 요소가 되었습니다. 여기에 '중앙 정부의 성립'과 '조세 기구의 확립', '직업 군대의 운용'을 덧붙이면 로마제국을 구성하는 핵심 요소들이 모두 마련된 셈입니다. 이 요소들은 로마제국은 물론 이후의 모든 국가에서 기본적으로 고려해야 할 사항들입니다.

'위기의 3세기'라 불리는 군인 황제 시대(235~284)는 자신의 군단을 이끄는 장군들이 황제가 되기 위해 서로 경쟁하던 시대였습니다. 이 시대가 끝나고 시작된 콘스탄티누스 황제 시대(재위 306~337)는 로마 역사의 경로를 바꿨습니다. 콘스탄티누스는 오늘날 터키 이스탄불 지역에 '콘스탄티노폴리스Constantinopolis'라는 새로운 도시를 건설했습니다. 콘스탄티노폴리스는 '콘스탄티누스의 도시'라는 뜻입니다. 이 도시의 옛 지명은 비잔티움입니다. 동로마제국(비잔티움 제국)이 시작된 공식적인 원년은 콘스탄티노폴리스가 완성된 330년인데, 콘스탄티노폴리스가 건설되기 시작한 324년을 동로마제국 원년으로 보는 학자도 있습니다. 그만큼 중요한 사건이기 때문입니다. 콘스탄티누스는 이 도시에 기존의 원로원과 똑같은 원로원을 하나 더 설치합니다. 왜 콘스탄티누스는 이런 일들을 했던 것일까요? 당시 로마는 넓은 영토 때문에 통치의 어려움을 겪고 있었습니다. 즉 로마는 이 넓은 영토를 통치할 테크놀로지를 갖고 있지 못했습니다. 로마 통치의 근간이 되는 테크놀로지(네트워크)는 '로마 가도'였지만, 이것의 물리적 한계는 영토 확장과 비례해서 차츰 뚜렷해졌습니다. 오늘날에는 커뮤니케이션 기술의 발달로 지역과 연령을 넘어서 문화적으로 동질한 하나의 집단을 만들기가 수월하지만 로마 시대에는 이것이 불가능했습니다. 영토 크기가 어느 한계를 넘어가면 국가 통치에 어려움이 따랐던 것입니다. 이러한 현실에 직면해서 콘스탄티누스 황제는 제국 통치의 효율이라는 새로운 시대적 가치를 설정하고 새로운 원로원을 설치한다는 대책을 내놓았던 것입니다.

콘스탄티누스가 제국의 원로원을 동서로 나눌 때 서쪽의 원로원은 이미 쇠락의 징조를 보여 주고 있었습니다. 원로원 의원들은 부유한 땅을 가진 보수적 지주들로 국가의 통치 기구와 관료 집단을 자신들의 재산을 늘리는 수단으로 사용하고 있었습니다. 공적인 장치를 사유화하는 것이 멸망의 출발점인 것은 예나 지금이나 마찬가지입니다. 이를 잘 알고 있었던 콘스탄티누스는 동쪽의 원로원을 설치하면서 기독교를 믿는 동방 출신의 관료들을 원로원 의원으로 임명했습니다. 이 점을 볼 때 로마제국의 멸망 원인으로 기독교를 거론하는 것은 적절치 않습니다. 동로마제국이 오랫동안 지속된 점을 설명할 수 없기 때문입니다. 서로마제국이 멸망한 것은 기독교보다는 보수적 지주들의 탓이 더 크다고 할 것입니다. 동로마제국의 원로원은 말이 원로원이지 출신이 관료이다 보니 거의 근대적인 의미의 관료 집단을 이루었습니다. 원로원 체제를 이렇게 개편한 콘스탄티누스는 이어서 군대 체제를 바꾸었습니다. 군대를 임무에 따라 기병대와 변경수비대로 나눈 것입니다. 기병대는 언제라도 출동 가능한 기동군으로, 변경수비대는 국경에 머물면서 변방을 지키는 군대로 편성했습니다. 주목할 것은 기동군을 운용하기 위해서는 말을 잘 타는 직업군인이 필요했는데 로마 인 중에는 그런 사람이 드물었다는 것입니다. 그래서 게르만 용병이 고용되었고 이러한 용병이 많아지자 제국의 궁정과 행정 분야에서 게르만 인이 영향력을 발휘하기 시작했습니다. 그런 까닭에 게르만 용병대장 오도아케르에 의해 서로마제국이 멸망했다는 것은 어느 날 갑자기 일어난 일이 아니라고 하겠습니다. 이미 오래 전부터 게르만 용병은 물론 행정 관리들이 로마제국의 다양한 영역에서 중요한 역할을 맡고 있었기 때문입니다.

여기서 우리가 살펴보아야 할 또 하나 중요한 것은 당대 농민의 상황입니다. 오래 전부터 군대는 전문적인 직업군인 체제였지만 이제 군대 체제가 확실하게 전환됨으로써 로마의 농민은 군대에 가지 않아도 되었습니다. 대신 그들은 라티푼디움latifundium, 즉 '광대한 토지'를 소유한 지주 밑으로 들어가게 되었습니다. 이렇게 되면서 농민과 국가가 만날 수 있는 접점이 사라졌습니다. 예전에는 군대와 세금을 통해 농민과 국가가 직접 만날 수 있었지만 이제는 그 사이에 지주가 끼어들었기 때문입니다. 서로마제국 후기로 가면 로마 인구의 5퍼센트가 제국의 부의 80퍼센트를 차지하는 상황이 벌어집니다. 거의 대다수의 농민이 지주 밑에 들어가 생명을 부지하게 된 것입니다. 예전에는 로마 시민이라는 자부심을 느꼈던 농민들이 이제는 지주에게만 충성하게 되면서 국가 기구가 유명무실해집니다. 결국 로마의 농민은 서양 중세의 농노처럼 지주가 제공한 땅에서 농사를 짓고 이에 대한 대가로 노역을 비롯한 현물 및 화폐를 바치게 됩니다. 콘스탄티누스의 혁신은 이러한 로마의 '중세화'까지 막지는 못했습니다.

콘스탄티누스가 죽자 동로마제국과 서로마제국의 분열이 가속화되었습니다. 게다가 서로마 지역에서는 대토지 소유가 늘어나고 그 안에서 자급자족이 이루어지면서 도시가 몰락하기 시작했습니다. 이와 같은 도시의 몰락은 도시와 도시를 연결하던 로마 가도의 붕괴로 이어졌습니다. 로마 군인들이 '마리우스의 당나귀'를 짊어지고 닦아 놓은 길에 풀이 자라나면서 농토와 농토 사이에 울창한 숲이 생겼습니다. 도시가 몰락하면서 대토지 지역은 고립된 섬처럼 변했습니다. 로마제국의 특징을 가장 잘 보여 주던 것들 중의 하나인 이른바 '네트워크'가 붕괴된 것입니다. 그런 까닭에 로마제국 말기에 중세 시대의 전형적인 모습이 나타나게 되었습니다. 이러한 중세화의 결과, 로마 사회는 차츰 '단순한 사회'로 이행했습니다. 이것이 콘스탄티누스 황제 이후 대략 150년 동안 일어난 일입니다.

사실 로마제국이라는 시스템을 유지하려면 상당한 에너지가 투입되어야 합니다. 그런데 에너지를 투입해도 그 이상의 결과가 나오지 않으면 사람들은 에너지의 투입 자체를 멈추게 됩니다. 예를 들어 우리는 국가에 세금을 내고 그 대가로 우리의 삶은 물론이고 공동체가 유지되고 번영할 것을 기대합니다. 그런데 그 기대가 실망으로 바뀌면 체제를 유지하려는 동기 유발이 되지 않습니다. 이렇게 되면 사람들은 좀 더 단순한 체제를 바라게 됩니다. 어느 사회든 대다수의 구성원들이 체제를 유지하기 위해 노력을 투여하는 한계선이 있습니다. 위정자의 역할은 그것을 잘 조절하는 것입니다. 서로마제국은 그게 잘 되지 않았습니다. 기층 민중에게 과도한 부담을 지우는 일이 계속되자 기층 민중이 조세를 회피하는 일이 늘어났고 결국 체제가 무너지게 되었습니다.

어떤 시대든 지주들은 세금을 잘 내려고 하지 않습니다. 따라서 세금을 거두는 중앙 정부의 힘이 약해지면 자연스럽게 세입이 감소합니다. 서로마제국 때도 마찬가지였습니다. 세입이 감소하자 제국을 유지하던 가장 핵심적인 요소인 군대를 유지하기가 어려워졌습니다. 그 결과 국경 방어가 약해지고 게르만 족이 국경을 차지하게 되었습니다. 이와 함께 로마의 농민은 대토지를 소유한 지주의 보호 아래 들어가고 자체 작업장, 자체 군대, 자체 재정 기구를 갖춘 독립적인 집단이 발달했습니다. 갈리아, 브리탄니아, 라인란트, 도나우 지역에서는 도시 붕괴 현상이 가속화되었습니다. 이것이 5세기 서로마제국의 몰락 과정에서 나타난 현상들입니다. 이 무렵에 나타난 또 다른 현상으로 수도원의 탄생을 얘기할 수 있습니다. 최초에 수도원은 신앙이 돈독한 사람들이 모인 집단이 아니라 대토지 지주 밑에 들어가지 못한 떠돌이 농민들이 신앙을 가진 사람들을 중심으로 모인 일종의 생활 공동체였습니다. 이에 대해서는 《수도원의 역사》(정성호, 살림, 2004)와 《수도원의 탄생》(크리스토퍼 브룩, 청년사, 2005)을 참고하기 바랍니다.

제 14 강

로마제국 말기와 중세 초기는 엄밀하게 구별되지 않는다. 중세는 로마제국 말기의 지주-전사 연합체를 이어받아 그것을 밑바탕에 두고, 그 위에 기독교를 얹어서 **로만 가톨릭 제국**을 세운다.

5세기에 들어서면서 로마 황제는 이탈리아 반도만 통치하게 되었습니다. 서로마제국의 나머지 지역에서는 게르만 족이 독립적인 왕국을 세웠기 때문입니다. 이때부터 서로마제국은 본격적으로 멸망의 길에 들어섰습니다. 로마가 하루 아침에 세워지지 않았듯이 하루 아침에 쇠퇴한 것은 아니지만, 그렇다 해도 한번 쇠망의 길에 접어들면 그것을 돌이킬 수는 없었습니다. 그런데 왜 기존의 로마제국 신민들이 게르만 족의 독립 왕국의 지배에 저항하지 않았을까요? 이유는 간단합니다. 로마제국보다 세금을 적게 거두었기 때문입니다. 로마는 고대 국가였습니다. 고대 국가의 특징은 국가가 시민으로부터 세금을 거두어서 군대를 유지하는 것입니다. 그런데 이러한 고대 국가

체제가 무너지면서 국가가 아닌 지주들이 세금을 거두기 시작했습니다. 그리고 그 세금은 국가 단위가 아니라 지역 단위로 거두는 만큼 그 액수가 예전보다 적었습니다.

이들 지주들은 직업군인과 결합해서 새로운 지배체를 형성하였습니다. 그리고 노예 상태에 있는 농노를 착취함으로써 체제를 유지했습니다. 이렇게 만들어진 시스템이 중세 봉건제입니다. 다시 말해서 봉건제는 지주-전사 연합 체제입니다. 로마제국은 갑자기 무너지지 않았습니다. 로마라고 하는 고대 국가 모형에서 중세 봉건제 모형으로 이행하는 과정에는 기나긴 변형이 있었습니다. 여기서 한 가지 덧붙여 둘 것은 게르만 족이 아리우스 파 기독교를 믿었다는 것입니다. 예수의 인간됨을 강조하는 아리우스 파는 삼위일체론을 주장하는 아타나시우스 파와 대립하다가 352년에 열린 니케아 종교 회의(제1차 니케아 공의회)에서 이단으로 규정되어 추방되었습니다. 로마제국에서 쫓겨난 아리우스 파는 게르만 족이 사는 지역으로 가서 선교활동을 벌였습니다. 나중에 중세 시대에 샤를마뉴 대제가 기독교로 개종했다는 사실이 거론되는데, 이는 정확하게 말하면 아리우스 파 기독교를 믿다가 아타나시우스 파 기독교로 바꾼 것입니다.

서로마제국과는 달리 동로마제국은 오랜 기간 유지되었습니다. 동로마제국을 유지한 세 가지 축은 희랍 전통의 엘리트 문화, 로마 법전과 관료 행정 체계, 희랍 정교회가 있습니다. 동로마제국에서는 황제가 교회의 수장이었고, 관료는 지주 출신이 아니므로 국가 기구를 사유화할 수 없었습니다. 동로마제국은 1453년 오스만튀르크의 술탄 메흐메트 2세에 의해 멸망했습니다. 술탄 메흐메트 2세는 콘스탄티노폴리스를 이스탄불로 바꾸고 수도로 삼았습니다. 오스만튀르크는 주민들이 어떤 종교를 믿든 상관하지 않았습니다. 그래서 이슬람 교와 희랍 정교회가 공존할 수 있었습니다. 그런데 제2차 세계대전이 끝나고 오스만튀르크가 무너지자 이 지역에서 수많은 종교 분쟁이 벌어집니다. 이 분쟁은 아직까지도 이 지역에서 중요한 요소로 작용하고 있습니다. 이처럼 역사의 한 장면들은 오래도록 영향을 미치기도 합니다.

 희랍 정교회는 슬라브 민족, 발칸 민족 등이 정체성을 형성하는 데 큰 역할을 했습니다. 재미있는 것은 동로마제국이 멸망한 다음에 희랍 정교회의 정통성을 모스크바 공국이 가져갔다는 것입니다. 당시 모스크바 공국의 황제였던 이반 3세는 동로마제국 마지막 황제의 조카딸과 결혼하면서 모스크바 공국이 제3의 로마라고 자처했습니다. 또한 동로마제국의 상징이었던 쌍두독수리 문장을 나라의 상징으로 채택했습니다. 거기에 더해 카이사르의 슬라브 어 발음인 '차르tsar'를 황제 칭호로 사용하였습니다. 더욱 흥미로운 것은 오늘날 독일 지역에 있던 신성로마제국이 카이사르의 독일어 발음인 '카이저Kaiser'라는 황제 칭호를 사용하면서 제2의 로마를 자처했으며, 나치 독일의 히틀러는 제3제국을 표방했다는 것입니다. 제2차 세계대전에서 동로마제국의 이상을 품은 스탈린과 신성로마제국의 이상을 품은 히틀러가 맞붙어 독소전쟁이 일어났습니다. 이 전쟁은 제2차 세계대전 최대의 전투로 약 1천만 명이 사망했습니다. 이 전쟁이 아니었다면 독일이 유럽을 지배했을 것이라고 많은 역사학자가 생각합니다. 차르와 카이저의 후계를 자처한 두 남자가 맞붙은 이 사태는 역사의 뒤안길에서 생각해 볼 만한 문제라 하겠습니다.

제 15 강

제국 말기를 살았던 아우구스티누스의 눈에는 세상의 모든 것이 멸망할 운명에 놓인 것들이다. 진정한 나라는 신의 나라이다. 그의 《**신국론**》은 무너지는 '영원한 로마'를 대신할 '영원한 신의 도시'를 설파한다. 이로써 아우구스티누스는 **역사의 철학적 전망**을 연다.

로마제국 말기와 중세를 설명할 때 반드시 논의해야만 하는 요소가 있습니다. 그것은 바로 기독교입니다. 이제부터는 아우구스티누스 Aurelius Augustinus(354~430)의 《신국론De Civitate Dei》(413~426)을 중심으로 이 기독교 문제를 살펴보겠습니다. 아우구스티누스는 로마제국 말기에 살았지만 히포 교구의 주교였습니다. 그의 삶은 태어나서 죽을 때까지 항상 독실했던 기독교 신자의 삶이 아니었습니다. 그는 로마의 식민지였던 북아프리카의 식민지에서 태어나 이탈리아에서 공부를 하기도 하였고, 수사학과 철학을 가르치기도 하였습니다. 독실한 기독교 신자이기 전에는 마니교 신자였습니다. 그를 개종으로 이끈 그의 어머니 모니카의 신앙심은 유명합니다만, 사실 그의 어머니는 한때 아들의 세속적인 성공을 간절히 바라기도 했습니다. 아우구스티누스의 삶은 개인의 굴곡진 인생 여정을 보여 주지만 동시에 로마제국 말기의 상황과 제국의 붕괴, 그리고 이어지는 중세 시대의 특징을 상징적으로 나타내고 있기도 합니다. 그런 까닭에 그의 삶을 잘 살펴보는 것은 그가 살았던 시대에 대한 이해에 이르는 길이기도 한 것입니다. 한 사람의 삶을 통해서 한 시대를 이해한다는 것이 몹시 어려운 일이기는 하겠으나 여기서 한번 시도해 볼 만하겠습니다.

먼저 이 주제를 공부하기 위해 필요한 책들을 소개하겠습니다. 우리가 지금 구할 수 있는 아우구스티누스의 《신국론》은 22권으로 이루어진 원저작의 축약본(《신국론》, 현대지성사, 1997)입니다. 아우구스티누스의 《고백록》(397~401)은 참으로 다양한 분야에서 읽어야 할 고전 중의 하나입니다. 이 책은 고백 문학이나 기독교 신앙고백으로 읽힐 수도 있지만, 개인의 삶을 소재로 한 서사시이기도 합니다. 번역본은 《성 어거스틴의 고백록》(대한기독교서회, 2003) 등이 있습니다. 《어거스틴 생애와 사상》(한국장로교출판사, 1998)은 권위 있는 아우구스티누스 연구자인 피터 브라운이 쓴 책입니다. 그가 쓴 또 다른 책인 《기독교 세계의 등장》(새물결, 2004)은 "로마제국에서 기독교 교회의 등장과 312년 콘스탄티누스 대제의 개종을 거쳐 1000년에 아이슬란드에서 기독교가 채택되기까지의 서유럽 기독교회"를 살펴보는 책입니다. 중세를 공부하려는 사람은 피터 브라운이 쓴 이 두 권의 책을 함께 읽어야 합니다. 《아우구스티누스》(시공사, 2001)의 저자 헨리 채드윅도 탁월한 학자입니다. 《초대교회사》(크리스챤다이제스트, 1999)도 그의 저작입니다. 조선 시대를 이해하려면 유학사와 현실 정치사를 함께 공부해야 하는 것처럼 중세 시대를 이해하려면 교회사와 세속사를 함께 공부해야 합니다. 따라서 R. W. 서던의 《중세교회사》(크리스챤다이제스트, 1999)와 《중세의 형성》(현대지성사, 1999) 등을 함께 읽는 것이 좋습니다.

책 소개는 이쯤 해 두고 이제부터는 중세의 일반적인 특징에 대해 살펴보기로 합시다. 로마제국 말기와 중세 초기는 그 특징이 그렇게 많이 다르지 않습니다. 따라서 아우구스티누스를 이해하는 데 있어서는 중세의 일반적인 특징을 살펴보는 것이 타당한 것입니다. 중세는 '기독교 공화국respublica christiana'으로 규정할 수 있습니다. 여기서 레스res는 '일', 푸블리카publica는 '공공의'라는 뜻입니다. 희랍 방식으로 말하자면 '폴리스polis의 일'이라는 뜻이 되겠습니다. 그러므로 레스푸블리카respublica는 정치적(세속적) 측면, 크리스티아나christiana는 종교적 측면을 가리킵니다. '레스푸블리카 크리스티아나'는 레그눔regnum과 사케르도티움sacerdotium의 결합으로 말할 수도 있습니다. 레그눔은 정치적 권위, 사케르도티움은 종교적 권위를 가리킵니다. 다시 말해서 중세 사회는 레그눔과 사케르도티움의 접합 구조 위에 세워진 사회입니다. 중세 사회에서 어떤 문제가 생기면 그것의 깊은 바닥에는 레그눔과 사케르도티움의 대립이 있다고 할 수 있습니다. 이것을 아주 쉽게 표현한 말이 '두 개의 칼two swords'이고, 이는 '황제의 칼'과 '교황의 칼'을 가리킵니다. 즉 중세 시대에는 황제의 세속적 권위와 교황의 종교적 권위가 끊임없이 서로 충돌했다는 것입니다. 이처럼 끊임없이 다투고 있는 영역에 대한 기본적인 관점을 제시한 것이 아우구스티누스의 《신국론》입니다. 물론 아우구스티누스는 사케르도티움을 강조하는 입장에서 '지상의 나라'와 '천상의 나라'라는 구도를 설정했습니다. 그런 까닭에 아우구스티누스가 로마 사람인데도 그를 중세의 역사를 공부할 때 다루는 것입니다.

역사의 전환이라는 것은 어느 날 갑자기 일어나지 않습니다. 로마제국에서 중세로 이행하는 것 또한 마찬가지입니다. 앞서 말했듯이 로마 말기에 이미 중세화 현상이 일어나고 있었고, 그것이 하나의 지배적인 삶의 방식으로 굳어지게 되면 그때부터 본격적인 중세라고 말할 수 있습니다. 이런 맥락에서 중세의 징후는 이미 로마제국이라는 시대 안에 있었다고 할 수 있습니다. 역사에서는 이렇게 앞선 시대에 내재해 있던 것들이 어느 순간 한계선을 넘어 전혀 새로워 보이는 것처럼 등장하곤 합니다. 이는 나중에 살펴보게 될 근대에 대해서도 마찬가지입니다. 어느 날 갑자기 근대가 시작된 것이 아니라 중세 말기에 이미 근대화 현상의 징후들이 있었고, 그것들이 어느 순간 지배적인 삶의 방식으로 굳어진 것입니다. 그런데도 야망을 가진 사람들은 자신의 시대가 '원년'임을 강조하곤 합니다. 말은 멋있으나 역사의 진행과는 아주 무관한 것이고, 이런 말을 하는 이들은 사실 역사에 대해 아주 무지하거나 역사의식이 없는 몰역사적인 자들입니다.

어쨌든 중세는 전혀 새롭게 등장한 시대가 아니었습니다. 그 경과를 되짚어 봅시다. 콘스탄티누스가 기독교를 공인한 해는 313년입니다. 이 무렵 로마에는 시민군 대신 직업군인이 있었습니다. 또한 중세적인 농노 시스템이 차츰 형성되고 있었습니다. 이 당시 로마 인 중에서 약 10퍼센트가 기독교 신자였습니다. 여러 종교가 공존하는 나라에서 이 정도 인구가 특정 종교를 믿는다는 것은 그 종교가 다수자의 종교임을 의미합니다. 게다가 신자 중에는 노예와 하층민뿐만 아니라 상류층도 있었습니다. 예를 들면 동로마 원로원의 주요 구성원은 기독교 신자들이었습니다.

그러면 기독교가 이처럼 로마 사회에 빠르게 스며들 수 있었던 이유는 무엇일까요? 첫째는 기독교 교리에서 찾을 수 있습니다. 기독교는 인간은 신 앞에 평등하며 영원한 생명을 얻을 수 있는 존재라고 이야기했습니다. 기독교 교리의 핵심은 예수의 부활과 영원한 삶을 믿는 것입니다. 이러한 평등주의와 영생 사상이 로마 인들을 기독교로 끌어들였습니다. 둘째는 현실 세계에서 보여 준 기독교인들의 행위에서 찾을 수 있습니다. 기독교인들은 자선을 베풂으로써 그들의 원죄를 참회할 수 있다고 생각했습니다. 이렇게 정신적인 것(참회)과 물질적인 것(자선)이 선순환 고리로 연결되면서, 교회는 로마제국 말기에 광범위하게 퍼진 빈곤에 대처하는 가장 강력한 집단으로 부상했습니다. 피터 브라운은 '위기의 시대'라 불린 3세기 말의 교회가 "강한 응집력과 자금을 가진 거대한 헌신 집단"으로 등장했다고 말했습니다. 그 결과 4세기에는 기독교에 대한 핍박이 거의 사라진 상태가 되었고, 기독교는 공인을 얻어 제국 질서의 한 축으로 자리 잡기에 이르렀습니다.

국가의 공인을 받은 기독교는 매우 강력한 집단이 되었습니다. 이를 상징적으로 드러내는 단어가 '파가누스paganus'입니다. 파가누스는 이교도를 뜻하는 '페이건pagan'의 어원으로서 이류二流, 시골뜨기, 저급한 자, 아랫것들이라는 뜻을 가졌습니다. 본래 페이건은 경멸적인 뜻을 가진 단어입니다. 18세기 계몽주의자들은 스스로를 페이건이라 부름으로써 기독교를 경멸하기도 했습니다. 기독교도가 아닌 사람들을 파가누스라고 불렀다는 점에서 기독교가 로마제국의 주류로 등장했음을 짐작할 수 있습니다. 기독교는 로마제국의 한 축이 되었고, 그 위력은 제국 멸망 이후까지 이어집니다. 서로마제국이 멸망한 다음에 지식 엘리트였던 기독교 성직자들은 로마의 전통을 보존하고 — 그런 점에서 이렇게 성립된 기독교를 로만 가톨릭Roman Catholic이라 부릅니다 — 그것을 게르만 족의 전통과 결합시켰습니다. 남부 갈리아 지방의 로마 귀족들은 주교직을 맡거나 교회 조직을 장악하여 이른바 '기도하는 자'가 되고, 북부 프랑크 게르만 귀족은 전사 계급을 구성하면서도 수도원을 설립하고 유지하는 이른바 '싸우는 자'가 됩니다. 이 두 집단의 결합이 앞서 말한 것처럼 '기독교 공화국'을 이루는 것입니다. 이들은 동일한 지배계급의 일원으로 서로 협조하고 견제하는 관계를 유지했습니다. 이처럼 중세는 로마제국의 중요한 요소들을 보존하고 있음을 유념해야 합니다.

로마제국에서 기독교가 강력한 힘을 얻어 가는 과정에서 410년에 중요한 사건이 하나 벌어졌습니다. 서고트 족의 지도자 알라리크가 로마 시를 점령하고 약탈을 자행한 것입니다. 그러나 알라리크도 아리우스 파 기독교를 믿었기 때문에 로마의 성당을 무너뜨리거나 하지는 않았습니다. 약탈의 정도가 그리 심하지는 않았지만 로마 인들에게 이 사건은 큰 충격으로 받아들여졌습니다. 그래서 로마의 지식인들 중에서 원래 로마는 강건한 나라였는데 기독교를 믿다 보니 이상한 나라가 되었다고 비난하는 사람들이 생겨났습니다. 북아프리카의 히포에서 이 소식을 들은 아우구스티누스는 그러한 비난에 응답하기 위해 413~426년에 《신국론》을 썼습니다. 총 22권으로 이루어진 이 저작에서 제1권부터 제3권은 413년에 출간되었는데, 여기서 아우구스티누스는 로마의 역사를 살펴보며 "동등한 대재앙들이 이전에도, 심지어 주민들이 이교도의 신들을 섬겼을 때에도 일어났다는 것을 보임으로써 기독교의 무죄를 선언"했습니다.

《신국론》 1~3권에서 아우구스티누스는 하느님의 눈으로 로마의 역사를 살펴봅니다. 헤로도토스가 신화적 역사를 썼고, 투퀴디데스가 사회과학적 통찰을 담은 정치적 역사학의 시작을 열었다면, 아우구스티누스는 '신학적 역사'라는 새로운 차원을 도입한 것입니다. 역사를 보는 서양인의 관념은 아우구스티누스를 기점으로 그 이전과 이후가 완전히 다르다고 할 수 있습니다. 예를 들어 막스 베버(1864~1920)가 쓴 《직업으로서의 정치》(1919)라는 책이 있습니다. 이 책의 독일어 제목은 "Politik als Beruf"인데, 여기서 '베루프Beruf'는 '소명'이라는 뜻도 가지고 있습니다. 자신의 직업은 하느님이 준 소명이라는 것, 이것이 아우구스티누스 이후에 서양인들이 가진 생각입니다. 아우구스티누스는 《신국론》에서 '지상의 나라'(인간의 도시)와 '천상의 나라'(신의 도시)라는 설명틀을 제시했습니다. 이 틀에 입각하여, 아무리 넓은 땅을 다스리고 그 역사가 길다고 해도 로마는 지상의 나라에 불과하다고 주장했습니다. 기독교를 표방한다 해도 하늘의 예루살렘에 견줄 수는 없는 것입니다. 그에 따르면, 로마는 지배욕 위에 건설된 나라입니다. 인류에게 원한과 피폐함을 가져다준 지배욕을 치켜세우고 거기에 영광을 부여했으니 로마는 범죄로 가득 찬 나라이며, 따라서 언젠가는 멸망할 수밖에 없습니다. 신의 왕국은 로마와 비교가 되지 않습니다. 천상의 나라에는 승리가 아닌 진리가 있고, 높은 지위가 아닌 거룩함이 있으며, 평화가 아닌 지복이 있으며, 생명이 아닌 영원함이 있습니다. 그렇다면 이러한 아우구스티누스의 생각은 어디에 근거를 두고 있을까요?

> 거룩한 산 위에 세워진 그 터전, 주님께서 야곱의 모든 거처보다 시온의 성문들을 사랑하시니 하느님의 도성아 너를 두고 영광스러운 일들이 일컬어지는구나.
>
> _〈시편〉 87장 1~3절

《구약 성서》〈시편〉에 "하느님의 도성"이라는 개념이 나옵니다. 그리고 로마의 몰락에 관해서는 〈요한 묵시록〉에서 직접적인 근거를 찾습니다.

> 승리하는 사람은 내 하느님 성전의 기둥으로 삼아 다시는 밖으로 나가는 일이 없게 하겠다. 그리고 내 하느님의 이름과 내 하느님의 도성, 곧 하늘에서 내 하느님으로부터 내려오는 새 예루살렘의 이름과 나의 새 이름을 그 사람에게 새겨 주겠다.
>
> _〈요한 묵시록〉 3장 12절

여기에도 "하느님의 도성"이라는 말이 나옵니다. '로마 아에테르나roma aeterna'라는 말이 있습니다. '영원한 로마'라는 뜻입니다. 로마 인들은 이런 생각을 하며 살았습니다. 그런데 아우구스티누스가 이 개념을 정면으로 깨부수었습니다. 로마라는 도시는 공허한 것이며, 영원한 것은 하느님의 도성입니다. 아우구스티누스는 알라리크의 로마 약탈을 계기로 로마 역시 세계사에 등장한 여러 나라들 중의 하나에 불과하다는 생각을 하게 되었습니다. 그리고 영원한 나라는 하느님의 나라밖에 없다는 생각을 전개했습니다. 이처럼 아우구스티누스는 《신국론》에서 사케르도티움을 강조하고 레그눔을 가볍게 여기는 사유의 뼈대를 제시했습니다. 다시 말해서 《신국론》은 아우구스티누스의 신학 사상을 담고 있으면서 동시에 역사를 바라보는 그의 기본적인 관점을 서술한 책입니다.

아우구스티누스의 《신국론》을 이해하기 위해서는 그가 자신의 삶을 축약해서 서술한 《고백록》을 읽어 볼 필요가 있습니다. 그렇다면 《고백록》은 어떤 상황에서 쓰였던 것일까요?

그렇지만 초기 기독교인들은 죽음에 사로잡혀 있었다. 이들이 자신에 대해서 기록할 때에도 자신들의 삶의 가장 두드러진 절정, 즉 순교는 항상 과거를 무의미하고 창백케 하였다. 예를 들면, 성 키프리안의 전기 작가는 이토록 훌륭한 영웅의 전반 40년의 생활을 건너뛰고서 그가 순교하기까지의 마지막 4년에 집중하였다. 세례 이후의 그의 '새로운' 삶이 그의 진정한 삶으로 간주되었으며, 그 부분만이 4세기의 기독교인 독자들의 관심사였다. 어거스틴 시대에 이르러서 교회는 로마 사회 내에 정착하였다.

_《어거스틴 생애와 사상》, 227쪽

이것은 아우구스티누스 당시의 로마 기독교도들의 심성을 서술한 것입니다. 그들은 '순교'를 삶의 기준으로 삼았으므로 순교 이전의 삶은 아무 의미가 없는 것이 됩니다. 순교는 인생의 절정이고 순교한 자는 죽음으로써 새로 태어나기 때문입니다.

방황, 유혹, 숙명성에 기인한 슬픈 생각들과 진리의 탐구, 이것들은 피상적인 안전을 배격하고서 청순한 영혼으로 자서전을 쓰려는 사람의 좋은 재료였다. 이교도 철학자들도 이러한 흐름에 따라서 '종교적인 자서전'을 기록하는 전통을 이미 남겼다. 이러한 전통은 4세기에서도 기독교인들을 통해서 지속되었으며, 성어거스틴의《고백록》에서 정수를 이루었다.

_《어거스틴 생애와 사상》, 227쪽

여기서 알 수 있듯이《고백록》은 아우구스티누스가 어느 날 갑자기 창안해서 만들어 낸 텍스트가 아닙니다.《고백록》이 나오기 전에 이미 이러한 종류의 자서전을 사회적으로 받아들일 수 있는 상황이 마련되어 있었습니다.

《고백록》은 자신의 과거가 현재적인 자신의 경력을 이루기 위한 준비였다고 여기는 사람의 책이다. 따라서 어거스틴은 히포의 새로운 감독에게 즉각적으로 위배되는 사건이나 문제를 중요한 주제로 선택하였다. 그는 성경의 이해와 해석이 감독의 생활에서 핵심이라고 믿었다. 그러므로 성경과 맺은 그의 관계는 《고백록》 전반에 흐르는 지속적인 주제였다. 예를 들면, 마니교로의 그의 개종은 지금에 이르러서 악의 기원에 관한 철학적인 선입관에서가 아니라 성경을 받아들이지 못한 데서 기인하였다고 분석하였다. 우리는 암브로스를 동료 전문가의 눈을 통해서 보며, 플로티누스의 전문 감식가로서가 아니고 대성당에 모여든 기독교인을 상대로 한 설교자, 그리고 주석가로 알 뿐이다.

_《어거스틴 생애와 사상》, 231쪽

"《고백록》은 자신의 과거가 현재적인 자신의 경력을 이루기 위한 준비였다고 여기는 사람의 책이다." 다시 말해서 《고백록》은 자신의 삶의 과정이 특정한 목적을 성취하기 위한 것이라 간주하고 그 목적의 관점에서 과거를 회상하면서 쓴 책이라는 것입니다. 이 목적은 물론 하느님이 자신에게 부여한 것입니다. 하느님이 자신에게 부여한 목적을 깨닫게 되면 그때부터의 삶은 전혀 다른 종류의 것이 됩니다.

그는 미래를 전혀 다른 자아관 위에 확립시켜야 했다.

_《어거스틴 생애와 사상》, 234쪽

"전혀 다른 자아관 위에"는 '메타노이아 이후에'라는 뜻입니다. '메타노이아metanoia'는 '거듭 생각한다', '회개한다'는 뜻을 가진 말입니다. 우리가 뭔가를 회개한다면 단순히 지은 죄를 반성한다는 것만을 의미하지 않습니다. 뭔가를 반성한다는 것은 그러한 반성을 토대로 행위를 고쳐 나가는 것까지도 포함합니다. 그런 까닭에 기독교의 관점에서는 메타노이아 이후에 개인은 신에게 귀의하고 국가는 신국을 향해 나아가야만 하는 것입니다. 아우구스티누스 역시 메타노이아 이후에는 신의 온전한 사랑 속에 자신을 맡깁니다. 이것을 나라의 차원에서 보면 전혀 다른 종류의 나라가 된다는 것을 의미하게 됩니다.

《고백록》 4권 1장에는 다음과 같은 구절이 있습니다. "이제 간구하오니 나에게 은혜를 주시어 나로 하여금 현재의 기억을 더듬어 내 과거의 오류를 회상하게 하시고 그것을 당신께 감사의 제물로 드리게 하소서." 내 과거를 회상하니 여러 잘못이 튀어나온다, 그리고 그것을 하느님에게 감사의 제물로 바친다는 것입니다. 이는 자신의 잘못을 뉘우치는 고해와 그것을 통한 찬양이 동시에 이루어지는 장면입니다. 이와 같은 고해와 찬양, 즉 하느님을 향한 메타노이아를 통해서 아우구스티누스는 새로운 미래를 설계하게 됩니다. 이는 《신국론》에서도 마찬가지입니다. 하느님이 세계 속으로 개입해 들어와 탐욕에 가득 찬 지상의 나라를 멸망시키고 신국을 향해 나아갈 것을 촉구하는 것입니다.

《고백록》을 통해 세계와 인간을 바라보는 아우구스티누스의 기본적인 입각점을 알게 되었습니다. 이 책에 따르면, 인간은 하느님이 부여한 소명을 향해 끊임없이 나아가야 합니다. 아우구스티누스가 보기에 인간은 불완전한 상태에 있습니다. 사람은 시간 속에서 소멸하는 존재이기 때문입니다. 그러나 시간을 초월해서 영원한 곳으로 가면 완전한 상태가 될 수 있습니다. 이 상태를 라틴 어로 '페르펙티오perfectio'라고 합니다. 아우구스티누스에게 진정한 진보(프로펙투스

profectus)란 지상의 굴레에서 벗어나 이러한 완전상태로 가는 것입니다. 이것을 목적론적 역사 신학이라고 합니다.《신국론》은 바로 이러한 역사관에 근거하고 있습니다. 그러나 세계의 목적인 '신적인 완전성'은 평생에 걸쳐 이룩해야 할 '지연된 목적'입니다. 그런데 이것을 잊고 단번에 신적인 완전성에 이르고자 하는 사람은 광신에 빠지기 쉽습니다. 괴테(1749~1832)의 《파우스트》(1831)에서 파우스트 박사는 지혜를 얻기 위해 메피스토펠레스에게 영혼을 팝니다. 완전성에 대한 욕망에 사로잡혔기 때문입니다.

'열정'을 뜻하는 '패션Passion'(영어, 독일어, 프랑스 어 모두 철자가 동일합니다)이라는 단어에는 '고난, 수난'이라는 뜻도 있습니다. 완전한 상태에 이르고자 하는 열정을 가진 사람은 그것을 이룩하는 과정에서 고난을 겪습니다. 열정은 필연적으로 고난을 수반합니다. 이러한 열정의 발현과 고난의 역사가 수난사입니다. 내 삶 전체를 완전한 상태에 이르기 위한 수난의 역사로 생각하면서 하루하루 버티며 살아가는 것, 이것이 바로 예수 그리스도를 본받으려는 삶입니다. 아우구스티누스는 이러한 생각을 세계사에 적용하여 세계사는 하느님의 목적을 성취하기 위한 수난의 역사라고 말합니다. 물론 이 목적의 성취는 인간의 힘만으로는 불가능합니다. 하느님이 이루어 주는 것입니다. 그런데 인간이 역사에 일정한 목적을 설정해 놓고 그것을 성취하려고 한다면 인간은 성취를 위해 열정을 뿜어 낼 것이고, 그러한 열정은 고난을 불러일으킬 것입니다. 그러한 열정과 고난을 겪으면서 역사의 목적을 이루려는 생각을 '진보적 역사관'이라고 합니다. 그리고 그 목적을 이루려는 아주 적극적인 노력을 '혁명'이라 하는 사람도 있습니다. '혁명revolution'은 라틴 어 '레볼루치오revolutio'에서 온 말인데 이는 본래 행성 궤도를 가리켰습니다. 행성 궤도는 빙 돌아서 제자리에 다시 옵니다. 따라서 이 말은 순환하는 운동을 가리켰던 것입니다. 그러나 근대에 와서 이 말은 일직선의 궤도에서 끝에 있는 목적에 이르려는 노력을 가리키게 되었습니다. '혁명', '진보'라는 말은 근대에 등장한 새로운 말들이기는 하지만 그것이 전적으로 새로운 것은 아닙니다. 아우구스티누스에게서 이미 '진보' 개념의 씨앗을 발견할 수 있기 때문입니다.

기본적으로 기독교는 완전상태라는 목적을 이루기 위해서 급박함을 요청합니다. 이 '임박한 종말'이라는 개념은 성서에 근거를 두고 있습니다. 예수는 "너희가 이스라엘의 고을들을 다 돌기 전에 사람의 아들이 올 것이다"(《마태복음》 10장 23절)라고 말했습니다. 그런데 가톨릭 교단이 생기고 난 뒤에는 누구든 '임박한 종말'을 이야기하면 이단으로 몰렸습니다. 정통 교리에서는 언제 종말이 오는지 말하지 않습니다. 종말을 말할 수 있는 권위 ─ 이 권위에 도전한 자는 철저하게 말살되었기 때문에 이는 현실적인 의미에서의 권력이기도 했습니다 ─ 는 교회만이 가지고 있었습니다. 다시 말해서 '미래에 대한 예언'은 교회가 쥐고 있는 권력의 핵심이었습니다. 중세 사회에서는 기본적으로 교회가 정신적 헤게모니를 쥐고 있었던 것입니다. 그런데 30년전쟁을 치르면서 미래에 대한 예언을 장악하는 종교의 힘이 약해지고, 그 자리에 이른바 '근대 국민국가 modern nation state'가 들어섰습니다. 그 이후로 근대 국민국가는 '인민 people'의 미래를 설계하고 국가의 틀 안에서 그것을 실현하려고 했습니다. 미래에 대한 예언이 국가의 손아귀에 장악된 것입니다.

이제 《신국론》의 구성에 대해 이야기해 봅시다. 《신국론》은 모두 22권으로 이루어졌으며, 크게 두 부분(1~10권, 11~22권)으로 나눌 수 있습니다. 《신국론》 1~10권은 당시 로마제국에 널리 퍼져 있던 생각들을 논박하는 부분입니다. 이어지는 11~22권은 하느님의 나라, 즉 신국에 대한 적극적인 자기 주장입니다. 1~10권은 다시 두 부분(1~5권과 6~10권)으로 나눌 수 있는데, 그중에서 핵심은 1~3권입니다. 구체적으로 살펴보면 1~5권에서는 전통적인 신들이 로마의 이익을 보호해 준다는 다신론자들의 주장을 논박하고, 6~10권에서는 다신교의 전통을 영혼 정화의 한 방편으로 해석했던 신플라톤주의자들을 논박합니다. 《신국론》 11~22권은 세 부분(11~14권, 15~18권, 19~22권)으로 나눌 수 있습니다. 11~14권은 하느님 나라의 기원에 대한 이야기이고, 15~18권은 하느님 나라의 전개 과정에 대한 이야기입니다. 아우구스티누스에게 이 전개 과정은 '목적telos'을 향해 가는 것, 즉 진보입니다. 마지막으로 19~22권은 하느님 나라의 끝(목적)에 대한 이야기입니다. 그러므로 전체적으로 보면 11~22권은 하느님 나라의 시작과 끝에 관한 이야기입니다. 이 시작과 끝을 꿰뚫고 있는 것은 신이 만들어 놓은 원리입니다. 역사를 움직이는 이 원리는 사실상 시작에 들어 있는데, 그것은 바로 '하느님의 섭리providence'입니다. 이 말은 희랍어로는 '오이코노미아oikonomia'입니다. 오이코노미아에서 영어 '이코노미economy'가 나왔는데, 이코노미는 흔히 '경제'라는 뜻으로 번역되지만 '자연의 질서'를 가리키기도 하고 '섭리'라는 뜻도 가지고 있습니다. 희랍어 오이코노미아는 '오이코스oikos'와 '노모스nomos'가 합쳐진 말입니다. 오이코스는 '집'을 가리키고 노모스는 '규범'이나 '지배'를 뜻합니다. 간단히 말해서 오이코노미아는 '집을 지배한다'는 뜻입니다. 이는 신학적으로 '신이 집을 지배하는 것' 또는 '신이 집을 다스리는 규범'을 뜻합니다. 그렇다면 하느님의 집은 어디입니까? 바로 우주입니다. 그러므로 하느님의 나라를 지배하는 원리를 밝힌 부분인 11권에 이 책의 핵심이 들어 있습니다. 그런데 여기서 주의할 점이 하나 있습니다. 아우구스티누스가 말하는 하느님의 나라는 땅 위에 존재하는 현실의 교회나 국가와 동일하지 않다는 것입니다. 이 둘을 똑같은 것으로 만들고자 하는 것을 '정치적 아우구스티누스주의'라고 합니다. 이것을 보여 주는 대표적인 인물이 프랑크 왕국의 샤를마뉴 대제(카롤루스 황제, 재위 768~814)입니다. 그는 자신을 하느님에 의해 임명된 통치자라고 생각했습니다.

제 16 강

천국의 열쇠를 쥐었다고는 하나 기독교가 **로만 가톨릭 제국의 통일성**을 장악하는 데에는 한계가 있다. 세속의 황제들은 교황에게 도전한다. 후기에 접어들어 여기저기에서 균열이 발생하면서 이 제국은 **해체의 징후들**을 드러낸다.

앞서 말했듯이 아우구스티누스는 로마제국 말기의 혼란한 상황에서 등장한 신학자입니다. 그의 사상은 이행기를 바라보는 역사관을 잘 드러내고 있습니다. 그가 보았듯이 서구 사회는 로마라는 거대 제국이 몰락하면서 다시금 문명이 잦아든 시기로 접어들었습니다. 이때부터가 본격적인 '중세'입니다. 이제부터는 중세에 대해서 살펴보기로 합시다. 먼저 중세와 관련하여 반드시 읽어야 할 책들을 소개하겠습니다. 자크 르 고프의 《서양 중세 문명》(문학과지성사, 2008)은 중세 전체를 다룬 책입니다. 제목 그대로 중세를 하나의 문명 단위로 파악합니다. 일반적으로 5세기부터 15세기까지를 '중세 1천 년'이라고 합니다. 이 책은 중세 1천 년을 "게르만 족의 정착(5~7세기)", "게르만

적 재편의 시도(8~10세기)", "기독교 세계의 형성(11~13세기)", "기독교 세계의 위기(14~15세기)"로 나누었습니다. 자크 르 고프가 "기독교 세계의 형성"으로 규정한 11~13세기는 중세 전성기에 해당합니다. 이를 통해 그가 기독교 세계라는 핵심어를 가지고 중세사를 서술했다는 것을 알 수 있습니다. 이 책의 1부는 "중세사의 전개"이고 2부는 "중세 문명"에 대한 이야기입니다. 2부는 문화사에 해당하는 부분입니다. 마르크 블로크의 《봉건 사회》(한길사, 2001)는 새삼스럽게 설명할 필요가 없을 정도로 널리 알려진 저작입니다. 중세 사회를 규정하는 핵심 개념은 봉건제와 장원제입니다. 봉건제는 정치적 시스템, 장원제는 경제적 시스템을 가리킬 때 쓰는 말인데, 이 둘을 묶어서 (넓은 의미의) 봉건제라 말하기도 합니다. 이 책은 바로 이러한 측면에서 중세 사회를 다루고 있습니다. 《서양 중세 문명》과 《봉건 사회》는 중세에 관한 기본적인 책입니다.

아우구스티누스(354~430) 이후 서기 1000년까지를 '암흑의 500년'이라고 부릅니다. 이 시기에 나온 책 중에서 거론할 만한 것으로는 보에티우스(480~524)의 《철학의 위안》(524~526)이 있습니다. 중세 사상 전반을 살펴보고 싶으면 클라우스 리젠후버의 《중세 사상사》(열린책들, 2007)를 참고할 수 있습니다. W. 울만의 《서양 중세 정치사상사》(숭실대학교출판부, 2000)는 제목 그대로 중세 정치사상에 관한 표준 도서입니다. 움베르토 에코의 《중세의 미학》(열린책들, 2009)도 읽어 볼 만합니다. 아일린 파워의 《중세의 사람들》(이산, 2007)은 중세의 생활상을 살펴볼 수 있는 책입니다. 이 책의 목차를 보면 "농부 보도(샤를마뉴 시대 농촌 영지의 생활)", "토마스 벳슨(15세기의 지정거래소 상인)", "코그셜의 토마스 페이콕(헨리 7세 시대 에식스의 직물업자)"을 포함한 6명의 인물이 나옵니다. 이들은 각각의 시대의 대표적인 인물들입니다. 다시 말해서 일종의 상징적인 인물들입니다. 농부 보도는 샤를마뉴 시대, 토마스 벳슨은 15세기 서부 유럽, 토마스 페이콕은 헨리 7세 시대를 가장 잘 드러내 보여 주는 사람들로, 저자의 의도에 따라 선택된 것이라 할 수 있습니다. 요한 호이징아의 《중세의 가을》(문학과지성사, 1997)도 새삼스럽게 설명할 필요가 없는 책입니다. 본래 원제의 뜻은 '중세의 쇠퇴' 입니다. 마지막으로 추천하는 책은 윌리엄 조지 호스킨스의 《잉글랜드 풍경의 형성》(한길사, 2007)입니다. 지금 우리가 살아가는 자연경관은 저절로 만들어진 게 아니라 역사 속에서 형성된 것입니다. 이 책은 잉글랜드의 풍경이 어떻게 만들어졌는지를 살펴보는 이른바 역사 지리학 책입니다. 지리학은 우리 삶의 근본 범주를 연구하는 학문입니다. 이런 책을 읽음으로써 인간 행위가 어떤 모습의 땅 위에서 펼쳐졌는지에 관한 감각을 충분히 익혀 두어야 역사적 통찰에 이를 수 있는 것입니다.

　중세는 크게 세 시기로 나눌 수 있습니다. 첫째는 중세 초기입니다. 이 시기는 서로마제국이 멸망한 476년부터 1000년까지를 가리킵니다. 앞서 말했듯이 중세 초기는 암흑의 500년이었습니다. 사람들 대부분은 자신들의 촌락에서 벗어나지 않는 소박한 삶을 살았습니다. 물론 800년 전후로 샤를마뉴 대제 시기의 카롤링거 르네상스가 있었지만, 그때 이루어진 문화적 성취는 그리 대단한 것이 아닙니다. 둘째 시기는 '고중세高中世, High Middle Age'입니다. 중세의 핵심은 바로 이 고중세입니다. 이 시기는 대략 1000년부터 1300년까지입니다. 연대를 정해서 말해 보자면 노르망디 공국의 정복왕 윌리엄과 잉글랜드 국왕 헤럴드가 맞서 싸운 1066년 헤이스팅스 전투가 시작점입니다. 중세에는 싸움하는 전사 집단과 기도하고 공부하는 교회 사이에 일종의 분업 체계가 형성되어 있었습니다. 그러므로 정복

왕 윌리엄은 영주, 기사와 함께 '코미타투스comitatus'로 불리는 전사 집단에 포함되었습니다. 그들이 가장 중요하게 여기는 일은 전투에 임하여 잘 싸우고 연회를 열어 무공을 자랑하는 일이었습니다. 그런 점에서 동아시아 사람들이 왕이라는 존재에서 떠올리는 '덕망 있고 학문을 좋아하는 군주'와는 거리가 멀었습니다. 고중세의 종착점은 '아비뇽 유수'(1309~1377)입니다. 이는 로마 교황 보나파치우스 8세와 대립하던 프랑스 왕 필리프 4세가 교황 클레멘스 5세를 독자적으로 임명한 뒤, 남프랑스의 도시 아비뇽에 교황청을 설치한 사건을 말합니다. 이로써 기독교 우위의 시대가 막을 내리고 중세를 하나로 묶어 주던 기독교적인 통일성이 무너지기 시작했습니다. 아비뇽 유수는 이러한 붕괴를 상징적으로 보여 주는 사건인 것입니다. 교황권을 중심으로 형성된 하나의 통일적 체계가 해체되고, 1648년 베스트팔렌 조약 이후 근대의 새로운 통일성이 만들어지기까지는 대략 300년의 이행기가 지나갑니다. 셋째 시기는 중세 후기로 1300년부터 1500년까지인데 이를 다시 100년 단위로 나눌 수 있습니다. 1300년부터 1400년은 중세가 집중적으로 해체되는 시기입니다. 1400년부터 1500년은 해체가 가속화되는 시기입니다. 이때 일어난 중요한 사건으로 1453년의 동로마제국 멸망을 들 수 있습니다. 이때까지 서구에는 희랍어로 된 책이 별로 없었고 희랍어를 잘하는 사람도 드물었습니다. 그런데 동로마제국이 멸망하면서 과거 서로마제국이었던 곳과 게르만 지역에 희랍 문화가 전달되었고 그 결과 새로운 문화가 싹트기 시작하였습니다.

    어떤 시대든지 정치, 경제, 문화 등에서 일관적으로 작동하는 하나의 원리가 있습니다. 그 원리는 '시대정신'이라는 말로 불리기도 합니다. 물론 시대정신은 아주 짧은 시기에 적용되기도 합니다만 대체로 보아 하나의 시대정신이 특정 시대를 상징적으로 나타내곤 합니다. 서구의 중세 사회에서도 개인은 물론이고 제도적인 차원에서 일종의 시대정신을 발견할 수 있는데 고중세 시대에 이런 시대정신을 만들어 낸 가장 핵심적인 요소는 바로 교회입니다. 다시 말해서 교회는 고중세에 통일성을 부여했습니다. 오늘날에는 믿기 어려울 정도로, 교회는 개인의 삶 전체 ― 사생활, 사회관계, 미래에 대한 예언, 내세 ― 를 규율하는 원리를 만들어 냈습니다. 따라서 교회의 지배력이 무너진다는 것은 곧 중세 사회가 전반적으로 해체된다는 것을 의미합니다. 중세의 통일성을 만들어 낸 핵심적인 요소는 교회지만 그것만으로는 중세 사회 전체가 지탱될 수 없었습니다. 또 다른 요소는 전쟁을 수행하기 위한 전사 조직이고, 그것들의 밑바닥에는 셋째 요소인 경제체제가 있었습니다.

교회는 교황을 정점으로 피라미드적 위계질서를 갖추고 있었습니다. 유럽 전체를 망라한 교회는 뚜렷한 위계질서를 갖춘 네트워크였으며, 따라서 유럽의 모든 자원을 일사불란하게 동원할 수 있었습니다. 1163년에 건축이 시작된 프랑스의 노트르담 성당을 보면 이 자원이 어떻게 동원되어 어디에 쓰였는지를 잘 알 수 있습니다. 이 당시 교황권의 힘이 얼마나 강력했는지를 보여 주는 또 다른 사례가 있습니다. 교회가 내리는 형벌 중에 '속죄 형벌'이라는 것이 있었는데, 교황에게 그 벌을 받은 앙주 백작이라는 자는 자신이 사는 곳에서 예루살렘까지 맨발로 두 번 왕복했다고 합니다. 그것만으로는 분이 안 풀렸는지 교황은 이번에는 건장한 남자가 휘두르는 채찍을 맞아 가며 한 번 더 그 길을 다녀오라고 명령했고 앙주 백작은 그것을 이행했다고 합니다. 이것이 바로 고중세의 통일성을 만들어 낸 힘이었습니다. 그 밖에도 교회는 빈민을 구제하고 왕에게 지식을 제공하는 일

등을 했습니다. 교회의 힘을 보여 주는 사건을 하나 더 들자면 '카노사의 굴욕'입니다. 이는 1077년 신성로마제국 황제 하인리히 4세가 성직자 임명권을 둘러싸고 대립하다가 자신을 파문한 교황 그레고리오 7세를 만나기 위해 이탈리아 북부의 카노사 성으로 가서 용서를 구한 사건입니다. 이 사건에서 유래한 '카노사에 가다nach Canossa gehen'라는 표현이 있습니다. 속뜻은 하기 싫은 일을 마지못해 한다는 것입니다. 교권과 속권의 대립에서 교권의 절정을 보여 주는 사건은 1215년에 열린 제4차 라테란 공의회입니다. 이는 트리엔트 공의회(1545~1563)가 있기 전 최대 규모의 공의회로 400명 이상의 주교와 800명 이상의 수도원장이 모였습니다.

카노사의 굴욕과 아비뇽 유수 사이에는 300년의 간격이 있습니다. 두 사건을 보면 그 사이에 교황과 세속 권력 사이의 세력 관계가 얼마나 바뀌었는지를 알 수 있습니다. '가톨리코스katholikos'는 고중세 시대의 교회 권력을 집약해서 보여 주는 단어로 '보편적인 uninveral' 또는 '전체의general'라는 의미를 가집니다. 이를 좀 더 자세히 규정하면, '예수 그리스도를 보이지 않는 지배자로 두고, 성 베드로의 계승자인 교황을 지상 대리인으로 둔, 적법한 사제들의 관리를 받으며 동일체 안으로 모여든 신도들의 사회'가 바로 가톨리코스입니다. 이 단어는 예수, 교황, 사제, 신도로 이어지는 중세의 위계질서를 보여 줍니다. 황제는 신도에 포함됩니다. 아비뇽 유수 이후 본격적으로 무너지기 시작한 것이 바로 이 가톨리코스인 것입니다.

중세를 구성하는 둘째 요소인 전사 조직은 영주와 전사의 전우애 체제라고 할 수 있습니다. 왕은 영주에게 봉토를 나누어 주고 기사는 전투에 나가 열심히 싸울 것을 약속합니다. 쌍무계약으로 이루어진 이 조직은 봉건제의 직접적인 기원입니다. 봉건제가 발전하면서 편자(말발굽을 보호하기 위하여 발굽 바닥에 장착하는 말밥굽형의 쇠붙이)와 등자(기수가 말을 타고 앉아 두 발로 디디게 되어 있는 물건) 등이 개발되면서 중세의 무기 체계도 발전합니다. 인적 구조와 무기 체계의 발전이 어우러지면서 이 조직은 10세기 무렵에 절정에 이릅니다.

셋째 구조는 경제 시스템입니다. 이를 이해하려면 로마제국 말기로 거슬러 올라가야 합니다. 로마제국 말기의 농민 대다수는 자신의 토지를 소유하지 못했습니다. 그들은 대토지를 소유한 귀족에 예속되어 그들의 땅을 경작해 주고 기본적인 생존을 보장받았습니다. 거주 이전의 자유가 없는 농민들은 콜로누스colonus ─ 이 말에서 '식민지'를 뜻하는 콜로니colony가 나왔습니다 ─ 라고 불렸는데, 게르만 족은 이러한 로마의 불평등한 토지 소유관계를 받아들여 사회경제적 평등 관계를 해체하고 토지 소유에 따른 계급 관계로 전환하였습니다. 그리고 여기에 게르만 족 특유의 전사 조직을 결합해서 중세적인 경제 시스템을 만들었습니다. 그런데 이런 농노 체제가 서부 유럽 어디에서나 발달한 것은 아니었습니다. 지금의 프랑스와 독일 지역에서는 삼포식 농업과 장원제가 발달했지만, 기후와 지리적 요건이 경작에 적합하지 않은 이탈리아 지역에서는 그렇게 되지 않았던 것입니다. 이것이 프랑스와 독일이 유럽의 중심 지역으로 자리 잡은 이유이자, 이탈리아에서 도시가 발달한 이유입니다. 이렇게 보면 기후와 지리적 요건이 토지 경작 방식과 그에 따른 농경 촌락 형태를 결정하며, 이것에 바탕을 두고 사회형태와 제도들이 만들어진다는 것을 알 수 있습니다. 이탈리아에서 장원제 대신 도시가 발달한 것은 중세 말기에 이르러 상업 도시가 생겨나는 기반이 됩니다.

서기 1000년이 되자 전 세계적으로 기후가 따뜻해졌습니다. 이 시기를 중세 온난기라 합니다. 날씨가 따뜻해지면서 생산력이 발전하고 자연스럽게 인구가 늘어났습니다. 그러나 인구 증가로 인해 많은 인구를 부양할 수 있는 땅이 부족해졌고, 그 결과 숲을 개간하는 사업이 활발해졌습니다. 이런 상황에서 영주는 농노들에게 부치게 하던 자신들의 직영지를 현물을 거두는 땅으로 전환했고, 이는 나중에 화폐 지대로 전환되었습니다. 다시 말해서 농사를 지어 그 산물을 직접 바치게 하던 것에서 화폐로 바치게 변경한 것입니다. 농촌의 사정이 이러할 때 농촌과 분업 관계에 있던 도시는 상공업 지대를 형성했습니다. 중세의 도시는 '코뮌kommune'으로 불렸는데, 크게 세 개의 계층, 즉 도시 귀족과 중간층(소매상, 수공업자 등) 그리고 하층민(날품팔이, 직공, 하인 등)으로 구성되었습니다. 그런데 12세기에 들어서면서 도시의 중간층이 몰락하고 하층민의 인구 비율이 귀족 인구의 4배가량으로 많아졌습니다. 13세기에 들어서면서 도시에서는 자본주의의 원초적인 형태라 할 수 있는 상업 자본주의가 등장했고, 14~15세기에는 봉건 영주들이 농촌 부르주아로 전환되기 시작했습니다.

교회, 전사 조직, 경제체제가 중세를 지탱하는 주요한 요소라면 여기에 하나 덧붙여 둘 것이 있습니다. 그것은 교육제도입니다. 중세의 교육제도는 트리비움trivium과 쿼드리비움quadrivium, 즉 3학學 4과科로 이루어졌습니다. 3학은 문법, 논리학, 수사학이고 4과는 산술, 기하, 음악, 천문학입니다. 모두 7개이므로 이를 7자유학예自由學藝, ars liberalis라 불렀습니다. 3학은 초급 코스이고 4과는 중급 코스입니다. 13세기에 들어서면 대학이 등장하는데, 여기에서 가르쳤던 자연철학, 윤리학, 형이상학이 고급 코스입니다. 초급, 중급, 고급, 이 세 코스가 합해져서 중세의 학문 체계가 완성되었습니다. 이 학문 체계는 라틴 어라는 공통어로써 유지되었습니다. 그런데 이 커리큘럼은 1453년 동로마제국의 멸망과 함께 고대 희랍의 문헌이 서구에 전달되면서 바뀌기 시작했고, 16세기에는 다른 커리큘럼으로 거의 대체되었습니다. 이 과정에서 자연스럽게 대학 시스템도 바뀌었습니다. 또한 공통어로서의 라틴 어의 위력이 사라지고 해당 지역의 언어로 책을 쓰는 일도 나타났습니다. 그 대표적인 사례가 토스카나 지방의 언어로 쓰인 단테(1265~1321)의 《신곡》(1321)입니다.

마지막으로 중세인의 생활상을 간략하게 살펴봅시다. 중세 사람들은 촌락에서 폐쇄된 삶을 살았고 자아 정체성이 없었습니다. 그러므로 당연하게도 개인의 사생활에 대한 관념도 없었습니다. 그들은 자신들이 살고 있는 시대에 대한 관념도 없었습니다. 중세인은 문맹률이 높았고 가족 이름(성姓)을 가진 사람이 드물었습니다. 그들은 몸을 씻지 않았고 음식을 손으로 집어 먹었습니다. 평균 신장은 154센티미터쯤 되었고 여자의 평균수명은 25~27세였습니다. 한마디로 중세인은 무지몽매하고 고통스러운 삶을 살았습니다. 그들은 걸핏하면 공포에 휩싸였습니다. 위생 관념이 없고 영양 상태가 불량했기 때문에 온갖 질병에 시달렸습니다. 기근이 닥치면 수많은 사람이 굶어 죽었고, 그러다 보니 살기 위해서 인육을 먹는 일도 흔했습니다. 이것이 중세인의 삶이었습니다. 그런 까닭에 《불로만 밝혀지는 세상》(이론과실천, 2008)을 쓴 윌리엄 맨체스터는, 중세 말의 사람들을 두고 "무지가 생활화되고 공포에 단련되고 미신에 찌든 중세인들은 구루병을 앓아 휘어진 안짱다리로 구부정하게 허리를 굽히고 16세기를 향해 터벅터벅 발걸음을 옮겼다"라고 말하기도 했습니다. 중세인의 삶을 보면 로마 시대보다 후퇴한 삶이라 할 수 있습니다. 흔히 중세를 '암흑의 시대'라고 말하는데 약간의 과장은 있지만 틀린 비유는 아닐 것입니다.

제 17 강

중세 제국 해체의 뚜렷한 표상 중의 하나는 신권에 반대하여 **세속권의 우위를 선포한 텍스트**가 등장한다는 것이다. 이것만이 아니다. 동서 교역의 산물이기도 한 **14세기의 흑사병**은 사회의 기반을 무너뜨리면서 기존 질서의 전반적 붕괴를 가속화한다. 동시에 새로운 체제의 맹아도 싹트기 시작한다.

사람들에게 널리 알려진 역사학 입문서인 《역사란 무엇인가》(까치, 2007)에서 에드워드 카는 "역사는 과거와 현재의 대화"라고 말했습니다. 이 말에는 여러 가지 깊은 뜻이 있겠지만 간단히 풀어 보면, 과거의 역사를 살펴보는 것은 현재를 잘 이해하기 위해서라는 것입니다. 이렇게 하려면 오늘날 우리가 사는 시대가 어떤 모습인지 대강이라도 알고 있어야 합니다. 또한 과거에 일어난 사건들은 무척이나 방대하고 다양하므로 그중에서 어떤 부분을 집중적으로 읽을 것인지도 선택해야 합니다. 현재 우리가 살고 있는 세계는 고대나 중세와도 관련이 있겠지만 직접적으로는 르네상스 이후의 이른바 '근대'와 관계가 있습니다. 21세기 한국에 살고 있는 우리가 서양의 르네상스나 근대와 관련 있다면 의아한 생각이 들겠지만, 흔히 말하는 전 지구적 자본주의의 시대는 이때부터 그 싹이 생겨나기 시작했으므로 우리와 결코 무관하지 않은 것입니다. 그런 까닭에 이제부터 공부하는 역사는 앞서와는 달리, 시대를 한번에 읽기보다는 같은 시대라 해도 다양한 측면에서 살펴볼 필요가 있습니다. '모던 타임스modern times'라는 말을 일반적으로는 '근대近代'라고 옮기지만 '현대現代'라고도 하는데, 이 '현대'라는 말은 바로 우리가 사는 시대를 가리킵니다. 근대를 공부하면서 우리는 자연스럽게 우리가 사는 시대가 어떻게 형성되었는지에 대한 이해에 이를 수 있을 것입니다.

근대를 이해하기 위해서는 먼저 어떤 과정을 거쳐서 중세 사회가 해체되는지를 살펴보아야 하겠습니다. 어떤 시대나 마찬가지로 이러한 해체 역시 단번에 일어나지 않았습니다. 중세의 해체에서만 발견할 수 있는 고유한 특징은 무엇인지, 이전 시대의 해체와 공통되는 점은 있는지를 살펴보는 것이 중요하겠습니다. 이어서 르네상스 시대가 어떻게 등장하고 그 시대의 특징은 무엇인지를 공부해야 합니다. 그런 다음에는 중세에서 근대로 이행하는 과정을 이해하는 데 필요한 역사철학적 저작이라 할 수 있는 이탈리아 사람 비코의 《새로운 학문》에 대해 공부합니다. 비코는 사실 르네상스 시대 사람은 아닙니다. 그는 데카르트(1596~1650)와 같은 시대 사람이므로 연대상으로 말하면 근대에 속하는 인물입니다. 철학에서는 그리 중요한 인물로 다루어지지 않지만 르네상스 시대의 특징을 가장 잘 드러낸 학자라 할 수 있습니다. 비코를 공부하면서 동시에 르네상스 이후의 근대 초기에 대해서도 살펴볼 것입니다. 이 시기들, 즉 중세에서 르네상스로 넘어가는 시기, 르네상스에서 근대 초기로 넘어가는 시기는 서양 역사에서 중요한 이행기입니다.

본격적인 탐구에 들어가기에 앞서 책을 몇 권 소개하겠습니다. 비코의 《새로운 학문》을 좀 더 깊게 공부하고 싶으면 데이비드 마쉬David Marsh가 번역한 '펭귄 클래식' 영역본 《새로운 학문New Science》을 함께 읽기 바랍니다. 이런 고전은 누가 번역했느냐 못지않게 누가 서문을 썼느냐가 중요한데, 이 책의 서문은 프린스턴 대학의 역사학 교수인 앤서니 그래프턴Anthony Grafton이 썼습니다. 그가 쓴 책 중에서 소개할 만한 것으로는 《신대륙과 케케묵은 텍스트들》(일빛, 2000)이 있습니다. 이 책에 실린 저자 소개에 따르면, 그는 "고전 시대, 특히 르네상스 시대 사상의 흐름과 문화, 역사에 관한 책을 저술"한 "이 방면의 대가"입니다. 《르네상스의 마지막 날들》(르네상스, 2008)은 중세의 몰락과 르네상스의 등장, 그리고 그 경과를 서술한 지성사 책입니다. 이 책을 쓴 시어도어 래브 역시 프린스턴 대학의 역사학 교수입니다. 마지막으로 추천하는 책은 중세의 학자인 마르실리우스Marsilius of Padua의 《평화의 옹호자The Defender of Peace》(1324)입니다. 그는 아리스토텔레스 사상에 근거를 두고 중세의 신권 정치를 비판했습니다. 이 책은 중세의 교황권에 대한 비판을 담고 있다는 점에 그 의의가 있습니다.

중세의 몰락을 논의할 때 가장 먼저 살펴볼 것은 중세의 통일성을 지탱했던 가톨릭 교회의 수장인 교황 권력의 약화입니다. 이 약화를 보여 주는 가장 대표적인 사건은 앞서도 보았던 '아비뇽 유수'(1309~1377)입니다. 이때를 이른바 '14세기의 위기'가 시작된 시기로 잡습니다. 절정에 이른 교황권을 보여 주는 '카노사의 굴욕'에 대응하는 이 사건을 전후해서 세 가지 정치사상이 나타났습니다. 우선 중세 스콜라 철학을 집대성한 토마스 아퀴나스(1225~1274)의 《제후 통치론》(1260)에 나타난 사상이 있습니다. 이 책은 중세 가톨릭의 정통 교리를 따르는 텍스트인데, 아우구스티누스의 《신국론》이 설명하지 못한 지상의 나라에 대한 이야기 — 교회와 황제의 관계에 대한 이야기 — 를 보충하고 있습니다. 간단히 말해서 교황의 권력이 정치권력보다 우월함을 주장한 책입니다. 단테(1265~1321)의 《제정론》(1310)은 교권과 속권의 균형을 주장한 책입니다. 이 책은 속권의 우월함을 강력하게 주장하지는 않았으나 교권의 문제를 지적했으며, 속세 권력의 정당성을 입증하려고 노력했다는 점에서 의의가 있습니다. 마지막으로 앞서 말한 마르실리우스의 《평화의 옹호자》는 속권의 우위를 옹호한 텍스트입니다. 이 책은 법의 원천이 인간의 정치적 지혜(프로네시스phronesis)에 있다고 주장함으로써 하느님을 법의 원천으로 삼았던 기존의 생각을 뒤집었습니다. 그가 주장한 '정치적 지혜'는 아리스토텔레스에게서 가져온 개념입니다. 고대의 고전들에서 자신의 주장의 근거를 찾는다는 점에 그 중요한 의의가 있다고도 하겠습니다.

중세의 몰락을 사회경제적 측면에서 보면 먼저 기후를 거론할 수 있습니다. 14세기의 위기의 출발점은 기후입니다. 1315~1377년은 이른바 '소小빙하기'였습니다. 날씨가 추워지자 토지 개간이 줄어들고 삼림이 황폐해졌으며 대규모 흉작과 그에 따른 기근이 발생했습니다. 자연히 인구가 감소했으며 인체의 면역성도 떨어졌습니다. 이런 상황에서 1348년에 흑사병이 창궐하여 유럽 인구의 절반 이상이 죽었습니다. 흑사병이 결정적인 파국을 불러온 중요한 사태이기는 하지만 그보다 더 심각한 것은 흑사병이 창궐하기 이전에 이미 유럽은 위기 상황을 겪고 있었다는 사실입니다. 흑사병은 원래 유럽에 없던 병으로, 몽골의 초원 지대에서 온 것이라고 합니다. 그렇다면 흑사병의 원인은 바로 동서양의 상업 교역이라 할 수 있습니다. 이는 의미심장한 사실입니다. 교역 때문에 흑사병이 발병했다 하더라도 동서양의 교역이 이루어지고 있었다는 것은 유럽이 새로운 세계를 만나기 시작했음을 뜻하기 때문입니다. 따라서 흑사병은 중세의 파국을 상징하는 동시에 새로운 유럽으로 나아가는 실마리를 상징합니다. 흑사병으로 인해 인구가 급감하자 임금이 상승했고, 이것이 새로운 시대가 등장하는 하나의 계기를 마련하기도 했습니다. 오늘날도 마찬가지지만, 특히 19세기 이전의 역사를 이해할 때는 기후와 토양, 농업의 변화가 가장 핵심적으로 고려되어야 할 사항들입니다. 예를 들어 포르투갈 사람들은 해양 시대를 이끈 진취적인 사람들이었는데 1755년 리스본 대지진 이후 소극적인 성향으로 변했다고 합니다. 이처럼 인간의 삶에서는 자연의 영향이 결정적이고 치명적인 것입니다. 오늘날처럼 과학기술이 발달하더라도 기후와 토양, 농업의 힘을 무시하면 안 됩니다. 그것들은 인간이 살아가는 가장 근본적인 범주이기 때문입니다.

인구가 줄어들었다는 것은 중세의 봉건 영주들이 보유하고 있던 영지 내의 농노가 줄어들었음을 의미합니다. 그렇게 되자 봉건 영주들은 가장 단순한 해결책으로 다른 영지의 농노를 빼앗기 위해서 전쟁을 벌였습니다. 자신들에게 닥친 위기를 극복하기 위해 영토 분쟁을 시작한 것입니다. 이것의 대표적인 사례가 백년전쟁(1337~1453)입니다. 중세 말기에 프랑스와 잉글랜드가 벌인 이 전쟁은 프랑스 왕이 자국 내의 잉글랜드 영토인 가스코뉴 지방의 몰수를 선언하면서 시작되었습니다. 또한 잉글랜드는 당시 유럽 최대의 모직물 공업 지대인 플랑드르와 동맹 관계에 있었는데, 프랑스 왕은 이 지방의 탈환을 바라고 있었습니다. 백년전쟁을 대표하는 전투로는 1415년의 아쟁쿠르 전투와 1450년의 포르미니 전투가 있습니다. 아쟁쿠르 전투에서는 잉글랜드가 승리함으로써 프랑스 기사 계급이 완전히 몰락했고 — 더 이상 나가 싸울 기사가 없는 상황에서 등장한 사람 중 한 명이 유명한 '오를레앙의 잔 다르크'입니다 — 포르미니 전투에서는 프랑스가 승리함으로써 백년전쟁을 종결지었습니다. 그런데 잉글랜드에서는 백년전쟁이 끝나자마자 또다시 왕권을 둘러싸고 내란이 벌어졌습니다. 장미전쟁(1455~1485)으로 불리는 이 전쟁은 요크 가와 랭커스터 가 간의 귀족 전쟁이었습니다. 이러한 다툼이 오래 계속되면서 귀족, 즉 중세의 통일성을 유지하던 둘째 구조인 전사 조직이 몰락했습니다. 그리고 잉글랜드에서는 헨리 7세에 의해 절대왕정 국가가 성립됩니다.

중세 귀족 질서의 붕괴는 곧 장원제의 붕괴를 뜻합니다. 15세기 중반을 넘어가면서, 땅을 가진 영주들은 울타리를 치고 양을 키우기 시작했으며(인클로저 운동) 땅에서 쫓겨난 농민들은 도시로 몰려가 빈민이 되었습니다. 이른바 '양 떼가 사람을 잡아먹는 상황'이 벌어졌습니다. 오늘날 영국의 전형적인 풍경인 목초지는 이때 형성된 것입니다. 이것에 관해서는 앞서 말했던 《잉글랜드 풍경의 형성》이라는 책을 참조할 수 있습니다.

중세에서 르네상스로 넘어가는 시기에 화약과 대포가 널리 쓰이게 된 것도 주목할 만한 사건입니다. 화약과 대포가 등장하면서 중세의 무기 체계가 쓸모없어졌기 때문입니다. 게다가 화약과 대포는 유지비가 많이 들므로 지역의 영주가 아닌 중앙의 군주가 세금을 거두어 운영해야 했습니다. 다시 말해서 전쟁의 규모와 비용이 폭발적으로 증가하면서 정치적 변화가 일어났고 그로 인해 중앙집권적 국가가 형성되기 시작한 것입니다. 국가의 돈 씀씀이가 커지면서 '재정 finance'이라는 개념이 등장했고, 이탈리아 도시 국가에서는 복식부기複式簿記가 발달했습니다.

이처럼 15세기 중반의 유럽은 기존의 질서가 거의 무너진 상태였는데, 이때부터 두각을 나타낸 나라가 스페인과 포르투갈입니다. 이탈리아 제노바 출신의 콜럼버스가 스페인 왕실의 지원을 받아 아메리카 대륙을 발견한 해가 1492년입니다. 바스코 다 가마가 인도 항로를 발견하고, 마젤란이 인류 최초로 지구를 일주한 것도 이 무렵입니다. 중세를 지탱하던 구조들이 무너지면서 중세의 철학과 교육에 대해서도 총체적인 공격이 가해졌습니다. 학문적 변화는 갑자기 일어나지 않습니다. 정치적 경제적 사회적 변화가 먼저 일어나면서 교과 과정도 바뀌게 되는 것입니다.

지금까지 이야기한 것을 다시 정리해 보겠습니다. 일반적으로 르네상스는 14~16세기에 걸쳐 있다고 합니다. 이 시대는 다시 14~15세기의 중세의 위기와 15~16세기의 중세의 해체로 나눌 수 있습니다. 다시 말해서 르네상스는 근대가 아니라 중세에 일어난 사건이고, 이 안에 중세의 위기와 중세의 해체가 들어 있는 것입니다. 그런데 르네상스 시기에는 이것들만 포괄되는 것이 아닙니다. 그 안에는 종교개혁도 들어갑니다. 이탈리아에서는 종교개혁이 일어나지 않았지만, 종교개혁의 출발점으로 거론되는 마르틴 루터의 생몰연대가 1483~1546년이고, 실제 종교개혁이 일어난 것은 16세기이기 때문입니다. 그러므로 여기서 우리가 사태를 규정하고자 한다면 14세기에서 16세기를 중세에서 근대로 이행하는 시기로 잡고, 그 안에 중세의 위기와 해체에 해당하는 르네상스와 종교개혁이 모두 포함되는 것으로 보는 게 타당할 것입니다. 이 시기를 거쳐 17세기 중반 이후 유럽에서 이른바 '근대성modernity'이 형성되는 과정을 살펴보면 일종의 일반 원리를 확인할 수 있습니다. 그것은, 구체제의 위기와 그에 따른 구체제의 몰락이 일어나는 과정에서 새로운 체제의 맹아가 만들어지고 이 맹아로부터 새로운 체제가 전개되면서 그것을 지탱하는 새로운 통일성이 등장한다는 원리입니다.

그렇다면 새로운 통일성은 어떻게 만들어지는 것일까요? 한 체제가 몰락하면 그 체제를 지탱하던 요소가 함께 무너집니다. 다시 말해 서로 대립하는 요소 중에서 어느 한 쪽이 살아남아 새로운 시대를 이끄는 것이 아니라 양쪽 모두가 무너지는 것입니다. 예를 들어 앞서 보았듯이 중세에서 근대로 넘어가는 시기에는 중세를 지탱하던 교황권과 황제권의 대립이 있었습니다. 그런데 그러한 대립이 끝나면서 새로운 종류의 권력이 등장했습니다. 중세에서 근대로 이행하는 과정에서는 왕이나 일부 귀족 등이 주도권을 잡았습니다.

일반적으로 이행기를 살펴볼 때는 두 가지 질문을 떠올려야 하겠습니다. '이행기의 주체는 누구인가, 그리고 어떤 방식으로 이행기가 전개되는가'가 그것입니다. 여기서 '누구'에는 인간 행위자뿐 아니라 비인간 행위자도 포함됩니다. 예를 들어 화약과 대포 같은 기술은 중세에서 근대로 넘어가는 시기에 매우 중요한 역할을 했습니다. 그런데 이런 기술에 의해 생겨난 여러 가지 제도적 장치와 사회적 관계 등이 바뀌면 사람들은 그것에 적응하면서 살아가는 방식도 바꾸게 됩니다. 이것은 일종의 문화적 변화이고, 넓게 보면 정신적 세계가 바뀐 것입니다. 정신적 세계가 바뀌면 중요하게 여기는 것들의 위계질서가 달라집니다. 간단히 말해서 이행의 과정이 끝날 무렵 마지막으로 등장한 정신적 가치는 그것과 관계없어 보이는 여러 가지 기제가 작동해서 만들어 낸 것입니다.

제 18 강

로만 가톨릭 제국 말기의 사태를 가리킬 때는 '**르네상스**' 보다는 '**화약과 대포**'를 사용하는 것이 더 정확할 것이다. 이 시기 **종교개혁**의 주체였던 프로테스탄트는 **새로운 시대의 정신적 지배에 대한 열망**을 광신적으로 뿜어 낸다.

근대에 들어와서 새로운 통일성이 만들어진 것은, 즉 근대 체제가 본격적으로 형성된 것은 17세기 과학혁명 이후부터입니다. 과학혁명은 전통적인 권위를 무너뜨리고 기존의 생산양식을 바꿨으며, 그 결과 기술이 폭발적으로 발전하고 그에 따라 사람의 삶이 빠른 속도로 변화하는 시대로 진입했습니다. 이와 관련해서 과학혁명보다 앞서 일어났던 르네상스와 종교개혁 시대의 가장 밑바닥에 놓인 기술적 변화와 그 역동성을 생각해 봐야 합니다. 시어도어 래브는 《르네상스의 마지막 날들》에서 르네상스를 "화약의 발명에 적응해 간 시대"라고 규정합니다. 1500년부터 1648년 — 이 해는 30년전쟁이 끝난 해입니다 — 까지를 르네상스와 종교개혁의 시기로 보는 윌리엄 맥닐은 《세계의 역사》에서 르네상스와 종교개혁을 "서로 경합하는 쌍둥이"라고 표현하고 있습니다.

사람들은 르네상스라고 하면 레오나르도 다빈치나 미켈란젤로를 떠올리며 그것의 예술적 성과들을 유심히 봅니다. 그것들이 무의미한 것은 아닙니다만, 래브나 맥닐의 말처럼 이 시기가 새로운 시대로 나아가는 중대한 길목임을 분명히 해 두어야 하며, 그 새로움이 기술적인 발전에서 생겨났다는 것은 확실합니다. 풀어서 말하자면 르네상스 시대에 기술과 생산양식, 사회적 관계와 정신적 가치 등이 총체적으로 바뀌기 시작했다는 것입니다.

르네상스에 대해 말할 때는 가장 먼저 '화약과 대포의 발명'을 떠올려야 합니다. 화약을 사용하기 시작했다는 것은 무기와 군대의 규모가 대형화되고 군비 지출이 크게 증가한다는 것을 의미합니다. 이 연쇄 고리를 따라가 봅시다. 지방의 영주가 이런 무기를 보유하려면 가산을 탕진하게 될 것입니다. 그러므로 지방의 영주는 이러한 무기를 보유할 능력을 가진 중앙의 군주에게 복종하게 되고 그에게 권력이 집중됩니다. 또한 마키아벨리(1469~1527)가 《군주론》에서 강조한 "자국군"이 등장하면서 조세를 거두기 위한 광범위한 관료 체제가 성립했습니다. 이 과정에서 중세의 자치 도시들이 거의 완전히 사라지게 됩니다. 화약과 대포라는 기술 때문에 사회적 조직의 변화가 일어난 것입니다. 이런 과정을 거치면서 중세를 유지한 주요 요소 중 하나인 귀족과 중세적 의미의 황제 체제가 무너지고 새로운 종류의 왕이 등장했습니다. 이 왕은 절대 주권을 갖고 영토 국가를 지배하게 되었습니다. 영토 국가 개념의 맹아는 마키아벨리의 《군주론》에 나오는데 그것은 '스타토 stato'입니다. 마키아벨리에 따르면 스타토의 구성 요소는 국가의 지배 영역, 명령권, 주권입니다. 이러한 스타토는 근대 국가state의 선구적 개념입니다. 초보적인 국가 개념과 국제 관계에 대한 생각 — 마키아벨리는 피렌체 공화국의 외교관이었습니다 — 은 르네상스 시대의 이탈리아가 남긴 정치술政治術이라 할 수 있습니다. 이 정치술을 따른다면 중세 세계를 통일시켜 주던 기독교 공화국의 개념을 더 이상 고려할 필요가 없습니다. 중세의 '가톨리코스', 즉 보편주의는 무의미한 것입니다. 각각의 나라가 독자적인 지배 영역을 가지고 그 영역에 대해 배타적인 명령을 내리며, 그러한 것을 국가의 주권으로 서로 승인하는 시대가 되었기 때문입니다.

개인의 인격과 나라가 일치된 것을 '인격적 국가'라 하고, 그렇지 않은 것을 '비인격적 국가'라 합니다. 르네상스 시대부터 싹터 나온 국가주권의 개념이 전개되면서 17세기 유럽에서는 군주 개인이 아닌 국가 자체가 새로운 주권체로 등장했습니다. 참고로 이때 함께 등장한 비인격적 조직체가 바로 '회사joint-stock company'입니다. 이 조직체는 유한회사, 합자회사, 주식회사를 가리킵니다. 회사의 역사를 간략하게 다룬 책인《회사, 혁명적 개념의 짧은 역사The Company: A Short History of a Revolutionary Idea》(John Micklethwait, Modern Library, 2005)라는 책의 목차를 보면, 1장이 "BC 3000~AD 1500"이고, 2장이 "1500~1750"인데, 2장이 지금 우리가 살펴보는 시기와 겹친다는 것을 알 수 있습니다. 다시 말해서 회사는 1500년대에 들어서면서 전혀 새로운 성격을 띠게 된 것입니다. 이처럼 르네상스에 특징적으로 나타난 것들이 바로 비인격적 주권체로서의 국가와 회사입니다. 사회적 관계의 최상단 질서인 국가가 바뀌면서 중세의 국가를 구성하는 요소들이 무너지고 새로운 구성 요소들이 등장한 것입니다.

르네상스 시대에 관한 역작으로 알려진 야콥 부르크하르트의《이탈리아 르네상스의 문화》를 한번 봅시다. 목차를 보면 1부 제목이

"인공물로서의 국가"입니다. 여기서 한 문장을 인용해 보겠습니다.

> 대다수의 이탈리아 국가들이 내부적인 면에서도 인공물이었듯이, 즉 성찰에 의존하고 정확한 계산에 따라 눈에 보이는 토대 위에 세운 의식의 산물이었듯이, 이들 나라의 상호관계나 외국과의 관계도 역시 인위의 산물이었다.
>
> _《이탈리아 르네상스의 문화》, 157쪽

국가가 인공물이라면 국가 간의 관계 역시 인공물입니다. 이러한 인공물로서의 국가 개념은 이탈리아 르네상스의 산물입니다. 국가는 인공물이므로 그것은 만들어 낼 수 있는 것입니다. 부르크하르트는 마키아벨리를 그러한 개념에 입각하여 행동한 사람으로 봅니다. 다음 문장을 한번 봅시다.

> 국가를 만들어 낼 수 있다고 믿었던 사람 가운데 타의 추종을 불허한 사람은 마키아벨리였다. 그는 현존하는 세력을 언제나 생명이 있는 활동적인 것으로 파악했고, 선택해야 할 길을 정확하고 훌륭하게 제시했으며, 자신은 물론 타인도 속이려 하지 않았다. 그에게서는 허영이나 분식粉飾의 흔적을 조금도 찾아볼 수 없다. 마키아벨리는 민중을 위해서가 아니라 관리와 군주와 자신의 친구들을 위해 글을 썼다.
>
> _《이탈리아 르네상스의 문화》, 152쪽

마키아벨리의 《군주론》은 비인격적 주권체인 인공물로서의 국가 개념을 제시했고, 그러한 국가가 해야 할 일을 직설적으로 주장했습니다. 그런 점에서 이 저서는 근대 사회의 단면을 여실히 드러낸 고전으로 평가받는 것입니다. 르네상스 시대부터 형성된 인공물로서의 국가는 대규모 해외 정복을 시작했고 그 과정에서 다른 세계를 만났습니다. 이때부터 '유럽'이라는 단어가 본격적으로 사용되었습니다. 지중해를 중심으로 한 곳에서만 활동하던 유럽 인들은 다른 세계와 만나면서 스스로를 어떤 이름으로 부를지 고민하게 되었고 그때 '유럽'이라는 말이 선택된 것입니다. 예를 들면 1623년에 프랜시스 베이컨은 "우리, 유럽"이라는 말을 사용했습니다. 아직 기독교 공화국 Respublica Christiana이 완전히 무너지지 않은 상황이기는 하지만 정체성을 가리키는 새로운 명칭이 생긴 것은 그만큼 새로운 시대로의 진입을 잘 보여 주는 것입니다. 해외 정복과 함께 다른 세계의 땅을 정확히 알고 싶은 욕구도 생겨났고, 측량 도구와 수학적 기술에 근거해서 육지와 바다의 형태를 정확하게 재현하고자 했습니다. 그 결과 중세의 상징적인 지도와는 다른, 근대의 실측적인 지도가 만들어졌습니다. 마지막으로 자본주의 체제가 이때부터 등장하기 시작했는데 이에 대해서는 나중에 자세히 알아보겠습니다.

지금까지 살펴본 내용을 정리해 봅시다. 화약과 대포 기술의 발명, 국가나 회사 같은 새로운 사회적 조직의 형성, 대규모 해외 정복, 자본주의 체제의 등장이 르네상스 시기에 집중적으로 일어나면서 중세의 몰락을 가속화하고 근대의 통일성을 이루는 요소가 되었습니다. 이러한 요소들이 서로 맞물려 작용하면서 17세기 중반에 이르면 근대성modernity이라는 새로운 통일성이 성립하며, 과학혁명은 이것을 완결지었다고 할 수 있는 것입니다.

이제부터는 르네상스에 이어지는 종교개혁을 살펴봅시다. 앞서 말했듯이 종교개혁과 르네상스는 별개로 보면 안 됩니다. 맥닐이 "서로 경합하는 쌍둥이"라고 표현하면서 그 둘을 나란히 거론했듯이, 래브도《르네상스의 마지막 날들》에서 "종교개혁은 전형적인 르네상스 운동"이라고 했습니다. 그런데 새로운 시대, 즉 근대의 통일성을 만들어 내는 과정에서는 종교개혁이 더 중요한 역할을 했다고 할 수 있습니다. 중세의 통일성을 이루었던 가장 핵심적인 요소는 교황권인데, 종교개혁은 그것에 직접적인 공격을 가했기 때문입니다. 르네상스와 종교개혁은 서로 다른 점이 있습니다. 종교개혁 시기에는 가톨릭 교회에 대한 민중들의 증오가 폭발했고 그에 따른 격렬한 행동들이 역사의 변혁으로 이어졌습니다. 교리상의 차이를 내세운 종교적인 폭력이 전면적으로 분출되었습니다. 그리고 이 폭력은 다시 교리로써 정당화되었습니다. 게다가 가톨릭 교회의 토지와 재산을 노리는 세속적 통치자들이 프로테스탄트를 부추기면서 폭력이 확대 재생산되었습니다. 서로를 무자비하게 살육하는 과정에서 가톨릭과 프로테스탄트는 일정 정도 함께 몰락한 측면이 있으며, 실제로 18세기 중반에 이르면 기독교의 힘은 상당한 정도로 약화됩니다. 그렇다고 해서 기독교의 힘이 완전히 몰락하여 사회에 아무런 영향도 미치지 못한 것은 아니지만 사회를 통일시키는 지배적인 힘은 될 수 없게 된 것입니다.

　프로테스탄트의 종교개혁 운동은 짧은 시간에 많은 세력을 얻었습니다. 그 이유는 두 가지를 들 수 있습니다. 하나는 프로테스탄트가 세속적 통치자와 영합한 것이고, 다른 하나는 사람들이 가톨릭에 대해 회의와 염증을 가졌던 것입니다. 둘째 이유부터 살펴봅시다. 프로테스탄트는 불안에 휩싸인 이행기의 사람들에게 명확하고 일관된 세계관을 바탕으로 권위 있는 대답을 제공했습니다. 그러나 종교에 대한 확신이 강해질수록 가톨릭을 향한 증오와 폭력은 심각해졌습니다. 이것을 보여 주는 대표적인 사건이 1572년에 일어난 '성 바르톨

로메오 축일의 학살'입니다. 이 사건을 기록한 그림들을 보면 이단자를 처형해서 그 시체를 강에 던지는 모습이 나오는데, 이는 이단자들이 땅을 오염시키고 있으니 물 속에 던져 넣어야 공동체를 정화할 수 있다는 광신적 신념에서 비롯된 행동이었습니다. 나중에는 자신의 신앙이 확고하다는 것을 증명하기 위해 과잉 폭력을 쓰는 일도 발생했습니다.

널리 알려져 있듯이 종교개혁은 교황 레오 10세가 면죄부를 팔면서 시작되었습니다. 재미있는 것은 이 면죄부가 농민들에게 인기가 있었다는 사실입니다. 면죄부를 사면 모든 죄를 용서받고 연옥에 있는 조상과 함께 천국으로 보내 준다는 데 누가 솔깃하지 않았겠습니까. 종교개혁을 주도한 마르틴 루터(1483~1546) 역시 면죄부 자체에 반감을 품었던 것은 아닙니다. 그는 죄를 용서하고 영혼을 천국으로 보내 줄 힘, 이른바 '열쇠의 힘' — "나는 너에게 하늘나라의 열쇠를 주겠다"(《마태복음》 16장 19절) — 이 교황에게 있다는 것을 인정하고 있었습니다. 루터가 문제 삼은 것은 면죄부의 남발이었습니다. 그는 면죄부가 남발되면서 초래할 신앙의 약화를 우려했습니다. 면죄부를 그렇게 마구 팔면 사람들이 참회를 가볍게 여기게 되어 죄를 하찮게 본다는 점을 지적하고 나선 것입니다. 루터는 처음에는 가톨릭 체제가 무너지는 것을 바라지 않았습니다. 이처럼 면죄부 판매는 사건의 발단이었을 뿐 결정적인 요소는 아니었습니다. 그가 1517년 뷔텐베르크 교회에 95개 조 반박문을 내걸었을 때에도 교황에 대해 완전히 적대적인 태도를 취한 것이 아니었습니다. 그런데 루터가 제기한 95개 조 반박문에 대한 교황 레오 10세의 대처는 그리 강력하지 않았습니다. 오늘날 많은 학자들은 레오 10세가 처음부터 강하게 대응했다면 루터가 그렇게까지 행동하지는 못했을 것이고 결국 제거되었으리라는 점에 동의합니다. 막연한 추측이기는 하지만 레오 10세는 성정이 유순한 사람이 아니었나 싶습니다. 그의 초상화를 보면 매우 유순하게 생겼습니다. 당시 교황은 대개의 경우 메디치 가문과 보르자 가문에서 번갈아 배출되었는데, 보르자 가문 출신의 교황이 잔인함으로 악명이 높았다면 메디치 가문 출신의 교황은 상대적으로 유순했다고 합니다. 레오 10세는 메디치 가문 출신이었습니다.

    교황의 미온적인 대처를 목격한 독일 영주들은 이 기회를 통해 자신들의 땅 곳곳에 있는 가톨릭 교회의 재산을 몰수하기로 마음먹었습니다. 프로테스탄트가 많은 세력을 얻은 첫째 이유가 작동한 것입니다. 그들은 루터가 교황에 맞설 수 있도록 정치적으로 뒷받침했고, 이와 동시에 영지 내에 있는 교황의 재산을 몰수하기 시작했습니다. 그 결과 프로테스탄트는 국민국가라는 새로운 흐름과 함께 하게 되었습니다. 가톨릭은 교리의 보편성과 교황 영토의 보편성을 핵심 내용으로 삼고 있는데, 이것과 대립하는 국민국가 체제의 씨앗이 등장한 것입니다. 게다가 이때부터 독일 민족주의가 아주 희미한 형태로 등장하기 시작하였습니다. 독일 사람들은 과거에 독일 황제 하인리히 4세가 교황 그레고리오 7세에게 무릎을 꿇고 사죄한 '카노사의 굴욕'을 떠올렸고, 이는 교황에 대한 반발심을 한층 강하게 부추겼습니다. 이런 상황에서 루터는 놀라운 정치력을 발휘해 독일 민족주의의 흐름을 이용하였습니다. 그 증거는 1520년 6월 11일에 친구 슈팔라틴(1484~1545)에게 보낸 편지에서 확인할 수 있는데, 루터는 다음과 같이 적고 있습니다. "주사위는 던져졌네. 나는 이제 두렵지 않아. 종교개혁에 관한 책을 독일어로 쓰려고 하네." 이 편지에서는 셋째 문장이 중요합니다. 루터는 '독일' 사람들에게 호소하기 위해 '독일어'로 글을 써야 한다고 생각한 것입니다. 그래서 발표한 문서가 다음

세 가지입니다. 〈교회의 바빌론 유폐〉(1520)는 교황 제도와 성사 제도를 비판합니다. 〈독일 민족의 기독교 귀족에게 보내는 연설〉(1520)은 성직자는 신성하지 않으며, 독일을 로마의 지배에서 해방해야 한다는 — 그러기 위해서는 로마 교황의 재산을 몰수하라는 — 메시지를 담고 있습니다. 전자가 교리적인 비판서라면, 후자는 정치적인 텍스트입니다. 루터의 이러한 호소는 독일의 귀족들에게 강력한 힘을 발휘하여 많은 이들이 프로테스탄트가 되었습니다. 〈기독교도의 자유에 대하여〉(1520)는 루터 자신의 신앙을 설명한 것입니다. 흔히 루터의 신학 사상은 세 단어로 설명된다고 하는데, 그것은 '오직 믿음 sola fide', '오직 은총 sola gratia', '오직 성서 sola scriptura' 입니다.

루터가 이처럼 독일 민족주의의 흐름을 타면서 독일의 귀족과 영주들에게 호소하고 있을 때, 1521년에 루터에게 보름스 제국의회 Reichstag Worms, Worms Diet에 출두하라는 명령이 내려왔습니다. 여기서 루터가 한 유명한 말이 있습니다. "Hier steh Ich, Ich kann nicht anders."(나는 여기에 서 있다. 나는 달리 할 수 없다). 루터는 약간의 제재와 탄압에 부딪치지만 독일 영주의 도움을 받아 안전한 곳으로 피신합니다. 당시 보름스 시내에는 농부의 신발이 그려진 벽보가 등장했는데, 이것은 나중에 독일 혁명의 상징이 됩니다. 보름스 제국의회는 종교개혁이 독일 민족주의와 결합하여 완전히 정치적인 흐름에 합류하게 한 결정적인 사건입니다.

종교개혁은 이제 순수한 종교적인 문제가 아니게 되었습니다. 그것이 정치적인 흐름을 타면서 자연스럽게 폭력이 발생했습니다. 그 충돌은 우선 토지를 둘러싸고 일어났습니다. 프로테스탄트는 토지를 몰수하려 하고 가톨릭 수도원의 재산 관리자는 그것을 저지하려 했기 때문입니다. 이때부터 시작한 가톨릭과 프로테스탄트의 대립은

30년전쟁(1618~1648)으로까지 이어졌습니다. 루터 이후 프로테스탄트는 또다시 여러 종파로 나뉘었지만 그 종파들이 교리로 만들어 낸 기본적인 합의가 있습니다. 첫째, 교황의 지배를 거부할 것. 둘째, 각 지방의 언어를 사용할 것. 셋째, 성직자의 독신생활을 포기할 것. 넷째, 순례 여행을 폐기할 것. 마지막으로 성모 마리아와 성인에 대한 숭배를 거부할 것 등이 그것입니다. 여기에 덧붙여 프로테스탄트 교리의 핵심은 예정설임을 유념해야 하겠습니다. 이 교리에 따르면 하느님은 구원할 자를 미리 정해 놓았으므로 구원은 인간의 노력과 무관합니다. 이는 인간이 가진 자유의지를 무시한 것으로 실제로 루터의 신학 사상에는 도덕적 자유 개념이 없습니다.

　프로테스탄트의 여러 종파들이 교리상의 기본적인 합의를 가지고 있었다 해도 오직 자기 종파의 믿음만을 최종근거로 삼기 때문에 끊임없이 분열하는 상황에 처하게 됩니다. 프로테스탄트 간의 반목과 대립이 시작되면서 여러 가지 사건들이 발생하기 시작했습니다. 사실상 프로테스탄트는 소수자 집단으로 시작되었습니다. 그리고 그 집단은 소수자들이 흔히 보여 주는 것처럼 세력을 얻기까지는 강고한 내적 규율을 유지합니다. 그래서 사소한 잘못을 저질러도 강력한 처벌을 내립니다. 이 당시에 '복음주의자 악당'이라는 말이 있었는데, 이는 프로테스탄트가 중세 가톨릭이 저지른 잘못보다 더 나쁜 잘못을 저지르는 것을 두고 나온 말입니다. 예를 들어 당시 프로테스탄트 중에서 루터주의자들은 편협했고 학문을 경멸했으며, 예술작품을 무시하여 불살랐고, 고전 문화를 이교적인 것으로 배척하였습니다. 조금이라도 자신들이 생각하는 종교적 신념에서 어긋난 것으로 여겨지는 사람은 누구든 파문하거나 불에 태워 죽였습니다. 이러한 나쁜 짓을 짧은 시간에 집중적으로 저질러서 '악당'이라는 소리를 듣게 된 것입니다. 이런 점에서 종교개혁은 한마디로 '편협함의 시대'를 불러일으켰다고 할 수도 있습니다. 프로테스탄트의 과격함과 편협함을 상징하는 것이 바로 장 칼뱅(1509~1564)이 다스렸던 제네바입니다. 칼뱅의 제네바는 극단적으로 말해서 신정국가神政國家였습니다. 이곳에서는 근면하게 일하는 것 말고는 할 게 없었다고 할 수 있습니다. 이러한 전통은 오래도록 이어져서 좋게 말하면 막스 베버가 말한 직업에 충실하며 근검 절약하는 프로테스탄티즘 정신을, 나쁘게 말하면 강력한 억압과 편협함을 낳아 놓았습니다.

가톨릭과 프로테스탄트의 싸움은 오랫동안 계속되었습니다. 이것은 30년전쟁이라는 유례 없는 사건까지 이어집니다. 30년전쟁은 종파 간의 대립으로 시작되었습니다만, 결국 어떤 종파도 완전한 승리를 거두지 못했습니다. 전쟁을 치르면서 오히려 사람들에게 종파 간의 분쟁이 고통만 안겨 준다는 것을 다시 한번 확인하게 한, 일종의 역설적인 결과에 이르고 말았습니다. 잉글랜드에서 일어난 청교도혁명(1640~1660)도 마찬가지였습니다. 종파 분쟁은 극단적인 면으로 치달았기 때문에 사람들은 이런 일들을 겪으면서 종교 논쟁에서 마음이 멀어졌습니다. 또한 종교 분쟁이 계속되는 동안 사람들은 종교 분쟁이 겉으로는 신앙의 이름을 내걸고 있지만 사실상 정치적 경제적 이해를 둘러싸고 벌어지고 있음을 알아차렸고, 종교가 이것을 은폐하는 수단에 불과하다는 것을 확실히 깨달았습니다. 이제 사람들의 마음에 확실성을 심어 줄 수 있는 전혀 새로운 정당화 근거가 필요하게 되었는데, 이것이 바로 새로운 시대의 통일성을 만들어 내는 중심 요소가 될 것이었습니다.

그러한 중심 요소가 될 만한 것으로는 르네상스 시대의 인문주의가 있습니다. 그런데 르네상스 인문주의는 학문적인 결실을 제대로 맺지 못했습니다. 르네상스 인문주의는 매우 회의주의적인데다 폭넓은 교양을 공부해야만 어느 정도 수준에 도달할 수 있습니다. 인문주의는 본래 인간과 세계에 대해 느긋하게 생각하는 힘을 요구하는 것입니다. 당시 유럽은 이러한 인문주의가 사람들에게 절실하게 받아들여질 만한 상황에 있지 않았습니다. 종교개혁이 일어나지 않았고 가톨릭과 프로테스탄트 간의 극심한 종파 대립이 없었다면 지금 우리가 철학사에서 배우는 주요 과목이 달라졌을지도 모릅니다. 수학적 확실성을 추구하는 흐름 대신에 르네상스 인문주의의 전통을 이어받거나 그 맥락에 있는 몽테뉴, 비코, 파스칼, 헤르더 등의 사상이 학문의 중심으로 자리 잡았을지도 모릅니다.

아직 어떤 것이 통일성의 중심 요소로 자리 잡지 못한 상태였던 16세기에 들어서면서, 학문 방법론을 둘러싸고 '안티쿠스antiqus'와 '모데르누스modernus', 즉 '고대적인 것ancient'과 '근대적인 것modern' 사이의 논쟁이 일어났습니다. 특정 사회에 정체성을 부여하는 요소 중의 하나인 근본적인 가치 구조의 성립을 둘러싼 이러한 지적인 사유모형 사이의 투쟁은 사실상 사회의 여러 변화들 가운데 가장 나중에 일어나는 것이 일반적이지만 더러는 이 투쟁이 실마리가 되어 사회가 바뀌기도 합니다. 이 투쟁에서 가장 핵심적인 것은 자기 지식의 최종 근거를 어디에 두느냐입니다. 다시 말해 어떤 텍스트를 권위auctoritas 있는 것으로 간주하느냐입니다. '고대적인 것'이 플라톤과 아리스토텔레스 같은 고대의 텍스트에 근거를 둔 것이라면, '근대적인 것'은 과학, 특히 실험과학에 근거를 두었습니다. 이러한 지적인 사유모형을 둘러싼 대립은 근대 사회에서 끊임없이 벌어집니다. 르네상스 이후의 삶은 생업과 이념이 항상 맞물려 가고, 그만큼 이념이 우리의 삶에서 중요한 영역을 차지하기 때문입니다. 따라서 근대 사회를 사는 사람들이 이념이 다를 경우 당파가 갈라지는 것은 아주 당연한 일입니다.

유럽에서는 30년전쟁을 겪으면서 과학에 대한 의존도가 급속도로 높아졌습니다. 앞서 말했듯이 종교개혁과 함께 치열한 종교 대립이 벌어졌고 30년전쟁 시기에는 세상이 극도로 험악해졌습니다. 이로 인해 사람들은 확실한 것을 원하기 시작했고 이 틈을 파고든 것이 바로 자연과학이었습니다. 이렇게 과학을 대하는 지적 공동체의 태도가 호의적으로 바뀌자 유럽의 지배계급 역시 과학을 통한 지배의 정당화를 모색했습니다. 그 결과 등장한 것 중의 하나가 왕실에 의해 설립되거나 후원을 받게 된 과학 아카데미입니다. 요즘 식으로 말하자면 자신의 정치적 세력과 지배를 정당화하기 위해 '과학입국科學立國' 같은 구호를 내걸고 과학 중심 대학을 세운 것입니다. 이때부터 데카르트와 뉴턴의 시대가 본격적으로 시작되었고 이러한 변화는 물리적 세계에 대한 새로운 학문들과 결합하였습니다. 고전적 권위에 대한 의존에서 탈피하여 수학적 확실성에 의존하는 과학, 과학을 적극적으로 받아들이는 태도, 물리적 세계를 파악하기 위한 새로운 학문들에 대한 요구 등과 같은 변화들이 집중적으로 일어나면서 17세기 중반에 르네상스는 완전히 끝납니다. 그런데 비코는 르네상스 인문주의의 흐름을 중시하고 그것을 이어받은 사람이었습니다. 그는 수학적 확실성을 주장하는 데카르트와 정반대의 입장에 서 있는 사람인 것입니다. 17세기 말에서 18세기 중반까지 살았던 비코를 왜 르네상스와 연결지어 이해해야 하는지도 이로써 알 수 있습니다.

제 19 강

르네상스 인문주의는, 가 본 적이 없기 때문에 자꾸 갈망하게 되는 유토피아 같은 것이다. 17세기 사람 **비코**는 '수학적 확실성'이라는 시대정신에 맞서 신의 섭리와 인문주의를 제창한다. 그의 《**새로운 학문**》은 비감한 텍스트이다.

지금까지 근대 체제로 이행하는 과정에서 일어난 사건들을 르네상스와 종교개혁을 중심으로 살펴보고 비코가 어떤 위치에 있는지를 알아보았습니다. 이제 비코Giambattista Vico(1668~1744)의 《새로운 학문 Scienza Nuova》(1725)을 읽을 순서입니다. 한국에서 비코는 학문적 중요도에 비해 잘 알려지지 않은 인물입니다. 이건 그가 살았던 당시에도 마찬가지였습니다. 그래서 영국의 철학자 콜링우드(1889~1943)는 비코를 두고 "그 즉시 많은 영향을 끼치기에는 너무나 시대를 앞질러 달린 석학"이라 하기도 하였습니다. 그의 사상이 넓고 깊어서 쉽게 이해하기 어려운 측면이 있지만, 역사와 역사철학을 공부할 때 비코의 중요성은 아무리 강조해도 지나치지 않습니다. 《새로운 학문》의

원제는 "민족들의 공통적 본성에 관한 새로운 학문의 원리들Principi di una Scienza Nuova d'intorno alla Comune Natura delle Nazioni"인데, 1725년 10월에 처음 출판되었습니다. 그 뒤 1730년 12월에 제2판이, 1744년 1월 비코가 죽은 뒤에 제3판이 출판되었는데, 이 제3판이 일반적으로 결정판으로 알려져 있습니다. 《새로운 학문》은 당대에 거의 팔리지 않은 책입니다. 새로운 판이 나온 것은 잘 팔려서가 아니라 비코가 학문적 완성을 위해 계속 고쳤기 때문입니다.

《새로운 학문》을 펴 보면 곧바로 그림이 한 장 나옵니다. 이 그림을 보면서 "권두의 그림 설명 – 서문을 대신하여"를 읽어 봅시다. 이 그림과 설명은 책 전체의 개념을 이해하는 데 매우 중요한 것이어서 이것만 이해하면 책 한 권을 이해했다고 해도 과언이 아닐 정도입니다.

> 관자놀이에 날개가 달린 여성이 천구의天球儀 위에 서 있다. 천구의는 자연을 의미하며, 여성은 형이상학을 나타낸다. 왼쪽 위의 모서리에 한 개의 눈(응시하고 있는)을 싸안고 빛을 번쩍이는 삼각형은 섭리의 시선을 갖추고 있는 신이다. 이 시선(방사선)을 통해 형이상학은 지금까지 철학자들이 신을 명상하는 매체로 이용한 자연물적 질서를 초월하여 황홀 망아忘我 속에서 신을 관조하고 있다.
>
> _《새로운 학문》(2)

형이상학을 상징하는 여성이 자연을 의미하는 천구의 위에 서서 그것을 발로 밟고 있다는 것은 자연을 경시한다는 뜻입니다. 다시 말해서 형이상학이 자연에 관한 학문보다 우월하다는 말입니다. 왼쪽 위의 삼각형은 신을 가리킵니다. 그곳에서 나온 빛이 여성의 가슴을 향하고 있는 것은 형이상학이 신의 섭리로부터 빛을 받고 있다는 뜻입니다. 우주를 지배하는 신의 섭리와 인간 세계를 연결하는 일차적 요소는 형이상학입니다.

> 형이상학은 인간 영혼의 세계, 즉 문명 세계 또는 민족 세계 안에 존재하는 신의 섭리를 증명하려는 것이다.
>
> _《새로운 학문》(2)

비코의 기본적인 학문적 목표는 신의 섭리를 증명하는 것입니다. 그의 표현을 빌리면 이것은 "문명 신학"입니다.

> 인간의 문명화는 신의 섭리에 의해 질서가 부여되고 배치되는 것이다. 이것이 참된 인간의 문명사회적 본성이며 자연에 존재하는 법이기도 하다. 이러한 신의 인도야말로 이 학문이 해명하려는 근본문제의 하나이다. 따라서 이러한 관점에서 볼 때 이 책은 신의 섭리를 논하는 문명 신학이라고 불러야 할 것이다.
>
> _《새로운 학문》(2)

신의 섭리가 최고의 원리이고 그것을 받아들인 형이상학은 만물을 관장하는 학문이 되었습니다. 문명의 요소는 신의 섭리에 의해 자리를 잡습니다. 이것을 정리하여 영어판 서문을 쓴 앤서니 그래프턴은 《새로운 학문》을 "신성한 섭리에 대한 합리적 문명적 신학"이라고 규정하기도 하였습니다.

> 천구의를 두르고 있는 황도대黃道帶 가운데 사자자리와 처녀자리 두 곳의 표지가 다른 성좌보다 커 금방 눈에 들어온다. (사자자리를 특기한 것은) 이

학문이 맨 먼저 헤라클레스(헤라클레스란 민족의 시조이며, 고대 이민족은 모두 그에 대한 전설을 가지고 있다)를, 나아가서 헤라클레스의 공적에 대해 고찰함을 의미하고 있는 것이다. 왜냐하면 헤라클레스는 사자를 쳐 죽이고 네메아 숲을 불태운 공적으로 사자 껍질로 치장, 성좌에 모셔졌기 때문이다(여기서 말하는 사자는 지상에 있던 태고의 대삼림을 가리키는 것이며, 헤라클레스는 이를 불태워 경지耕地로 바꾼 장본인임을 뜻한다. 즉 헤라클레스는 전투적 영웅이라기보다 그 훨씬 전에 출현했을 정치적 영웅의 상징 인격이었던 것으로 생각된다). 또 한편으로 이는 시간(기록)의 시작을 의미한다.

_《새로운 학문》〔3〕

  헤라클레스는 일반적으로 힘센 영웅으로 알려져 있습니다만 비코는 그가 인간 문명을 만든 사람이라고 합니다. 그는 울창한 숲을 불태워 그곳을 사람이 살 수 있는 곳으로 만들었습니다. 그는 자연을 인간화한 "정치적 영웅"입니다. 비코가 보기에는 자연의 정복이 곧 문명의 시작이었습니다. 그리고 이와 함께 "시간(기록)의 시작", 즉 역사가 시작되었습니다. 이러한 비코의 생각은 동아시아에서는 상상하기 어렵습니다. 서양 사람들은 자연과 인간 문명을 분리시켜 생각하지만 동아시아 사람들은 자연과 인간이 분리되어 있지 않다고 생각하기 때문입니다. 비코는 삼림을 불태우고 경지를 만들면서 문명이 시작됐다고 합니다. 여기서 자연은 정복해야 할 대상입니다. 그런데 갑골문을 연구한 학자 시라카와 시즈카의 《문자강화 I》(바다출판사, 2008)를 읽으면, 동아시아에서는 그런 생각이 아주 오래 전인 갑골문 시대에도 존재하지 않았음을 알 수 있습니다.

  희랍인의 크로노스(크로노스란 시간 자체를 가리킨다)에 해당하는 사투르누스로부터 연대학 또는 시간학설에 관한 또 다른 원리가 주어지게 될 것이다.

_《새로운 학문》(3)

크로노스는 희랍 신화에 나오는 제우스의 아버지입니다. 그를 묘사한 회화를 보면 머리를 풀어 헤치고 긴 낫을 들고 있습니다. 그 낫으로 혼돈 속에서 하나로 뭉쳐 있는 것을 잘라 냄으로써 시간이 시작되었다고 합니다. 그는 로마 신화에서는 농업 신인 사투르누스와 동일시되고 있습니다. 셰익스피어의 소네트에 다음과 같은 구절이 있습니다. "잔인한 사투르누스여. 시간을 잘라 주시오. 그녀와 나의 시간을 멈춰 주시오."

형이상학 가슴에는 볼록한 보석 장식이 달려 있고, 신의 섭리의 빛이 이를 비추고 있다. 이는 형이상학의 마음이 맑고 순수해서 정신의 오만함에도 육욕의 천박함에도 오염되지 않았음을 나타내는 것이다. [...] 신의 인식이 형이상학에 이르러 거기서 끝난 것이 아님을 나타내고 있다. 왜냐하면 형이상학이 자신의 입장에서 지성의 빛을 뿜어 지금까지 철학자들이 행해 왔던 것처럼 자주적으로 도덕 행위를 규제하는 것이라면 이 보석은 평평한 것으로 그렸어야 마땅하다. 그러나 (실제 보석은) 볼록하며, 섭리의 빛은 거기에 반사되어 더욱 확산되고 있기 때문이다.

_《새로운 학문》(5)

여성의 가슴에 볼록한 보석이 있는데 섭리의 빛은 거기에 반사되어 더욱 증폭됩니다. 그림을 보면 빛의 폭이 넓어졌음을 알 수 있습니다. 이 빛은 호메로스를 향하고 있습니다. 형이상학을 상징하는 여성을 통해 섭리의 빛이 반사되어 호메로스에게 전달되는 것입니다.

시적 지혜의 원리, 신학 시인의 학문 등은 이교도가 이 세상에 처음 찾아낸 지혜였던 것이다. 호메로스 상의 대좌에 금이 간 것은 참 호메로스의 발견을 의미한다[873].

_《새로운 학문》[6]

시적 지혜는 단순히 시를 쓸 줄 아는 지혜를 가리키는 것이 아니라 문명 세계의 지혜를 가리킵니다. 호메로스가 발 딛고 있는 발판이 쪼개진 것은 그가 참다운 것을 새롭게 발견했다는 것을 의미합니다. 신의 섭리는 형이상학을 향하고 그것은 다시 인간 문명을 아우르는 시적 지혜로 이어지는 것입니다.

철학은 언어문헌학적 검토를 시험하게 된다.

_《새로운 학문》[7]

호메로스의 시적 언어를 이해하려면 언어문헌학적인 검토를 해야 한다는 말입니다. 비코는 언어문헌학이 문명을 밝혀내는 중요한 학문이라 생각하였습니다.

제단 위쪽 오른편에 보이는 것은 점지팡이, 예언자가 예언을 하거나 길흉을 점칠 때 사용하는 막대기이다.

_《새로운 학문》[9]

고대 중국의 갑골문은 점을 치기 위해 만든 것입니다. 점을 친다는 것은 시간을 의식한다는 것이고, 갑골문을 보존한다는 것은 기록을 남긴다는 것입니다. 고대에는 무당[巫]과 역사가[史]가 같은 사람을 가리켰습니다. '巫' 와 '史' 는 모두 점치는 그릇을 들고 서 있는 사람의 모습을 형상화한 것입니다. 둘 다 예언자였습니다. 중국의 유명한 역사학자인 사마천의 직업은 천문 기록자였습니다. 마찬가지로 비코는 서양에서도 예언자로부터 역사가 시작되었다고 말하고 있습니다.

> 이 점지팡이는 이교도 세계의 역사의 시작을 나타내는 것이다.
> _《새로운 학문》(9)

역사가 시작된다는 것은 과거, 현재, 미래에 대한 시간 개념이 생겨난다는 뜻입니다. 이때 '~해야 마땅하다' 는 윤리 의식도 함께 등장합니다. 이런 점에서 역사, 철학, 신화(신학)는 서로 다른 원천을 가진 것이 아닙니다.

> 같은 제단 위에 점지팡이와 나란히 물과 불이 보인다.
> _《새로운 학문》(9)

물과 불은 "액막이" 를 상징합니다.

> 이들 인간 문명의 최초의 것은 혼인이다. 이는 제단 위의 항아리 옆에서 불타고 있는 횃불로 상징된다.
> _《새로운 학문》(11)

인간 문명의 두번째는 매장이다. 때문에 라틴 어로 '인간성humanitas' 은 '매장하는 것humando' 에서 유래한 것이다. 매장은 조금 떨어진 숲속의 뼈항아리를 통해 나타나고 있으며, 인류가 아직 여름에는 과일을, 겨울에는 떡갈나무 열매를 먹고 살던 시대부터 행해졌음을 말해 주고 있다. 항아리에는 "D. M."이라고 쓰여 있다. 이는 '사자死者의 선량한 영靈을 위하여'라는 뜻으로 [...]

_《새로운 학문》〔12〕

"D. M."은 '디스 마니부스Dis Manibus'의 약자입니다. 이는 "사자의 선량한 영을 위하여"라는 뜻입니다. 제단(인간 문명) 위에 점지팡이(역사의 시작), 물과 불(액막이), 횃불(혼인), 그리고 D. M.(매장)이 있습니다. 인간의 문명을 이루는 가장 기본적인 요소가 무엇인지를 말하고 있는 것입니다.

이 뼈항아리는 이들 민족 사이에 농토의 분할 소유가 시작되었음을 알려주고 있다. 이러한 분할 소유가 이윽고 도시와 인민, 나아가서는 국가의 구별로 발전하게 되는 것이다.

_《새로운 학문》〔13〕

헤라클레스에 의해 경지가 만들어지고, 이어서 농토의 분할 소유가 시작되었습니다. 이렇게 함으로써 도시와 인민, 나아가서는 국가의 구별이 발전하게 되는 것입니다. 조상의 뼛가루를 뼈항아리에 넣고 관리한다는 것은 족보가 생겼다는 뜻입니다. 그리고 뼈항아리는 아무 곳에나 둘 수 없으므로 자기 땅에 보관해야 합니다. 그렇게 함으로써 조상으로부터 물려받은 내 땅을 표시하는 것입니다.

정착 기간이 길어짐에 따라 선조의 묘를 세우게 됨으로써 비로소 토지 소유권이 확립하게 된 것이다.

_《새로운 학문》〔13〕

집성촌에 가면 선산을 중심으로 경지가 펼쳐져 있습니다. 이것을 떠올리면 됩니다. 토지는 조상들의 계보와 깊은 관련을 맺고 있습니다.

이리하여 — 제1의 신의 섭리, 제2의 엄숙한 혼인에 이어 — (제3의) 영혼 불멸의 보편적 신앙이 생기기에 이르렀다.

_《새로운 학문》〔13〕

여기까지가 기본 원리입니다.

뼈항아리가 있는 숲속에서 쟁기가 하나 보이는데, 이는 태고 씨족의 가부장들이 역사의 최초의 원동력이었음을 의미하는 것이다. 그런데 상술한 태고 이교 민족의 창시자는 헤라클레스였다〔(각 민족에겐 각자의 헤라클레스가 있었기 때문에) 그 수는 바로에 의하면 40 이상이며, 이집트 인은 자신들의 헤라클레스가 최고最古라고 주장한다〕〔47〕. 왜냐하면 헤라클레스란 처음으로 이 세상의 토지를 경지로 바꾼 사람이기 때문이다.

_《새로운 학문》〔14〕

앞서 말했듯이 쟁기는 토지 경작을 의미합니다.

제단 오른쪽에 배의 키〔舵〕가 보인다. 이는 민중의 이동이 항해로 시작되었음을 의미한다. 그리고 이것이 제단 밑에 웅크리고 있는 것처럼 보이는 것은 민중 이동을 해 온 그들의 조상들의 심경을 상징하는 것이기 때문이다. 이들은 처음 신에 대한 인식이 전혀 없었기 때문에 불신심不信心의 사람들이기도 하다.

_《새로운 학문》[17]

키가 재단 밑에 있게 된 데는 다음과 같은 까닭이 있다. 이들 예속민은 신을 알지 못하는 사람들이었으므로 신사神事와 접촉이 없고, 따라서 고귀성과도 문명과도 접촉이 없었다.

_《새로운 학문》[19]

키는 쟁기에서 멀리 떨어져 있는데, 쟁기는 제단 앞쪽에서 키를 향해 적의를 나타내며 날카로운 앞날로 위협하는 것처럼 보인다.

_《새로운 학문》[20]

쟁기와 키[舵]는 각각 농경민과 해양민을 의미하고 그것들이 서로 떨어져 있는 것은 농경민과 해양민이 서로 대립하고 있음을 상징합니다.

쟁기 앞의 널빤지에는 고대 라틴 문자로 알파벳이 기록되어 있다(이는 타키투스의 말처럼 고대 희랍 문자와 닮았다). 또 그 밑에 기록되어 있는 알파벳은 오늘날 사용하는 알파벳이다. 이는 언어 및 속어 문자의 기원을 밝히는 것이며, 이들의 발생은 국가 창설보다 훨씬 뒷날의 일이다.

_《새로운 학문》[21]

비코는 문명의 중요한 요소 중의 하나인 언어도 고찰합니다.

문자판이 쟁기 바로 옆, 키에서 꽤 먼 곳에 놓여 있는 것은 토착어의 기원을 나타내기 위해서이다. 토착어가 형성된 곳은 각각의 조국, 즉 각 민족의 지도자들이 이미 설명한 것처럼, 지상의 대삼림으로 확산 방랑하면서 우연히 그곳에 이르러 야수적 생활에 종지부를 찍은 곳이다.

_《새로운 학문》〔22〕

이 문장은 세계 역사를 보는 비코의 관점을 드러내고 있습니다. 농경민이 정착하면서 토착어가 생겨났고, 그들은 농경을 지속했습니다. 그리하여 인간의 야수적 생활이 끝났습니다. 세계사는 바로 이러한 과정을 통해서 형성된 것입니다.

일반에게 잘 알려진 문명 사상事象을 나타내기 때문이며, 이 천재 화가는 로마의 파쇼와, 파쇼를 가능케 한 검劍과 재물 주머니, 저울과 헤르메스의 지팡이를 어지럽게 그려 놓고 있다〔435〕.

_《새로운 학문》〔24〕

그림 아래쪽을 보면 막대기 사이에 도끼가 있습니다. 이것은 "파쇼fascio"입니다. 로마 귀족이 행차할 때 도끼와 막대기를 묶은 것인 '파스케스fasces'를 어깨에 걸친 사람이 맨 앞에 섰는데 여기서 유래한 말입니다. 이것은 권위의 상징으로 지배자, 국가주권, 가장권을 가리킵니다. 이 단어에서 '파시즘fascism'이라는 말이 나왔습니다. 헤르메스는 아주 다양한 것을 관장하는 신입니다. 그는 여행자, 목동, 웅변, 도량형, 상업, 도둑, 도서관 등의 신입니다. 이 모든 것들에는 다른 영역으로 넘어가는 것이 들어 있습니다. 고대 희랍의 신 중에서 오직 헤르메스만이 이처럼 다른 영역을 넘나듭니다.

파쇼에 기대어져 있는 검劒은 영웅법이 힘의 법이었음을 나타내는 것이다. […] 영웅법은 아킬레우스 법이기도 하다. 아킬레우스는 모든 권력을 무력에 둔 영웅적 덕력의 모범자로, 호메로스가 희랍인에게 노래한 영웅이다[923].

_《새로운 학문》[27]

파쇼 위에 놓여 있는 재물 주머니는 화폐를 매개로 한 교역이 — 국가주권 성립 후 — 그렇게 오래 된 시대에 시작된 것이 아님을 나타내고 있는 것이다.

_《새로운 학문》[28]

재물 주머니 다음에 놓여 있는 저울은, 영웅의 정치였던 귀족 정치에 이은 민주 정치 초기 형태의 일종인 인간의 정치가 도래했음을 나타내는 것이다.

_《새로운 학문》[29]

이 구절들은 인간 세계에서 나타나는 가장 기본적인 문명의 활동들을 설명하고 있습니다.

이렇게 하여 이 '새로운 학문', 즉 형이상학은 신의 섭리의 빛에 비추어 제 민족에게 공통되는 본성을 통찰함으로써 이교 여러 민족에게서 찾아볼 수 있는 신사神事 및 인사(문명)의 기원을 발견, 씨족들의 자연법 체계를 확립하고자 하는 것이다.

_《새로운 학문》[31]

《새로운 학문》의 원제인 "민족들의 공통적 본성에 관한 새로운 학문의 원리들"에서 그 원리들은 비코의 설명에 따르면 바로 자연법입니다. 이것을 확립하는 것이 이 책의 기본적인 목적입니다. 이를 앤서니 그래프턴은 "인간 역사에 대한 이해와 연구에서 철저하게 새로운 접근"이라고 평가하였습니다. 비코는 인간의 역사를 살펴보면서 연대기의 순서가 아닌 '자연법'이라는 하나의 개념틀을 가지고 보았습니다. 따라서 이제부터는 그 자연법에 관한 설명을 보면서 그것의 구체적인 내용을 이해해야 하겠습니다.

> 이 자연법은, 이집트 인이 지금까지 이 세계가 거쳐 왔다고 주장하는 세 시대를 통하여 항상 똑같이 변한 것이 아니라 전진을 계속해 온 것이다 [52].
>
> _《새로운 학문》[31]

이 구절에서는 "전진"이라는 단어가 중요합니다. 여기서 이 말은 '앞으로 나아간다'는 뜻이 아니라 자연법은 끊임없이 변화한다는 뜻입니다. 비코가 대립각을 세웠던 데카르트는 수학은 확실한 것이므로 학문의 기준으로 삼을 수 있다고 생각하였습니다. 수학은 시대가 바뀌어도 변하지 않는 것입니다. 그러나 비코는 역사적 국면이 변화하면 자연법도 변화한다고 말합니다. 그는 수학의 역사적 기원을 추적했고, 수학 역시 만들어진 것이라고 주장했습니다. 데카르트의 제1전제가 가진 허점을 찾으려고 한 것입니다. 비코에 따르면, 언제 어디서나 적용할 수 있는 자연법은 존재하지 않습니다. 중요한 것은 역사적 기원을 찾고 그것이 역사적 국면마다 어떻게 변화했는지 살펴보는 것입니다. 문명이 단계별로 변화한다는 생각과 역사적 국면이라는 개념은 비코가 최초로 내놓은 것이라 할 수 있습니다. 그렇게 해서 역사 속에서 변하지 않고 똑같이 관철되는 게 있다면 그것이 바로 진리일 것입니다.

이들 3종의 특성 및 정체政體에 대응하여 3종의 언어가 거론되게 된다.
_《새로운 학문》〔32〕

이 3종의 언어와 함께 ― 말할 것도 없이 이 세 시대에 세 형태의 정치가 시행되어, 그것에 대응한 3종의 문명 형태가 생겨났고, 이들이 서로 교체해 가면서 국가를 형성해 왔다 ― 동일한 순서로 각 시대에 각각 적응했다가 (세 형태의) 법학이 발생, 발전했던 것으로 알려졌다〔915~941〕.
_《새로운 학문》〔36〕

이것이 비코의 역사 단계론입니다. 이 단계론은 후대의 많은 학자들이 영향을 받았습니다. 이를테면 마르크스는 역사를 원시 공산 사회, 중세 농노 사회, 자본주의 사회로 나누는데, 이러한 구분도 비코에서 시작된 것을 본받은 것입니다.

본서의 전 이념은 이하의 요강要綱을 포괄하게 되는 것이다. 〔…〕 신의 섭리가 형이상학 가슴으로 비추는 광선은 공리·정의·계통으로, 이 '학문'이 토대로 삼는 원리 및 서술 방법을 설명하기 위한 원칙으로 채용한 것이다. 형이상학 가슴에서 반사되어 호메로스 상을 비추는 광선은, 제2권에서 시적 지혜를 부여하고 제3권에서 호메로스가 밝히는 바로 그 빛이다. 이 제 민족 세계를 구성하고 있는 모든 사상事象이 여기서 밝혀지는 것이다. 이들은 상형문자로서 호메로스의 빛에 비추어져 떠오르는 것이다. 그 순서에 따라 기원에서부터 전개되는 것이다. 이것이 바로 각 민족의 역사 노정路程이며, 제4권에서 상술된다. 그리하여 (이 노정은) 마침내 호메로스 상의 대좌에 이르면 (거기서 반전하여) 같은 순서로 되풀이되는 것이다. 마지막의 제5권은 이를 논하고 있다.

_《새로운 학문》〔41〕

이것은 지금까지 이야기한 것을 다시 정리한 것입니다. 비코에 따르면 역사는 신의 시대, 영웅의 시대, 인간의 시대 순으로 전개되는데, 인간의 시대가 끝나면 다시 신의 시대로 돌아갑니다. 이는 그가 역사 순환론의 입장을 취하고 있음을 보여 주고 있습니다.

제 20 강

신의 섭리를 폐기하지는 못했지만 **'역사는 인간이 만들어 가는 것' 이라는 자각**은 비코에서 뚜렷하게 그 원리를 드러낸다. 진리 역시 태초부터 있던 것이 아니라 인간의 활동을 통해 만들어진 것이므로, 인간이 만든 역사가 진리인 것이다.

지금까지는 《새로운 학문》 서문에 등장하는 핵심적인 내용을 살펴보았습니다. 이제부터는 《새로운 학문》을 이해하는 데 반드시 필요한 핵심 개념들을 검토하기로 합시다. 비코의 사상에서는 '팍툼factum', '케르툼certum', '베룸verum' 이라는 말이 중요합니다. 팍툼은 인간이 만든 역사를 가리킵니다. 비코의 역사관에 따르면 역사의 주인은 인간입니다. 인간의 활동을 통해서 역사가 만들어지기 때문입니다. 케르툼은 이처럼 인간의 활동을 통해 만들어진 각 시대의 특징적인 면모를 가리킵니다. 이 케르툼을 통해 지금 자신이 살아가고 있는 시대가 신, 영웅, 인간 중 누구의 시대인지가 드러납니다. 마지막으로 베룸은 팍툼이 케르툼으로 드러나는 것 — 우리의 활동을 통해서 하나의 특징적인 시대가 만들어진다는 것 ― 전체를 가리킵니다. 베룸은 팍툼과 케르툼의 상위에 있는 것입니다. 그렇지만 그것은 태초부터 그냥 있던 것이 아닙니다. 그것은 인간의 활동을 통해 만들어진 것입니다. 그런 까닭에 비코의 사상에서는 "진리는 만들어진 것Verum ipsum factum"이라는 말이 기본적인 원리가 됩니다.

앞에서 살펴본 바에 따르면 비코는 헤라클레스를 "정치적 영웅"이라고 말했습니다. 이 정치적 영웅은 달리 말하면 정치가입니다. 비코에 따르면 정치가의 임무는 자연을 인간화하는 것입니다. 이것은 아주 원초적인 의미의 정치가 개념입니다. 라틴 어로 설명하면 정치가는 '위대하고 지혜로운 남자magnus et sapiens vir' 입니다. 비르vir는 남성의 성기를 가리킵니다. 이것은 희랍어로 튀모스thymos, 즉 격정을 의미합니다. 헤라클레스는 이 격정을 가지고 있는 사람이었고 정치가는 바로 이러한 격정을 가지고 자연을 정복해 나가는 사람을 가리키는 것입니다. 라틴 어로 '레스res'는 '사물事物'이라는 뜻입니다. 헤라클레스는 숲을 개간해서 경작지를 만들었습니다. 숲은 사물입니다. 그런데 이 숲을 개간해서 만들어 낸 경작지도 사물입니다. 다시 말해서 둘 다 사물입니다. 그러나 그 둘은 서로 종류가 다릅니다. 앞의 사물은 날것 그대로의 자연이고 뒤의 사물은 인간의 활동을 거친, 인간화된 자연입니다. 헤라클레스가 한 일은 노동입니다. 이는 바로 인간의 활동, 즉 노동에 의해서 문명이 시작되었음을 의미합니다.

인간화된 자연은 공공 영역으로 변화된 것입니다. 공공 영역 또는 공공의 사물은 라틴 어로 '레스 푸블리카res publica' 입니다. 이 말에서 '공화국republic' 이 나왔습니다. 자연의 숲은 원래는 누구의 땅도 아니었지만 헤라클레스의 노동에 의해 공공의 물건이 되었습니다. 아무 의미 없던 것이 의미 있는 물건이 된 것입니다. 인간의 활동은 공공장소에서 이루어질 때 비로소 의미가 생깁니다. 팍툼은 바로 이러한 공공 영역, 즉 레스 푸블리카에서 인간이 활동하면서 만드는 것입니다. 그러므로 정치가는 공공 활동의 토대가 되는 레스 푸블리카를 만들어 주는 사람입니다. 다시 말해 공동체를 만들고 구성원들을 질적으로 새로운 존재로 고양시켜 주는 사람이 정치가입니다. 비코에서는 그 사람이 바로 헤라클레스였습니다. 레스 푸블리카가 공공의 물건이라고 하니까 '물건'이라는 말을 듣고 우리 주위에 있는 유형의 물건만 떠올리면 안 됩니다. 이것은 도구와 관념, 즉 기술을 포함합니다. 공공의 물건은 항상 이성적이고 합리적인 생각으로만 작동하지 않습니다. 거기에는 인간을 움직이는 중요한 힘인 정념passion이 들어갈 수 있습니다. 의사소통을 할 때 이성적이고 합리적인 말만으로는 사람의 마음을 움직일 수 없습니다. 따라서 공공 영역을 생각할 때에는 그 영역에서 사람들의 말을 전달하는 여러 가지 소통 매체에 대해서까지 고려해야 합니다.

《새로운 학문》에 나온 "저작의 이념"을 잘 읽으면 이 책의 많은 부분을 이해한 것과 다름없습니다. "제1권 원리의 확립"부터 "저작의 결론"까지는 그리 중요하지 않은 옛날 이야기입니다. 이 부분에서 오늘날 핵심적으로 취할 수 있는 내용은 10여 페이지 정도입니다. 그렇지만 이 책은, 첨단의 물리학이 발전한 오늘날까지도 여전히 의미를 잃지 않은 뉴턴(Isaac Newton, 1642~1727)의 《프린키피아 : 자연철학의 수학적 원리Philosophiae Naturalis Principia Mathematica》(1687)처럼 매우 중요한 텍스트입니다.

이제 핵심적인 부분들을 읽어 봅시다.

인간의 자유의지는 본질적으로 극히 동요되기 쉬운 것이다. 이것이 분명한 것으로 확정되는 것은 인류로서 필요하고도 유익한 것 — 이것이 인류 자연법의 두 원천이 되는 것이지만 — 이 무엇인가에 대해 사람들이 가지고 있는 공통감각에 의해서이다.

_《새로운 학문》, 〔141〕

공통감각이란 어느 한 집단 전체가 주민 모두, 민족 모두, 인류 모두의 공통으로 느끼는 판단이며, 반성의 결과로 생기는 것이 아니다.

_《새로운 학문》, 〔142〕

서로 몰沒교섭 상태의 주민 사이에 생긴 공통 관념은 진리에의 공통 요인을 함축하고 있음이 틀림없다.

_《새로운 학문》, 〔144〕

공통감각이란 인류의 자연법에 대한 확신을 깊게 하기 위해 신의 섭리가 제 민족에게 부여한 기준이다.

_《새로운 학문》, 〔144〕

　　공통감각은 한 집단 전체가 공통으로 느끼는 판단입니다. 모든 집단의 공통감각을 궁리해 보면 서로 교류가 없는 상태의 집단들이라고 해도 비슷한 것들을 찾을 수 있을 것입니다. 이렇게 계속 찾아 나가다 보면 결국에는 전 인류가 가지고 있는 공통감각을 발견할 수도 있을 것입니다. 모든 민족들에게는 진리에 대한 공통감각이 있기 때문입니다. 그렇다면 이러한 공통감각은 왜 존재하겠습니까? 이를 설명하기 위해 비코는 신의 섭리를 도입했습니다. 신의 섭리가 여러 민족에게 공통감각을 부여했다는 것입니다. "인류의 자연법"은 공통감각보다 상위에 있습니다. 이것은 '살인하지 마라'처럼 모든 인류가 가지고 있는 공통적인 기준입니다. 비코에 따르면, 역사를 공부하는 사람은 여러 집단의 공통감각을 탐구하고 그것을 바탕으로 자연법이 무엇인지 알아낼 수 있습니다.

그렇기는 하지만 아득한 태고의 원시 시대를 덮고 있는 짙은 어둠 속에는 사라지지 않는 영원의 빛이 반짝이고 있다. 그것은 어느 누구도 의심할 수 없는 진리의 빛이다. 이 사회는 분명 인간이 만든 것이므로 그 원리는 우리 인간 정신 자체의 변화 양태 안에서 찾을 수 있으며, 또 그렇게 되어야만 하는 것이다. 이 원리에 생각이 미치는 사람이라면 누구나 종래 철학자라는 철학자 모두가 이 자연계의 학문을 구명하는 것에만 급급하여 제 민족의 세계, 즉 문명사회 고찰을 얼마나 소홀히 했는지를 깨달을 것이며, 또 경악할 것이 분명하다. 자연계를 창조한 것은 신이기 때문에 그 학문을 가지고 있는 것은 신뿐이지만 제 민족 세계, 즉 문명사회를 만든 것은 사람이므로 그 '학문'을 밝혀낼 수 있는 것 역시 사람인 것이다.

_《새로운 학문》, (331)

비코의 말 중 가장 핵심적인 구절입니다. 한 문장씩 살펴봅시다.

이 사회는 분명 인간이 만든 것이므로 그 원리는 우리 인간 정신 자체의 변화 양태 안에서 찾을 수 있으며, 또 그렇게 되어야만 하는 것이다.

_《새로운 학문》, (331)

비코에 따르면, 우리의 학문적 대상은 인간이 만든 것과 인간이 만들지 않은 것으로 나눌 수 있습니다. 예를 들어 '사회'는 인간이 만든 것이므로 완전히 이해할 수 있으나 '자연'은 인간이 만들지 않은 것이므로 완전히 이해할 수 없습니다. 인간은 자신을 포함한 다른 인간을 완전히 이해할 수 없습니다. 인간은 인간이 만든 것이 아니기 때문입니다. 따라서 비코는 인간에 대한 완전한 이해는 창조주만이 가능하다고 말했습니다. 인간이 이해할 수 있는 것은 크게 세 가지입니다. 첫째는 인공물이고, 둘째는 인간 자신이며, 셋째는 자연 세계입니다. 뒤로 갈수록 이해의 가능성이 옅어집니다. 비코는 사회와 인간 정신이 상호작용 관계에 있다고 말했습니다. 사회가 변하면 인간 정신의 양태가 변하고 그 반대도 가능합니다.

> 이 원리에 생각이 미치는 사람이라면 누구나 종래 철학자라는 철학자 모두가 이 자연계의 학문을 구명하는 것에만 급급하여 제 민족의 세계, 즉 문명사회 고찰을 얼마나 소홀히 했는지를 깨달을 것이며, 또 경악할 것이 분명하다.
>
> _《새로운 학문》, [331]

인간이 이해할 수 있는 것은 인간이 만든 것들뿐인데도 종래의 철학자들은 인간이 만든 '사회'를 연구한 것이 아니라 '자연'을 탐구했다는 것입니다. 이를테면 소크라테스 이전의 철학자들은 '불변의 것', 즉 자연의 본질을 찾았습니다. 그들은 불변의 것을 찾으면 진리를 알 수 있을 것이라고 생각했습니다. 그렇지만 그것을 찾는다고 해서 우리가 살아가는 문명사회의 작동원리와 변화 과정을 알 수 있는 건 아닙니다. 비코는 "자연계의 학문"과 "문명사회 고찰"을 대립시켰습니다. 자연계의 학문 방법은 문명사회를 고찰하는 방법이 아니라는 말입니다. 이것을 두고 후대의 학자들은 비코가 자연과학과 정신학, 자연과학과 문화과학, 자연과학과 인문학의 구별을 시도한 선구자라고 말하기도 합니다. 어쨌든 소크라테스 이전의 철학자들이 자연에서 진리를 찾으려고 했다면, 소크라테스를 포함한 소피스트들은 인간 사회에서 공통으로 통용되는 것을 찾으려고 했습니다. 이것을 철학사에서 인문주의적 전환이라고 합니다. 즉 퓌시스physis에 대립하는 노모스nomos가 등장한 것입니다. 퓌시스는 자연을 가리키고, 노모스는 인간 사회를 규정하는 규범을 가리킵니다. 퓌시스는 인간이 만든 것이 아니므로 인간은 그것의 진리를 알 수 없지만, 인간이 만든 노모스는 인간이 살아가는 사회를 궁리하면 알아낼 수 있습니다.

> 자연계를 창조한 것은 신이기 때문에 그 학문을 가지고 있는 것은 신뿐이지만 제 민족 세계, 즉 문명사회를 만든 것은 사람이므로 그 '학문'을 밝혀낼 수 있는 것 역시 사람인 것이다.
>
> _《새로운 학문》, 〔331〕

여기서 문제가 하나 생깁니다. 과거의 사람들이 만든 것을 오늘날 우리가 어떻게 이해할 수 있는가입니다. 비코에 따르면, 그것은 유물을 보고 상상력을 발휘할 때 가능합니다. 과거의 사람들이 만들어 놓은 정신의 산물인 유물은 인간 정신 활동의 산물입니다. 우리는 그것을 보고 상상력을 발휘합니다. 상상력은 판타지아fantasia입니다. 이렇게 유물을 보고 상상력을 발휘해 재구성하는 것, 이것이 비코의 학문 방법론입니다.

> 그러므로 이 '학문'은 동시에 또 영원의 이념사를 그려 내려는 것이다. 여러 민족의 역사는 발흥·발전·정체·쇠퇴·종언의 과정으로 이 이념

사 위를 지나가는 것이다[145·245·294·393]. 뿐만 아니라 이 '학문'을 숙고하는 자는 이 영원의 이념사를 자기 자신에게 이야기하는 것임을 단언할 수 있다. 왜냐하면 — 이 제 민족의 세계는 틀림없이 인간에 의해 창출된 것이기 때문에(이는 앞에서 말한 것과 같이[331] 의심할 여지 없는 근본원리이다), 그 양태는 우리 자신의 인간 정신 변화 양태 안에서 찾을 수 있는 것이다 — 인간은 '있어야 했고, 있어야 하고, 있을 것' [348]을 스스로 증명해야 하기 때문이다. 만든 자 자신이 스스로 말하는 것만큼 정확한 역사는 있을 수 없다.

_《새로운 학문》, [349]

여기서 '학문'은 오늘날로 치면 인문학, 아주 좁게 말하면 역사학입니다. 비코에 따르면, 여러 민족의 역사를 살펴보면 "발흥·발전·정체·쇠퇴·종언의 과정"이라는 공통적인 패턴을 발견할 수 있습니다. 이는 '역사들 위에 있는 역사 history of histories', 즉 메타 히스토리(2차적 역사)이며 "영원의 이념사" 또는 역사철학입니다. 그리고 이는 비코가 선구적인 업적을 내놓은 학문이고, 이러한 비코의 업적 위에서 헤겔이나 마르크스 등과 같은 근대의 역사철학자들이 자신의 작업을 수행하였습니다.

* * *

근대국민국가체제와 세기말

III

제 21 강

종파 분쟁으로 시작된 **30년전쟁**은 정치적 쟁투를 숨기고 있었고, 근대적 영토 국가 성립의 씨앗을 뿌린다. 사람들은 기독교 공화국의 신도가 아닌 **근대 국가의 '국민'**이 되어 간다. 이는 국민군이 되는 것에서 시작한다.

근대는 여러 측면에서 살펴볼 수 있고, 또 그렇게 해야 마땅한 시대입니다. 지금 살고 있는 시대와 멀리 떨어진 시대에서 전해진 아주 오래된 흔적들이 오늘날의 삶을 규정하기도 하지만 사실상 우리가 살고 있는 세계에서 발견되는 대다수의 것들은 가까운 시대에서 전해진 것입니다. 그런 까닭에 가까운 시대에 대해서는 많이, 그리고 깊이 있게 공부해야 합니다. 거듭 말하지만 우리가 지금 살고 있는 시대는 근대에 기원을 두고 있습니다. 그러므로 근대를 여러 측면에서 살펴보는 것입니다. 앞에서는 중세 말의 르네상스에서 근대로 이행하는 시기를 집중적으로 공부했습니다. 또한 종교개혁의 핵심적인 내용도 살펴보고, 르네상스의 인문주의 정신을 잘 드러내는 역사철학 텍스트인 비코의 《새로운 학문》의 핵심적인 부분도 읽어 보았습니다. 지금부터 공부하는 시대는 본격적인 근대입니다. 우선 우리는 근대를 30년전쟁과 과학혁명, 그리고 그것의 사상적 전개인 계몽주의의 측면에서 공부합니다. 이것을 공부한 다음에는 조금 더 우리와 가까운 시대이기는 하지만 역시 근대에 속하는 산업혁명과 자본주의의 전개라는 측면에서 근대를 공부할 것입니다. 과학혁명과 계몽주의, 그리고 이어서 공부할 산업혁명과 자본주의를 모르면 현대사회를 이해할 수 없습니다. 한반도에 사는 사람이 서양 근대사를 공부해야 하는 이유는, 오늘날 우리가 사는 체제가 이 네 가지 변화 위에 만들어진 것이기 때문입니다. 결코 남의 일이 아닌 것입니다.

지금부터 살펴보려고 하는 30년전쟁은 베스트팔렌 조약이 체결되면서 끝났습니다. 베스트팔렌 조약이 체결된 해가 1648년인데, 이는 중요한 연대입니다. 1789년 프랑스혁명을 일으킨 혁명가들은 자신들이 새로운 세상을 열었다고 믿었습니다. 그들은 자신들이 열어젖힌 새로운 시대를 이전 시대와 구별하기 위해서 앞 시대에 '구체제' (앙시앙 레짐ancien regime)라는 명칭을 붙였습니다. '앙시앙 레짐'은 일반적으로 1648년부터 1789년까지를 가리킵니다. 다시 말해서 '구체제'는 30년전쟁(1618~1648)이 끝나고 체결된 베스트팔렌 조약부터 프랑스혁명 때까지입니다. 같은 근대인데도 프랑스혁명을 일으킨 사람들은 자신들의 시대를 이렇게 구분지어 말합니다. 그렇지만 곰곰이 따져 보면 역사는 그렇게 한순간에 단절될 수 없습니다. '구체제'라 불리기는 하지만 그 시대는 앞선 시대에 비하면 굉장히 새로운 시대였습니다. 그 시대에는 르네상스에 남아 있던 고대의 잔재가 처음에는 차츰차츰, 나중에는 급격하게 휩쓸려 나갔고 사람들은 자연과학을 바탕으로 새로운 시대의 통일성을 만들어 나갔습니다. 그러니 프랑스혁명의 주인공들이 조금은 우쭐한 마음에서 붙여 놓은 '구체제'라는 말에 너무 현혹될 필요는 없을 것입니다.

근대를 꿰뚫는 중요한 개념 중의 하나는 '진보'입니다. 이 말은 대개의 경우 '좋은 것'을 가리킬 때 사용됩니다. 과연 좋은 것인지를 검토해 보지 않은 채 그렇게 쓰이곤 합니다. 우리가 이 시기의 역사 고전으로 읽으려는 마르퀴 드 콩도르세의 《인간 정신의 진보에 관한 역사적 개요》에도 이 말이 들어 있습니다. 사실상 과학혁명과 계몽주의, 산업혁명과 자본주의, 이 네 가지 항목을 모두 아우르는 추상적인 단어가 진보입니다. 이 개념을 사회적 경제적 학문적 맥락에서 이해하는 것이 근대사를 공부하는 또 다른 목표 중의 하나라 할 수 있습니다. 다시 말해서 진보 개념을 다양한 맥락에서 살펴보면서 삶의 진보를 목표로 한 인류의 노력이 어떤 상황으로 귀결되었는지를 살펴보는 것입니다. 에드워드 카의 《20년의 위기》를 읽을 때 자세히 말하겠지만, 이 노력의 귀착지는 제1, 2차 세계대전입니다. 아주 넓은 의미에서 보자면 1618년에 시작된 30년전쟁부터 1945년에 끝난 제2차 세계대전까지, 즉 서구의 300년은 전쟁의 시대였습니다. 세계적으로 분열과 파탄이 있었고 그 결과 행복해진 사람보다 불행해진 사람이 훨씬 많았습니다. 무엇보다도 인류의 역사에서 전례를 찾아볼 수 없을 정도로 잔인한 대량 살육이 일어났습니다. 이 시대에 인류는 '진보'라는 이름으로 역사를 발전시키기 위해 노력했습니다. 이제는 '진보'라는 이름 아래 무엇을 얻었고 무엇을 잃었는지 생각해 볼 때가 아닌가 싶습니다. 특히 우리는 진보 시대의 주역으로 자부하는 서구인이 아니므로 그 시대가 우리에게 무엇을 가져다주었고 무엇을 빼앗았는지를 깊이 있게 생각해 보는 것이 더욱 중요할 것입니다.

근대사를 개념적으로 이해하는 데 적합한 책을 먼저 소개하겠습니다. "코젤렉의 개념사 사전"(푸른역사, 2010) 중에서《진보》,《제국주의》,《전쟁》을 읽어 보면 적절하겠습니다. 이 책은 독일어 원전에서 몇몇 항목을 뽑아서 번역한 것입니다. 이 사전들을 읽고 어느 정도 개념의 역사가 머릿속에 들어오면 그것을 지표로 삼아서 역사 책을 읽는 것이 적절한 독서법이 되겠습니다. 근대는 본격적인 의미에서의 역사학이 시작된 때이기도 합니다. 비코의 역사철학도 중요하지만 학문적인 역사 공부를 위해서는 역사 방법론에 대한 책을 읽는 것이 좋겠습니다. 존 루이스 개디스의《역사의 풍경 – 역사가는 과거를 어떻게 그리는가》(에코리브르, 2004)는 수많은 역사 방법론 책 중에서 비교적 쉽게 읽을 수 있는 책입니다.

  앞서도 살펴보았듯이 르네상스는 중세 말에 나타난 현상입니다. 이 과정을 거치면서 중세는 무너지고 근대 체제로 이행하는데, 정치적인 측면에서 말하자면 이것은 근대의 절대주의 국가가 들어서는 과정이기도 합니다. 중세를 지탱하는 핵심적인 요소들인 교회, 귀족(영주), 도시가 몰락하면서 절대권력을 가진 왕권 중심의 국가로 이행하는 과정이기도 하다는 말입니다. 이 시대에 나타난 중요한 특징들을 살펴봅시다. 여러 차례 강조하였듯이 첫째는 화약과 대포입니다. 이것으로 말미암아 기사 계급이 몰락하고 지방 영주의 권한이 약화되었습니다. 둘째는 왕과 관료의 중앙집권적 체제가 등장한 것입니다. 전쟁 비용을 감당하지 못한 귀족은 왕의 관료가 되었습니다. 특히 프랑스는 중앙집권 체제가 가장 강력하게 성립한 나라입니다. 셋째는 사업과 정치의 결합입니다. 이것은 아주 독특한 현상입니다. 전쟁의 규모와 양상이 변하면서 더는 세금으로 그 비용을 충당하지 못하게 되었고, 그 결과 왕들은 전쟁을 치르기 위해 사업가들에게 돈을 빌리게 된 것입니다. 특히 잉글랜드와 네덜란드에서 이 현상이 두드러졌습니다. 당시 유럽에서 가장 강력한 나라는 스페인이었는데, 나중에 이 두 나라는 스페인을 제치고 자본주의 '선도 국가agent state'가 되었습니다. 서구의 다른 나라들보다 먼저 설립된 은행(1609년 암스테르담 은행, 1694년 잉글랜드 은행)들은 이 나라들이 어떻게 해서 근대의 선도 국가로 나서게 되었는지를 상징적으로 잘 보여 줍니다. 이와 관련해서 읽어 볼 만한 책으로는 찰스 킨들버거의 《경제 강대국 흥망사 1500~1990》(까치, 2004)을 추천합니다.

이 세 가지가 정치적 측면이라면 지성사적으로도 두 가지 변화가 일어났습니다. 첫째는 자연과학에 대한 열망이 강력하게 생겨난 것입니다. 30년전쟁을 거치면서 확실성에 대한 추구가 생겨났는데, 이것은 17세기 과학혁명을 이해하는 중요한 시대적 요소라 할 수 있습니다. 둘째는 기독교 신앙에 대한 회의입니다. 가톨릭이냐 프로테스탄트냐를 떠나서 신이 존재하지 않을 수도 있다는 생각이 이때부터 본격적으로 등장하였습니다. 17세기를 대표하는 학자 중에 이 문제를 심각하게 고민한 학자들로는 토마스 홉스(1588~1679)와 베네딕트 데 스피노자(1632~1677) 그리고 리샤르 시몽(1638~1712)을 들 수 있습니다. 홉스는 《리바이어던》(1651)에서 성서의 본질에 대해 물었고, 스피노자는 《신학-정치론》(1670)에서 신앙과 정치의 분리를 주장했습니다. 시몽Richard Simon은 《구약 성서 비평사Histoire Critique du Vieux Testament》(1678)에서 성서를 역사적 과정에서 만들어진 텍스트로 파악함으로써 그것의 신성함을 의문시했고, 이 책은 가톨릭과 프로테스탄트 모두에게 비난의 대상이 되었습니다.

이러한 신앙의 문제는 당대 지식인뿐 아니라 높은 교육을 받지 않은 사람들에게서도 나타났습니다. 이와 관련해서 읽어 볼 만한 책이 카를로 긴즈부르그의 《치즈와 구더기》(문학과지성사, 2001)입니다. 미시사 연구의 모범이라는 평가를 받고 있는 이 책은 16세기에 실제로 있었던 일을 바탕으로 쓰였습니다. 사건의 주인공 메노키오는 이탈리아 북부에서 방앗간을 운영했던 사람입니다. 그는 51세 때 이단 혐의로 고발되었으며, 그로부터 17년 뒤인 1599년에 이단 판정을 받고 화형에 처해졌습니다. 당시 심문 기록에 따르면, 메노키오는 삼위일체와 그리스도의 신성함, 마리아의 처녀성을 모두 부정했습니다. 그는 자기 나름의 주장을 다음과 같이 진술했습니다.

> 내가 듣기로는… 태초에 이 세계는 아무것도 아니었습니다. 거품과 같은 것이 바닷물에 부딪혀 마치 치즈처럼 엉켜 있다가 후에 그 속에서 헤아릴 수 없이 많은 구더기들이 태어나서 인간이 되었지요. 이 구더기들 중에서 가장 강력하고 현명한 것은 하느님이었고 나머지 사람들은 모두 그에게 복종하게 된 것입니다.
>
> _《치즈와 구더기》, 184쪽

이단 심판관을 놀라게 한 이 발언은 메노키오가 자신의 일상 경험을 바탕으로 만들어 낸 일종의 우주 생성론입니다. 메노키오의 사례는 홉스가 《리바이어던》을 쓰기 전의 일인데, 이것은 시대의 정신사적 전환을 나타내는 '징후'라고 할 수 있습니다. 다른 예를 하나 더 들자면 조너선 스위프트(1667~1745)가 쓴 《책들의 전쟁》(1697)이 있습니다. 여기서 '전쟁'은 고대파와 근대파의 대립을 가리키는 것으로 《걸리버 여행기》(1726)를 통해 근대파를 신랄하게 풍자한 스위프트는 당연히 고대파를 옹호했습니다. 그렇지만 뉴턴이 등장한 이후에 스위프트의 이러한 생각은 역사에서 완전히 잊혔습니다. 과학혁명과 계몽주의를 거치면서 르네상스 시대에 유행했던 고대 문헌에 대한 존중이 사라졌기 때문입니다. 14세기 말부터 15세기까지 약 100년 동안은 고대의 텍스트에 대한 존중이 있었지만 17세기에 들어서면서 그 흐름이 끊겼고 그 상태가 19세기까지 이어졌습니다. 서양에서 플라톤과 아리스토텔레스가 언제나 존중받고 끊임없이 연구되어 온 것 같지만 사실은 그렇지 않은 것입니다.

근대는 절대국가 시대부터 시작됩니다. 중세 말의 르네상스가 가진 응집력을 결정적으로 해체하고 절대국가를 만들어 낸 강력한 두 힘은, 30년전쟁과 과학혁명입니다. 그런데 이 두 힘은 상반되는 내용으로 이루어져 있습니다. 사람들에게 30년전쟁은 종교에 의해 지배되는 낡은 세계에 대한 절망과 환멸을 가져다주었고, 과학혁명은 과학에 의지하여 펼쳐질 세계에 대한 약속과 희망을 주었습니다. 그러므로 근대의 절대주의 국가는 전쟁에 대한 반발심이 널리 퍼지고 과학의 합리적 수학적 주장들의 권위에 대한 기대가 만발했을 때 등장했다고 할 수 있겠습니다.

먼저 30년전쟁의 경과를 간략하게 살펴봅시다. 중세부터 오랫동안 유지되어 온 신성로마제국의 황제는 여러 선제후選帝侯들의 합의 아래 선정되었습니다. 중세에는 이 선제후들의 종파가 당연히 모두 가톨릭이었습니다. 그런데 루터의 종교개혁 이후 이 선제후들의 종파가 가톨릭과 프로테스탄트로 나뉘면서 가톨릭 교도인 선제후들과 프로테스탄트 교도인 선제후들의 대립이 시작되었습니다. 이런 상황에서 두 종파의 병존을 승인한 1555년 아우크스부르크 화의는 그들 사이의 갈등을 심화시켰습니다. 아우크스부르크 화의에서 합의된 여러 사항 중에 "군주의 종교는 곧 나라의 종교"라는 것이 있는데, 이것은 왕이 가진 신앙과 다른 신앙을 가진 사람들의 생명이 위협받을 수 있다는 것을 의미했기 때문입니다. 실제로 잉글랜드에서는 헨리

8세와 메리 1세(프로테스탄트와 성공회를 잔인하게 탄압하여 '피의 메리Bloody Mary'라 불리기도 합니다)의 재위 동안 가톨릭 교도와 프로테스탄트 교도에 대한 탄압과 학살이 차례로 일어났습니다. 게다가 가톨릭에서 예수회라는 단체를 결성해 거의 군사 조직 수준으로 활동하기 시작하자 프로테스탄트 교도, 특히 소수파인 칼뱅 파의 불안이 한층 심화되었습니다.

종파 간의 갈등이 심화되고 소수 종파의 불안이 높아지는 분위기에서 1618년 5월 23일 오늘날 체코 지방인 보헤미아에서 폭동이 일어났습니다. 가톨릭 교도인 페르디난트 2세의 탄압에 시달리던 귀족들이 일으킨 폭동이었습니다. 그들은 1608년에 칼뱅 파와 연합을 맺었던 라인팔츠의 선제후 프리드리히 5세를 보헤미아의 왕으로 추대했습니다. 이렇게 됨으로써 프로테스탄트 연합과 가톨릭 동맹 사이의 쟁투가 시작된 것입니다. 이 쟁투가 표면으로 드러난 보헤미아 폭동일이 30년전쟁의 공식적인 발발일입니다. 그런데 이 쟁투에서 합스부르크 가문의 페르디난트 2세가 쫓겨날 위험에 처하자 같은 가문의 왕이 다스리던 스페인과 오스트리아가 이 사태에 개입했습니다. 이에 가톨릭 세력을 저지하기 위해 루터 파에 속하는 덴마크의 크리스티안 4세와 스웨덴 왕 구스타프 아돌프가 개입했고 마지막으로 가톨릭 국가인 프랑스가 참전하면서 당시 유럽의 핵심 강국이 모두 전쟁에 가담하게 된 것입니다.

이 전쟁은 주로 독일 땅에서 벌어졌습니다. 당시 독일이 얼마나 뒤떨어진 나라였는지는 웨지우드가 쓴 《30년전쟁》(휴머니스트, 2011)에서 확인할 수 있습니다.

독일의 지적 사회적 수준은 프랑스와 스페인에 비해 뒤졌고, 정치도 마찬가지였다. 황실의 예법과 예술, 의상 등은 스페인을 모델로 삼았고 슈투트가르트와 하이델베르크의 궁정에서는 프랑스를 모델로 했다. 드레스덴과 베를린은 외국의 간섭을 수치로 여긴 탓에 지적 퇴보를 면치 못했다. 음악과 춤, 시는 이탈리아에서, 그림은 저지대 지방에서, 소설과 복식은 프랑스에서, 연극과 배우는 영국에서 수입했다. 마르틴 오피츠는 독일어를 문학적 수단으로 채택해야 한다고 강력히 주장하면서도 독자에게 읽히기 위해 라틴 어로 시를 썼다. 헤센의 어느 왕녀는 이탈리아 어로 우아한 시를 읊었고, 팔츠 선제후는 프랑스 어로 연애편지를 썼으며, 영국인인 그의 아내는 독일어를 배울 필요가 전혀 없다고 여겼다. 이 시기에 독일은 그저 먹고 마시는 것 외에 유럽에서 명성을 떨치는 게 하나도 없었다.

_《30년전쟁》, 71쪽

　이런 구절들을 읽어 보면 당시의 독일은 유럽의 여러 나라들 중에서도 가장 후진국에 속하였음을 알 수 있습니다. 그런데 여기에 30년에 걸친 전쟁까지 일어난 것입니다. 이 전쟁이 독일에 끼친 피해는 막대합니다. 미리 말해 두는 것이지만 서구 근대사를 공부할 때에는 독일이라는 요소를 늘 눈여겨보아야 합니다. 특히 전쟁에 관한 한 독일의 움직임이 중요하다 하겠습니다. 이 점은 제1, 2차 세계대전에 대해서도 마찬가지입니다. 어쨌든 독일 전역을 싸움터로 하여 벌어진 30년전쟁으로 말미암아 당시 독일 인구의 3분의 1에 해당하는 800만 명이 죽었습니다. 보헤미아의 인구는 200만 명에서 70만 명으로 줄어들었습니다. 타국에서 벌어진 용병들 간의 싸움 — 스웨덴을 제외한 모든 국가가 용병을 고용했습니다 — 이었기 때문에 전쟁의 양상은 더욱 잔인했습니다. 이 전쟁에서 이름을 날린 에른스트 폰 만스펠트와 알브레히트 폰 발렌슈타인은 각각 프리드리히 5세와 페르디난트 2세가 고용한 용병대장이었습니다. 이 전쟁의 참상을 《30년전쟁》은 다음과 같이 서술하고 있습니다.

> 1634년 포도의 작황은 매우 좋았으나 운명의 장난으로 뇌르틀링겐 전투 이후 도망자와 침략자들에게 짓밟혔다. 1635년의 작황도 비슷한 운명을 겪었다. 겨울에 뷔르템베르크에서 로렌까지 몇 년 사이 최악의 기근이 찾아왔다. 칼브의 목사는 어떤 여자가 죽은 말의 살점을 뜯어 먹는 것을 보았다. 그 옆에는 굶주린 개 한 마리와 까마귀들도 있었다. 알자스에서는 사람들이 죄수들의 시신을 교수대에서 끌어내 뜯어 먹었다. 라인란트 전역에서 사람들은 죽은 지 얼마 되지 않은 시신을 식용으로 파는 자들이 묘지를 침범하지 못하도록 감시했다. 츠바이브뤼켄의 어느 여성은 자기 자식까지 먹었다고 고백했다. 알자스에서는 도토리, 염소, 가죽, 풀을 조리해 먹었고 보름스의 시장에서는 고양이, 개, 쥐가 식용으로 팔렸다. 풀다와 코부르크, 프랑크푸르트 인근, 대규모 난민 수용소에서 사람들은 굶주림에 미친 사람들에게 잡아먹힐지 모른다는 공포에 휩싸였다. 보름스 부근의 집시들이 쓰던 솥에서는 조리되다 만 사람의 손과 발이 발견되었다. 베르트하임 부근의 구덩이에서 발견된 시신들은 살이 다 발리고 골수까지 뽑힌 상태였다.

_《30년전쟁》, 509쪽

전쟁은 종파의 대립을 명분으로 하여 시작되었으나 그 뒷면에는 정치적 쟁투가 도사리고 있었고, 전쟁이 진행됨에 따라 양상은 살육을 위한 살육으로 전개되어 갔습니다. 따라서 이 전쟁을 겪으면서 사람들은 종교에 대해 말하는 것을 꺼리게 되었을 뿐 아니라, 종교를 둘러싼 싸움은 무의미한 일이라고까지 생각하게 되었습니다. 종파가 다르다는 이유로 무자비한 살육을 일삼았기 때문입니다. 이것이 바로 30년전쟁이 가져다 준 가장 역설적인 효과라 할 수 있습니다. 여기서 '종교'라는 말 대신에 '좌익, 우익'을 넣어 보면 과연 어떠한 상황이 초래되었을지가 실감날 것입니다. 종교에 대한 극심한 의심이 생겨났다는 것이 30년전쟁의 부정적 효과라면, 30년전쟁이 거둔 일종의 긍정적 성과는 '국민군Nation Army'의 탄생입니다. 전쟁을 겪으면서 왕들은 국적 의식의 필요성과 용병 전쟁의 문제점을 깨달았습니다. 그 결과 등장한 것이 바로 국민군입니다. 서구는 고대 희랍의 시민군 모형이 무너지고, 로마제국의 시민군이 게르만 용병으로 전환된 이후 오랫동안 용병 제도를 유지했기 때문에 국민군의 탄생은 굉장히 중요한 변화입니다. 그런데 사실상 국민군 개념은 30년전쟁 이전에 이탈리아에서 만들어지고 있었습니다. 앞서 르네상스 시대에 생겨난 '이탈리아의 정치술'이 유럽의 다른 지역으로 전파되었다고 이야기한바 있습니다. 이 정치술이 집약된 텍스트가 마키아벨리의 《군주론》인데, 이 책의 핵심 주장 중의 하나는 "용병을 쓰면 나라가 망하고 자국군을 쓰면 나라가 흥한다"였습니다. 여기서 말하는 자국군이 바로 국민군의 맹아적인 형태라 할 수 있습니다. 사실 이탈리아에서는 12세기에 기사에 대항하는 보병 개념이 생겨났고, 14세기에는 도시 민병대가 등장했다가, 고용된 직업군인인 용병 시대를 거쳐 15세기 전반에는 시민군이 탄생했습니다. 이후 유럽의 다른 지역으로 전파된 이 시민군 개념에는 30년전쟁을 거치면서 두 가지 요소가 덧붙여졌습니다. 하나는 체계적이고 반복적인 훈련이고, 다른 하나는 상명하복의 일사불란한 지휘 계통입니다. 이것을 가장 잘 볼 수 있는 것이 나중에 유럽의 강력한 군대로 등장하는 루이 14세의 프랑스 군입니다. 이렇게 만들어진 국민군은 절대왕정 체제를 유지하는 핵심 요소가 되었습니다.

　국민군을 유지하려면 막대한 물자가 필요합니다. 그래서 상업은 국민군과 밀접한 관련을 맺었습니다. 상인들이 무기 납품에 관여하면서 이른바 '군상軍商 복합체'가 만들어진 것입니다. 다시 말해 전쟁과 시장이라는, 자본주의를 움직이는 두 개의 축이 이때부터 서서히 형성되기 시작하였습니다. 국민군은 강력하고 효과적인 정책 도구이기도 합니다. 왕은 이 도구를 이용해 높은 수준의 국내 치안을 유지했습니다. 이렇게 치안이 안정되자 상인들은 마음 놓고 장사를 할 수 있게 되었습니다. 그 결과 조세수입이 증가했고 그것으로 군대 유지비를 확보했습니다. 이처럼 국민군은 용병 제도와 달리 자체 재생산이 가능한 군대 시스템 위에서 운용되었던 것입니다. 국내 치안을 확보한 국민군은 해외 정복에 나섰습니다. 맥닐은 《전쟁의 세계사》 4장 "유럽 전쟁기술의 진보 1600~1750년"을 다음과 같은 문장으로 끝맺고 있습니다. "그리하여 마침내 아시아, 아프리카, 오세아니아 사람들에게는 엄청난 재앙이었던 19세기의 전 지구적인 제국주의가 유럽 인들에게는 값싸고 손쉬운 사업이 되는 상황에 이르렀다." 비유럽 인에게는 죽느냐 사느냐의 문제였는데 유럽 인에게는 "값싸고 손쉬운 사업"이었다는 말입니다. 이것은 제국주의 혹은 식민주의의 가장 기본적인 구도입니다.

　전쟁의 양상이 변화하고 군대의 구성이 바뀌었으며 군사기술이 발전하였는데, 이 상황에서 조세수입과 인구도 증가하였습니다. 여기서 유럽의 귀족 계급은 자신들의 새로운 입지를 찾아냈고, 그것은 바로 전쟁을 전문적으로 치르는 계급으로 전환하는 것입니다. 그들은 군사교육을 직업의 토대로 간주하고 장교의 임무 등을 적극적으로 수행하기 시작합니다. 오늘날 어떤 사람들은 유럽의 귀족들이 전쟁에 종군한 것을 두고 '노블레스 오블리주Noblesse Oblige' 같은 말을 사용하면서 나라를 위해 명예로운 일을 했다고 칭송하는데, 그것이 아주 틀린 말은 아니지만 사태를 모두 설명해 주는 것은 아닙니다. 기본적으로 유럽의 귀족 계급은 전쟁을 직업으로 삼아야만 하는 상황에 처해 있었기 때문에 그러한 일을 한 것입니다. 유럽에서는 전쟁을 직업적으로 수행하는 일이 로마제국 이후 다시금 중요해졌습니다. 프랑스의 경우 18세기에 루이 15세가 왕립 군사학교를 설립하여 새롭고도 효율적인 전쟁 기구를 만들어 내려 하였고, 이는 프랑스혁명 이후의 전쟁과 나폴레옹 전쟁에서 중요한 역할을 하게 되는 전문 장교 집단을 양성하는 데 크게 기여하였습니다. 르네상스 이후로 계속되어 온 기술적인 발전과 새로운 군대 기구, 그리고 이를 뒷받침하는 제도적인 변화들이 결합하여 유럽은 전혀 새로운 세력으로 탈바꿈하였습니다. 이것을 이해하지 못하면 앞서 맥닐이 말한 것과 같은 "사업으로서의 제국주의"를 알 수가 없는 것입니다.

제 22 강

종파 간의 피흘림은 종교의 위력을 무너뜨리고, 세계와 인간을 설명하는 근본 범주는 자연과학이 만들어 낸다. **과학과 기술**은 긴밀하게 얽히고 유력자들의 후원과 제도적 뒷받침에 힘입어 **사회적 권위의 자리**에 오른다.

17세기의 30년전쟁은 종교전쟁으로 시작했으나 각 나라의 영토를 둘러싼 싸움, 즉 영토 전쟁으로 끝났습니다. 그 과정에서 국민군과 군상 복합체가 등장했고 전 지구적 제국주의로 나아갈 기반도 다져졌습니다. 그런데 유럽 인은 이 과정을 '진보'의 역사가 형성된 시기라고 부릅니다. 이 '진보'를 만들어 낸 또 하나의 힘이 있습니다. 그것은 바로 과학혁명입니다. 30년전쟁을 겪으면서 유럽에서는 새로운 권위에 대한 열망이 생겨났습니다. 르네상스 시대의 회의주의를 거치면서 새로운 체제를 뒷받침하기 위한 근거로서 여러 후보가 등장했습니다. 그 후보 중에서 가장 강력했고 여전히 살아남아서 오늘날까지 이어지는 것이 바로 과학입니다. 과학혁명은 30년전쟁 이후 유럽의 체제를 지탱한 최종적인 근거였습니다. 과학혁명이 일어나기 위해서는 먼저 기존의 권위 체계가 깨져야 했습니다. 30년전쟁을 통해 기독교의 권위가 무너졌고 르네상스 시대에 부활한 고대의 텍스트 역시 그 힘을 상실했습니다. 플라톤과 아리스토텔레스의 텍스트는 새로운 시대를 이끌어가는 힘으로 작용하지 못했습니다. 그것의 진리값이 거짓이어서가 아니라 과학이 새로운 권위의 최종근거로 받아들여졌기 때문입니다.

물론 르네상스 시대에 발전된 요소들 중에서 살아남은 것이 몇 가지 있습니다. 이탈리아에서 만들어진 정치술, 군사술 등이 그것입니다. 이 요소들은 군상 복합체와 함께 17세기로 전승되었습니다. 그런데 정치술과 군사술, 군상 복합체만으로는 새로운 세계를 만들 수 없습니다. 그것들을 총괄할 수 있는 원리적인 것이 아직 마련되어 있지 않기 때문입니다. 다시 말해서 이 요소들을 가지고 무엇을 할 것인지에 대한 '비전'이 없으면 사람들이 따르지 않는 것입니다. 종교에 대한 믿음이 사라진 시대에 사람들이 원하는 미래에 대한 비전은 확실한 지적 권위를 통해 뒷받침되어야 했는데 바로 과학이 이 역할을 했습니다.

과학이 국가의 공식적인 승인을 받게 됨으로써 그것은 사회적 권위로 자리 잡았습니다. 잉글랜드 왕립학회(1660)와 프랑스 과학 아카데미(1666)가 잇따라 창설되었고, 이에 영향을 받은 러시아의 표트르 대제와 프로이센의 프리드리히 2세도 과학 관련 학회와 기관을 설립했습니다. 이렇게 왕과 귀족의 후원을 받으면서 과학자의 영향력이 커졌고 과학 연구 모임에는 진지한 실험가나 과학자들만이 아니라 귀족도 가담했으며, 과학이 멋진 것으로 여겨져 과학 실험은 파티에서 여흥거리로 제공되기도 하였습니다. 과학이 사회적 세력을 넓혀

갔다는 것은 과학이 세계를 보는 근본적인 관점을 제공했음을 의미하기도 합니다. 여기서 '세계'는 자연현상, 인간, 인간 조직(사회, 국가)을 모두 포함하는 것입니다. 근본적인 관점(범주)의 변화를 바탕으로 하나의 이론적 체계가 만들어지고, 이 체계에 근거해 자연현상, 인간, 인간 조직이 설명되는 것입니다. 이를테면 중세에는 아우구스티누스의 《신국론》에 나온 범주와 이론적 체계를 가지고 세속의 국가를 설명했고 사람들이 그것을 받아들였지만, 17세기에는 이런 설명이 더 이상 유효한 것으로 통용되지 않았다는 말입니다.

과학은 비전의 원천이 되었습니다. 방금 말한 근본 범주, 이론적 체계, 자연-인간-인간 조직에 대한 원리적 설명은 비전을 구성하는 요소들입니다. 여기에 '미래 예측'이 덧붙여지면 비전으로서의 위치를 확고히 할 수 있습니다. 17세기 이전에는 아우구스티누스의 《신국론》에 나오는 역사의 종말과 하느님 나라의 도래가 유일한 미래였습니다. 그러나 30년전쟁을 겪고 기독교의 권위가 무너지면서 종교적인 미래 예측은 더 이상 힘을 발휘하지 못하게 되었습니다. 이때 미래 예측에 나선 사람들이 바로 과학자들과 역사가들입니다. 우리가 읽게 될 계몽주의자 콩도르세의 《인간 정신의 진보에 관한 역사적 개요》라는 책 제목에서 "역사적 개요"는 미래에 대한 예측을 의미합니다. 이로써 과학혁명에서 시작된 세계관의 전환이 완성되었으며 이는 계몽주의를 통해 빠르게 확대되었습니다. 당시 유럽은 절대왕정 체제였지만, 계몽주의는 과학에 근거해서 미래에 대한 계획을 세웠고 결국에는 새로운 시대정신을 만들어 냈습니다. 여기서 우리는 이념의 중요성을 확인할 수 있습니다. 사람들은 이념은 싸움의 원천일 뿐이므로 실용이 중요하다고들 하지만 국가의 미래는 항상 이러한 이념적 비전에서 만들어지는 것입니다.

과학적 이념이 당대 유럽 인에게 어떻게 작동했는지 알아보기 위해 토마스 홉스의 《리바이어던》 표지 그림을 살펴봅시다. 비코의 《새로운 학문》에서와 마찬가지로 이 표지 그림을 제대로 읽으면 《리바이어던》이 제시하는 원리를 충분히 이해할 수 있습니다. 홉스는 이 그림을 통해서 앞서 말한 근본 범주, 이론적 체계, 자연-인간-인간 조직에 관해 새로운 이해를 전형적으로 보여 주고 있습니다. 그는 이 요소들을 자연과학에서 이끌어 낸 하나의 원리로써 설명하려고 했습니다. 그러므로 그의 저작들은 일관된 흐름을 보이고 있습니다. 자연에 관한 논의를 담고 있는 《물체론De Corpore》(1655), 인간에 관한 논의를 담고 있는 《인간론De Homine》(1658), 인간들의 사회적 조직에 관한 《리바이어던》(1651) 모두에는 자연과학에서 이끌어 낸 하나의 원리가 관통하고 있는 것입니다. 그런 점에서 홉스는 17세기를 대표하는 사람 중의 하나입니다.

《리바이어던》의 표지 그림 맨 위를 보면 라틴 어 문장이 있는데 《구약 성서》〈욥기〉 41장 25절의 구절입니다. "땅 위에 그와 같은 것이 없으니 그것은 무서움을 모르는 존재로 만들어졌다." 이 말은 그림 속 왕이 그런 힘을 가진 사람이라는 뜻입니다. 표지 가운데에 있는 왕의 모습을 봅시다. 그의 몸은 그가 다스리는 사람들로 덮여 있습니다. 오른손은 칼을 쥐고 있고 왼손은 종교 지도자가 사용하는 지팡이를 들고 있습니다. 칼은 인민의 주권을 왕이 구현한다는 뜻이고, 지팡이는 왕에게 세속 권력과 종교 권력이 집중된다는 뜻입니다. 왕 밑으로는 도시가 보이는데 그 안에는 산, 들, 교회, 관공서 등이 있습니다. 이 요소들이 모두 모여서 리바이어던 왕국을 이루는데 이것을 정치체Body Politic라고 합니다. 말 그대로 '정치를 이루는 몸뚱아리'인 것입니다.

이 그림은 홉스가 생각한 정치체의 구성 요소를 뚜렷하게 보여 줍니다. 이 그림에 그려진 요소들이 한 사람에게 전부 주어지면 그는 절대군주가 되고 그때 비로소 이 정치체에 평화가 찾아옵니다. 홉스는 잉글랜드 내란과 30년전쟁을 모두 겪었습니다. 그가 생각한 정치체의 궁극적인 목적은 평화이며, 그래서 자기 나름대로 평화의 비전을 내놓은 것입니다. 그리고 이 정치체의 구성 요소를 자세히 보면 정신적인 것뿐 아니라 물질적인 것도 포함되어 있다는 것을 알 수 있습니다. 정치체는 정신적인 이념만이 아니라 그것을 현실적으로 구현할 수 있는 도구와 장치가 있을 때에야 비로소 완성된다는 것을 의미합니다.

표지 그림 아랫 부분에는 책의 제목이 적혀 있는데, 그것은 "리바이어던, 또는 교회 공화국과 시민 공화국의 재료, 형태, 그리고 권력 Leviathan or The Matter, Forme and Power of a Common Wealth Ecclesiasticall and Civil"입니다. 휘장 좌우로는 서로 다른 요소가 그려져 있습니다. 오른쪽 그림은 지팡이 밑에 있고 왼쪽 그림은 칼 밑에 있습니다. 그것들 각각은 종교와 국가를 가리킵니다. 오른쪽 맨 아래 그림은 종교재판을 보여 줍니다. 여기에 모인 사람들은 바로 위에 그려진 창槍을 가지고 논쟁을 벌였습니다. 그 창들 중에서 맨 왼쪽에 있는 창은 '삼단논법syllogism' 입니다. 가운데 있는 창은 '영적인 것spiritual' 과 '세속적인 것temporal' 으로, 이는 중세 시대의 중요한 논쟁점들입니다. 비스듬히 기울어진 창은 '직접적인 것direct' 과 '간접적인 것indirect' 이고, 맨 오른쪽에 있는 창은 '실제적인real' 것과 '지향적인 intentional' 것입니다. 이것들은 중세 시대에 사용된 사유 범주들입니다. 마지막으로 소뿔처럼 생긴 사물은 '딜레마dilemma' 입니다. 이 그림 위에 있는 그림들은 차례로 말싸움, 주교관, 교회를 가리킵니다.

이 모든 것들은 종교적인 것들인데 리바이어던 국가에 의해 정리될 수 있음을 보여 줍니다. 왼쪽 맨 아래 그림은 전쟁을 나타냅니다. 전쟁에 나선 사람들은 바로 위에 그려진 대포, 총, 칼 등의 무기를 가지고 싸웁니다. 이것 위에 있는 그림들은 차례대로 대포, 왕관, 성을 가리킵니다. 이것은 세속적인 것인데, 종교적인 것과 마찬가지로 리바이어던 국가에 의해 정리될 수 있음을 보여 줍니다. 이 표지 그림을 보면 절대군주 국가의 성립에는 무엇이 요구되는지를 알 수 있고, 정치체의 구성 요소에 대포, 총, 칼 등과 같은 비인간 행위자가 포함된다는 것이 뚜렷해집니다. 다시 말해서 이 그림은 17세기 유럽 인들이 새로운 이념을 마련하고 실현하기 위해 무엇을 고려하고 폐기했는지를 상징적으로 보여 주는 것입니다. 그리고 그 모든 것들의 바탕에는 자연과학이 있었습니다.

자연과학은 천재적인 과학자들이 있으면 언제 어디서나 생겨날 수 있는 것이 아닙니다. 그러므로 17세기 유럽의 과학혁명을 살펴볼 때는 기본적으로 과학에 관한 세 가지 관점을 고려해야 합니다. 첫째, 과학은 특정한 역사적 맥락에서 생겨납니다. 세계 최초로 금속활자를 만든 것은 고려인이었지만 그렇다고 그들이 세계에서 가장 발달한 출판문화를 가졌던 것은 아니었습니다. 금속활자라는 기술과, 책이 많이 출판되는 것은 별개의 문제입니다. 앞선 과학기술이 있다고 해서 그것이 반드시 사회적으로 유용한 결과들을 만들어 내놓지는 않습니다. 그러한 결과들을 만들어 내는 것은 또 다른 사회적 제도와 집단의 뒷받침이 있어야 합니다. 둘째, 과학자 역시 복잡한 사회관계 속에서 살아가는 사회적 행위자임을 항상 고려해야 합니다. 과학자들은 독립적 영역에서 과학기술의 원칙에 따라 움직이는 사람이 아닙니다. 그들이 수행하고자 하는 연구는 사회적인 영역에서 행해지는 것이므로 과학자가 처한 상황과 그들에게 제기된 사회적 요구, 그리고 연구에 필요한 기금을 마련하는 방식 등을 살펴보아야 비로소 그들이 어떤 성과를 내게 된 원인과 과정을 알 수 있습니다. 셋째, 과학과 기술은 서로 분리되어 존재하지 않는다는 것도 유념해야 합니다. 과학은 원리적인 것이고 기술은 실천적인 것입니다. 그런데 그 둘은 딱 갈라져 있지 않습니다. 과학 원리가 아무리 훌륭해도 그것을 구현할 기술적인 장치들이 없다면 무의미한 사변일 뿐입니다. 예를 들면 갈릴레오는 목성을 발견한 망원경을 스스로 만들었습니다. 그 망원경이 있었기에 그의 과학적 탐구활동이 가능했고 천문학의 원리가 도출될 수 있었습니다. 그런 까닭에 과학과 기술의 경계는 불분명하며 오히려 그 둘은 유기적으로 결합되어 있다고 해야 할 것입니다.

과학혁명은 여러 가지 원천에서 생겨난 것이지만 그중 중요한 것 하나는 학문적인 활동 방향에 관한 원리적 전환입니다. 이를 잘 보여주는 사례는 프랜시스 베이컨(1561~1626)의 《신기관》(1620)입니다. 여기서 이 책의 내용을 잠깐 살펴봄으로써 근대의 과학혁명이 어떠한 원리적 바탕 위에 서 있는지 알아봅시다. 베이컨은 무엇보다도 실험을 중시합니다. 아래 몇 구절들은 그것을 잘 드러내고 있습니다.

> 자연에 대한 더 나은 해석은 오직 사례에 의해, 적절하고 타당한 실험에 의해 얻을 수 있다. 감각은 실험을 판단할 수 있을 뿐이고, 오직 실험만이 자연과 사물 그 자체에 대해 판단할 수 있다.
>
> _《신기관》 1 : 50

그보다도 한층 더 큰 문제는, 사물이 '무엇으로부터from which' 생겼나 하는 정적靜的 원리가 고찰과 탐구의 대상이 되는 바람에 사물이 '무엇에 의해by which' 일어나고 있나 하는 동적動的 원리는 완전히 무시되고 있다는 점이다. 전자는 탁상공론에 불과하지만, 후자는 성과와 관계가 있다.

_《신기관》 1:66

자연의 비밀도 제 스스로 진행되도록 방임放任했을 때보다는 인간이 기술로 조작을 가했을 때 그 정체가 훨씬 더 잘 드러난다. 그러므로 좀 더 나은 자연지(자연철학의 진정한 기초와 근거인)가 만들어지기만 하면 자연철학의 진일보를 기대할 수 있으니, 바로 이것이 우리가 희망을 말하는 또 하나의 근거이다.

_《신기관》 1:98

'실험'은 베이컨이 말하는 과학의 새로운 방법론입니다. 자연은 자신의 비밀을 스스로 드러내 보이지 않습니다. 실험이라는 도구를 이용해서 자연을 조작해야 그 비밀을 밝혀낼 수 있습니다. 이제 중요한 것은 '왜Why'가 아니라 '어떻게How'입니다. 자연현상이 근원적으로 어디서 생겨나는지를 알아내는 것보다는 어떻게 작동하는지를 알아내는 것이 더 중요한 것입니다. 갈릴레오는 피사의 사탑에서 공이 '어떻게' 떨어지는지 관찰했습니다. 뉴턴 역시 나무에서 사과가 어떤 방식으로 떨어지며, 여기에 작용하는 힘이 무엇인지를 물었습니다. 그것을 움직이게 하는 근원이 신인지 아닌지는 더 이상 궁금한 것이 아니었습니다. 《신기관》의 부제는 "자연의 해석과 인간의 자연 지배에 관한 잠언"입니다. 이는 자연을 "해석"하면 자연을 "지배"할 수 있다는 말입니다. 그렇다면 누군가가 '하느님은 도대체 어디에 있는지'를 물을 수 있습니다. 베이컨은 이에 대해 다음과 같이 대답합니다.

일부 신학자들은, 자연을 너무 깊이 탐구하는 것은 하느님이 허락하신 인간의 본분을 벗어나는 행위라고 생각해, 도대체 금령禁令이 있을 수 없는 자연탐구의 길을 처음부터 차단하고 마는 것이다. […] 그러나 그 문제를 제대로 살펴보는 사람은, 자연철학이야말로 성서를 따르고 미신을 물리치는 확실한 명약名藥이요, 훌륭한 양분임을 알 것이다. 그러므로 자연철학은, 말하자면 종교의 가장 충실한 시녀로서 몸을 바친다 해도 틀린 말은 아닐 것이다. 성서는 하느님의 의지를 나타내는 것이요, 자연철학은 하느님의 능력을 나타내는 것이기 때문이다.

_《신기관》 1:89

베이컨에 따르면, "성서는 하느님의 의지를 나타내는 것"이고 "자연철학은 하느님의 능력을 나타내는 것"입니다. 그러니 그가 신앙을 버린 것은 아니었습니다. 오히려 베이컨을 포함한 당시 과학자들은 독실한 기독교도들이었습니다. 그들은 하느님을 배척한 것이 아니라 하느님을 새로운 방식으로 정당화한 것입니다. 베이컨이 쓴 또 다른 저작인 《새로운 아틀란티스》(1627)는 지상천국에 대한 이야기를 담고 있습니다. 그는 자연과학의 힘으로 지상천국을 만들 수 있다고 믿었던 것입니다. 다시 말해 하느님의 나라를 지상에 세우는 것이 궁극적인 목적이며, 이는 자연과학이라는 수단(좀 더 정확히 말하면 실험과학)을 통해 가능하다고 여겼습니다.

당대의 과학자들은 이러한 지상천국의 비전을 공유하고 있었습니다. 그들은 대중 강연을 활발히 펼쳤고 그 자리에서 새로운 실험 기구를 전시했습니다. 또한 실험 과정을 공개하고 연구 성과를 학술지에 기고하면서 지지 세력을 늘려 나갔습니다. 과학 이야기가 영국의 커피 하우스와 프랑스의 살롱 같은 곳을 통해 널리 퍼지면서 이른바

'대중 과학public science'의 시대가 열렸습니다. 자연스럽게 기업가도 여기에 합세했습니다. 이제 과학은 순수 이론적 활동이 아니라 대중적 활동이 되었습니다. 과학자의 사적 영역에 있던 실험 기구가 공적 영역으로 나오면서 레스 푸블리카, 즉 공공의 사물이 된 것입니다. 이러한 다양한 활동을 펼치는 가운데 과학자들은 물론 정치가, 일반 대중들까지도 과학적 기술적 활동이 사회적으로 쓸모 있는 결과를 낳을 것이라는 확신을 가지게 되었습니다. 이것이 대중 과학이 만든 문화적인 성과입니다.

물론 과학의 발전에는 당대 유력자들의 후원이 중요한 역할을 했습니다. 이런 사례들을 몇 가지 살펴봅시다. 요하네스 케플러Johannes Kepler(1571~1630)는 신성로마제국 황제인 루돌프 2세의 궁정 수학자로 일했는데, 그가 쓴《새로운 천문학Astronomia Nova》(1609)의 표지에는 황제의 이름이 큼지막하게 들어가 있습니다. 갈릴레오도 자신의 책에서 후원자인 '코시모 메디치Cosimo de' Medici'의 이름을 따서 그가 발견한 별 이름을 '코스믹 스타스Cosmic Stars'로 붙였는데, '코스믹cosmic'이라는 단어가 '우주'라는 뜻으로 읽힐 수 있다는 말을 듣고 출판 과정에서 급하게 '메디치의 별들'이라는 뜻의 '메디션 스타스Medicean Stars'로 변경했습니다. 또한 혈액순환론으로 유명한 윌리엄 하비William Harvey(1578~1657)는 자신의 저서《동물의 심장과 혈액의 운동에 관한 해부학적 연구On the Motion of the Heart and Blood in Animals》를 자신이 진료를 맡았던 국왕 찰스 1세에게 헌정하기도 하였습니다. 이는 몇 가지 사례에 불과하지만 당시의 과학이 사회적으로 인정받는 활동으로 확고하게 자리 잡았음을 잘 보여 줍니다. 더욱이 과학기술은 이러한 인정을 넘어 사회의 여러 장치를 변화시키는 역할까지 하게 됩니다.

과학기술에 관련된 지식은 원리적 지식과 절차적 지식으로 나눌 수 있습니다. 원리적 지식의 기준은 참과 거짓이고 절차적 지식의 기준은 성공과 실패입니다. 과학자는 참과 거짓을 따지고 공학자는 성공과 실패를 따집니다. 이 두 지식이 결합하여 과학-기술 지식이 됩니다. 이렇게 만들어진 새로운 과학-기술 지식은 사회에 투여되고 피드백을 받으면서 계속 순환하고, 그 결과 '개량'이 일어납니다. 이를테면 중국인은 화약과 화포를 발명했지만 그것을 전해 받아서 개량을 하고 무거운 대포를 만들어 범선에 실은 사람은 유럽 인이었습니다. 왜 중국인은 그것을 개량하지 못했을까요? 그것을 개량해서 성능 좋은 대포를 만들었다면 유럽의 제국주의적 침략에 무너지지 않았을 텐데 말입니다. 카를로 치폴라의 《대포, 범선, 제국》에서 한 구절을 읽어 봅시다.

> 예수회 선교사들의 기술적 지원과 풍부한 원자재, 중국인들 자신의 재주와 능력에도 불구하고 중국이 만족스러운 수준의 대포를 생산하지 못한 요인은 한두 마디로 요약하기 힘들다. 중국이 왜 우수한 대포를 만들어 내지 못했느냐고 묻는 것은 중국이 왜 산업화하지 못했느냐고 묻는 것이나 다름없다. 그러나 여기서 주목해야 할 것은 단순히 기술적 차원의 문제가 아니라 가치관과 문화적 자부심, 제도의 문제가 아닌가 싶다.
>
> _《대포, 범선, 제국》, 140쪽

중국에는 원리적 지식과 절차적 지식을 결합해서 이것을 사회에 투여하고 문제점을 발견하여 다시 고치게 하는 '사회적 제도적 장치'가 없었다는 말입니다. 이와 달리 유럽은 이런 사회적 제도적 장치를 갖추었고 여기에 이탈리아에서 전승받은 군사술을 집어넣었던 것입니다.

　카를로 치폴라의 말대로 사회적 신념 체계와 관습의 광범위한 변화가 없었다면 과학혁명은 불가능했을 것입니다. 이를 통해 우리는 조선시대 말 개항을 전후로 형성된 서양 문명에 대한 수용 논리, 즉 동도서기東道西器와 같은 시도는 불가능했음을 알 수 있습니다. 동양의 정신과 서양의 기술을 아무런 접합제 없이 결합시킬 수는 없습니다. 정신적인 것들은 물론 사회적인 여러 제도적 장치들이 기술을 요구하는 방향으로 함께 움직여야 하는 것입니다. 지금까지 이야기한 것을 정리해 보면, 원리적 지식과 절차적 지식의 결합, 사회적 신념 체계와 관습의 광범위한 변화를 통해 과학은 새로운 시대정신의 강력한 저변을 형성하게 되었습니다. 그리고 이것을 서구 세계 전체로 확산하는 계기를 마련한 것이 계몽주의입니다.

제 23 강

> 과학의 성과는 **계몽주의자들**의 노력을 거쳐 대중화된다. 이렇게 해서 **'이성의 시대'**가 열리는 것이다. 삶의 모든 영역에 이성의 원리를 적용하면 미래는 행복한 세상이 되리라는 **낙관적 진보주의**가 그들의 가슴을 뿌듯하게 하였다.

과학혁명과 그것의 전개로서의 계몽주의라는 것을 논의할 때 새삼스럽게 떠올려 보아야 하는 것은 중세의 교회가 가진 위력입니다. 서구에서는 1천 년 가까이 가톨릭 교회가 세계를 '지배'하였습니다. 이 '지배'는 단순하게 이루어지지 않습니다. 교회는 무엇보다도 이전 시대의 문명이었던 로마제국을 계승하였습니다. 동시에 사람들의 영혼을 파고드는 종교적 희망과 두려움을 장악하고 있었습니다. '로만 가톨릭Roman Catholic'이라는 말은 이러한 두 가지를 결합한 것이기에 쓸 수 있는 것입니다. 교회는 영혼을 파고들면서도 수도원 등을 통하여 문명과 교육의 수단을 장악하고 있었습니다. 이것은 라틴 어라는 보편적 언어를 통해서 구체적으로 실현되었습니다. 가톨릭 교회의 수장인 교황은 부패한 자들뿐인 듯하여도 만만히 볼 사람들은 아니었습니다. 교황의 자리는 혈연에 의한 세습이 불가능하므로 어떤 의미에서든 실력을 갖춘 자들이어야만 했으니 대다수의 교황들은 최고 수준의 학문과 통치력을 가졌다고 보아야 할 것입니다. 게다가 교황은 비인격적인 지속성을 가진 교회라는 조직의 뒷받침까지 있었으므로 그 위력이 참으로 대단했습니다.

중세를 지탱하는 또 하나의 세력인 게르만 족 전사 집단은 교회에 비하면 그 세력이 강력하지 못하였습니다. 사람들의 영혼을 장악하는 능력 — 이것은 대중들을 휘어잡는 선전선동 능력이기도 할 것입니다 — 을 가진 것도 아니었습니다. 그런데 종교개혁이 일어나면서 이 집단은 근대 국민국가를 수립하려 했고, 이 과정에서 프로테스탄트와 결합하여 자신들이 사용하던 지역 언어로 통치를 행하기 시작하였습니다. 루터가 종교개혁을 진행하면서 성서를 독일어로 번역하고 독일의 지배자들과 힘을 합할 수 있었던 것은 프로테스탄트와 지역 정치 세력 사이의 이해관계가 맞아떨어졌기에 가능했던 것입니다. 그러나 이 정도가 되어도 전통적인 교회의 지배는 완전히 무너지지 않았습니다. 과학혁명과 계몽주의 단계를 거치면서 비로소 교회 지배의 폐기를 논할 수 있는 수준에 이르렀다고 할 수 있습니다. 그만큼 교회의 지배는 뿌리깊게 자리 잡고 있었고 지금도 완전히 폐기되었다고 말할 수는 없습니다.

프랑스의 계몽주의를 공부할 때 가장 먼저 생각해야 할 것은 그것의 이론적 바탕입니다. 지금까지 공부한 과학혁명의 최종적인 성과는 '뉴턴주의Newtonianism'라는 말로 집약할 수 있습니다. '뉴턴주의'에 '뉴턴'이라는 사람 이름이 들어가 있으니 이 사상이 오로지 뉴턴의 과학적 성과를 계승하려는 것이라고 생각해서는 안 됩니다. 이것은 18세기 후반 서구 과학자와 기술자 또는 학자들 사이에 퍼져 있던 사고방식을 전반적으로 가리킨다고 보는 게 타당합니다. 실제로 뉴턴주의에는 수학적 형이상학적 실험적 주장이 복합적으로 뒤섞여 있었습니다. 뉴턴은 물론 데카르트, 라이프니츠, 그 밖의 다른 사람들의 연구와 사상이 혼합된 잡종이었다고 할 수 있는 것입니다. 그리고 이것은 18세기 계몽주의라는 사회적 이데올로기의 밑바탕에 놓인 원리가 되었는데, 이 뉴턴주의를 바탕으로 프랑스 계몽주의가 시작되었다고 보는 것입니다. 다시 말해서 볼테르와 몽테스키외 같은 사람들이 영국으로부터 뉴턴주의와 자유주의를 도입하면서 계몽주의가 시작되었던 것입니다.

17세기 과학혁명기와 18세기 계몽주의 시대는 공통으로 '이성의 시대'라고 불렸습니다. 그런데 17세기 과학혁명의 이성이 자연의 제1원리를 탐구하는 과학적 이성이었다면, 18세기 계몽주의의 이성은 사회적 처방을 내놓는 '사회운동의 원리로서의 이성'이었습니다. 과학자들의 이성은 자연의 밑바탕에 놓인 것을 실험을 통해 알아내고자 했으나, 계몽주의자들의 이성은 지식을 사회에 널리 전파해 사람들을 깨우치려고 했습니다. 계몽주의는 영어로 인라이튼먼트Enlightenment이고 독일어로 아우프클래룽Aufklärung입니다. 전자는 '빛을 비춘다'는 뜻이고 후자는 '명확하게 한다'는 뜻입니다. 이성의 사회적 기능, 즉 올바른 지식을 공급함으로써 사고방식의 변혁을 목표로 한다는 점에서 18세기 계몽주의가 내놓은 최고 성과는 '백과사전encyclopaedia, enkykopaideia'입니다. 디드로Denis Diderot(1713~1784)와 달랑베르Jean Le Rond d'Alembert(1717~1783) 등이 편찬한 《백과전서, 또는 문필가 모임에 의한 과학, 예술, 기술에 관한 체계적인 사전Encyclopédie, Ou Dictionnaire Raisonné des Sciences, des Arts et des Métiers》

(1751~1772)은 텍스트 17권, 도판 11권, 각 권 900쪽이 넘는 방대한 분량으로 이루어져 있습니다.

디드로와 달랑베르처럼 백과전서 작업에 가담한 사람들은 '문필가'였습니다. 이들을 부르는 다른 말로는 '필로조프philosophe'가 있습니다. 프랑스 어로 '철학자'를 뜻하는 이 단어는 18세기 프랑스 계몽주의자들을 가리킬 때에는 작은 따옴표를 붙여서 사용하기도 합니다. 이 사상가들 중에서 가장 탁월했던 사람들이 방금 말한 디드로와 달랑베르, 그리고 콩도르세 등입니다. '계몽주의자' 또는 '계몽철학자'라고 하니까 이들이 과학과는 거리가 먼 것처럼 여겨지지만 달랑베르와 콩도르세는 수학에 조예가 깊었습니다. 과학혁명과 계몽주의의 관계를 다룬 표준 도서라 할 수 있는 토머스 행킨스의 《과학과 계몽주의》(글항아리, 2011)는 다음과 같은 문장으로 시작합니다. "1759년 프랑스 수학자 장 르 롱 달랑베르(1717~1783)는 그가 자연철학에서 목격한 혁명을 다음과 같이 설명했다." 행킨스가 주목했듯이 달랑베르가 설명한 혁명은 계몽주의의 중요한 출발점입니다. 달랑베르의 《문학·역사·철학 논문집Mélanges de Literature, d'Histoire et de Philosophie》(1753)에서 일부를 봅시다. 이 구절은 후대의 학자들이 일종의 '계몽주의 선언문'처럼 읽습니다.

우리 시대인 18세기 중엽을 주의 깊게 관찰한다면, 다시 말해 우리 눈앞에 전개되는 사건들, 우리가 만들어 낸 작품들, 우리의 관습들, 심지어 우리의 일상적인 이야깃거리들을 주의 깊게 들여다본다면, 우리는 어렵지 않게 관념의 놀랄 만한 변혁을 느껴 알 수 있으며, 이 변혁의 속도가 너무나 빨라 다른 어떤 세기보다 더 커다란 변화가 장차 도래하리라고 믿는다. 물론 이 세기가 지난 후에야 비로소 이 변혁의 대상이 무엇이며, 그 본성과 한계가 어떠한지를, 그리고 그 변혁의 장단점이 무엇인지를 보다 확실하게 말할 수 있다. 그러나 우리는 즐겨 이 시대를 '철학의 시대'라고 일컫는다. 우리가 편견 없이 현재 인간의 지식 상태를 점검해 본다면, 우리의 철학은 중요한 발전을 이룩해 온 것이 틀림없다. 자연과학은 날로 새로운 부를 획득하고, 기하학은 그 한계를 확대하여 그 횃불을 인접한 물리학에까지 비추어 주어, 물질세계의 참된 구조가 점차 확실하게 알려져 가는 중이다. 지구에서 토성까지, 하늘의 역사에서 곤충의 역사에 이르기까지 자연과학은 변혁되고 발전되었다. 이와 더불어 또한 거의 모든 여타의 인식 분야들도 이런 추세의 영향을 받아 날로 새로운 발전을 이룩하였다. 자연 탐구는, 그 자체로 볼 때, 냉정하고 조용한 것이지 요란한 흥분을 자아내는 것이 아니다. 이 탐구가 우리에게 주는 만족감은 조용하게 가라앉은 지적 희열이다. 그러나 철학함의 새로운 방법을 발견하고 활용하게 되면, 이에 따른 열광은 곧 관념의 비상을 일으키고, 마침내 시대의 정신이 힘차게 끓어 오르게 된다. 이런 발효는 마치 둑을 무너뜨린 물줄기처럼 모든 방향으로 퍼져 나가 모든 것을 집어삼킨다. 과학의 원리로부터 계시종교의 근거에 이르기까지, 음악에서 도덕에 이르기까지, 신학적 논쟁에서 경제와 상업의 문제에 이르기까지, 군주의 법에서 민중의 법에 이르기까지, 자연법에서 실증법에 이르기까지 모든 것들이 논의되고 분석된다. 시대정신의 보편적인 발효로 인하여, 새로운 빛과 새로운 어둠이 생긴다. 마치 바다의 밀물이 새로운 많은 것들을 해변으로 가져오는가 하면, 썰물은 다른 많은 것들을 해변으로부터 거두어 어둠 속으로 집어삼켜 버리듯이.

_《문학·역사·철학 논문집》(《계몽주의 철학》(에른스트 카시러, 민음사, 1995)에서 재인용)

첫 문장을 보겠습니다. "우리 시대인 18세기 중엽을 주의 깊게 관찰한다면"이라는 말에 자신이 사는 시대에 대한 '자각적 의식(반성적 고찰)'이 담겨 있습니다. 달랑베르는 자신이 살고 있는 18세기 중엽을 "우리 눈앞에 전개되는 사건들, 우리가 만들어 낸 작품들, 우리의 관습들, 심지어 우리의 일상적인 이야깃거리들"을 통해서 설명하려 합니다. 여기서 말하는 "작품들"은 인간 활동의 산물, 즉 예술작품만이 아니라 사회제도까지 포함합니다. 달랑베르에 따르면, 이것들을 관찰하면 "관념의 놀랄 만한 변혁"을 알 수 있습니다. 다시 말해서 이 모든 것을 관통하는 하나의 정신적 원리를 알 수 있습니다. 또한 달랑베르는 이 원리를 통해 미래를 예측할 수 있다고 말하고 있습니다. 이처럼 《문학·역사·철학 논문집》에는 계몽주의의 목적의식이 뚜렷하게 드러나 있습니다.

"우리는 즐겨 이 시대를 '철학의 시대'라고 일컫는다." 여기서 "철학"은 좁은 의미의 철학이 아닌 눈앞에서 벌어지고 있는 사태를 이성적으로 파악하려는 학문적 노력을 가리킵니다. 이러한 이성적 사색의 결과가 "관념"입니다. "관념의 놀랄 만한 변혁"을 바꿔 말하면 '철학(이성적 사색)의 놀랄 만한 변혁'인데, 이어지는 문장은 그것의 구체적인 내용입니다. "자연과학은 날로 새로운 부富를 획득하고, 기하학은 그 한계를 확대하여 그 횃불을 인접한 물리학에까지 비추어 주어, 물질세계의 참된 구조가 점차 확실하게 알려져 가는 중이다." 계몽된 이성의 학문적 성과가 엄청난 변화를 일으키고 있는 것입니다. 기하학이 물리학의 토대가 되고 그 결과 물리학은 확실한 학문이 되었습니다. 이제 사람들은 물리학을 통해 "물질세계의 참된 구조"를 알 수 있습니다. 이것은 인간의 이성적 사색이 낳은 탁월한 업적입니다. 달랑베르에 따르면, "지구에서 토성까지, 하늘의 역사에서 곤충의 역사에 이르기까지 자연과학은 변혁되고 발전"되었습니다. 그것에 이어 "시대의 정신"이라는 말이 나왔습니다. "관념의 놀랄 만한 변혁"을 통해 자연과학의 변혁이 일어났고 동시에 이 변혁은 "시대의 정신"을 만들어 냈습니다. 이 시대정신이 발효되고 여러 영역에 걸쳐 모든 방향으로 퍼져 나가면, "과학의 원리로부터 계시종교의 근거에 이르기까지, 음악에서 도덕에 이르기까지, 신학적 논쟁에서 경제와 상업의 문제에 이르기까지, 군주의 법에서 민중의 법에 이르기까지, 자연법에서 실증법에 이르기까지 모든 것들이 논의되고 분석" 됩니다. 이제 모든 학문의 영역에 수학적 확실성이 관철됩니다.

지금까지의 논의를 다시 한번 정리해 보겠습니다. 달랑베르에 따르면, 관념의 변혁은 이성적 사색의 변혁입니다. 이것은 자연과학에 변혁을 일으켜서 물질세계에 대한 지식을 늘려갑니다. 또한 시대정신이 형성되고 발효되어 체계적인 정신학의 영역에 도달합니다. 여기서 이성적 사색은 자연과학과 정신학 전체를 관통하는 원리로서 작용합니다. 이로써 18세기는 '이성적 사색을 통한 자연과학과 정신학의 결합'이라는 시대정신을 갖게 됩니다. 이는 물론 현실적으로 실현된 것이 아닙니다. 계몽주의자들이 가지고 있던 야망입니다. 《백과전서》는 이러한 야망을 구체적으로 실현하기 위한 첫걸음인 것입니다. 달랑베르의 말을 좀 더 읽어 봅시다.

> 지고의 지성(신)이 우리의 빈약한 시력 앞에 장막을 드리워 놓았으니, 우리가 아무리 이 장막을 거두어 치워 버리려고 해도 헛된 일이다. 이는 과연 우리의 지적 호기심과 자부심에 대한 슬픈 운명이긴 하나, 어쩔수 없이 받아들여야 할 인간의 운명이기도 하다. 따라서 형이상학적 문제들에 관한 철학자들의 꿈 같은 이야기는 확실한 지식의 영역에서 배제하지 않을 수 없다. 이제 인간 정신에 의해 얻어질 수 있는 확실한 지식만을 담으려는 저술 속에서는 그러한 꿈 이야기가 완전히 배제되어야 한다고 결론

을 맺지 않을 수 없다.

_《문학·역사·철학 논문집》(《계몽주의 철학》(에른스트 카시러, 민음사, 1995)에서 재인용)

"형이상학적 문제들에 관한 철학자들의 꿈 같은 이야기는 확실한 지식의 영역에서 배제하지 않을 수 없다"는 것은 우리 눈앞에 보이는 현상세계에 머무르면서 이 세계를 관통하는 과학적인 질서만 밝히겠다는 말입니다. 달랑베르에 따르면, 이러한 '현상지現像知'에 만족해야 확실한 토대 위에 학문을 세울 수 있습니다. 수학자 달랑베르의 언급들을 고려하면서 계몽주의를 정리해 보면 크게 세 가지 정도의 특징을 이끌어 낼 수 있습니다. 첫째, 계몽주의는 수학이라는 토대를 가지고 있다는 것입니다. 여기서 수학은 인간의 이성이 작용하는 가장 기본적인 추론 모형을 가리킵니다. 계몽주의는 인간의 이성적 사색을 이렇게 수학으로 상징화했습니다. 둘째, 계몽주의는 자연법칙을 발견해서 그것을 정신학과 연결했습니다. 도식적으로 말하면, 자연법칙을 발견하는 것이 곧 도덕법칙의 토대가 되는 것입니다. 계몽주의자들은 심지어 자연과 이성의 법칙 안에 도덕적 명령이 들어 있다고 생각하기도 했습니다. 셋째, 계몽주의는 자연의 현상을 지배하는 자연법칙을 발견해서 미래의 사건들을 정확하게 예측하려고 했습니다. 이것은 계몽주의가 과학에 근거를 두고 역사적인 통찰을 시도했음을 말해 줍니다. 이처럼 계몽철학자들은, 이성적 사색을 통해 자연과학을 발전시키고 과학적 방법을 삶의 모든 영역에 적용하면 편협한 신앙을 극복할 수 있을 뿐만 아니라 인간의 지식이 점차로 확대되어 행복한 미래를 맞이할 수 있으리라고 믿었습니다. 그들의 마음속에는 기본적으로 현재와 미래에 대한 낙관적 진보주의가 있었던 것입니다.

제 24 강

낙관적 진보를 소망하는 것은 **인간의 완전가능성**을 갈망하는 것과 다르지 않다. 소망에 들뜬 **콩도르세**는 역사 속에서 실현할 '완전한 인간'에 관한 계획서를 작성한다. 《**인간 정신의 진보에 관한 역사적 개요**》는 환상적인 아름다움으로 가득 차 있다.

이제부터 읽을 콩도르세Marquis de Condorcet(1743~1794)의 《인간 정신의 진보에 관한 역사적 개요Esquisse d'un Tableau Historique des Progrès de l'Esprit Humain》(1795)는 계몽주의의 시대정신을 집약한 역사철학 책입니다. 이 책에서 콩도르세는 이성적인 세계라는 목표를 확고하게 설정하고 그러한 세계를 구축하려면 어떻게 해야 하는지에 관하여 담대한 기획을 펼쳐 보입니다.

자연은 우리 인간들의 능력의 완전성에 대한 조건을 설정하지 않는다. 따라서 인간이 완전해질 가능성은 실로 무한하다. 이러한 완전가능성의 진보는 당장 그 진보를 중단시키고자 하는 어떤 힘으로부터도 독립적이다.

자연이 우리에게 준 이 지구가 존속하는 동안에는 어떠한 한계도 없을 것이다. 이 진보는 거대한 우주에서 지구가 현재의 위치를 차지하고 있는 동안에는 결코 역전되지 않을 것이다. 그리고 이 체계의 일반법칙이 산출되는 동안에는 어떠한 파국적 변화도 현재의 인류가 지닌 능력과 자원을 박탈할 수 없을 것이다.

_《인간 정신의 진보에 관한 역사적 개요》

콩도르세가 이 책 서두에서 한 말입니다. 이 인용문에서 중요한 말은 '완전가능성perfectibilité'입니다. 콩도르세는 역사가 진보할 것이며, 그에 따라 결국 인간은 완전해질 수 있다고 확신하였습니다. '완전가능성'이라는 개념은 사실 루소(1712~1778)가 처음 내놓은 것입니다. 《코젤렉의 개념사 사전 – 진보》에 따르면, "루소는 1755년에 완성을 추구하는 능력, 즉 완전가능성을 개별적 인간뿐 아니라 인류 전체를 동물과 구별하는 기준"으로 보았습니다. 그리고 "완전가능성은 18세기 후반에 관철되었고 비록 '백과사전'에는 아직 수록되지 않지만 1798년 마침내 학문 용어 사전에 기록"됩니다. 콩도르세가 이 개념을 사용할 당시에는 아직 사전에 기록되지는 않았지만 널리 퍼져 있었습니다. 그는 이 개념을 진보성의 원칙을 표현하는 데 사용하였습니다. 이후 '완전가능성' 개념은 칸트와 독일 관념론 철학으로 전해지기도 하였습니다.

콩도르세는 "완전가능성의 진보"가 초역사적인 것이지만 동시에 역사를 움직이는 힘이라고 생각했습니다. 물론 이것은 증명할 수 없는 제1전제입니다. 콩도르세는 이성을 통해 일반법칙을 알아내면 "어떠한 한계도 없을 것"이라고 말했습니다. 그러니까 인간이 완전가능성을 향해 가는 것이 진보이며, 이는 이성을 통해 일반법칙을 알아내면 가능하다는 것입니다. 과학적 이성의 힘을 이처럼 철저하게 믿는 것은 계몽주의자들의 기본적인 태도입니다. 오늘날 우리는 인간의 완전가능성을 믿지 않습니다. 인간은 실수할 수 있는 존재이며, 온갖 오류로 가득 찬 것이 인간 세상이라고 여기는 것이 정상일 것입니다. 그러나 18세기 계몽철학자들과 이어지는 시대의 서구의 지식인들은 그렇게 생각하지 않았습니다. 그들은 과학적 사유의 힘을 무한히 신뢰하였습니다. 콩도르세를 비롯한 계몽주의자들의 생각이 좀 더 나아가면 제러미 벤담(1748~1832)의 《파놉티콘》(1791)에 나오는 원형 감옥과 같은 생각으로 이어집니다. 벤담은 나쁜 의도에서 원형 감옥을 구상하지 않았습니다. 그는 과학적인 원리와 실천으로 인간의 악을 물리치고 사회를 개조할 수 있다고 믿었습니다. 계몽철학자들의 《백과전서》 역시 베이컨이 말한 신세계, 즉 "새로운 아틀란티스"의 전망 속에서 쓰였던 것입니다. 그들이 미래에 대해 매우 낙관적인 생각을 하고 있었다는 사실을 반드시 기억해 둡시다. 그러한 낙관은 자신들이 살고 있는 시대에 대한 자부심으로까지 이어졌습니다. 《인간 정신의 진보에 관한 역사적 개요》 한국어 판 해제에 있는 문장을 봅시다.

> 이 논쟁(고대와 현대 논쟁)에서 과학과 철학의 발전에 의한 합리주의적 진보의 신념이 표출되기에 이르고, 이것은 자연과학의 진보적 역동성을 발견한 퐁트넬에 의해 적극적으로 천명된다. 그리하여 '인간의 완전가능성의 성취에 의한 역사의 진보'라는 관념이 차츰 부각되기에 이르렀다.
>
> _《인간 정신의 진보에 관한 역사적 개요》, 해제

콩도르세는 자신들이 사는 시대가 고대보다 우월하다고 생각하였습니다. 현대인은 "과학과 철학의 발전에 의한 합리주의적 진보의 신념"을 갖고 있기 때문입니다. 그는 이 신념을 인간의 역사에 투사하면 "인간의 완전가능성의 성취에 의한 역사의 진보라는 관념"이 나타날 것으로 생각했습니다. 이것이 바로 진보 사관입니다. 대개의 경우 진보 사관의 원조로 헤겔이나 마르크스를 거론하는데 사실은 그렇지 않습니다. 마르크스 역시 시대의 아들입니다. 그는 헤겔과 마찬가지로 계몽주의자들이 제시했던 합리적 세계 진보에 관한 신념을 가지고 있었습니다. 마르크스나 계몽철학자들이나 모두 자연과학의 발전을 통해서 언젠가는 지상천국을 만들 수 있다고 확신했습니다. 18세기 유럽 인들을 이끈 야망은 19세기까지 변함없이 이어진 것입니다.

> 콩도르세는 여기서 역사를 10개의 시대로 나누었다. 정태적인 부족 사회에서 농업과 알파벳의 발견, 희랍인들의 재능의 개화와 쇠퇴, 중세의 오랜 퇴보, 창조력의 부활과 르네상스, 그리고 인쇄술의 발명 ― 이것은 콩도르세가 볼 때 과학이 교회와 국가의 족쇄로부터 해방된 계기로서 가장 중요한 사건이다 ― 이 여덟 번째 시대에 이른다. 아홉 번째 시대는 데카르트에서 프랑스 대혁명에 이르는 시대로서 콩도르세가 진정한 폭발적 진보의 정점이라고 평가하는 시대이다. 그리고 열 번째 시대는 합리적 예언에 기초한 인류의 무한한 진보와 완전해질 가능성에 대한 낙관적인 예보이다.
>
> _《인간 정신의 진보에 관한 역사적 개요》, 해제

현재가 과거보다 우월한 것임을 보여 주기 위해서 콩도르세는 과거의 역사를 살펴봅니다. 그렇게 하는 과정에서 역사를 10개의 시대로 나누었습니다. 이런 시대 구분은 멀리는 르네상스에서, 가까이는 비코에게서 배운 것입니다. 르네상스 인은 고대, 중세, 현대로 나누었고, 비코는 신의 시대, 영웅의 시대, 인간의 시대로 나누었습니다. 역사는 그 자체로 시대 구분을 가지고 있지 않습니다. 역사를 어떻게 나누느냐는 역사를 파악하는 사람이 가진 역사관을 근거로 이루어집니다. 이를테면 한국 현대사를 어떻게 볼 것인가에 대한 관점이 다르면 한국 현대사의 시대 구분도 달라집니다. 중요하게 여기는 사건들도 그에 따라 달라집니다. 콩도르세도 마찬가지입니다. 자신이 옳다고 주장하는 바를 내세우기 위해 자기 나름의 시대 구분을 시도한 것이고, 그에 따라 중요하게 여기는 사건도 달랐습니다.

콩도르세는 "인쇄술의 발명"이 이루어진 시대를 중요한 시대로 간주했습니다. 인쇄술의 발명은 "교회와 국가의 족쇄로부터 해방되는 계기"인데, 특히 교회의 족쇄로부터 벗어나는 계기입니다. 앞서 지적하였듯이 중세의 교회는 지식을 독점하고 사람들의 영혼을 이끌었습니다. 그러나 인쇄술의 발명을 통해 지식이 널리 보급되면 사람들의 정신세계가 변화할 것이고, 그에 따라 자유로운 의사소통의 장이 만들어지리라고 콩도르세는 생각했습니다.

열 번째 시대는 곧 다가올 시대를 가리킵니다. 이 시대는 "합리적 예언에 기초한 인류의 무한한 진보와 완전해질 가능성에 대한 낙관적인 예보"인데, 여기서 중요한 말은 "합리적 예언"입니다. 사실 이 말은 형용모순입니다. 어떻게 예언이 합리적일 수 있겠습니까? 그렇지만 이 말은 '역사'를 가리킵니다. 여러 번 말했듯이 중세 시대에는 성직자만이 미래를 예언할 수 있었지만, 근대에 들어서는 역사가들이 이 역할을 자임하고 나섰습니다. 항상 미래에 대한 예언을 장악한 자가 역사에서는 승리자의 자리에 올라서기 쉽습니다. 마키아벨리도《군주론》에서 '무장한 예언자'가 등장해야 한다고 말한바 있습니다. 다시 말해 군주는 '현실적인 역량'과 함께 '미래에 대한 예언', 즉 비전을 보여 주어야 하는 것입니다. 콩도르세가 책을 쓴 목적에는 기독교에 맞서 미래를 장악하려는 것도 있습니다. 그는 과학과 합리주의를 추구하면 인간이 완전해지는 세상을 맞이할 수 있다고 예언했습니다.

그러면 이제 이 책 본문에서 핵심적인 내용들을 검토하기로 합시다.

인류의 미래에 대한 우리의 기대는 세 가지 요점으로 축약된다. 여러 국가 사이의 불평등의 파괴, 한 국민 내에서의 평등의 진보, 인간의 현실적 완성이 그것이다.

_《인간 정신의 진보에 관한 역사적 개요》

콩도르세는 인류가 미래에 무한한 진보와 완전가능성을 성취할 것이라 하였습니다. 그렇다면 그것은 구체적으로 어떻게 해야 성취되겠습니까? 그에 따르면 여러 국가 사이의 불평등이 무너지고 한 나라의 국민 모두가 평등하게 진보하며, 인간이 현실적으로 완성되어야 합니다. 콩도르세는 이 세 가지 요점이 성취되면 미래 사회의 진보가 이루어진다고 생각한 것입니다. 그렇다면 이것을 가능하게 하는 원동력은 무엇이겠습니까? 다시 말해 콩도르세가 제1전제로 삼는 것은 무엇이겠습니까?

자연과학에서 믿음의 유일한 기초는, 알려졌든 알려지지 않았든 우주의 현상을 지배하는 일반 법칙이 필연적이고 항구적이라는 생각이다.

_《인간 정신의 진보에 관한 역사적 개요》

바로 "자연과학"입니다. 이것이 콩도르세의 출발점입니다. 그는 자연과학의 법칙에 근거한 인간 정신의 진보를 주장한 것입니다.

> 이 원칙이 자연의 다른 활동에 대해서는 유효하면서도, 지적이고 도덕적인 분야에서는 진리가 되기에 미흡한 까닭은 무엇인가? 결국 과거의 경험에 따라서, 대상들이 같은 질서를 따르는 것에 의거해 형성된 의견이 가장 현명한 인간의 유일한 행위 규칙이라면, 이 같은 토대에 추론의 근거를 두는 것이 왜 철학자에게 금지되겠는가? 왜 철학자가 관찰의 수와 항상성과 정확성에서 나오는 것 이상의 탁월한 확실성을 그 추론에 부여할 수 없겠는가?
>
> _《인간 정신의 진보에 관한 역사적 개요》

콩도르세는 "자연과학에서 믿음의 유일한 기초"가 지적이고 도덕적인 분야에서도 유일한 믿음의 기초가 되어야 한다고 주장합니다. 자연과학과 도덕과학은 별개의 영역에 있는 듯하지만 자연과학에서 성립된 법칙은 곧바로 도덕과학에도 적용될 수 있습니다. 그럴 때에만 인류의 삶은 진보하는 것입니다.

> 모든 나라의 인민이 가장 계몽적이고 자유로우며 편견에서 해방된 프랑스인이나 영미인들처럼 문명의 상태에 접근하게 될까? […] 주민들이 결코 자유를 누리지 못하고 결코 이성을 행사할 수 없도록 자연에게서 강요받는 지역들이 지구상에 존재할까?
>
> _《인간 정신의 진보에 관한 역사적 개요》

이는 오늘날 우리에게는 불쾌한 말입니다. 이런 발언을 통해 계몽철학자들이 가지고 있던 서구 우월주의를 확인할 수도 있습니다. 그렇지만 여기서 콩도르세가 주장하는 핵심은 "여러 국가 사이의 불평등의 파괴"가 중요하다는 것입니다. 둘째 요점("한 국민 내에서의 평등의 진보")과 셋째 요점("인간의 현실적 완성")도 다음과 같은 질문 형식으로 서술됩니다.

> 사람들은 자신의 권리를 인식하고 자신의 의견과 양심에 따라 권리를 행사할 수 있는 계몽된 상태, 삶의 공통적인 사건들에서 각자 고유한 이성에 따라 행동하고 편견에서 벗어날 수 있는 계몽된 상태에 접근하게 될 것인가?
> _《인간 정신의 진보에 관한 역사적 개요》

> 지적 도덕적 물리적 능력의 현실적 완성 — 이는 이러한 능력의 강도를 높여 주고 그 사용을 제어하는 도구의 완성에 따른 것일 수도 있고, 또는 심지어 자연적 유기체의 완성에 따른 것일 수도 있다 — 을 통해서든 인류는 분명 개선될 것인가?
> _《인간 정신의 진보에 관한 역사적 개요》

콩도르세가 생각한 인간의 '완전가능성'은 "물리적 능력의 현실적 완성", 즉 인간 신체의 능력을 과학적으로 개조하는 데까지 이르렀습니다.

> 이 세 가지 질문에 답하는 과정에서 우리는 과거의 경험, 지금까지 과학과 문명이 이루어 낸 진보에 대한 고찰, 인간 지성의 진보와 인간의 능력의 발전에 대한 분석 등에서 자연이 우리의 희망을 결코 종식시키지 않음을 믿을 만한 강력한 동기들을 발견하게 될 것이다.
> _《인간 정신의 진보에 관한 역사적 개요》

콩도르세가 세 가지 질문에 답하는 과정에서 앞서 얘기한 모든 요점이 가능하다는 것을 알 수 있습니다. 첫째 요점에 대한 대답은 다음과 같습니다.

> 이 광대한 나라들 어떤 곳에서는 우리에게서 수단을 받아들여 문명화되기만을, 유럽 인들 중에서 형제를 발견해 그들의 친구와 제자가 되기만을 기다리고 있는 듯한 수많은 인민에게 그 열기가 전달될 것이다.
> _《인간 정신의 진보에 관한 역사적 개요》

이것은 콩도르세의 순진한 생각이었습니다. 콩도르세는 전 세계에 프랑스 헌법의 원리를 적용하면 여러 국가 사이의 불평등이 파괴될 것으로 생각했습니다. 그러나 이후의 역사를 살펴보면 도리어 불평등이 심화하였다는 것을 알 수 있습니다. 과학혁명과 계몽주의야말로 서구 근대 제국주의의 근본적인 바탕이 되었기 때문입니다.

> 우리는 이러한 일들이 어떻게 유럽의 진보가 가져온 절대 확실한 결과가 되는지, 뿐만 아니라 프랑스 공화국과 북아메리카가 함께 갖고 있는 자유와, 가장 현실적인 이득과, 아프리카와 아시아의 상업에 수확을 가져오는 권력의 절대 확실한 결과가 되는지를 보여 줄 것이다.
> _《인간 정신의 진보에 관한 역사적 개요》

이것이 첫째 요점에 대한 콩도르세의 결론입니다. 콩도르세는 모든 국가가 평등한 관계를 맺고 "자유"와 "이득"과 "수확"을 함께 얻을 수 있다고 생각했습니다. 다음은 둘째 요점에 대한 대답입니다.

이러한 차이의 주된 원인은 세 가지이다. 경제적 부의 불평등, 생계 수단의 불평등 — 자신을 위해 보장된 생계 수단이 가족에게 계승되는 경우와, 생계 수단이 자신의 생존이나 노동 가능한 삶에 좌우되는 경우 사이의 불평등 — 그리고 교육의 불평등이 그것이다.

_《인간 정신의 진보에 관한 역사적 개요》

콩드르세는 한 국민 내에서 평등의 진보가 일어나려면 "경제적 부"와 "생계 수단", "교육"의 불평등을 해소해야 한다고 생각했습니다. 특히 그는 교육의 평등을 강조했는데, 이는 《공교육 5론》(1791)에서 확인할 수 있습니다. 그가 주장한 바를 알아보기 위해 차례의 일부를 한번 봅시다.

1. 사회는 인민에게 공교육을 제공해야 한다.
(1) 현실적으로 권리의 평등을 가져오는 수단으로서 공교육은 시민에 대한 사회의 의무이다.
(2) 도덕 감정의 차이를 낳는 불평등을 감소시키기 위하여
(3) 사회 안에 유용한 계몽의 총량을 증대시키기 위하여

2. 사회는 동등하게 다양한 직업에 관련된 공교육을 제공해야 한다.
(1) 다양한 직업에 종사하는 사람들 사이에 평등을 더 유지하기 위하여
(2) 더 유용한 평등을 가져오기 위하여
(3) 사람들이 질병에 노출되는 위험을 감소시키기 위하여
(4) 그들의 진보를 가속화하기 위하여

3. 사회는 여전히 인류를 완성시키는 수단으로서 공교육을 실시해야 한다.

(1) 재능을 타고난 모든 인간으로 하여금 그것을 개발할 수 있게 함으로써
(2) 앞 세대의 문화를 통해 새로운 세대를 준비한다.

차례의 큰 제목만 보아도 알 수 있듯이 콩도르세는 공교육을 전 인민에게 제공해야 한다고 주장했습니다. 굉장히 놀라운 생각입니다. "인쇄술의 발명"이 역사의 중대한 계기인 것과 마찬가지로 교육을 통한 지식의 확대와 대중의 지적 성장은 역사를 밀고 가는 확실한 원동력입니다. 물론 국가가 공교육을 제공한다는 것은, 중세에 교회가 신앙을 통해 전 인민의 심성을 장악했던 것과 같은 효과를 노리는 것일 수도 있습니다. 그러나 인민에게 차별 없이 교육을 제공해야 한다는 생각이 새롭고도 획기적인 것만은 틀림없습니다. 이제 셋째 요점에 대한 답변이 이어집니다.

> 우리는 방금 진보에 대한 거의 확실한 기대를 피력했는데, 이러한 진보는 반드시 현실적 이점들을 낳으며, 이 이점들은 인류의 동등한 완성이라는 귀결에 이를 수밖에 없다.
>
> _《인간 정신의 진보에 관한 역사적 개요》

여러 차례 강조되었듯이 "인류의 동등한 완성이라는 귀결"에 도달할 수 있는 가장 기본적인 요소는 '과학'입니다. 과학의 위력은 무한합니다.

> 우리는 인간의 모든 지식에 계산의 과학을 더욱 일반적이고 철학적으로 적용하는 것이 이 지식의 전체 체계의 범위와 정확성과 통합성을 반드시 증가시키게 된다는 것을 지적할 것이다.
>
> _《인간 정신의 진보에 관한 역사적 개요》

그리고 과학은 인류의 완성에 방해가 되는 모든 것들을 제거할 수 있습니다.

> 인류의 완성에 관여하는 이 모든 원인들, 인류의 완성을 보장하는 이 모든 수단들은 분명, 그들의 본성으로 항상 능동적인 활동을 행사하고 항상 확장하는 범위를 획득한다.
> _《인간 정신의 진보에 관한 역사적 개요》

> 만일 인간의 자연적 능력 그 자체와 유기체 역시 개선될 수 있다는 것을 믿을 수 있다면 그들의 희망의 확실성과 범위는 얼마나 크겠는가! 우리가 검토할 마지막 문제가 이것이다. 동식물에서 종種들의 기관의 완전가능성이나 퇴화는 아마 자연의 일반법칙의 하나로 간주될 수 있을 것이다.
> _《인간 정신의 진보에 관한 역사적 개요》

과학이 발전하면 유기체도 개선할 수 있고, 이러한 개선을 통하여 "현실적 완성"에 도달할 수 있는 것입니다. 그리고 결국에는 지상낙원과도 같은 곳에서 삶을 누리게 될 것입니다.

> 그곳에서 그는 본성의 존엄성과 권리들을 복권한 인간에 대한 생각을 갖고 살며, 탐욕, 두려움, 시샘이 순환하고 부패한다는 생각을 잊는다. 그곳은 바로 그가 그의 이성이 스스로 창조해 낸 어떤 낙원에서 동류들과 더불어 진정으로 존재하며, 인간에 대한 그의 사랑이 더욱 순수한 향유를 아름답게 하는 곳이다.
> _《인간 정신의 진보에 관한 역사적 개요》

위 구절은 《인간 정신의 진보에 관한 역사적 개요》에서 자주 인용되는 부분입니다. 이는 콩도르세 개인만의 생각이 아니라 계몽철학자들 누구나가 공감했던 미래 사회의 모습입니다. 참으로 아름답습니다. 그런데 오늘날의 인류는 이러한 계몽의 기획을 거의 신뢰하지 않습니다. 제1, 2차 세계대전을 통해 극명하게 드러났듯이 18세기 계몽주의의 최종 귀결은 어쨌든 대규모 전쟁과 살육이었기 때문입니다. 그렇다면 콩도르세의 미래 예언은 왜 실패한 것일까요? 도덕과학이 문제였을까요, 아니면 물리과학이 문제였을까요? 아니면 아예 극단적으로 말해 신을 믿지 않았기 때문일까요? 이러한 물음들에 대한 답을 찾기 위해서는 계몽주의 시대 이후의 역사를 살펴보아야 합니다. 계몽주의의 야망은 왜 실패했는가, 어디서 문제가 생긴 것일까. 이것이 우리가 오늘날 던져야 할 가장 큰 질문입니다.

제 25 강

18세기는 현대사회의 '기원'이다. 이 시기에 **정치혁명, 산업혁명**이 일어나고 **통신 혁명, 사회혁명, 국제관계 혁명, 문화혁명** 등의 힘이 퍼져 나간다. 세계는 과거의 모습을 완전히 벗어 버리고 낙관적이고 찬연한 미래를 향해 나아가는 듯하다.

17세기 과학혁명과 18세기 계몽주의 시대를 거치면서 오늘날 우리가 사는 근대 국민국가의 근본적인 틀이 만들어졌습니다. 지리적인 측면에서 보면 오랫동안 지중해를 중심으로 영위되어 왔던 사람들의 삶의 터전이 확대되었습니다. 가톨릭 제국이 오늘날의 프랑스와 독일 같은 유럽 대륙에 자리를 잡았다고 해도 경제적인 활동은 여전히 지중해 중심이었습니다. 교역은 동방 세계와 주로 이루어졌는데, 이러한 교역 역시 지중해를 통해서였습니다. 그러나 17, 18세기를 거치면서 유럽 사람들은 대서양과 인도양을 활동 영역으로 삼기 시작했습니다. 이때부터 이른바 '세계화'가 시작되었다고 해도 될 것입니다. 이 시대의 유럽 인들은 낙관적 진보주의라는 이념 아래서 새로운 역사를 만들고자 하는 시도를 본격화하였습니다. 이런 점에서 18세기는 오늘날 우리의 삶을 규율하는 체제의 기원origin이라고 말할 수 있습니다. '기원'은 중요한 말입니다. 그 안에 모든 씨앗이 담겨 있어서 그것으로부터 오늘날의 세계가 하나씩 형성되어 나왔다는 뜻이기 때문입니다.

문화적인 것은 최후의 규정입니다. 정치적인 것, 경제적인 것, 사회적인 것, 국제관계적인 것을 모두 총괄해서 최후에 내리는 것이 바로 문화적인 규정인 것입니다. 그러므로 문화에 대해서 연구하려면 기본적으로 정치, 경제, 사회, 국제관계에 대한 연구가 먼저 이루어져야 합니다. '문화 연구가'라는 말도 함부로 쓸 수 없는 이유도 이 때문입니다. 오늘날 우리는 정치적으로는 30년전쟁 이후 국민국가 체제를 정초한 베스트팔렌 체제, 경제적으로는 자본주의, 사회적으로는 소비사회, 국제관계적으로는 미합중국의 세계 헤게모니 시대, 문화적으로는 '18세기에 기원을 둔 모더니티의 시대'에 살고 있습니다. 여기서 모더니티라는 말은 한마디로 정의하기 어려울 정도로 복잡하고 불명확합니다. 모더니티modernity는 '근대성' 또는 '현대성'으로 번역하는데, 역사적 맥락에서 이 말을 쓸 때는 근대성으로 번역하는 것이 적절합니다. 이 근대성은 방금 보았듯이 여러 측면으로 이루어져 있습니다만, 여기서는 프랑스혁명과 산업혁명이라는 두 가지 거대한 사건을 중심으로 살펴보기로 합시다.

낱말들은 때때로 기록보다 더욱 효과적인 증거가 된다. 기본적으로 이 책이 다루고 있는 60년이란 기간 동안 창안되거나 그 현대적 의미를 얻은 몇 개의 영어 낱말들을 생각해 보자. '공업industry', '공업가industrialist', '공장factory', '중류계급middle class', '노동자계급working class', '자본주의capitalism' 및 '사회주의socialism' 등이 그러한 낱말들이다. '철도railway', 정치적 용어로서 '자유주의적liberal'과 '보수적conservative', '국적nationality', '과학자scientist'와 '기술자engineer', '프롤레타리아트proletariat' 및 '경제공황economic crisis' 뿐 아니라 '귀족aristocracy'도 이에 포함된다. '공리주의자utilitarian', '통계학statistics', '사회학sociology' 및 그 밖의 여러 현대 과학의 명칭들, '저널리즘journalism'과 '이데올로기ideology' 등이 모두 이때에 새로 만들어지거나 개작된 낱말들이다. '파업strike'과 '빈곤pauperism'도 그러하다. 우리는 이러한 낱말들이(즉 그러한 명칭이 부여된 사실과 개념들이) 존재하지 않는 현대 세계를 상상해 봄으로써, 인류가 농경, 야금술, 문서, 도시 및 국가를 창안했던 먼 옛날 이래의 인류 역사상의 가장 커다란 변혁인 1789~1848년에 걸쳐 일어난 혁명의 심대함을 헤아릴 수 있다.

_《혁명의 시대》머리말

1789년 프랑스혁명부터 1848년 유럽 혁명까지를 다룬 에릭 홉스봄의 저작《혁명의 시대》(한길사, 1998)의 머리말 첫 부분입니다. 오늘날 우리가 당연하게 생각하는 단어들이 이 시기에 만들어지거나 그 현대적 의미를 얻었음을 알 수 있습니다. 엥겔스의 저작《영국 노동자계급의 상태》에 들어 있는 '노동자계급working class'이라는 말도 이 시기에 학문적인 의미를 얻었습니다. 우리 눈앞에 나타나는 사태를 설명할 때 사용하는 단어들이 18~19세기에 만들어진 것입니다. 그렇다면 과학혁명과 계몽주의 시대를 거쳐 프랑스혁명과 산업혁명 시대에 이르기까지, 각 시대에 생겨난 혁명적 변화는 어떠한 것인지 개관해 보기로 합시다. 그것은 6가지 항목, 즉 정치혁명, 산업혁명, 통신 혁명, 사회혁명, 국제관계 혁명, 문화혁명으로 나누어 설명할 수 있습니다.

정치혁명은 혈통에 기원을 둔 엘리트주의가 폐기되고 국가가 등장한 것입니다. 혈연 엘리트주의가 폐기되면서 전통적인 정치체제가 몰락하고 근대 국민국가가 등장하였습니다. 오늘날 우리는 '국적 nationality'으로 자신의 정체성을 표현합니다. 중세에는 국적에 대한 의식이 없었습니다. 그렇지만 오늘날에는 누구나 자신을 가리킬 때 '어느 나라 사람'이라는 것을 드러냅니다. 국가가 개인의 정체성의 핵심으로 등장한 것입니다. 이렇게 되면서 국가주의를 비롯한 수많은 사회 이론과 이데올로기가 등장하였습니다. 그런 까닭에 근대 사회는 근본적으로 이념의 시대입니다. 정치혁명에서 가장 중요한 현상은 '국가 state의 등장'입니다. 이것을 잘 분석한 책이 막스 베버(1864~1920)의 《직업으로서의 정치》(1919)입니다. 베버는 국가의 구성 요소, 영토와 국민, 그리고 물리력을 독점한 기구를 이야기했습니다.

19세기 독일에는 '국가학 Staatswissenschaft'이라는 독특한 학문이 있었습니다. 지금은 사라진 이 학문은 오늘날로 치면 정치학, 법학, 윤리학, 경제학 등을 하나로 섞은 것이었습니다. 마르크스(1818~1883)의 《헤겔 법철학 비판》(1844)이라는 책이 있는데, 여기서 마르크스가 비판하는 헤겔(1770~1831)의 《법철학》(1821)은 원제가 "법철학 강요 또는 자연법과 국가학의 기본 원리"입니다. 헤겔은 《법철학》에서 국가를 근대 사회의 주역으로 보고 이를 학문적으로 정초해서 근대 정치의 모든 국면을 해명하려고 했습니다. 그리고 마르크스는 《헤겔 법철학 비판》에서 그 책을 분석하고 비판하여 헤겔의 근대 국가론을 완전히 해체하려고 했습니다. 이런 학문적 저작들에서 볼 수 있듯이 국가는 근대에 들어서 본격적인 연구 대상이 되었는데, 그 저작들은 국가가 근대 세계에서 가진 위력을 직접적으로 보여 주고 있습니다. 이제는 국가가 정치적 행위의 주체이자 주요한 행위자입니다.

조지 윈드햄은 후자의 양상을 다음과 같이 피력했다. "제국주의자"란 "여행자들이나 이따금씩 들리곤 했던 숨겨진 장소가 이제는 시장, 개항장開港場, 원기 왕성한 영국인이라면 누구나 발걸음을 향하는 세계의 거래소, 그리고 상당 부분의 영국 자본이 투자된 곳으로 변했다는 사실을… 깨닫고 있는 사람입니다." 19세기에는 영국의 산업주의가 유럽 산업화의 전범이 되었듯이, 20세기에는 영국 연방의 제국주의가 세계 무역, 세계시장 및 세계 정치를 둘러싼 경쟁에 발을 들여놓기 원하는 야심찬 국가들의 전범이 되는 것을 더 이상 막을 수 없었다. 그들은 채임벌린이 1903년 10월 6일 영국의 세계 제국 정책에 관해 말했던 것과 경쟁하지 않을 수 없었다. "어떤 나라의 혹은 어느 시대의 정치가들의 머리에도 떠올랐던 위대한 이념의 실현, 세계가 지금까지 본 적이 없는 제국의 건설은 우리의… 목표이거나 또는 목표여야 합니다. 우리는 대양을 둘러싸고 있는 국가들을 통일시키는 데 공헌해야 합니다. 우리는 영국인을 견고하게 결속시켜야 합니다. 우리는 복잡하게 얽힌 세계 경쟁에 대처해야 합니다. 과거에는 양상이 조금 달랐고 미래에는 그 양상이 다시 달라질 수도 있을 테지만, 현재의 경쟁은 무역 경쟁입니다."

_《코젤렉의 개념사 사전 - 제국주의》 49~50쪽

《코젤렉의 개념사 사전 – 제국주의》에서 인용한 부분입니다. 근대의 여러 나라들은 통일 국가를 건설한 뒤 세계 여러 나라와의 경쟁에서 이겨야 한다는 말입니다. 이런 국가들끼리 벌이는 싸움이 바로 제국주의적 전쟁입니다. 다시 말해서 제국주의는 전 세계적으로 벌이는 국가주의 싸움인 것입니다.

산업혁명은 기술의 발전만이 아니라 경제적인 조직의 발전까지 포함합니다. 실제로 '공업industry'과 '공장factory'은 우리의 삶을 근본적으로 바꿨습니다. 산업혁명은 자본주의와 과학기술을 결합하여 경제적인 조직을 변화시켰습니다. 이로써 인류는 기술의 힘에 대해 달리 생각하게 되었고, 자본주의와 과학이 인류의 문제를 해결하리라는 기대를 갖게 되었습니다. 통신 혁명은 산업혁명, 사회혁명, 국제관계 혁명과 맞물려 있는 사건입니다. 전신, 전화, 철도 등의 발명은 산업혁명을 촉진시킨 요인이면서 동시에 산업혁명의 성과였습니다. 광범위한 운하 연결망, 증기 동력, 전보, 전화, 철도, 전기선, 전신, 도로 등은 수송의 속도를 높였습니다. 산업혁명과 통신 혁명은 과학기술의 성취라는 측면에서 보면 묶어서 이해할 수 있습니다. 18세기 이후 세계에서 벌어진 사태를 설명할 때에는 반드시 이 점을 고려해야 합니다. 특히 19세기 부르주아 전성기를 논의할 때는 기계제 생산과 그것을 바탕으로 한 기업 조직 및 조직관리 기법의 태동, 그리고 철도와 수송 수단, 전신 등을 고려해야 합니다. 이것들은 비인간 행위자의 영역에 속하는 것입니다. 간단히 말해서 근대 이전의 사태를 이해할 때는 인간이 주요한 고려 대상이었다면 근대 이후의 사태에서는 '기계-사물'에 대한 이해가 필수적인 것입니다.

사회혁명의 핵심 지표는 도시거주 인구비율입니다. 이 비율이 50퍼센트를 넘으면 산업화하였다고 말합니다. 이처럼 사회혁명도 산업혁명과 맞물려 있습니다. 공장 제도가 발달하면서 새로운 도시가 건설되기 시작하였고, 이로써 농업 사회가 종말을 맞이하게 됩니다. 대규모 인구가 도시로 이동함에 따라 직업 구조는 복잡해졌고, 이런 도시화와 함께 나타난 현상이 소비사회의 성장입니다. 산업혁명, 통신혁명, 사회혁명은 전 지구적 자본주의의 토대를 만들어 냈습니다. 국제관계 역시 무역에 의해 규정되는 전 지구적 경제에 따라 점차 변화했고 이는 국제관계에 있어서 혁명적인 변화를 가져왔습니다.

문화혁명의 가장 일반적인 특징은 엘리트 문화와 대중문화의 경계선이 희미해진 것입니다. 오페라의 대중화는 이를 보여 주는 상징적인 사건입니다. 프랑스혁명 기념일인 1789년 7월 14일은 대중들이 바스티유 감옥을 습격한 날인데, 이틀 전인 7월 12일에 파리 시민들은 오페라 극장에 침입해서 공연을 중단시켰습니다. 이후 오페라는 귀족의 후원금이 아니라 대중의 입장료를 받으며 공연되었습니다. 근대 사회의 예술은 모두 대중 예술이라 할 수 있습니다.

지금까지 근대성의 6가지 항목을 살펴보았습니다. 이제부터 절대왕정 체제의 성립을 살펴보겠습니다. 여기서 다루기로 한 것 중의 하나가 산업혁명인데, 그것과 자본주의의 전개를 이야기하려면 절대왕정 체제의 성립 과정을 알아둘 필요가 있기 때문입니다. 절대왕정 체제는 프랑스, 독일, 러시아에서도 성립했지만 여기서는 산업혁명의 발생지로 알려진 잉글랜드에 국한해서 설명하겠습니다. 다른 나라의 경우, 프랑스에서는 루이 14세 때 절대왕정 체제가 절정에 이르렀다가 프랑스혁명으로 마무리되었고, 독일에서는 17세기 후반에 성립해서 19세기까지, 러시아에서는 1917년 러시아혁명 때까지 절대왕정 체제가 이어졌다는 점만 알아 둡시다. 절대왕정 체제는 중세 봉건 체제와 근대 국민국가 체제 사이에 성립한 일종의 과도기 체제입니다. 절대왕정 체제를 규정하는 요소는 세 가지를 들 수 있습니다. 첫째는 관료와 상비군이고, 둘째는 체제를 뒷받침하는 이데올로기인 왕권신수설, 그리고 셋째는 넓은 의미의 경제정책인 중상주의입니다. 이 요소 중 잉글랜드에서 가장 발전한 것은 중상주의입니다. 본래 중상주의는 왕실 재정을 확충하기 위한 정책이었지만 결과적으로는 자본주의의 발달에 중요한 역할을 하게 됩니다.

잉글랜드의 절대왕정 시기는 헨리 7세(재위 1485~1509)에서 찰스 1세(재위 1625~1649)까지입니다. 약 150년의 기간 동안 재위에 오른 왕들은 차례로 헨리 8세(재위 1509~1547), 에드워드 6세(재위 1547~ 1553), 메리 1세(재위 1553~1558), 엘리자베스 1세(재위 1558~1603), 제임스 1세(재위 1603~1625)입니다. 절대왕정 시대를 연 헨리 7세는 귀족들이 보유하고 있던 사병을 철폐하고 귀족들을 관료로 만들려 했습니다. 관료와 상비군이라는 절대왕정 체제의 첫째 요소가 여기서 발견됩니다. 이 과정에서 귀족들은 관료와 군대의 장교가 되었고 격렬하게 저항하는 귀족들은 처벌을 받았습니다. 헨리 8세는 '수장령首長令, Acts of Supremacy'을 통해 직접 영국 교회(성공회)의 수장이 되면서 잉글랜드 전역에 대한 왕의 지배를 강화했습니다. 그런데 잉글랜드의 절대왕정은, 왕이 지방의 지사를 임명해서 파견했던 프랑스처럼 강력하지 않아서 귀족의 지배력을 어느 정도 인정할 수밖에 없었습니다. 그래서 헨리 8세는 귀족에 맞설 세력을 키웠는데, 이들을 '젠트리gentry'라 부릅니다. 뒤에서 자세히 설명하겠지만 젠트리는 평민 출신이면서 땅을 가진 부농을 가리킵니다. 헨리 8세는 이들 중에서 '치안 판사justice of peace'를 임명했습니다. 엘리자베스 1세 치하는 잉글랜드의 황금기였습니다. 이 시기에 적극적으로 시행된 정책 기조가 중상주의입니다. 이때부터 잉글랜드는 본격적으로 해외 식민지를 개척하기 시작했는데, 상징적인 사건이 1600년에 있었던 동인도 회사 설립입니다. 이후 잉글랜드의 절대왕정 체제는 잉글랜드 내전(청교도혁명) 과정에서 처형당한 찰스 1세를 끝으로 종지부를 찍습니다. 그런 다음 잉글랜드는 입헌왕정 국가로 전환됩니다.

15세기부터 17세기까지 절대왕정 체제의 잉글랜드에서 진행된 경제적인 변화를 살펴봅시다. 이 과정은 봉건제에서 자본주의 사회로 이행하는 과정이기도 합니다. 절대왕정이 성립하려면 귀족들의 사병이 철폐되어야 할 뿐만 아니라 농노도 해방되어야 합니다. 그래야만 전 국토와 국민에 대한 국왕의 직접적인 지배가 이루어졌다고 할 수 있기 때문입니다. 잉글랜드에서도 15세기에 농노가 해방되었고 그들은 '독립 자영농yeomanry'이 되었습니다. 독립 자영농은 '자유 보유농free-holder'과 '등본 보유농copy-holder'으로 나뉘는데, 전자는 토지 문서를 본인이 보관하는 사람들이고 후자는 토지 문서를 귀족의 장원청에 보관하는 사람들이었습니다. 이외에도 귀족 직영지를 임대해서 경작하는 부유한 농민이 있었는데 이들을 '차지농tenant farmer'이라고 불렀습니다. 이들은 주로 귀족의 측근이었습니다. 여기서 '파머farmer'는 '농장 주인'을 가리킵니다. 우리가 일반적으로 말하는 '농부'는 파머farmer가 아니라 '페즌트peasant'입니다. 차지농은 농업 설비에 투자하는 한편, 땅을 잃고 거리를 떠도는 전직 독립 자영농인 농업 노동자를 고용해서 이윤의 극대화를 추구했고, 그렇게 번 돈으로 땅을 사서 부유한 지주가 됨으로써 젠트리, 즉 지방 유지有志로 올라서게 됩니다. 이 과정은 일종의 자본주의적 생산관계의 형성 과정이라 할 수 있습니다. 아직까지는 철저하게 이윤 추구를 목적으로 하는 것은 아니지만 맹아적인 형태는 보이는 것입니다.

귀족은 정치적인 지배권을 행사해서 독립 자영농의 토지를 탈취하고 그 땅을 차지농에게 임대해서 돈을 벌었습니다. 한편 토지를 빼앗긴 독립 자영농은 부랑자가 되어서 떠돌다가 젠트리 밑으로 들어가 농업 노동자가 되었습니다. 물론 이들 부랑자를 임금 노동자라 부를 수는 없습니다. 아직은 그러한 단계에 이른 것은 아닙니다. 이러한 변화는 농지를 목장으로 전환하는 이른바 인클로저Enclosure

(1760~1830) 운동이 일어나면서 더욱 가속화되었습니다. 귀족들이 독립 자영농의 땅을 탈취하면서 동시에 모직물 원료 공급을 확대하기 위해 목양지를 많이 확보하려 했기 때문입니다. 그런데 농업 노동은 계절 노동이므로 농사를 지을 수 없는 겨울에는 굶어 죽는 사람이 속출했습니다. 그런 점에서 농노 해방은 귀족의 속박에서 벗어날 자유뿐 아니라 굶어 죽을 자유도 준 셈입니다.

　이러한 경제적 변화와 함께 그에 상응하는 정치적 혁명이 일어났는데, 그 계기가 잉글랜드 내전입니다. 이 시기에 청교도혁명을 일으켜 권력을 잡았던 올리버 크롬웰(1599~1658)은 젠트리 출신의 정치가였습니다. 또한 1640년부터 1653년까지 이른바 장기 의회가 열렸는데 이때 하원의원의 60퍼센트가 젠트리 출신 또는 상공업자였습니다. 절대왕정 시기에 등장한 젠트리는 나중에 부르주아가 되었고, 여기에 귀족이 가담했습니다. 이 시기에는 의회의 승인 없이는 과세할 수 없다는 원칙이나 의회 주권의 원칙 등이 세워졌습니다. 이것이 잉글랜드의 절대왕정 체제의 끝 무렵에 일어난 사건들입니다. 또한 홉스나 로크와 같은 근대 부르주아 국가에 관한 정치철학자들이 등장한 것도 이때입니다.

제 26 강

'**새로운 세계**'의 **법칙**은 '**상품화**'이다. 인간, 토지, 화폐가 시장에서 거래되는 상품이 된 것이다. 상품이 된 이것들은 산업혁명이 이루어 내고 있는 **기술혁신**의 틀 속으로 들어가 이윤을 만들어 내는 원자재가 된다.

산업혁명과 그에 이은 자본주의 체제의 본격화를 이해하는 데 있어서 중요한 사태는 젠트리가 토지를 탈취하면서 수많은 독립 자영농이 자신의 땅을 잃었다는 것입니다. 그들 중 일부는 농업 노동자가 되었고, 나머지는 부랑자가 되어 거리를 떠돌았습니다. 이제 곧 그들은 도시로 가서 산업 노동자로 전환될 것입니다. 이것은 산업자본주의의 등장에 있어서 아주 중요한 사태입니다. 산업자본주의가 성립하려면 두 가지 사태가 선행되어야 하는데, 하나는 '자유로운 노동자'의 공급이고, 다른 하나는 기술혁신입니다. 둘 다 중요하겠지만 앞의 것이 더 중요합니다. 자유로운 노동자가 공급되지 않으면 아무리 기술혁신이 일어나도 공업이 발전할 수 없기 때문입니다. 여기서

'자유롭다'는 말은 세 겹의 의미를 가지고 있습니다. 첫째, 그들은 중세적인 농노 신분에서 해방되었다는 의미에서 자유롭습니다. 둘째, 스스로 자신의 노동력을 판매하는 계약을 맺을 수 있다는 의미에서 자유롭습니다. 마지막으로, 노동력을 판매할 수 없다면 굶어 죽을 수 있다, 즉 '이 세상에서 아주 벗어날 수 있다'는 의미에서 자유롭습니다. 이것이 근대 노동자의 자유 개념입니다. 18세기 후반에 프랑스 인구는 2천600만이었고 잉글랜드 인구는 900만이었습니다. 과학이 더 발전한 나라도 프랑스였습니다. 그런데 프랑스보다 잉글랜드에서 먼저 산업자본주의가 발전했습니다. 자유로운 노동자의 공급이 잉글랜드에서 먼저 이루어졌기 때문입니다.

자유로운 노동자가 생겨나려면 잉글랜드의 경우에서 볼 수 있듯이 먼저 농업혁명이 일어나야 합니다. '혁명'이라는 이름으로 불리지만 사실 이 과정은 농민을 땅으로부터 떼어 내 부랑자로 만든 다음, 도시로 몰아넣는 폭력적인 과정입니다. 농업혁명이 일어나면서 세 가지 요소가 달라집니다. 첫째, 식량 생산성이 증가합니다. 농업이 대단위로 이루어지거나 차지농이 농업 설비를 확대하면서 생산성이 증가하는 것입니다. 이렇게 식량 생산성이 증가하면서 농촌의 식량은 농촌 인구뿐만 아니라 도시 인구에게까지도 식량을 공급할 수 있게 됩니다. 둘째, 자본 축적 방식이 개발됩니다. 농업혁명은 산업혁명 이전 단계에서 자본이 원시적으로 축적되는 단계이기도 한 것입니다. 셋째, 사회간접자본(해운, 항만, 도로 등)이 확보됩니다. 이러한 변화 과정에서 토지, 화폐, 노동처럼 본래는 상품화될 수 없는 것이 상품화되었는데, 특히 농업혁명에서는 토지의 상품화가 중요합니다. 토지의 상품화와 함께 이윤을 추구하는 마음도 '계발'되었습니다. 사실 이것은 쉬운 일이 아니었습니다. 자신이 경작하는 땅에서 자신이 먹고살 만큼 생산하면서 살던 사람들에게 '이윤을 위한 생산'을 하라고 강요하는 것은 오랫동안 습관되지 않으면 몹시 어렵습니다. 이렇게 토지가 상품화되고 이윤을 추구하는 사람들이 생기자 비농업 부문으로의 인구 투입이 일어났습니다. 18세기 잉글랜드에서 살던 지주는 4천 명, 차지농은 25만 명, 농업 노동자는 125만 명이었는데, 여기에 속하지 않은 사람들은 농촌을 떠돌다가 도시의 공장으로 들어갔습니다. 그리고 이 세 가지 사태가 일어나면서 자본주의가 본격적으로 작동하기 시작합니다.

그런데 미합중국은 사태가 달랐습니다. 잉글랜드와 달리 미합중국에는 귀족이 없었고 미리 존재하던 땅 주인도 없었습니다. 먼저 가서 깃발을 꽂으면 자기 땅이 됐으므로 모두가 자영농에서 시작하였습니다. 게다가 제3세계에서 이민을 간 사람들이 아직 없던 시대였으므로 농업 노동자도 존재하지 않았습니다. 그래서 미합중국에서는 농업에 필요한 기계를 개발하는 데 주력했습니다. 이와 관련해서 가장 유명한 기계가 1834년에 개발된 맥코믹McCormick 수확기입니다. 미합중국은 이러한 기술혁신을 통해 자본주의의 초기 경로를 만들었습니다.

토지의 상품화는 법으로 뒷받침된 인클로저 운동으로 인해 더욱 가속화되었습니다. 여기저기 조각으로 남아 있는 땅에 울타리를 쳐서 하나로 만들고 거기에 목양지를 개척해서 자기 땅이 없는 사람들을 농업에서 완전히 쫓아낸 것입니다. 그 결과 농촌에 빈민 부랑자가 넘쳐흐르게 되어, 농업 노동자에게 최소한의 소득을 보장해주는 스피넘랜드Speenhamland 법(1795~1834)이 만들어졌습니다. 그런데 역설적이게도 이 법은 농업 노동자를 구호 대상의 극빈자로 만드는 결과를 낳았고, 결국 1834년 신新구빈법이 제정되면서 철폐되었습니다.

이때부터 노동력을 사고파는 이른바 '노동시장'이 성립되었습니다. 여기서 잠깐 생각해 봅시다. 중세적인 의미의 농노로 살아가는 것이 좋을까, 아니면 근대적인 의미의 농업 노동자로 살아가는 것이 좋을까. 전통적인 농부는 농업 노동자로 살아가는 것을 원치 않았습니다. 농노로 살아가면 적어도 자기가 부칠 땅이 있고, 영주가 소유한 산에서 장작을 팰 수도 있었기 때문입니다. 그렇지만 농노해방이 이루어지면서, 다시 말해서 모든 이가 형식적이든 실질적이든 자영농이 되면서부터는 모든 땅에 소유권이 설정되었고 더는 남의 땅에 들어가는 것이 허락되지 않았습니다. 이전까지 없던 소유 개념을 사람들에게 확고하게 심어 주기 위해 극도로 폭력적인 방법들이 사용되기도 하였습니다.

이 당시 사람들에게 심각한 문제였던 부랑자 문제는 구빈법 논쟁으로 집약됩니다. 이 논쟁에는 벤담, 버크, 밀, 리카도, 마르크스, 오언 같은 경제학자, 법학자, 사회학자 등이 참여했습니다. 그뿐만 아니라 다윈이나 스펜서 같은 생물학자도 이 논쟁에 가담했습니다. 에드워드 파머 톰슨은 《영국 노동계급의 형성》(창비, 2000)에서 스피넘랜드 법 이후에 일어난 여러 사태를 살펴보면서 "공리주의적 개인주의적 사회 행동 체계가 도입되고 각자가 각자의 힘으로 각자 재주껏 먹고살자"라는 표어를 내건 본격적인 자본주의 사회가 등장했다고 말합니다. 잉글랜드에서는 이러한 변화가 굉장히 오랜 시간에 걸쳐 일어났습니다. 절대왕정이 시작되는 헨리 7세 때부터라고 본다면 적어도 200년은 걸린 것입니다.

지금까지는 '자유로운 노동자'의 등장에 관해 이야기했습니다. 이제부터는 기술혁신에 대한 이야기입니다. 기술혁신의 대표적인 사례가 산업혁명입니다. 이것은 충분한 노동력이 확보되어야만 시작되며, 동시에 자본과 기술이 있어야 가능합니다. 자본을 마련할 방법이 없으면 주식 시장이라는 합법적인 통로를 통해 투기 자본을 끌어들입니다. '고위험 고수익'을 걸고 모험적인 자본을 유치하는 것입니다. 이것의 가장 밑바탕에 놓여 있는 동력은 '이윤'입니다. 아주 단순화한다면 이윤을 목적으로 삼는 것은 모두 자본주의라고 말할 수 있습니다. 산업혁명 당시에 잉글랜드는 '세계의 공장'으로 불렸습니다. 방적 산업이 급속도로 발전해서 면화 소비량이 미국의 2배, 프랑스의 4배에 이르렀을 정도입니다.

기술적인 측면에서는 철과 증기기관을 떠올리면 됩니다. 잉글랜드에서는 제철 기술이 발달하고 코크스 제련법이 발견되면서 철강 가격이 급격하게 하락했습니다. 그리고 이 철강으로 증기기관을 만들면서 본격적인 기계제 공업 시대가 시작되었습니다. 기계의 도입은 곧 힘센 남자가 필요 없다는 것을 뜻합니다. 다시 말해서 이때부터 여자와 어린이가 공장으로 유입되기 시작했습니다. 그러면서 전통적인 의미의 남녀 분업과 가족 구조가 해체되었고, 기계가 더욱 발전하면서는 급기야 인간이 필요 없는 상태에 이르렀습니다. 잉글랜드에서 기계제 공업 시대가 시작되었을 무렵의 국왕은 빅토리아 여왕(1819~1901)이었습니다. 그는 1837년부터 1901년까지 무려 64년간 왕위에 있었는데, 잉글랜드는 이 시기를 거치면서 제국주의 국가인 '대영제국' ── 대영제국을 가리킬 때에는 '영국'이라는 표현을 사용하겠습니다 ── 이 되었습니다.

산업자본주의의 등장에서 산업혁명은 핵심적인 사항이 아닙니다. 그보다 중요한 것은 '자유로운 노동자'의 등장입니다. 이런 점에서 보면 제임스 와트의 증기기관보다 1843년 신구빈법 제정이 더 중요한 사건인 것입니다.

제 27 강

산업혁명은 근대 산업도시를 만들었고, 그 도시에는 '자유로운 노동자'가 살고 있다. 청년 **엥겔스**는 산업혁명의 도시 맨체스터와 노동자들을 관찰한다. 《**영국 노동자계급의 상태**》는 이 모든 것을 전형적으로 집약한다.

이제 우리는 산업혁명 시기의 영국에 대해 상세히 알아보기 위해 프리드리히 엥겔스Friedrich Engels(1820~1895)의 《영국 노동자계급의 상태Die Lage der arbeitenden Klasse in England》(1845)를 읽어 봅시다. 이 책은 산업혁명을 거치면서 급격하게 변화한 하나의 도시, 즉 맨체스터를 전체적인 관점에서 파악하면서 근대적 도시 구조를 살펴보는 보편적인 방법론을 제시합니다. 다시 말해서 이 책을 읽음으로써 우리는 산업혁명이 한 국가와 사회, 그리고 그 안에 살고 있는 사람들의 삶에 어떤 영향을 끼쳤는지를 명료하게 이해할 수 있습니다. 그런 까닭에 이 책은 영국뿐만 아니라 영국 이후에 산업화한 국가나 도시의 상황을 검토하는 기본적인 관점과 방법을 알게 해 줍니다.

엥겔스는 1820년에 태어나 1895년에 죽었습니다. 그가 활동하였던 빅토리아 시대의 대영제국은 산업혁명의 전성기를 누리는 한편 자본주의 속성에서 기인한 주기적 경기침체를 겪고 있었습니다. 이 책 — 원제는 "1844년 영국 노동자계급의 상태"입니다 — 은 엥겔스가 24세 때인 1845년에 쓴 것으로 당시 그는 독일에서 철학을 공부하고 영국에 가서 아버지가 경영하는 맨체스터의 방직 공장에 근무하고 있었습니다.

우리는 같은 도시에 살고 있어도 그 도시를 사람마다 다르게 경험합니다. 예를 들어 서울이라는 도시에 살고 있어도 구로동에 사는 이와 도곡동에 사는 이는 서울을 다르게 알고 있다는 것입니다. 하나의 도시에서도 지역마다 땅값이 다릅니다. 앞서 말했듯이 자본주의 사회에서는 토지가 상품화됩니다. 어떤 지역은 비싸고 어떤 지역은 싸야 토지를 사고팔 수 있습니다. 이러한 장소 구별을 통해 '불균등한 발전uneven development' 이 이루어지는 것이 자본주의의 특징 중의 하나입니다. 따라서 오늘날의 세계를 탐구하려면 장소place, site가 가진 위력을 항상 염두에 두어야 합니다.

장소와 함께 기억해야 할 것이 시간time과 행위자agent입니다. 엥겔스의 책 제목에는 "1844년"이라는 시간과 "노동자계급"이라는 행위자가 밝혀져 있습니다. 장소는 앞서 말했듯이 '맨체스터' 입니다. 이 책의 목차는 시간, 장소, 행위자의 측면에서 짜여 있습니다. 제목에서 1844년이라는 시간을 밝히고 — 정확하게 말하면 1835년부터 1850년까지 — "대도시" 장에서는 장소, "아일랜드 이주민" 장부터 마지막 장까지는 행위자인 노동자계급을 다룹니다. 서문에는 저술 의도, 방법론과 핵심 개념, 서술 순서, 감사의 말, 유의사항 등이 적혀 있습니다.

원래 이 책은 영국 사회사에 대한 보다 포괄적인 작업의 한 장에서 다루려고 의도했던 주제를 다루고 있다. 그러나 그 주제의 중요성 때문에 나는 곧 그것을 분리해서 다루기로 했다. 노동자계급의 상태는 오늘날 모든 사회운동의 진정한 토대이자 출발점이다.

_《영국 노동자계급의 상태》, 독일어 초판의 서문

노동자계급의 상태를 알아야만 사회운동의 이론과 행동 전략을 세울 수 있다는 말입니다. 이것이 이 책의 실천적인 목적입니다.

프롤레타리아트의 상태에 대한 인식은 한편으로는 사회주의 이론의 탄탄한 토대를 구축함에 있어서, 그리고 다른 한편으로는 사회주의에 대한 모든 감상적인 꿈과 논쟁들을 끝장내기 위해서 반드시 필요하다.

_《영국 노동자계급의 상태》, 독일어 초판의 서문

이 책의 이론적인 목적은 두 가지입니다. 하나는 "사회주의 이론의 탄탄한 토대를 구축"하는 것이고, 다른 하나는 "사회주의에 대한 모든 감상적인 꿈과 논쟁들을 끝장내"는 것입니다. 사회주의 이론 토대 구축이 긍정적인 목적이라면, 공상적 사회주의 배척은 부정적인 목적입니다. 이 둘을 합해서 '과학적 사회주의의 이론적 정초'라고 말할 수 있습니다. 여기까지가 이 책의 저술 의도입니다.

그러나 프롤레타리아트의 상태는 오직 대영제국, 특히 영국에서만 완벽한 고전적인 형태로 존재한다.

_《영국 노동자계급의 상태》, 독일어 초판의 서문

노동자계급의 상태를 파악하려면 원칙적으로는 전 세계를 돌아다니며 연구해야 하지만, 그것이 현실적으로 불가능하니 "대영제국"에 나타난 "고전적인 형태"를 가지고 연구하겠다는 것입니다. 여기서 "고전적인"은 '전형적인'이라는 뜻입니다. 엥겔스에 따르면, 영국 맨체스터의 노동자계급에 대한 연구는 다른 지역과 국가의 노동자계급의 상태를 파악하는 데 기본적인 틀과 방법론을 제공합니다. 이것이 이 책의 방법론과 핵심 개념입니다.

> 게다가 오직 영국에서만이 프롤레타리아트의 상태에 대한 최소한의 완전한 연구에 필수적인 자료들이 기록되어 있다.
>
> _《영국 노동자계급의 상태》, 독일어 초판의 서문

연구에 필요한 자료도 영국에만 있다는 말입니다. 엥겔스가 보기에, 산업자본주의의 고전적인 나라는 영국이고, 고전적인 땅은 맨체스터이며, 고전적인 행위자는 영국의 노동자계급입니다. 어떤 사회를 연구하기 위해서는 '고전적인 장소와 행위자'를 발견하는 것이 중요합니다.

> 우리 독일의 이론가들은 현실 세계에 대한 지식이 너무 약해서 생생한 관계를 통해서 이 '열악한 현실'의 개혁에 직접 도달할 수 없다. [...] 우리 독일인들은 그 누구보다도 이 문제에 관한 사실들에 대한 지식을 필요로 한다. [...] 프롤레타리아트의 비참과 억압의 근본적인 원인은 독일에서도 존재하고 있으며 결국에는 영국과 같은 결과에 빠지고 말 것이다."
>
> _《영국 노동자계급의 상태》, 독일어 초판의 서문

앞의 말은 이 책의 부수적인 의도입니다. 이 책은 산업혁명 시기의 영국 대도시인 맨체스터에 관한 것이지만 이로부터 원리적인 통찰이 이끌어져 나올 것이니, 독일 사람들도 이 책을 읽고 산업혁명기의 자본주의에 관한 것을 터득해야 한다는 것입니다. 엥겔스는 여기까지 이 책의 저술 의도와 방법론, 핵심 개념 등을 설명한 다음, 서론에서는 산업혁명에 관한 일반론을 펼치기 시작합니다. 이제부터 그것을 하나하나 살펴보기로 합시다. 물론 그가 여기서 전개하는 일반론은 오늘날의 연구자들이 말하는 산업혁명에 관한 것과는 다릅니다. 그러나 산업혁명 시기를 살아간 공장 주인의 아들이자 공장 경영자이며, 동시에 프롤레타리아 혁명운동의 핵심 인물인 사람의 눈에는 그것이 어떻게 보였는지를 알아보는 것도 아주 의미 있는 일이라 하겠습니다.

> 영국 프롤레타리아트의 역사는 증기기관과 방적기계가 발명됨에 따라 지난 세기 후반부터 시작된다. 잘 알다시피 이런 발명품들에 의해 산업혁명이 일어났고, 그 혁명은 문명사회를 온통 뒤바꿔 놓았다. 그러나 그 혁명의 역사적 중요성은 근래에 와서 비로소 인식되기 시작하였다.
>
> _《영국 노동자계급의 상태》, 서론

여기서 "문명사회"를 '시민사회'로 바꾸어 읽으면 좋겠습니다. 이 문장들은 산업혁명을 보는 엥겔스의 기본적인 관점을 집약하고 있습니다. "그 혁명의 역사적 중요성은 근래에 와서 비로소 인식되기 시작하였다"라는 말은 엥겔스 자신이 이에 대해 가장 잘 알고 있다는 말입니다. 첫 문장에 나오는 "프롤레타리아트의 역사"는 결과이고, "증기기관과 방적기계의 발명"은 원인입니다. 여기서 엥겔스가 취하고 있는 관점은 간단히 말해서 기술 중심주의입니다. 오늘날에는 이런 관점이 비판을 받지만, 당시에는 기술의 위력에 압도된 관찰자들에게 굉장히 흔한 것이었습니다. 엥겔스가 말하는 진행 순서를 정리해 봅시다. 1) 증기기관과 방적기계의 발명, 2) 산업혁명의 시작, 3) 시민사회의 변화 순입니다. 그리고 이 과정에서 사회 속의 새로운 행위자인 영국 노동자계급, 프롤레타리아트가 등장하였습니다. 엥겔스 책에서 시민사회는 경제적 활동 영역뿐 아니라 '사회 전체'를 가리킵니다. 기술혁신으로 말미암아 산업혁명이 일어났고 그 결과 사회 전체가 바뀌었습니다. 즉 새로운 사회관계와 제도, 문화적 양식이 등장했습니다. 이것이 엥겔스의 기본적인 생각입니다.

> 영국은 이런 변혁이 일어난 토양이며, 그 변혁이 무엇보다도 강력한 것이었던 만큼 그것은 소리 없이 진행되었다. 그러므로 영국은 변혁의 주된 산물인 프롤레타리아트의 국가이기도 하다. 영국에서만이 프롤레타리아트는 모든 측면에서 그리고 모든 다른 것과의 연관 속에서 연구될 수 있다.
>
> _《영국 노동자계급의 상태》, 서론

기술혁신과 산업혁명, 시민사회의 변화를 가장 잘 볼 수 있는 장소와 행위자는 영국과 영국 노동자계급이라는 말입니다. 서론의 이 첫째 문단은 "독일어 초판의 서문"의 내용을 개념적으로 재정리한 것입니다.

> 기계가 사용되기 전에는
>
> _《영국 노동자계급의 상태》, 서론

이제부터는 산업혁명 이전의 역사를 서술하겠다는 말입니다. 엥겔스는 '기계의 사용'과 산업혁명을 긴밀한 관계에 있는 것으로 보고 있기 때문에 "기계가 사용되기 전"이라는 말은 '산업혁명 전'이라는 말과 같은 뜻이 됩니다. 그렇다면 왜 산업혁명의 전사前史를 이야기하는 것일까요? 이것은 엥겔스가 헤겔에게 배운 방법론입니다. 여기서 상세하게 설명할 수는 없지만 헤겔에 따르면, 오늘날 우리 눈에 보이는 사태는 그것이 처음 생겨나서 우리 눈앞에 나타날 때까지 형성된 역사의 최종 결과물입니다. 따라서 이 사태를 제대로 이해하려면 — 이것을 헤겔의 용어로 말하면 '현상 형태를 개념적으로 파악한다Begreifen'입니다 — 그것의 형성사形成史를 알아야 하고 그것을 통해서 그 역사에 작용하고 있는 법칙을 알아낼 수 있습니다. 이것이 이른바 헤겔의 변증법적 방법 중의 하나입니다. 다시 말해 역사적인 것과, 그것을 넘어서는 초역사적인 것을 동시에 찾아내려는 것이 헤겔적 변증법입니다.

> 그 당시의 노동자들은 꽤 안락한 생활을 하며 성실함과 경건함 속에서 평화롭고 도덕적인 삶을 영위하였으며, 따라서 그들의 물질적 여건은 그들의 후예들보다 훨씬 양호하였다.
>
> _《영국 노동자계급의 상태》, 서론

산업혁명 이전 시대의 노동자들의 상태를 설명하고 있는 구절입니다. 여기서 "도덕적인"이라는 말을 주목합시다. 이 책에서 엥겔스는 "탈도덕적"이라는 말을 자주 사용하는데, 이것은 이 사태를 도덕적인 잣대가 아니라 정치경제학적 맥락에서 파악해야 한다는 것을 의미합니다. "탈도덕적"인 것은 '도덕과는 무관한nonmoral' 것을 의

미합니다. 그것은 '부도덕한immoral' 것이 아닙니다. 물론 이 구절에서는 산업혁명 이전 시대의 노동자들이 성실하고 경건한, 말 그대로 도덕적인 삶을 누렸다는 것입니다. 이는 산업혁명 이후의 타락한 삶과 대비하기 위한 서술이기도 합니다.

> 간단히 말하자면 그 시절의 영국 산업 노동자들은 자신의 생활 입지를 격심하게 위협받지 않으면서 조용하고도 격리된 상태로, 지금도 독일에서는 쉽게 볼 수 있는 그런 방식으로 생각하고 살아갔다. 그들은 거의가 글을 읽지 못하였고 쓸 수 있는 사람은 더욱 없었다. 그들은 규칙적으로 교회에 나갔고 정치 이야기는 전혀 하지 않았으며 정치에 대해 생각한다거나 정치적 음모를 꾸미지도 않았다. 그들은 운동을 즐겼고, 대대로 그래왔듯이 경건한 마음으로 성경 봉송을 들었으며 자신들의 비천함을 당연하게 여겨 '우월한' 계급에 대해 지극히 공손하였다. 그러나 지적인 면에서 그들은 백지상태였다.
>
> _《영국 노동자계급의 상태》, 서론

위의 언급을 좀 더 자세히 풀어서 설명한 구절입니다.

> 그들은 다만 자신들의 얼마 안 되는 개인적인 이익을 위해서, 그리고 자신들의 베틀과 텃밭을 위해 살았으며 그들이 사는 테두리 너머에서 인류에게 휘몰아치고 있던 강력한 움직임에 대해서는 조금도 알지 못했다. 그들은 조용한 경작 생활 속에서 안락하게 지냈다. 그 삶은 비인간적이긴 하였지만 낭만적이며 안락했기 때문에 산업혁명만 아니었다면 그들은 그 상태로부터 결코 떠나지 않았을 것이다. 사실, 그들은 인간이 아니었다. 그들은 다만 그때까지 역사를 이끌어 온 소수의 귀족들에게 봉사하는, 땀

홀리는 기계였을 뿐이었다. 산업혁명은 노동자들을 단순한 기계로 만들어 그들로부터 독립적 활동의 흔적을 모조리 없애 버렸기 때문에 노동자들이 인간다운 상태를 생각하고 요구하게 된 것은 당연한 일이다.

_《영국 노동자계급의 상태》

산업혁명으로 인해서 노동자들의 삶에 극적인 전환이 일어나는 과정을 묘사하고 있는 부분입니다. "산업혁명만 아니었다면"이라는 말이 중요합니다. 여기서부터는 산업혁명 이후 노동자의 삶에 대한 내용입니다. 그런데 엥겔스의 설명을 자세히 살펴보면, 이것이 있는 그대로의 서술이 아니라 도식화된 서술임을 알 수 있습니다. 다시 말해 하나의 도식을 설정하고 거기에 사태를 끼워 맞추는 것입니다. 엥겔스가 정말 하고 싶은 말은 이 인용문의 맨 마지막 문장입니다. 이것을 말하기 위해 그는 '평화롭고 도덕적인 상태 → 산업혁명 → 현재의 비참한 삶 → 인간이 인간답게 살아가는 상태'라는 도식을 만들었습니다. 그리고 현재의 비참한 삶을 인간이 인간답게 살아가는 상태로 바꾸려면 산업혁명과 맞먹을 정도로 강력한 힘이 투입되어야 한다고 주장했습니다. 이 힘이 바로 사회주의 운동입니다.

영국의 노동 상황에 급격한 변화를 일으킨 첫번째 발명은 북부 랭카셔 블랙버언 근처에 있는 스탠드힐에서 직조자인 제임스 하그리브스에 의해 1764년에 발명된 방적기였다.

_《영국 노동자계급의 상태》, 서론

노동자계급에 관한 설명을 끝낸 엥겔스는 산업의 변화를 서술하기 시작합니다. 기계의 발명에 의해 시작된 산업혁명의 역사를 "변화"라는 말로 설명합니다. 이 문단에는 다음과 같이 변화를 가리키는 술어가 계속 나옵니다. "사라졌고", "프롤레타리아트가 되었다", "오랜 관계가 무너졌다", "노동의 분화는 영영 고정되어 버렸다." 자세히 살펴보면, 방적기의 발명부터 노동의 분화까지 점점 범위가 넓어지고 추상적으로 되어 갑니다. 산업혁명 60년의 역사를 한 문단으로 정리한 것입니다.

산업 운동은 여기에서 멈추지 않았다.

_《영국 노동자계급의 상태》, 서론

이렇게 변화한 산업 운동은 "양모 제조업", "린넨 분야에서의 진보", "견직물" 등으로 이어졌습니다.

그 추진력이 한번 주어지자 산업 활동의 모든 분야로 전달되었고, 여기에 전혀 관계없는 많은 발명품들은 그 전체적인 운동 속에서 만들어졌다는 사실에 의해 더 큰 중요성을 지닌다.

_《영국 노동자계급의 상태》, 서론

산업 운동의 변화가 계속되다가 그것은 하나의 전체가 됩니다. 그래서 여기서는 "전체적인 운동"이 핵심적인 단어입니다. 다시 말해서 영국의 산업혁명을 이해하려면 지금까지 이야기했던 모든 것을 알아야 합니다. 시작부터 오늘날의 현상 형태까지 그 과정을 전부 알아야 "전체적인 운동"에 대한 이해가 가능한 것입니다.

이런 전체적인 활동의 소용돌이 속에 모든 것이 빨려 들어갔다. 농업도 그에 대응하여 진보되었다.

_《영국 노동자계급의 상태》, 서론

기계의 발명에 의해 변화가 시작된 공업을 이야기하고 그것의 전체적인 운동까지 논의한 다음, 이제는 논의의 범위를 넓혀서 농업, 교통시설의 건설, 운하, 철도, 수로 교통에 대한 설명이 이어집니다. 이렇게 해서 엥겔스는 고찰의 범위를 영국의 산업 전체로 넓혀 가는 것입니다.

제 28 강

'근대화' 된 맨체스터는 **근대 도시의 전형적인 공간 배치를** 구현한다. **노동자들의 거주지와 삶**은 체계적으로 배제되고 은폐된다. 그들에게는 낙관적 미래가 보장되어 있지 않다. '인간 정신의 진보'는 모두에게 해당되는 말은 아닌 것이다.

《영국 노동자계급의 상태》 서론에서 엥겔스는 영국 산업혁명 이전의 역사, 기술적인 발명에 의해 시작된 산업혁명의 변화, 그리고 그것에 의해 생겨난 여러 가지 변화에 대해, 문화적 양식에 이르기까지 서술합니다. 그런 다음 그는 "산업 프롤레타리아트"를 간단하게 다루고, 이어서 "대도시"를 고찰합니다. "대도시"에 이어서는 그 안에 살고 있는 노동자들의 삶, 그들을 지배하는 심성 상태로서의 "경쟁", 그리고 그런 모든 것들의 결과를 서술합니다.

"대도시"에서 엥겔스가 상세하게 다루고자 하는 곳은 맨체스터입니다. 그러나 그는 곧바로 맨체스터를 다루지 않습니다. 엥겔스는 먼저 런던에 대해 이야기합니다. 또한 맨체스터를 거론하기 전에 도시를 탐구하는 기본적인 원리를 찾아내고, 대도시의 발생과 함께 생겨난 사람들의 심성의 변화에 대해서도 말합니다. 그는, 런던이 "세계 상업의 중심지"로 떠오르면서 "런던 사람들이 인간의 좋은 본성들을 희생하지 않으면 안" 되었다고 말합니다.

그러면 이제부터 그가 고찰하는 "대도시"를 한번 읽어 봅시다.

힘센 소수, 즉 자본가들이 스스로 모든 것을 손에 쥔 반면 약한 사람, 가난한 자들에게는 생명의 연장만이 남는다는 사실이다.

_《영국 노동자계급의 상태》, 대도시

이것은 그가 런던을 고찰하고 내린 첫째 결론입니다. 런던의 거대함과 "생명의 연장"이 극명한 대조를 이루고 있습니다. 그가 보기에 산업혁명 시대의 대도시는 이렇게 거대해졌지만 그 안에 살고 있는 사람들은 그것과 아주 반대로 왜소해진 것입니다.

런던에서도 진실인 것은 맨체스터, 버밍햄, 리즈에서도 사실이며 모든 거대도시에서도 사실이다.

_《영국 노동자계급의 상태》, 대도시

앞서 말했듯이 엥겔스는 런던을 고찰하면서 대도시에 관한 고찰에서 규준으로 삼을 수 있는 일반적인 원리를 이끌어 냅니다. 그것을 그는 "사회적 전쟁"이라는 말로 집약하고 그것을 원리로 삼아 다른 도시를 살펴봅니다. 이렇게 차례차례 도시들을 살펴보다가 마지막으로 맨체스터에 집중합니다. 엥겔스는 다음과 같은 도시들을 살펴봅니다. 더블린, 에딘버러, 리버풀, 노팅햄, 레스터, 더비, 셰필드, 버밍

햄, 글래스고, 요크셔 서부와 랭카셔 남부, 리즈 시가 펼쳐져 있는 에어 계곡, 맨체스터와 리즈 간 철도가 달리는 칼더 계곡, 그리고 마지막으로 맨체스터.

블랙스톤 봉을 걸어서 넘어가거나 철도를 통해서 통과해 보면 영국 공업이 자신의 대표작을 만들었던, 그리고 노동운동의 진원지라고 할 수 있는 고전적인 땅, 즉 맨체스터를 중심 도시로 하는 남부 랭카셔를 만나게 된다.

_《영국 노동자계급의 상태》, 대도시

그는 마지막에 맨체스터를 살펴보기로 했으면서도 곧바로 시내로 들어가지 않고 그곳에 이르는 길목들부터 봅니다. 그리고 맨체스터에 들어가서도 엥겔스는 시계 반대 방향으로 돌면서 살펴봅니다. 맨체스터 지도를 보면 맨 위에 치탐 힐Cheetham Hill이 있고 그 아래에 중심부인 올드 타운이 있습니다. 오른쪽에 있는 뉴 타운은 부자들이 사는 장소가 아닙니다. 부자들은 맨체스터 외곽에 거주합니다. 아드윅Ardwick과 홀트 타운Holt Town 사이에는 운하가 있습니다. 이 근처에 가난한 자들이 삽니다. 출톤Chorlton의 옥스퍼드 길 왼편은 아일랜드 이주 노동자가 거주하는 빈민촌입니다. 마지막으로 살포드Salford는 공장이 많은 신시가지입니다. 그러면 이제부터 맨체스터에 관한 엥겔스의 분석을 보기로 합시다.

맨체스터는 영국 공업의 출발지이자 중심지이다. 맨체스터 상업은 교역 변동의 지표가 된다. 현대적 방식의 매뉴팩처는 맨체스터에서 완성된다. 남부 랭카셔의 면공업 지대에서 자연력의 적용, 손노동의 기계에 의한 대체(특히 기계 직기와 자동식 물방적기의 사용), 그리고 분업 등이 최고의 형태로 나타난다. 그리고 이러한 세 가지 요소를 근대적 매뉴팩처를 특징짓는 것으로 인식한다면, 면공업은 처음부터 오늘날까지 다른 어떤 산업보다 진보해 있다고 할 수 있다. 근대적 매뉴팩처가 노동자계급에게 미치는 영향이 여기에서 가장 자유롭고 완전하게 드러나며 공업 프롤레타리아트가 가장 고전적 의미의 완성 형태로 나타난다. 증기력, 기계, 분업의 적용으로 노동자들이 처하게 된 최악의 상태와 이러한 최악의 상태를 극복하려고 하는 프롤레타리아트의 시도는 여기에서 가장 최고의 지점까지 그리고 가장 의식적으로 이루어진다. 그러므로 나는 맨체스터 주민들이 아는 것보다 더 잘 알고 있기 때문에 맨체스터에 대해 좀 더 폭넓게 알아보도록 하겠다.

_《영국 노동자계급의 상태》, 대도시

엥겔스에 따르면 현대적 방식의 매뉴팩처는 자연력의 적용, 기계에 의한 손노동 대체, 분업을 특징으로 하는데, 이것이 가장 잘 나타난 곳이 바로 맨체스터입니다. 그리고 이 세 가지 요소가 집약된 곳에서는 "공업 프롤레타리아트가 가장 고전적 의미의 완성 형태"로 나타납니다. 따라서 맨체스터의 공업 프롤레타리아트(라는 행위자)를 분석하면 현대적 방식의 매뉴팩처(라는 구조)가 어떻게 작동하는지 알 수 있습니다. 맨체스터 주민 대부분은 자신의 삶에 파묻혀 있어 맨체스터라는 도시에 대해 잘 알지 못했습니다. 반면 엥겔스는 그 곳의 삶에 파묻혀 있지 않고 관찰자의 위치에 있었으므로 그 도시에 대해 잘 알 수 있다고 자부하고 있는 것입니다.

맨체스터 주변의 도시들도 노동자 지역에 관한 한, 노동자계급이 도시 인구의 대다수를 차지한다는 사실만을 제외하고는 중심 도시와 거의 다를 바가 없다.

_《영국 노동자계급의 상태》, 대도시

맨체스터를 제대로 설명하려면 맨체스터 주변 도시들도 살펴보아야 한다는 것입니다. 이 부분은 맨체스터를 둘러싼 남부 랭카셔 지방에 대한 구조적인 설명입니다. 이 지방에는 맨체스터와 수직계열화 방식으로 연결된 도시들이 있습니다. 다시 말해서 맨체스터와 한 묶음으로 움직이는 도시들인 것입니다.

이러한 소도시들만 보아도 충분하다. 각자는 자신의 특수성을 가지고 있지만 일반적으로 노동자들은 맨체스터에서와 사는 방식이 거의 비슷하다. 따라서 나는 특히 이들 소도시의 특별한 측면만을 그려 보았고 맨체스터에서 노동인구의 상태에 관한 일반적 고찰은 이러한 주변 도시들에도 완전히 적용될 수 있음을 확인할 수 있다.

_《영국 노동자계급의 상태》, 대도시

지금까지 맨체스터에 관한 일반적인 논의가 있었고, 이제부터는 맨체스터의 구조에 대한 설명이 나옵니다.

건축물을 다 모아놓은 것이 보통 맨체스터라고 불리며 40만 명을 넘는 주민들을 포괄하고 있다. 이 도시는 독특하게 지어져 있어 어떤 사람이 자신의 일과 즐거운 산보에만 한정하여 움직인다면 그는 노동자나 노동자가 사는 지역을 접촉하지도 않은 채 매일 왔다갔다 하며 여러 해를 살 수도 있다. 이는 주로 공공연한 의식적인 결정에 의해서뿐만 아니라 무의식적으로 암묵적인 합의에 의해서 노동자 거주 지역은 중간계급을 위해 남겨 둔 도시의 다른 부분과 철저하게 분리되어 있다는 사실에 기인한다.

_《영국 노동자계급의 상태》, 대도시

이는 맨체스터의 공간 배치에 대한 내용입니다. 이 도시는 아주 자연스럽게 계급에 따라 거주지가 나뉘었습니다. 이것도 말하자면 산업혁명의 성과입니다. 현대 도시도 마찬가지입니다. 노동자계급과 중간계급, 상층계급의 거주 지역으로 나뉘어 있고, 부르주아지는 노동자의 거주 지역을 지나치지 않고도 일상생활을 영위할 수 있게 되었습니다. 도시의 지역들이 계급에 따라 분리된 것, 오늘날에도 결코 낯설지 않은 풍경입니다. 엥겔스의 설명을 따라 이 도시를 좀 더 들여다봅시다.

맨체스터는 그 심장부에 반 마일 정도의 길이와 폭을 가지는 상당히 넓은 상업 지역을 가지고 있으며 그 대부분은 사무실과 상점으로 가득 차 있다. 거의 전 지역이 밤에는 사람이 거주하지 않고 버려져 외롭고 인적이 없는 거리로 변한다. 단지 야경꾼과 경찰만이 어두침침한 전등불을 들고 골목길을 돌아다닌다. 이 지역은 교통이 매우 집중되어 있으며 화려한 상점들이 줄지어 있는 간선도로에 의해 갈라진다.

_《영국 노동자계급의 상태》, 대도시

맨체스터의 공간 배치는 사회적 정치적 경제적 권력의 표상이라 할 수 있습니다. 공간 배치와 계급 구조는 서로 대응합니다. 노동자계급은 화려한 상점 뒤편에, 중간계급은 도심과 교외 중간에, 상층계급은 교외 지역에 삽니다. 간선도로는 상층계급이 사는 교외를 도심과 곧바로 연결하기 위해 만든 것입니다.

그럼으로써 그들은 자신의 사업 지역이 왼편과 오른편에 숨어 있는 냉혹한 비참함의 한가운데 있다는 사실을 몰라도 된다.

_《영국 노동자계급의 상태》, 대도시

근대 자본주의 사회에서 사는 사람은 항상 나의 계급적 정체성이 무엇인지 물어야 합니다. 나의 계급적 이익에 철저히 복무하면서 사는 것이 근대인의 기본적인 태도입니다. 계급의식을 조장하는 것은 나쁜 것이 아닙니다. 이는 근대 사회의 필수적인 요소입니다. 그리고 계급적 정체성을 잘 표현하는 외부의 형태 중의 하나가 바로 '사는 곳'입니다. 자신의 계급적 정체성을 묻는 가장 손쉬운 방법은 자신이 어디에 살고 있는지를 묻는 것입니다. 엥겔스는 맨체스터를 분석하면서 이 점을 잘 간파해 내고 있습니다.

누구나 간선도로의 외형만을 보고도 그 주변 지역을 유추할 수 있다. 하지만 아무도 거리에서 노동자 거주 지역의 실태를 포착할 수는 없다. 나는 이러한 위선적인 도면이 모든 대도시에 일반적으로 공통되는 것임을 알고 있다. 나는 소매상들이 자기 사업의 성질상 큰 길가를 차지하지 않을 수 없다는 사실도 알고 있다. 나는 이러한 큰 길가에는 어디에서나 보다 좋은 건물들이 세워지고 땅값은 멀리 떨어진 지역보다 큰 길가에 가까울수록 더욱 올라간다는 사실을 알고 있다. 그러나 동시에 나는 노동자계급이 간선도로로부터 그렇게 체계적으로 배제되고 부르주아지의 신경과 눈에 거슬리는 모든 것들을 그렇게 유연하게 감추는 것이 맨체스터처럼 잘 이루어진 곳은 본 경험이 없다.

_《영국 노동자계급의 상태》, 대도시

여기서는 "체계적으로 배제되고"라는 말이 중요합니다. 도시 구조와 계급 분리를 관통하는 원칙이 바로 체계적인 배제와 은폐입니다. 이것은 오늘날에도 대도시에서 적용되고 있습니다. 이 구절을 읽고 있으면 19세기의 맨체스터와 21세기의 대도시가 같은 원리에 의해서 구조화되고 있음을 알 수 있습니다. 자본주의 사회의 대도시들은 이처럼 산업혁명기부터 같은 원리에 따라 형성되고 있는 것입니다.

> 이러한 연관에서 노동자계급이 훌륭하게 잘살고 있다는 중간계급의 열렬한 확신을 생각해 볼 때 나는 자유주의적 기업주들, 즉 맨체스터의 중요 인물들이 결국 이런 미묘한 건축 방식에 관한 일에 그렇게 무지하지는 않다는 느낌을 떨쳐 버릴 수가 없다.
>
> _《영국 노동자계급의 상태》, 대도시

도시를 이렇게 구조화하는 것은 우연히 일어나는 것이 아니라 도시의 "중요 인물들"이 계획을 세워 하는 일이라는 것입니다. 여기까지가 엥겔스가 파악한 도시 구조의 원리입니다. 그런 다음 엥겔스는 노동자계급이 사는 지역을 탐색하기 시작합니다.

> 나는 여기서 노동자 지역을 묘사하기 전에 우선 방앗간이라는 것이 도시를 갈라 놓는 강과 서로 다른 운하들을 연결해 주고 있다는 사실을 지적하고 싶다.
>
> _《영국 노동자계급의 상태》, 대도시

노동자 거주 지역에 관한 엥겔스의 설명은 시계 방향으로, 넓은 범위에서 좁은 범위로, 겉에서 속으로, 거시적인 것에서 미시적인 것으로 진행됩니다.

이제 그만! 이어크 강의 사방은 모두 이런 방식으로 건축되어 있다. 거의 사람이 거주하기 어려운 지경에까지 이른 집들은 무계획적으로 얽혀 엄청난 혼돈스러움을 보여 주고 있으며 집 내부의 불결함은 더러운 외부 환경과 완전히 일치한다.

_《영국 노동자계급의 상태》, 대도시

노동자 계급이 사는 곳은 "무계획적"입니다. 반듯반듯한 상층계급 거주지와는 바로 이 점에서 뚜렷하게 구별됩니다. 그리고 도시 외관과 집안 내부는 "불결함"이라는 공통점을 가지고 있습니다.

가장 참혹한 지점은 (내가 각각의 모든 지점들을 상세히 묘사하려고 한다면 나는 이 책을 끝맺지도 못할 것이다) 옥스포드 로드Oxford-Road 남서쪽에 있는 맨체스터에 있으며 소아일랜드Little Ireland로 알려진 곳이다. 메드록 강이 휘어지는 곳에 깊숙이 박혀 있는 빈민굴은 사방으로 큰 농장과 높은 제방으로 둘러싸여 있으며 빌딩으로 뒤덮여 있는데 여기에 200채의 집들로 이루어진 두 개의 집단이 있다. 이 집들은 서로 등을 맞대도록 세워졌고 거기에는 약 4만 명의 인구가 살고 있으며 대개 에이레 인이다.

_《영국 노동자계급의 상태》, 대도시

노동자계급이 살고 있는 곳 중에서도 "가장 참혹한 지점"에 대한 설명입니다. 맨체스터 지도를 보면 아래쪽에 촐톤Chorlton이 있고 그곳을 가로지르는 옥스퍼드 길이 있습니다. 여기가 아일랜드 계 이주 노동자가 사는 지역입니다. 이주 노동자는 자본주의 체제에서 가장 하층에 놓여 있는 사람들입니다. 현재 한국에서도 아시아 여러 지역에서 온 이주 노동자들이 그런 처지에 있습니다. 19세기 영국에서는 바로 아일랜드 이주 노동자가 그러했습니다.

창유리가 빠져 기름 천으로 수선해 놓고 휘어진 문과 썩은 문기둥, 축축한 지하실이 있는 황폐한 집에서, 무한정한 오물과 악취 속에서 마치 자진해서 그러는 것처럼 그 환경에 갇혀 사는 인종은 실제로 인간의 가장 저급한 단계에까지 도달하여 있는 것이다.

_《영국 노동자계급의 상태》, 대도시

"가장 참혹한 지점"까지 갔으니 이제는 가장 참혹한 인간이 나올 차례입니다. 그들이 사는 곳에 대한 설명에서 더 이상의 밑바닥은 없다는 느낌을 확연하게 받게 됩니다.

이어웰 강을 건너 살포드로 가다 보면 강이 만들어 낸 반도 위에 8천 명의 주민이 사는 시가지를 만나게 된다.

_《영국 노동자계급의 상태》, 대도시

맨체스터 외곽의 살포드Salford 지역 역시 하층 노동자 계급이 사는 곳입니다. 이곳은 공장 지역입니다. 지금까지 엥겔스가 설명했던 모든 것이 살포드에 집약되어 나타납니다.

이 지역에서 나는 소 외양간 같은 곳에서 살고 있는 60세 정도의 남자 한 명을 발견하였다. 그는 창문도 마루도 천정도 없는 네모진 자기의 울 안에 비록 썩은 지붕으로 빗물이 새고 있었지만 굴뚝은 만들었고 침대도 얻어다 놓고 살고 있다. 이 사람은 너무 늙고 약해서 일상적인 노동을 할 수 없었고 손수레로 분뇨를 치우는 작업으로 먹고살고 있다. 자기의 보금자리 옆으로 똥무더기가 쌓여 있었다!

_《영국 노동자계급의 상태》, 대도시

"60세 정도의 남자 한 명"은 어쩌면 엥겔스가 전형적인 인간을 묘사하기 위해 만들어 낸 인물일 수도 있습니다. 이 남자에 대한 묘사는 독자에게 강렬한 인상을 줍니다. 엥겔스는 구조적인 원칙에 따라서 맨체스터를 관찰했고 그것의 최종 귀착지가 바로 이 60세 정도의 남자입니다. 독자는 지금까지의 설명을 따라오면서 산업혁명이 만들어 낸 전형적인 도시 맨체스터에서, 그 혁명의 전형적인 산물인 "60세 정도의 남자 한 명"을 만나게 됩니다. 이 남자는 산업혁명에 의해 생겨난 프롤레타리아계급의 상징인 것입니다.

이러한 것들이 내가 20개월 동안 개인적으로 관찰할 기회가 있었던 맨체스터의 노동자 거주 지역의 다양한 모습이다. 돌아다니면서 본 것들의 결과를 간단히 정리해 보면, 맨체스터의 35만 명의 노동자와 그 주변 사람들은 거의 대부분 낡고 습기가 많으며 더러운 가옥에서 살고 있으며, 그 주변의 거리도 가장 불결하고 비참한 상태로 통풍은 조금치도 고려하지 않은 채 건축 청부업자들이 얻는 이윤만을 고려하여 건설되었다. 한마디로 말해서, 맨체스터의 노동자 거주 지역에서는 청결과 편익은 전혀 불가능하며 그 결과로서 안락한 가정생활도 불가능하다는 사실, 그리고 그러한 거주지에서는 모든 인간성을 다 도둑맞고 비천해진, 정신적 육체적으로 짐승과 같이 퇴보한 타락한 인종만이 편안함과 안락함을 느끼며 살 수 있다는 사실을 인정해야만 한다.

_《영국 노동자계급의 상태》, 대도시

엥겔스는 지금까지 했던 이야기를 이 문단에서 다시 정리합니다. 이 모든 사태를 초래한 핵심적인 요인이 "이윤"이라는 말에 담겨 있지만, 여기에서는 지나가는 말처럼 써 놓았습니다. 엥겔스는 가옥과 거리 같은 물리적 환경과 인간의 정신이 어떻게 연결되는지를 설명합니다. 다시 말해 맨체스터라는 도시가 '탈도덕화'와 '불안정성'을 만든다는 것입니다. 그가 처음부터 이런 추상적인 이야기를 했다면 독자에게는 별로 설득력이 없었을 것입니다. 그 대신 그는 먼저 거리의 풍경을 묘사하고 마지막에 이런 이야기를 합니다. 이는 강한 호소력을 불러일으키는 것입니다.

제 29 강

산업도시에 사는 노동자들에게는 **사회의 살인 행위**가 벌어지는 반면, 부르주아계급은 이윤 추구를 위해 **냉혹한 계산**을 되풀이한다. 엥겔스는 노동자들의 총 봉기에 의한 부르주아계급의 타도라는 헛된 희망을 품는다.

이제까지 우리가 밝혀낸 사실들을 간단히 요약해 보자. 대도시에는 주로 노동자계급이 산다. 노동자 2명이 살 때 부르주아지가 1명이 사는 경우가 가장 양호한 경우이며, 때로는 노동자 3~4명이 살 때 부르주아지가 1명 사는 곳도 있다. 대부분의 노동자는 아무런 재산도 가지고 있지 않으며 전적으로 임금에 의존해서 그날 벌어 그날 쓰는 식으로 살아간다.

_《영국 노동자계급의 상태》, 대도시

여기서 "대도시"는 맨체스터만이 아니라 런던을 비롯한 모든 도시를 가리킵니다. 그에 따르면 이렇게 대도시를 연구하면 노동자계급의 상태를 알 수 있습니다. 이제부터 엥겔스는 노동자계급의 상태에 대해 본격적으로 논의하는데, 그들의 가장 기본적인 특징은 "임금"에 의존해서 살아간다는 것입니다.

노동자의 거주지는 어느 곳에서나 무계획적으로 험하게 세워졌으며 가장 나쁜 상태로 유지되며, 통풍이 잘 안 되고 습하며 건강에 해롭다.

_《영국 노동자계급의 상태》, 대도시

노동자의 옷도 대부분 빈약하며 대부분의 옷은 누더기로 되어 있다. 양식도 일반적으로 빈약하다. 노동자들이 먹는 양식은 먹기에 부적합한 것이 대부분이며, 많은 경우 양도 매우 부족한 상태여서 극단적인 경우에는 굶어 죽기까지 한다. 대도시의 노동자들은 다양한 생활수준을 보여 준다.

_《영국 노동자계급의 상태》, 대도시

노동자들은 이처럼 처참한 상태에 있습니다. 그런데 자본주의적 공업과 그것의 중심지인 맨체스터를 움직이는 가장 기본적인 원리는 이윤을 획득하기 위한 자본주의적 경쟁이고 노동자들 역시 이것에서 벗어날 수가 없습니다. 엥겔스는 "경쟁" 장에서 노동자들은 물론 자본주의 사회를 지배하는 핵심 원리인 경쟁에 대해 논의합니다.

경쟁은 근대 시민사회를 규정하고 있는 '만인에 대한 만인의 전쟁the battle of all against all'의 가장 극단적인 표현이다. 생존을 위한 이러한 투쟁 — 극단적인 경우 목숨을 건 투쟁 — 은 사회의 서로 다른 계급들 사이에서만 일어나는 것이 아니라 동일한 사회집단 내부의 각 개인들 사이에서도 일어난다. 각 개인들은 서로에 대해서 이해가 상반되는 위치에 있으며 자신의 발전에 방해되는 모든 사람들을 따돌리고 싶어 한다. 노동자계급은 부르주아지 집단과 마찬가지로 그들 내부에서 서로 항상 경쟁 상태에 있다. 기계직기의 직조공은 수직기의 직조공과 경쟁 상태에 있으며, 실업자나 저임금 직조공은 취업자나 고임금 직조공과 경쟁 상태에 있으면서 항상 서로를 대체하려 한다. 그러나 노동자계급 사이의 경쟁은 노동자 자신에게 미치는 영향이라는 관점에서 볼 때 가장 나쁜 측면이며 부르주아지가 노동자계급을 공격하는 가장 날카로운 무기이다. 그렇기 때문에 노동자들은 단결을 통해서 경쟁을 없애려고 노력하며, 부르주아지들은 단결을 증오하며 노동자들의 단결이 실패할 경우 승리감에 도취한다.

_《영국 노동자계급의 상태》, 경쟁

엥겔스는 "만인에 대한 만인의 전쟁"이라는 홉스의 말로 경쟁을 규정합니다. 여기서 "근대 시민사회"는 근대 부르주아 사회입니다. 엥겔스에 따르면, '계급 간inter-class 전쟁'과 '계급 내intra-class 전쟁'이 있는데, 전자는 부르주아지와 프롤레타리아트의 경쟁이고 후자는 노동자계급 내의 경쟁입니다. 부르주아지는 끊임없이 단결하며, 프롤레타리아트 안에서의 경쟁을 부추깁니다. 노동자계급 내의 경쟁은 결국 그들의 노동력을 상품으로 팔기 위한 경쟁입니다.

쉽게 말해서 노동자들은 법률적으로나 실제적으로 자산 소유 계급의 노예이다. 노동자는 상품처럼 팔릴 뿐만 아니라 노동자의 가격이 상품의 가격처럼 오르내리는 것을 보면 노동자는 확실히 노예인 것을 알 수 있다.

_《영국 노동자계급의 상태》, 경쟁

앞서 절대왕정 체제를 논의하면서 살펴보았듯이 자본주의가 등장하기 위해서는 토지, 노동, 화폐가 상품화되어야 합니다. 특히 자신의 노동력을 '자유롭게' 상품으로 판매할 노동자가 있어야 합니다.

> 과거의 노예들과의 유일한 차이점은 과거의 노예들이 공공연히 노예로 간주된 반면 현대의 노동자는 노예라는 사실이 감추어져 있다는 것이다. 노동자는 겉보기에 자유스럽다. 왜냐하면 노동자는 한꺼번에 영속적으로 팔려가는 것이 아니라 하루, 일주일 또는 일 년 단위로 팔리기 때문이며, 더욱이 어떠한 소유자도 노동자를 다른 사람에게 팔지 않으며 대신 노동자가 스스로를 팔지 않을 수 없게 되어 있기 때문이다.
> _《영국 노동자계급의 상태》, 경쟁

> 과잉 인구가 존재하는 실제적인 이유는 노동자들 간의 경쟁에 있다.
> _《영국 노동자계급의 상태》, 경쟁

노동자들은 자유롭게 자신의 노동력을 판매할 수 있지만, 언제나 그것이 팔린다는 것에 대해서는 보장받고 있지 못합니다. 그들 사이에는 경쟁이 있고, 이는 자본가에 의해서 끊임없이 조장됩니다. 그러면 그러한 경쟁의 결과는 어떠하겠습니까? 엥겔스는 "제 결과들" 장에서 그 점을 분석합니다.

> …실제로 노동자계급 자신들에게는 무슨 일이 일어났으며, 노동자들은 어떠한 종류의 사람들인가, 공업화는 그들의 육체적 정신적 도덕적 지위에 어떠한 영향을 주었는가를 살펴보자.
> _《영국 노동자계급의 상태》, 제 결과

"제 결과" 장에서 엥겔스는 위의 세 가지를 이야기하려 합니다.

수천 명의 노동자들이 생활필수품을 박탈당하고 더 이상 살아가기가 불가능한 상황에 어쩔 수 없이 빠져 버릴 때 이것도 사회의 살인 행위이다. […] 이러한 사회의 살인 행위는 숨겨진 사악한 살인이며, 누구도 그 살인으로부터 스스로를 보호할 수 없는 형태의 살인이다. 살인자를 눈으로 볼 수 없기 때문에 그 정체가 드러나지 않는 살인이며 살인 형태가 작위作爲, commission에 의한 것이 아니라 부작위不作爲, omission에 의한 것이기 때문에 희생자의 죽음이 당연한 것처럼 보이는 살인이다.

_《영국 노동사계급의 상태》, 제 결과

노동자계급에 무슨 일이 일어났는지에 관한 설명입니다. 그들에게는 "사회의 살인 행위"가 벌어지고 있습니다. 그것은 노동자가 원하지 않아도 일어나는 일입니다. 그러므로 "어쩔 수 없이 빠져 버릴 때"라는 말이 중요합니다. 노동자 개인이 아무리 노력해도 사회구조적 원인에 의해 "더 이상 살아가기가 불가능한 상황"에 빠질 수 있는 것입니다. 그것은 노동자가 게을러서 일어나는 사태가 아닙니다. 그렇게 생각하는 것은 모든 사태를 개인의 책임으로 귀속시키는 것에 불과합니다. 근대 자본주의 사회에서 개인의 경제적 활동은 사회의 구조적인 측면과 맞물려 있습니다. 그러므로 사회구조적인 관계를 외면하면 온전한 설명이 이루어지지 않습니다. 엥겔스는 특정 사태를 개인의 도덕적 측면이 아니라 사회구조적 맥락에서 살펴보고 있습니다. 사회구조적 맥락은 버리고 모든 사태를 개인의 도덕적 측면에서 설명하는 것을 '사사화私事化'라고 합니다.

힘센 소수, 즉 자본가들이 스스로 모든 것을 손에 쥔 반면 약한 사람, 가난한 자들에게는 생명의 연장만이 남는다는 사실이다.

_《영국 노동자계급의 상태》, 대도시

이것이 엥겔스가 사용하는 가장 기본적인 구도입니다. 자본주의 사회에서는 부르주아지와 프롤레타리아트의 대립 구도가 나타나고 그때 행위 주체는 '개인'이 아니라 '계급'입니다. 엥겔스에 따르면, 자본주의 사회에서 나타나는 노동자의 희생은 구조적 살인입니다. 따라서 이 구조를 밝혀내지 않으면 사회적 살인이 어떻게 일어나는지 알 수 없습니다. 이 장에서 엥겔스가 찾아내고자 하는 것은 "부작위에 의한" 살인입니다. 그것은 공업화가 노동자의 육체적 정신적 도덕적 상황에 끼친 영향의 결과인 것입니다.

그러면 그것들을 하나씩 살펴보기로 합시다.

이미 앞에서 묘사한 대로의 상태에서 가장 필요한 생활 수단마저 갖추지 못한 채 살고 있는 계급이 건강할 수 없고 자기 수명을 다 채울 수 없다는 사실은 자명하다.

_《영국 노동자계급의 상태》, 제 결과

사회적 살인의 원인 중 하나가 질병입니다. 개인의 건강도 사회적 맥락 속에 있습니다. 주거 환경이 안 좋을 때 병에 걸릴 확률이 높습니다. 이는 오늘날에도 마찬가지입니다. 많은 연구들이 질병과 계급의 상관관계를 보여 주고 있습니다. 질병에는 거주 상태와 음식도 영향을 미칩니다.

노동자들은 실제 나이보다 나이가 많이 들어 보이고 일찍 죽는다.

_《영국 노동자계급의 상태》, 제 결과

길게 설명할 필요가 없는 말입니다. 노동자들은 건강하지 못하므로 일찍 늙고 일찍 죽는 것입니다. 당시 노동자계급의 위생 상태에 관한 보고서를 보면 이것을 잘 알 수 있습니다. 리버풀에서 1840년에 상층계급, 젠트리, 전문인들의 평균수명은 35세였으며 사업가나 좋은 직장을 가진 수공업자의 경우는 32세, 기능공, 막노동자, 서비스 노동자의 경우는 15세였습니다. 노동자계급의 사망률이 이렇게 높은 것은 주로 노동자계급 자녀들의 높은 사망률 때문입니다.

맨체스터에서 노동자 자녀들의 54퍼센트가 5세가 되기 이전에 죽어 버린다는 사실이 전혀 놀랍지 않다. 다른 한편으로는 상층계급의 20퍼센트만이 5세가 되기 이전에 사망하며, 농촌 지역에서 5세가 되기 이전에 어린이가 죽는 사망률은 32퍼센트를 넘지 않는다.

_《영국 노동자계급의 상태》, 제 결과

여기서 놀라운 사실은 맨체스터의 자녀 사망률이 농촌 지역의 그것보다 더 높다는 것입니다. 농촌 지역의 사망률은 32퍼센트인데 맨체스터의 사망률은 54퍼센트입니다. 농촌에서 부랑자로 떠돌던 이들이 도시로 와서 도시 빈민이 되고 노동자가 되었는데, 그것은 그들의 삶을 더 불행하게 만든 것입니다.

이제 노동자의 육체적 상태 이외에 노동자의 정신적 상태에 대해서 살펴보자.

_《영국 노동자계급의 상태》, 제 결과

이제부터는 노동자계급의 도덕적 상황에 대해 다룹니다. 앞서 말한 '탈도덕화'에 대한 것입니다. 이들이 도덕적으로 부패해진 것은 심성이 나쁘기 때문이 아닙니다. 그들의 가난한 상황이 그렇게 만들어 버린 것입니다.

〈타임즈〉지는 하루 동안의 일을 보도하고 있는데 절도, 경찰에 대한 폭행, 아버지더러 자기의 서자를 양육하라는 판결, 부모에 의해 버려진 아이, 부인에 의한 남편 음독 살인 등에 관한 내용이 포함되어 있다. 이러한 보도는 영국의 모든 신문에서 볼 수 있다. 영국에서는 사회적 전쟁 상태가 철저하게 수행되고 있고 모든 사람이 독립적으로 살고 있고 자신을 위해 모든 다른 사람과 싸우고 있다. 자기가 적이라고 규정한 사람과 싸울 것인가 말 것인가에 관한 결정은 무엇이 가장 자기에게 유리할 것인가에 관한 냉혹한 계산에 따라 결정된다.

_《영국 노동자계급의 상태》, 제 결과

사회적 전쟁 상태에서 살아가는 사람들이 취하는 최선의 합리성은 "냉혹한 계산"입니다. 모든 행동이 이것을 근거로 이루어집니다. 사실 이는 노동자에게만 해당하는 것은 아닙니다. 상층 부르주아계급 역시 자신들의 행동을 도덕적 기준에 의해서가 아닌 냉혹한 계산과 이윤에 따라 결정합니다. 이는 자본주의 사회가 낳아 놓는 필연적인 결과일지도 모릅니다. 그렇다면 앞으로의 사태는 어떻게 되겠습니까? 엥겔스의 전망을 한번 봅시다.

이러한 사회적 전쟁 상태는 해가 갈수록 격렬해지고 지독해진다. 적은 이제 두 개의 집단 — 한쪽은 부르주아지, 다른 한쪽은 노동자 — 으로 나넌다. 개인의 전체에 대한 전쟁, 부르주아지의 프롤레타리아트에 대한 전쟁은 전혀 놀라운 일이 아니다. 왜냐하면 이는 자유경쟁 원칙의 논리적 귀결이기 때문이다.

_《영국 노동자계급의 상태》, 제 결과

"냉혹한 계산"에 근거한 사회적 전쟁 상태는 더욱 더 격렬해지고 지독해집니다.

부르주아들은 매일매일 아무렇지도 않은 듯이 신문에서 이러한 사건들을 읽는다. 즉 이러한 사회적 상태에 대해서 부르주아지가 분개를 표시하지 않는다는 것이 아니라 지금 범죄라는 형태로 징후를 보이고 있는 총 봉기의 결과에 대해서 공포를 느끼지 못하고 있다는 것이다. 그러나 부르주아지이기 때문에 사실 자체를 볼 수 없으며, 그 사실들이 초래할 결과에 대해서는 더욱 이해할 수 없는 것이다. 계급적 편견이나 선입견이 이토록 극도의 맹목성 속으로 인간을 빠져들게 한다는 사실만이 놀라울 뿐이다. 그러는 동안에 국가의 발전은 부르주아지가 그것을 이해할 수 있는 눈을 가지고 있든 없든 계속 진행될 것이며, 언젠가 자산계급은 자신의 철학으로는 도저히 꿈도 꿀 수 없었던 사태에 직면하고서 놀랄 것이다.

_《영국 노동자계급의 상태》, 제 결과

엥겔스가 보기에 결국에는 프롤레타리아트의 총 봉기가 일어나 부르주아계급이 타도될 것입니다. 이것은 엥겔스의 계급투쟁론입니다. 그런데 이것은 엥겔스의 희망 사항이었습니다. 오늘날의 우리는 그러한 사태가 일어나지 않았음을 알고 있습니다. 그 까닭은 무엇보다도 새로운 지배계급으로 올라선 부르주아지가 충분히 강력했기 때문입니다. 경제적인 구조뿐만 아니라 사회 전반을 총체적으로 바꿔 버린 산업혁명에 이어 프랑스혁명을 통해 정치적인 구조까지 바꾸기 시작한 부르주아계급이 19세기 전반을 완전히 장악함으로써 엥겔스의 희망은 말 그대로 희망으로 끝나 버린 것입니다. 근대성 안에는 근대 국민국가, 과학혁명, 계몽주의, 산업혁명, 프랑스혁명 등이 포함됩니다. 이것들이 전개되는 과정은 최소한 300년이 걸렸습니다.

제 30 강

19세기에 만개한 근대화는 수많은 찬양자를 거느리고 있다. 그들은 이윤 추구가 인간의 파괴적 정념을 다스리는 처방전이 되리라고 자신만만하게 말한다. **자본주의 정신**은 '훌륭한' 정신인 것이다. 이 자신감은 20세기에 이르도록, 아니 지금까지도 소멸되지 않는다.

증기기관과 방적기는 '기술technology'이고 맨체스터는 '공간space'입니다. 그리고 대도시에서 살아가는 부르주아지와 프롤레타리아트, 즉 '행위자agent'가 있습니다. 산업혁명과 함께 새로운 기술이 등장했으며 그 기술에 의해서 새롭게 만들어진 도시라는 공간이 생겨났습니다. 그리고 그 공간에서 살아가는 임금 노동자라는 새로운 종류의 행위자가 나타났습니다. 옥스퍼드 대로 옆에 거주한 아일랜드 이주 노동자의 삶을 떠올려 봅시다. 그들은 맨체스터로 이주한 후 그렇게 살게 되리라는 것을 전혀 예상하지 못했을 것입니다. 그들은 자신들이 지금까지 살아오던 것과는 아주 다른 공간과 인간관계, 즉 새로운 네트워크로 편입되었습니다. 다시 말해 전통적인 네트워크가 끊어지고 사회적 원자가 되어서 도시로 밀려 들어온 것입니다. '기술'이 발전해서 사회적 부를 생산하는 구조가 바뀌면 '공간'과 그 안에서 살아가는 '행위자'도 변화합니다. 그러한 변화는 여러 가지 측면으로 나타납니다.

엥겔스에 따르면, 부르주아지와 프롤레타리아트를 지배하는 근본적인 심성구조는 '경쟁'입니다. 경쟁은 근대적 시공간을 지배하는 가장 기본적인 심성구조이며, '불안'이 이것에 맞물려 있습니다. 경쟁이 심해질수록 불안감도 늘어납니다. 이 불안감은 사람들을 옥죄는 힘이 아주 강해서, 느긋하게 살 만한 여유를 가진 지배계급은 경쟁 심리를 부추김으로써 피지배계급의 불안감을 증폭시키고 이를 지배의 도구로 삼습니다. 경쟁에 적응하지 못한 사람은 길거리를 빈둥거리는 '도시 산보객' ─ 프랑스의 시인 보들레르의 시에서 이들을 발견할 수 있습니다 ─ 이 됩니다. 근대 사회가 만들어 낸 이러한 불안감은 근대 미학의 중요한 요소가 됩니다. 다시 말해서 모더니티 미학을 이해하려면 기술, 공간, 행위자, 그리고 이것을 지배하는 경쟁과 불안을 살펴보아야 합니다. 모더니티는 휘황찬란한 건물과 그 뒤편에서 바스러져 가는 인간을 모두 가지고 있습니다. 즉 밝은 면과 어두운 면이 있습니다. 엥겔스는 경쟁을 무너뜨리고, 원자화된 네트워크에서 사는 인간들을 다시금 인간적인 네트워크 속으로 들어갈 수 있게 하는 노력이 필요하다고 생각했습니다. 이것이 그가 마르크스와 함께 주창한 공산주의 운동일 것입니다. 모더니티의 밝음과 어두움 사이에 끼어 있는 인간의 모습을 통찰하고, 인간 본연의 모습을 회복할 방안을 사회구조적으로 생각하는 과정에서 마르크스주의가 나온 것입니다.

서구에서 근대화가 진행되는 과정에서 등장한 또 하나의 중요한 사실은 그러한 근대화를 정당화하는 논리들입니다. 근대화는 서구에서도 전혀 새로운 사태였습니다. 따라서 사람들에게 그것이 삶을 얼마나 좋은 것으로 바꿀 수 있는지를 설득할 수 있는 이론들이 개발될 필요가 있는 것입니다. 이 논리들은 주로 영국과 프랑스, 독일 등에서 생겨났습니다. 그런 까닭에 우리가 오늘날 '서양 근대 사상'을 공부하면 대체로 이들 나라에서 나온 이론가들을 접하게 됩니다.

그들은 근대적인 과학과 학문 방법론을 제시했으며, 근대라는 시대를 앞장서서 또는 뒤따르며 정당화했습니다. 이를테면 독일의 사상가 베버(1864~1920)는 《프로테스탄티즘의 윤리와 자본주의 정신》(1903, 1905)에서 "도덕적으로 기껏해야 관용되는 데 불과했던 이윤의 추구를 프랭클린은 어째서 직업(소명)으로 생각했는가"를 묻습니다. 당시 벤저민 프랭클린이 살았던 미합중국의 펜실베이니아는 자본주의가 발전한 곳이 아니었는데, 어떻게 해서 그가 '시간은 돈'이라는 격언을 내세울 수 있었는지를 물은 것입니다. 엥겔스의 책에서도 보았듯이 "이윤의 추구"라는 말이 중요합니다. 자본주의 사회를 움직이는 데 가장 필요한 요소가 바로 이윤의 추구이기 때문입니다. 자본주의 옹호론에서 핵심은 이윤의 추구를 정당화하는 것입니다. 그리고 이 물음은 '탐욕으로 간주되던 금전 추구 행위(상업commerce)가 어떻게 하여 존경받는 행위가 되었는가'로 고쳐 물을 수도 있습니다. 가톨릭이 지배하던 중세 사회에서는 대놓고 이윤을 추구할 수 없었습니다. 아우구스티누스는 금전욕, 권력욕, 색욕을 3대 죄악을 간주했고, 명예욕과 결부된 권력욕 정도만을 허용했습니다. 이처럼 중세 시대에 공개적으로 드러낼 수 있었던 욕망은 명예욕뿐이었습니다.

중세에서 근대로 이행하는 과정에서 금전 추구를 정당화하는 데는 꽤 오랜 시간이 걸렸습니다. 그 정당화 방안으로 거론된 것들은

'인간의 파괴적인 정념passion에 어떻게 대처할 것인가'에 대한 문제의식에서 나왔습니다. 인간의 파괴적 정념에 대처하는 방안 중에서 첫째는 아우구스티누스가 말했던 것처럼 강제와 억압에 호소하는 것인데 근대에서는 칼뱅이 이와 같은 태도를 취하기도 하였습니다. 둘째는 파괴적인 정념의 방향을 건설적인 방향으로 바꾸는 것입니다. 아담 스미스(1723~1790)가 쓴 《국부론》(1776) 3편 4장의 제목은 "도시의 상업은 농촌의 개량에 어떻게 공헌했는가"입니다. 4장의 한 구절은 다음과 같습니다. "상업과 제조업은 (이전에는 인근 주민들과의 끊임없는 전쟁 상태와 영주들에 대한 노예적인 종속 상태에서 살았던) 시골 주민들 사이에 질서와 훌륭한 정치 그리고 개인의 자유와 안전을 점차로 도입한다. 이 점은 지금까지 거의 관찰되지 않은 것이지만 상업과 제조업의 효과 중 가장 중요한 것이다." 스미스는 상업과 제조업이라는 경제적 요인이 개입되면 경제적인 효과가 생겨날 뿐만 아니라 "질서와 훌륭한 정치 그리고 개인의 자유와 안전" 같은 정치적인 효과도 나온다고 생각했습니다.

파괴적인 정념을 순화하기 위해 그것을 이해관계를 따지는 일로 바꾼 결과, 이해관계를 잘 따지는 것은 이제 합리적인 행위로 간주되었습니다. 존 로크(1632~1704)의 《통치론》(1689)은 '부르주아적 합리성'을 옹호하고 있습니다. 이러한 과정을 거쳐서 당시의 사상가들은 자본주의적 이윤 추구 행위가 인간의 나쁜 성향을 억누르고 좋은 면을 활성화시킨다는 이유로 자본주의를 찬양하였고, 아울러 이렇게 되면 인간 본성의 파괴적이고 불길한 요소를 억누를 수 있다는 기대도 가지고 있었습니다. 이러한 태도를 집약한 명제가 바로 '온화한 상업doux-commerce' 론입니다. 이 입장의 선구적인 사상가는 몽테스키외(1689~1755)인데, 그는 《법의 정신》(1748)에서 "상업주의 정신에는 근검절약, 경제성, 온화함, 평정, 지혜, 질서 및 규칙성의 특징이 있다. 따라서 이러한 정신이 지배적이면 상업에 의해 창출된 부는 어떠한 부정적 효과도 없다"라고 말하고 있습니다. 간단히 말하면 자본주의적 정신을 가진다는 것은 좋은 정신을 가진다는 것과 마찬가지라는 것입니다.

데이비드 흄(1711~1776)은 여기서 한 발 더 나아갔습니다. 그는 《정치적 담론Political Discourses》에 실린 〈상업에 대하여Of Commerce〉(1752)에서 이렇게 말합니다. "국가의 위대함과 그 신민의 행복은… 일반적으로 상업과의 관련에서 분리될 수가 없다. 사적인 인간이 교역과 부의 소유에 있어 공공의 힘으로부터 더 많은 안전을 얻게 될수록 공공 (영역)은 사적인 인간의 풍요로움과 확장된 상업에 비례하여 더 강력해진다. 이러한 공리는 일반적으로 참인 것이다." 그에 따르면 경제적 요인이 개입하면 개인의 정념이 순화될 뿐만 아니라 그것을 넘어 국가의 부富도 늘릴 수 있는 것입니다. 이런 식의 정당화 논리는 17, 18세기에만 있었던 것이 아닙니다. 20세기의 경제학자 존 케인스(1883~1946)는 《고용, 이자 및 화폐의 일반이론》(1936)에서 이런 말을 합니다. "인간의 위험한 기질은 돈벌이와 개인적인 재산 축적의 기회에 의해 비교적 무해한 방향으로 전환시킬 수 있다. 그런 기질이 이런 식으로라도 만족될 수 없다면, 잔인함, 권력 추구나 자기 과시욕으로 분출될 것이다. 동료 시민을 학대하기보다는 자신의 은행계좌를 멋대로 하는 것이 낫다. 돈이 인간 학대의 수단이 된다고 때때로 비난받지만 적어도 대체물이 될 수 있다." 어찌보면 참으로 순진한 생각입니다. 우리가 사는 세상의 현실에서는 자신의 은행계좌를 멋대로 하는 사람이 동료 시민을 학대하는 것이 너무나 분명하기 때문입니다. 스미스와 흄, 케인스는 인간의 사악함을 억누르기 위해서 이윤을 추구해야 한다고 주장했습니다. 이것이 바로 근대화의 가장 밑바닥에 놓여 있는 정당화 논리, 즉 온화한 상업론입니다. 이 이론은 처음에는 잘 받아들여졌을 것입니다. 사람들이 합리적인 계산에 근거하여 행동하고 약속을 잘 지키면 행복한 삶을 살게 되고 좋은 나라가 되리라는 믿음이 있었을 것입니다. 그런데 지금 우리는 그러한 약속이 한참이나 어긋나 버렸음을 잘 알고 있습니다. 그렇다면 우리는 '자본가는 왜 사악하게 되었는가'를 물어볼 필요가 있을 것입니다.

제 31 강

프랑스혁명은 부르주아계급의 정치적 지배를 추구하는 과정에서 벌어진 사태였으나 혁명은 거기서 그치지 않는다. 애국심으로 무장한 국민군을 탄생시킨 혁명은 계몽주의적 엘리트 지식인 콩도르세를 처형하면서 대중들에게 힘의 과시와 체제 장악의 기회까지 제공한다. 이로써 프랑스혁명은 '**혁명적 집단심성**'의 위력을 드러내면서 '대혁명'이 된다.

근대의 형성에 기여한 주요 혁명은 에릭 홉스봄이 말한 이른바 '이중혁명', 즉 산업혁명과 프랑스혁명입니다. 앞서 말했듯이 산업혁명은 막 등장하기 시작한 근대 사회의 경제적인 구조와 사회 전반을 총체적으로 변화시켰으며, 프랑스혁명은 정치적인 지배 구조를 확실하게 바꾼 계기가 되었습니다. 이들 혁명을 통해서 부르주아계급은 19세기 전반을 완전히 장악하고 말 그대로 '19세기의 주인공'이 되었습니다. 그러나 프랑스혁명은 서구 근대화 과정의 정치적 사회적 문화적 주제들, 즉 정치체제, 경제구조, 문화 현상 등의 변동이 총체적으로 모여 있는 사건입니다. 다시 말해서 프랑스혁명을 공부함으로써 근대화에 관한 전반적인 그림을 얻게 되는 것이며, 그런 까닭에 프랑스혁명은 '대혁명'이라 부를 수 있겠습니다. 이 혁명에 대해 하나씩 살펴봅시다.

프랑스혁명은 우선 10년, 25년, 100년 단위로 살펴볼 수 있습니다. '혁명의 10년'은 1789년 5월 삼부회 소집부터 1799년 11월 9일(브뤼메르 18일) 나폴레옹의 군사 쿠데타까지를 말합니다. 1787년 2월 22일에 소집된 명사회名士會가 성과를 거두지 못하자 삼부회가 소집되었습니다. 이때, 즉 1787년부터 삼부회가 소집된 1789년까지를 전前 혁명기라고 합니다. 삼부회는 성직자(제1계급), 귀족(제2계급), 평민(제3계급)으로 구성되었습니다. 평민에는 부르주아지가 포함되었는데, 여기서 부르주아지는 '자본가계급'만을 가리키는 것이 아니라 평민 중에서도 새로운 시대에 부상한 사람들을 가리킵니다. '혁명의 25년'은 1789년 삼부회 소집부터 나폴레옹이 세인트헬레나 섬으로 유배되는 1815년까지를 말하고, '혁명의 100년'은 파리코뮌이 진압되고 몽마르트르 언덕에 사크레쾨르 성당이 세워진 1870년대까지를 가리킵니다. '혁명의 100년'의 관점에서 본다면, 19세기 후반에 등장한 인상파 화가들도 프랑스혁명의 영향권 안에 들어 있습니다.

'혁명의 10년'은 1794년 7월 27일(테르미도르 9일)을 기준으로 둘로 나눌 수 있습니다. 1792년 8월 10일 파리에서 일어난 튈르리 궁전 습격부터 로베스피에르(1758~1794)가 처형당한 이 날까지를 '혁명력 2년'이라고 부릅니다. 로베스피에르의 처형은 프랑스혁명에서 한 획을 그은 사건이므로, '혁명력 2년의 로베스피에르'는 급진적인 혁명 지도자가 이끄는 중대한 혁명적 시도가 급격하게 좌절된 사건을 가리킬 경우에 쓸 수 있습니다. '혁명력 2년'은 산악파(자코뱅 파)와 상퀼로트(과격 공화파)가 결합하여 근대 역사에서 가장 급진적인 인민 중심의 통치가 이루어진 시기였고 그것을 이끈 핵심 인물이 로베스피에르였습니다. 1794년을 기준으로 전반부 5년 동안 입헌군주정, 온건 공화정, 민중 공화정 순으로 체제가 세 번 바뀌었고, 후반부 5년 동안에도 보수 공화정과 제정으로 두 번 바뀌었습니다. 불과 10년 동안 근대 사회에서 한 번쯤 세워볼 만한 체제는 모두 해 본 것입니다. 군주제는 1792년 9월 21일 국민공회에 의해 폐지됐으며, 그 결과 프랑스 제1공화정이 시작되었습니다. 튈르리 궁전 습격 사건이 일어났던 해인 1792년의 9월 22일은 밤과 낮의 길이가 똑같은 추분이었습니다. 정권을 잡은 국민공회는 그레고리우스력 — 이것은 로마 교황이 만든 관습으로 간주되었습니다 — 을 폐지하고 추분이 인류의 평등을 상징한다고 여겨 이 날로 시작하는 새로운 달력을 만들었습니다. 십진법을 기준으로 한 이 프랑스혁명력은 한 달을 30일로 정하고 1년마다 남는 닷새를 연말에 배치해 축제 기간으로 정했습니다. 각 달의 이름은 계절의 특징에 따라 지었는데 브뤼메르Brumaire는 안개, 테르미도르Thermidor는 열熱, 즉 태양의 계절을 의미합니다.

    프랑스혁명의 출발점이 된 삼부회가 소집된 이유는 널리 알려져 있습니다. 부르봉 왕조는 전쟁을 많이 벌였고 채권을 발행해서 전쟁 자금을 모으다 보니 재정 궁핍이 심각해졌습니다. 이것은 혁명이 촉발되는 기본적인 이유인 경제적 위기입니다. 이 위기를 해결하기 위해 국왕은 귀족과 성직자를 대상으로 명사회를 소집해 농민이 세금을 내는 능력에 한계가 왔음을 알리고 특권 신분에도 과세하는 안을 제안했지만 거절당했습니다. 이때 귀족과 성직자가 요청을 받아들여 세금을 냈다면 프랑스혁명은 일어나지 않았을지도 모릅니다. 결국 삼부회는 세금 낼 사람을 더 모아 보자는 취지에서 제3계급까지 범위를 넓혀 소집된 것입니다. 그런데 여기서 중요한 사건이 일어났습니다. 제3계급이 세금을 내는 조건으로 동등한 투표권을 요구하고 나선 것입니다. 세금을 내는 대신 정치적 권리를 요구한 것입니다. 이것은 사실상 신분 사회의 종식을 의미하기 때문에, 특권을 포기하지 않으려는 제1계급과 제2계급으로서는 받아들이기 어려운 것이었습니다.

근대 사회의 새로운 주도 세력으로 등장한 제3계급에는 관료, 은행가, 징세 청부업자, 금융업자, 도매상인, 법률가, 기업가, 금리 생활자, 상점 주인, 장인 등이 포함되었습니다. 그들은 신분 사회에서는 평민에 속하지만 사회적 경제적 능력을 갖춘 사람들이었습니다. 제3계급에 속한 대표적인 사람 중의 하나는 앞에서 살펴본 계몽주의자 콩도르세입니다. 여기서 계몽주의의 계급적 특성을 분명히 알아두어야 합니다. 계몽주의는 제3계급의 이데올로기 역할을 했을 뿐 프랑스혁명 전체를 이끌지 못했습니다. 콩도르세는 민중 공화정 체제였던 1794년에 반혁명주의자로 몰려 사망했습니다. 다시 말해 계몽주의는 로베스피에르가 이끄는 산악파를 설득하지 못했던 것입니다. 산악파가 보기에 콩도르세는 루소를 소홀히 대접한 백과전서파의 대표이자 지롱드 파(온건 공화파)였고, 게다가 로베스피에르의 적이었습니다.

'혁명의 10년'에서는 어떤 체제가 성립했느냐를 따지기보다는 어떤 정파들이 서로 힘을 합하여 각 체제의 핵심 세력이 되었느냐를 따져 보는 것이 중요합니다. 삼부회가 소집되었을 때 귀족이 자신의 특권을 일부 포기하고 제3계급에게 투표권을 일정 정도 보장했다면 프랑스혁명 대신 '법률 혁명'이 일어났을 것입니다. 제1, 2계급과 제3계급은 결합의 가능성을 가지고 있었던 것입니다. 제3계급이라고 해서 반反귀족적이거나 급진적인 성향을 갖고 있던 것은 아니었기 때문입니다. 오히려 그들은 지배계급으로 편입하고 싶어 했습니다. 그런데 이 결합이 무산되어 지배계급으로의 편입이 어렵게 되자 제3계급은 제1, 2계급과 선을 긋고 제4계급과 결합했습니다. 이 당시 제4계급은 독자적 조직력과 혁명적 군중 동원력을 가지고 있었습니다. 프랑스혁명의 전개 과정에서 중요한 역할을 하게 되는 것이 바로 이 부분입니다. 제4계급에게 혁명적 군중으로 전환될 수 있는 힘 — 공통적인 이념과 집단적인 심성 — 이 없었다면, 제3계급은 제1, 2계급과 다시 협상했을 것입니다. 바스티유 감옥 습격을 떠올려 봅시다. 이 사건을 주도한 세력은 제3계급이 아니라 제4계급이었습니다. 제4계급은 이렇게 자신들의 위력을 과시함으로써 제3계급과의 결합을 이끌어 냈다고 할 수 있습니다. 그리고 그러한 결합이 없었다면 프랑스혁명은 일어나지 않았을 것입니다.

프랑스혁명하면 떠오르는 마라, 당통, 로베스피에르는 모두 제3계급에 속하는 사람들이었습니다. 그런데 제3계급은 혁명의 와중에 분열했고, 제1공화정(민중 공화정)은 자코뱅 파 안의 한 분파인 산악파와 제4계급이 결합해서 성립했습니다. 이전 체제인 온건 공화정이 자유주의 혁명 단계였다면 민중 공화정은 사회민주주의적인 전망을 열었습니다. 제4계급은 흔히 상퀼로트Sans-culotte로 불렸는데, 이 말은 '퀼로트를 입지 않은 사람'이라는 뜻입니다. 당시 프랑스에서는 돈 있는 사람은 퀼로트(짧은 바지), 돈 없는 사람은 긴 바지를 입었던 것에서 유래한 말입니다.

제1공화정은 공포정치의 시대였습니다. 이 시대의 특징적인 사건은 프랑스 '국민'의 형성입니다. 제1공화정의 성립과 함께 신분에 의한 투표가 사라지고 인민주권의 시대가 열렸습니다. 그러자 주위의 왕정 국가들은 더 이상 가만히 있을 수 없게 되었습니다. 제1공화정이 성립하면서 프랑스혁명에 대항하는 일종의 국제적인 연대가 형성된 것입니다. 이런 맥락에서 본다면 공포정치의 책임을 로베스피에르 개인에게만 돌리는 것은 온당하지 않습니다. 그 사태를 구조적으로 살펴볼 때 공포정치의 핵심적인 원인은 주변의 왕정 국가들의 연대가 강화되면서 프랑스가 고립된 것에 있습니다. 유럽 열강이 반혁명 연대를 맺자 프랑스는 내부적으로 결속할 수밖에 없었고, 그러다 보니 반혁명 혐의자에 대한 처벌이 더 강력해질 수밖에 없었던 것입니다. 이때부터 프랑스혁명은 외부의 반혁명 세력과의 전쟁 단계로 들어갔습니다. 17세기의 30년전쟁에서는 프로테스탄트와 가톨릭이 종교적인 신앙을 둘러싸고 싸웠지만, 프랑스혁명 시기에 유럽에서는 자유, 평등, 우애라는 추상적 이념을 가진 사람들과 전통적인 관습을 지키려는 사람들이 싸웠습니다.

이러한 프랑스혁명 시기의 전쟁을 통해 애국주의로 무장한 국민군이 탄생했습니다. 오늘날의 프랑스 국가 '라 마르세예즈 La Marseillaise'(마르세이유 군단의 노래)는 프랑스혁명 당시 국민군이 부른 노래로, 가사가 잔인하고 폭력적입니다. 국민군은 오합지졸이었지만 전투에 뛰어나서 당시 최강으로 알려진 프로이센 군대와의 싸움에서도 승리를 거두었습니다. 이때 발군의 실력을 보인 나폴레옹은 얼마나 전쟁을 잘했던지 독일의 클라우제비츠는 그를 모델로 삼아 《전쟁론》을 집필했습니다. 애국주의로 무장한 국민군은 반혁명 연대에 맞선 프랑스혁명의 필연적인 귀결이었습니다. 테르미도르 반동으로 산악파와 상퀼로트의 결합이 깨지고 상퀼로트가 중심이 된 군사 정부가 시작되자 군대가 혁명을 지키는 상황이 전개되었습니다. 이것이 '혁명의 10년'의 맨 마지막 단계입니다. 국민군은 외국의 연대에 맞서 프랑스를 지키기 위해 만들어진 것인데, 이제 그 군대가 혁명 자체를 지키고 혁명을 먹여 살리게 된 것입니다. 그런 점에서 혁명군의 탁월한 장군이었던 나폴레옹의 등장은 프랑스혁명에 대한 배반이 아니라 변화된 상황에서 혁명의 과업을 계승하는 것이었다고 할 수 있습니다. '혁명의 25년'의 관점에서 보면, 나폴레옹 전쟁도 혁명의 성과로 집어넣을 수 있는 것입니다. 나폴레옹은 프랑스혁명에서 배운 것을 바탕으로 눈부신 업적을 남겼습니다. 현대 '민법전'의 효시인 '나폴레옹 법전'(1804)은 인민주권을 확고하게 법률화했습니다. 코르시카 섬 출신의 나폴레옹은 이념과 연줄로부터 자유로웠고 그만큼 강력하게 혁명의 과업을 진행할 수 있었습니다. 직업 관료제, 상비군, 경찰 제도 등이 정착되었고, 그 결과 중앙집권적 근대 국민국가 체제가 성립했습니다. 이 체제는 급진파의 인민주권론, 초보적인 의미의 사회주의, 국가주의 — 인간 해방의 약속을 실현할 수 있는 유일한 장치가 국가이성이라는 생각과 근대화가 결합하여 만들어진 이념 — 가 서로 어우러진 것이었습니다. 특히 중요한 것은 프랑스혁명을 통해서 사람들은 하나의 국가에 살고 있는 국민이라는 국민 의식, 국민들 한 사람 한 사람이 국가의 주인이라는 주권 의식, 국민들 각자가 역사를 만들어 가는 주체라는 역사의식을 갖게 되었고, 이는 근대 정신의 주요한 성과라 할 수 있습니다.

여기서 한 가지, 일종의 여담처럼 혁명적 군중과 혁명적 지도자의 문제를 생각해 봅시다. 프랑스혁명처럼 역사적으로 중요한 사건을 들여다보면 거기에 이름을 올린 혁명가들을 천재로 생각하기 쉽습니다. 로베스피에르 같은 사람은 더욱이나 그런 위력을 가지고 있습니다. 사람들은 메시아를 기다리듯이 그런 지도자를 기다리기도 합니다. 그러나 로베스피에르를 지지하는 혁명적 군중이 없었다면 로베스피에르의 이름은 역사에 남지 않았을 것입니다. 프랑스혁명이 일어난 18~19세기는 제4계급이 혁명적 군중으로서 자기 목소리를 내던 시대였습니다. 그들은 정치적 발언권이 없었던 로마의 군중이 아니라 자신들의 힘으로 정치체제를 결정할 수 있었던 아테나이의 시민에 가까웠습니다.

그렇다면 혁명적 군중이 등장할 수 있었던 요인은 무엇이었겠습니까? 이에 관한 많은 연구 중에서 고전에 해당하는 조르주 르페브르(1874~1959)의 견해를 살펴봅시다. 그의 저작 《1789년의 대공포》(1932)에 실린 "혁명적 군중"이라는 글에 따르면, 혁명적 군중의 등장은 다음과 같은 세 가지 이유로 가능했습니다. 첫째, 민중의 기억. 둘째, 집단 정체성. 셋째, 뚜렷한 전선戰線. 다시 말해서 제4계급은 공통의 기억을 창출하고 집단심성을 공유하며, 지배계급과 대립 구도를 형성함으로써 혁명적 군중으로 등장할 수 있었다는 것입니다. 혁명적 상황이 발생하여 세력들 사이의 대립 구도가 첨예해지면 중간지대가 없어지고 적을 완전히 말살하려는 의지가 생겨납니다. 르페브르에 따르면, 이런 상황에서는 사실 여부가 중요한 역할을 하지 못합니다. 사람들 대부분이 자신의 감정을 정당화하는 방식으로 행동하기 때문입니다. 절멸 의지가 부정적인 정념인 반면에 유토피아는 적극적인 정념입니다. 세력들의 대립 구도가 절멸 의지로 전환될 즈음에 로베스피에르 같은 사람이 나타나 유토피아에 대한 비전을 적극적으로 제시합니다. 마키아벨리가 《군주론》에서 사용한 말을 빌리면 "무장한 예언자"가 등장하는 것입니다.

로베스피에르가 무장한 예언자로 등장하면서 프랑스혁명은 공포정치 시대로 들어섰습니다. 이는 단순히 과격한 시도가 아니었습니다. 로베스피에르를 옹립했던 혁명적 군중은 국내에서는 제3계급이 중심이 된 온건파와 적대관계를 형성하고, 국외에서는 유럽의 왕정국가와 적대 관계를 형성함에 따라 고립되었고, 그 결과 불안과 의심에 사로잡힐 수밖에 없었습니다. 그들은 상대를 절멸시키겠다는 의지와, 혁명이 원하는 궁극적인 유토피아를 세우겠다는 의지를 동시에 가지고 있었고 이 유토피아를 지키기 위해 아주 강력한 내부 결집을 시도했습니다. 어떤 집단이든 외부로부터 핍박을 받으면 내부 결집을 위한 '혁명적 숭배 의식cultes révolutionnaires' ― 이것은 혁명적 군중의 집단심성을 이끌어 가는 핵심 요소입니다 ― 을 마련하는데, 프랑스혁명에서는 이런 의례가 1792년부터 본격적으로 등장했습니다. 이 혁명적 의례를 통해서 혁명적 군중은 자유, 평등, 우애를 맛볼 수 있었습니다. 노예와 다름없는 삶을 살았던 그들은 이 경험을 평생 잊을 수 없었을 것입니다. 그들은 급속도로 뭉쳐서 국민이 되었는데, 유럽의 왕정 국가들이 가장 두려워한 것이 유럽 역사에서 최초로 등장한 이 국민정신이었습니다. 로베스피에르는 '피에 굶주린 몽상가'가 아니라 '혁명적 집단심성의 체현자'였습니다. 르페브르에 따르면 "그의 권력은 파리 대중의 권력이었으며, 그의 공포정치는 파리 대중의 공포정치"였습니다. 그런 까닭에 인민들이 로베스피에르를 버렸을 때 그는 몰락할 수밖에 없었습니다. 로베스피에르는 단순히 반대파에 의해 처형된 것이 아닙니다. 파리 시민이 그를 버리기 전까지는 누구도 그를 단두대에 올릴 수 없었습니다.

제 32 강

기존 질서를 중시하는 이들은 **대혁명의 여파**에 노심초사한다. 영국의 버크도 그중 한 사람이다. 독일에서도 지식인들이 대혁명을 두고 논쟁을 벌인다. 어쨌든 혁명은 **인류가 끝없이 향해 가야 할 이상**을 하나 덧붙인다.

유럽의 왕정 국가들은 프랑스의 혁명적 국민정신을 굉장히 두려워했습니다. 그들은 이런 의식이 자신의 국가로 번질까 노심초사했습니다. 이를 보여 주는 대표적인 사례가 에드먼드 버크(1729~1797)의 《프랑스혁명에 관한 성찰》(1790)입니다. 버크는 보수주의 이념의 원조로 불리는 사람입니다. 이 책의 원제는 "프랑스혁명 및 그 사건에 관련하여 런던 일부 모임에서 일어나는 사태에 관한 성찰"입니다. 여기서 런던 일부 모임은 프랑스혁명에 동조하는 사람들을 가리키는데, 버크는 그들이 '경거망동' 하고 있다고 생각했습니다. 프랑스혁명 이듬해에 출간된 이 책을 보면 보수주의는 본래 프랑스혁명에 대한 반혁명 이데올로기로 시작되었다는 것을 알 수 있습니다.

보수주의는 뭔가를 지키려는 이데올로기입니다. 그런데 그 이념이 지키고자 하는 그 '무엇'이 무엇인지를 적극적으로 규정하지 않는 이데올로기입니다. 그 이념이 지키려는 것은 그때그때 다릅니다. 따라서 보수주의자를 자처하는 사람을 만나면 '무엇을 지키려는 보수'인지 물어야 합니다. 그런 점에서 보수주의는 아주 유연한 이데올로기입니다. 보수주의는, 무엇인가에 대한 반대로서 등장하기도 합니다. 버크가 지키려고 한 전통적 질서가 무엇인지에 대해서는 여러 논란이 있었고 현재도 진행 중입니다. 맥퍼슨의 책 《에드먼드 버크와 보수주의》(문학과지성사, 1997)에 따르면, 버크가 지키려고 한 것은 한마디로 자본주의 질서였습니다. 당시 영국 사회의 전통적 질서는 왕정 질서가 아니라 자본주의 질서였기 때문입니다. 이미 영국에서는 17세기 이후로 자본주의 질서를 '기성 체제established system'로 만들려는 자유주의자들(홉스, 수평파, 해링턴, 로크 등)의 노력이 있었고, 버크는 이 전통을 이어받은 사람 중 한 명이었습니다. 버크는 프랑스혁명이 자본주의 질서를 파괴했다고 보았습니다. 버크는 프랑스혁명이 제3계급의 주도로 시작됐다는 것, 다시 말해서 이 혁명이 자본주의를 가속화하려는 부르주아계급의 혁명이라는 사실을 알지 못했던 것입니다. 그렇다 해도 프랑스혁명에 관한 버크의 통찰은 대단히 예리합니다. 다음 구절을 한번 봅시다.

전체를 조망하는 사람에게는, 그렇게 형성된 파리의 힘이 총체적으로 부실한 체제를 반영하는 것으로 보일 것이다. 기하학적인 정책이 채용되었다는 점, 모든 지역적 이념은 억제된다는 점, 그리고 더 이상 가스코뉴 인도 피카르디 인도 브르타뉴 인도 노르망디 인도 아니며, 하나의 나라, 하나의 가슴, 하나의 의회를 지닌 프랑스 인이라는 점이 자랑거리로 내세워진다.

_《프랑스혁명에 관한 성찰》 제3부 국민의회의 새 국가 건설 사업

버크는 혁명적 군중의 집단심성이 국민정신에 있다는 것을 간파한 것입니다. 프랑스는 혁명을 통해서 프랑스 국민을 만들었습니다. 가스코뉴 인, 피카르디 인, 브르타뉴 인이라는 지방민 의식이 프랑스 국민이라는 의식으로 거듭난 것입니다. 그런데 버크는 바로 이 국민의식을 부정했습니다. 이것에 반대하여 전통적 공동체를 존중하자고 주장하였습니다. 1790년에 출간된 버크의 《프랑스혁명에 관한 성찰》은 1793년에 독일에서 번역되었습니다. 이 책을 번역한 프리드리히 겐츠(1764~1832)는 처음에는 프랑스혁명에 찬동했으나 프랑스혁명의 반反이성적 현실을 보고 보수주의자가 되었고, 버크의 의견에 동조한 사람이었습니다. 이후 독일에서는 프랑스혁명을 둘러싼 논쟁이 벌어졌습니다. 칼 폰 클라우어Karl von Clauer 같은 이는 〈새로운 프랑스 입헌[체제]의 근거로서 인류의 권리에 대하여Über das Recht der Menschenheit, als den Grund der neuen Französischen Konstitution〉라는 논문을 통해 프랑스혁명을 옹호했습니다. 그리고 이 논쟁이 진행되면서 많은 사람이 칸트의 입장을 궁금해 하는 상황이 벌어졌습니다. 칸트 Immanuel Kant(1724~1804)는 프랑스혁명이 일어나기 전에 〈세계시민의 관점에서 본 보편사의 이념Idee zu einer allgemeinen Geschichte in weltbürgerlicher Absicht〉(1784)이라는 논문을 썼는데, 이것이 프랑스혁명 이념을 철학적으로 정당화하는 것처럼 보였기 때문입니다. 쉽게 말해서 이때는 색깔 논쟁이 벌어지면서 칸트가 '잠재적인 자코뱅'으로 간주되던 상황이었습니다. 그렇지만 칸트는 끝내 프랑스혁명에 대한 견해를 명시적으로 밝히지 않았습니다. 그렇다면 과연 칸트는

프랑스혁명에 전혀 동조하지 않았을까요? 9개의 명제로 이루어진 그의 논문, 특히 제8명제는 프랑스혁명이 추구한 이념에 대한 탁월한 설명처럼 느껴집니다. 꽤 길지만 한번 읽어 봅시다.

인류의 역사는 전체적으로 보면 자연의 은밀한 계획, 즉 내적으로 완전하며, 이 목적을 위하여 외적으로도 완전한 국가조직을 성취하기 위한 계획의 수행이라 볼 수 있다. 이때 국가조직은 자연이 인류에게 준 모든 소질을 완전히 발전시킬 수 있는 유일한 상태로서 성취되는 것이다. 이 명제는 앞의 명제에서 나온 귀결이다. (이로써) 우리는 철학도 그 나름의 천년기설千年期說을 가질 수 있다는 것을 알게 된다. 그러나 이것은 철학의 이념 자신이 멀리에서나마 그 실현을 촉진할 수 있는 천년기설이요, 따라서 결코 공상적인 것은 아니다. 문제는, 경험이 자연의 의도가 실현되는 그러한 과정을 조금이라도 밝힐 수 있는가 하는 것뿐이다. (이에 대하여) 나는 약간이라고 주장한다. 이러한 자연의 운행이 완결되기까지는 대단히 긴 시간이 소요되는 것으로 생각되며 따라서 인류가 자연의 이러한 의도에 좇아 밟고 지나 온 도정의 작은 부분에 의해서는 그 도정의 모든 형태와 그 부분의 전체에 대한 관계는 불확실하게만 규정될 수 있을 것이기 때문이다. 이는 태양이 행성 전체를 거느리고 광대무변한 항성계를 돌아가는 운행이 지금까지의 어떠한 천체관측에 의해서도 불확실하게만 규정될 수 있는 것과 마찬가지이다. 그러나 우주의 체계적 조직의 보편적 근거와 우리가 지금까지 관측해 온 약간의 성과만으로도 그러한 운행이 실제로 있다는 것을 추론하기에는 틀림없이 충분하다. 그렇지만 인간의 본성은 인류가 맞이하게 될 요원한 미래의 시기에 관해서조차도 그러한 시기의 도래가 확실히 기대되기만 한다면 무관심할 수가 없도록 되어 있다. 특히 우리의 경우에는 우리들 자신이 합리적인 준비를 갖춤으로써 우리의 후손들에게 그처럼 만족스러운 시기를 더욱 빨리 초래할 수가 있을 것으로 생각되기 때문에, 무관심이란 더욱 있을 수가 없다. 그렇기 때문에 그러한 시기가 가까워 오고 있다는 희미한 흔적만이라도 우리들에게는 대단히 중요한 것이다. 오늘날에는 이미 국가 간에 인위적인 대외 관계가 맺어져 있어서, 어떠한 국가라도 국내의 문화가 침체되면 타국에 대한 힘과 영향이 줄지 않을 수 없다. 따라서 자연의 이러한 목적의 진보는 그렇지 못하다 해도, 적어도 그 유지는 각 국가의 명예를 잃지 않으려는 의도에 의해서도 상당히 보증되고 있는 것이다. 더욱이 오늘날에는 또한 시민의 자유가 심히 침해되면 그 손해가 모든 산업, 특히 무역에서 나타나게 되고 따라서 대외 관계에 있어서 국력의 쇠퇴를 통감하지 않을 수 없게 된다. 더구나 이러한 시민의 자유는 확대일로에 있다. 그렇지만 시민이 각자 임의대로, 그러나 다른 사람들의 자유와 양립할 수 있는 방식으로, 자기의 복지를 찾으려고 하는 데 방해를 받는다면, 활발한 기업은 전반적으로 저해를 받고 따라서 국가 전체의 힘은 다시 쇠퇴된다. 그러므로 개인의 활동에 가해지는 제한은 점점 철폐되고 종교의 보편적 자유는 용인된다. 그리하여 광기와 망상이 휩쓰는 가운데, 계몽이 점차 크나큰 선善으로서 일어나는 것이다. 그리고 인류의 지배자들이 자기 자신의 이익이 무엇인가를 이해하고만 있다면, 인류는 이러한 선을 그의 지배자들이 자기의 세력을 확대하려는 이기적인 의도로부터도 이끌어 내야만 하는 것이다. 그러나 이러한 계몽과 계몽된 인간이 자기가 완전히 이해하고 있는 이 선에 관하여 가져야만 하는 동감은 반드시 점점 왕의 옥좌에까지 이르며, 그의 통치의 원칙에까지도 영향을 미치게 되는 것이다. 예를 들어서 오늘날의 통치자들이 그들의 재원을 모두 미래의 전쟁을 위하여 미리 계상計上해 주었기 때문에, 현재로서는 공적 교육기관이나 또는 일반으로 세계의 복지에 관계되는 일에 쓸 돈을 한 푼도 남겨 두지 않았다고 하더라도 그들도 국민이 미약하고 완만하게나마 이러한 일에 스스로 노력하는 것을 적어도 방해하지는 않는 것이 자기네들에게도 유리한 일임을 알게 될 것이다. 최후에는 전쟁까지도 점차 극히 인위적인 기업, 쌍방의 승패의 판결이 극히 불확실한 기업으로 화할 뿐만 아니라 당사국이 점점 증대되어 상환할 전망조차 없는 국채(이것은 최근에 안출된 것이다)에서 느끼게 되는 후유증으로 말미암아 극히 위험한 기업으로 바뀌게 된다. 그 위에 또 산업에 의하여 매우 긴밀하게 연결되어 있는 우리의 (유럽) 대륙에 있어서는 어느 국가나 그 국가의 동요가 다른 모든 국가에 대하여 미치는 영향은 매우 현저하다. 그러므로 이들 여러 국가들은 자국의 위험을 절감한 나머지 법적 권위는 없지만 스스로 중재자가 되겠다고 나서는 것이다. 이렇게 하여 그들은 멀리 미래에 실현될, 그리고 앞선 시대에 그 유례를 보지 못했던, 하나의 대규모의 통일국가를 위한 만반의 준비를 갖추어 가는 것이다. 이러한 통일국가는 현재로서는 아직도 그 윤곽이 매우 조잡하지만, 전체의 보전에 관심을 쏟고 있는 모든 회원국들 가운데에서는 이미 얼마간 하나의 감정이 싹트기 시작하고 있다. 그리고 이것은 여러 차례의 혁명과 변혁을 거친 다음에 마침내 자연의 최고의 의도인 하나의 보편적인 세계시민적 상태가, 인류의 모든 근원적 소질을 발전시키는 모태母胎로서, 언젠가는 실현되리라는 희망을 고취하여 주고 있다.

_〈세계시민의 관점에서 본 보편사의 이념〉, 제8명제

프랑스혁명을 둘러싼 독일 지식인 사회의 논쟁은 '법전 논쟁'으로까지 이어졌습니다. 프랑스에서는 혁명적 군중의 정념과 혈기가 사라지지 않았고 그것이 '나폴레옹 법전'으로 제도화되었는데, 이 법전을 놓고 베를린 대학에서 논쟁이 벌어진 것입니다. 프리드리히 사비니(1779~1861)가 이끄는 '역사법학파'가 전통적으로 내려오는 로마

법을 옹호하고 그러한 관습에 근거한 법을 세우고자 했다면, 헤겔이 이끄는 이성적 법학 주창자들은 프랑스혁명의 정신을 이어받은 나폴레옹 법전을 지지했습니다. 근대화의 과정에서 이룩한 여러 성과들을 최종적으로 제도화한 것이 헌법임을 염두에 둔다면 이는 매우 중요한 논쟁이라 할 수 있으며, 근대 국민국가의 정체성과 관련된 주제라 하겠습니다. 또한 이것을 한국의 상황에 비추어 본다면 중요한 시사점을 얻을 수도 있습니다.

한국은 건국된 지 이제 60년이 조금 넘은 나라입니다. 다시 말해서 지금도 여전히 국가의 정체성을 어디에 세울 것인지를 놓고 계속해서 논쟁해야 하는 시기입니다. 조선 건국 이후 거의 100년이 다 되어서야 《경국대전》이 완성된 것을 고려한다면 하나의 정치체제를 세우고 그것을 법전으로 제도화하는 일은 참으로 오랜 세월이 걸리는 일이라 할 수 있습니다. 근대 국민국가를 살아가는 시민의 의무 중 하나는 자신들이 살아가는 나라의 이념을 어디에 세울 것인지를 두고 끊임없이 논쟁을 벌이는 것입니다. 이 나라를 어떤 이념 위에 세울 것인지 고민하고 선거와 운동을 통해 의사를 표출하는 것이 시민의 할 일입니다. 이것은 역사의 헤게모니를 둘러싼 싸움이므로 어느 한쪽이 주도권을 잡으면 다른 한쪽은 무너질 수밖에 없습니다. 하비 케이가 《과거의 힘》(삼인, 2004)에서 말했듯이, 역사는 헤게모니를 쥐고 있는 자가 만드는 것입니다. 근대 국가의 국민은 누구나 자각적 집단심성을 가지고 이 헤게모니 싸움에 가담해야 하는 것입니다.

제 33 강

독일의 낭만주의자들은 인류 역사의 진행 경과를 고민한다. 급격한 변화의 시대에는 설계도가 난무하는 법이다. **헤르더**는 역사의 최종 목적을 내세운다. 아우구스티누스의 《신국론》을 세속화한 듯한 《**인류의 역사철학에 대한 이념**》은 인류 도야의 학교로서의 세계사를 말한다. 이로써 미래의 전망을 세우는 역사철학이 또 하나 등장한다.

프랑스혁명 당시 나폴레옹 군대는 독일을 침공해서 승리를 거두었습니다. 그런데 독일인들은 전쟁에서 패배한 이유를 찾는 과정에서 프랑스혁명의 정신을 따라 정치체제를 변혁하기보다는 정신적인 혁명을 꾀하는 쪽을 선택했습니다. 독일의 철학자 요한 고틀리프 피히테(1762~1814)는 《독일 국민에게 고함》(1808)에서 "프랑스 국민이 쳐들어오니까 우리는 독일 민족으로 뭉치자"라고 주장했습니다. 이런 맥락에서 프랑스 '국민Nation'이 독일 '민족Volk'을 만들었다는 얘기가 가능합니다. 프랑스에서는 자유, 평등, 우애의 이념에 동의하면 누구나 프랑스 국민이 될 수 있었습니다. 이와는 달리 독일에서는 출신, 혈통, 외모 같은 객관적인 기준에 적합할 때만 독일 민족이 될 수 있었습니다. 독일 민족주의는 인종주의나 종족주의 개념을 바탕으로 만들어졌습니다. 이러한 독일 민족주의에서 나온 문화적인 흐름이 바로 낭만주의입니다. 따라서 낭만주의자 헤르더를 이해하려면 먼저 프랑스 국민주의와 독일 민족주의를 구별해야 합니다. 물론 독일 사람들도 민족에서 벗어나 세계시민의 관점으로 올라서는 것을 강조하기는 했지만 그러한 추상적 이념을 정치 세계에 끌어들이는 일은 아직 요원한 것이었습니다. 또한 프랑스 사람들도 인간으로서의 권리를 이야기하고 자유, 평등, 박애에 동의한다면 누구나 프랑스 국민일 수 있다고 주장하기는 했지만, 그들이 제국주의 시대에 다른 나라 사람들을 대한 것을 보면 온전한 의미에서의 '세계시민 이념'을 가지고 있었는지에 대해서는 의문의 여지가 있습니다.

온전한 의미에서의 '세계시민 이념'을 가지고 있지는 않았다 해도 프랑스혁명은 인류의 주권 의식, 역사의식, 세계시민 의식을 우리가 성취해야 할 하나의 이념으로 제시했다는 공로를 세웠습니다. 한마디로 역사를 의식하는 인간, 즉 역사적 인간의 탄생이야말로 '대혁명'의 소중한 성과인 것입니다. 그런데 여기서 한 가지 유의할 것은 바로 이 역사적 인간이 세계사 안에서 활동하고 있다는 사실입니다. 지구가 회전할 때 지구 위에 살고 있는 우리도 지구와 함께 회전하는 것처럼, 세계사가 진행할 때 그 안에 있는 인간도 앞으로 나아가고 — 물론 퇴보하고 있을 수도 있습니다 — 있습니다. 따라서 역사적 인간이 세계사를 살펴보려면 어느 정도 고정된 시점을 확보해야 합니다. 다시 말해서 방법론적으로 세계사에서 벗어나 초월적인 입장에 올라서야 하는데, 이렇게 선택한 입장을 '역사관'이라고 합니다. 프랑스혁명 이후의 사상을 연구하려고 할 때 가장 먼저 점검해야 할 것이 역사관입니다. 어떤 역사관을 가지느냐에 따라서 어떤 역사적 사실을 중요하게 받아들일 것인가도 달라지기 때문입니다. 예를 들어 마르크스와 엥겔스가 함께 쓴《공산당 선언》은 "지금까지의 모든 사회의 역사는 계급투쟁의 역사이다"라는 문장으로 시작하는데, 이것은 마르크스와 엥겔스의 역사관, 즉 유물론적 역사 이해를 천명하는 구절입니다.

 초보적인 의미의 역사철학은 프랑스혁명 이후에 시작되었습니다. 혁명 이전에는 대체로 신의 뜻을 따르는 섭리적 역사관만 존재했지만, 혁명 이후에는 인간이 역사의 주인이라는 생각을 뚜렷하게 자각하면서 역사의 주체는 누구인가, 역사의 진행 과정은 어떠한가와 같은 역사철학적 논의가 활발히 전개되었습니다. 인간을 역사의 주인으로 보았다는 것은 크게 보아 인문주의라 할 수 있습니다. 서구 역사에서 인문주의는 대체로 세 번 생겨났습니다. 첫째는 고대 아테나이에서 소피스트들에 의해 시작되어 소크라테스, 플라톤 등으로 이어진 인문주의입니다. 고전주의로 불리기도 하는 이것은 독일의 미학자 요한 빙켈만(1717~1768)이 말했듯이 철저히 이상적인 것을 추구했습니다. 그런데 아테나이의 인문주의는 그 기간이 매우 짧아서 3대 비극 작가 중 마지막 사람인 에우리피데스의 비극이 나올 무렵에는 거의 끝나 있었습니다. 둘째는 르네상스 인문주의이고, 셋째는 헤르더가 살았던 18~19세기 독일의 인문주의입니다. 이 시기는 '질풍노도'의 낭만주의 시기와 겹칩니다. 독일 인문주의의 시작과 끝은 볼프강 괴테(1749~1832)라고 할 수 있으며, 그 기간은 대략 칸트의《순수이성비판》(1781)이 출간된 때부터 헤겔의《법철학》(1820)이 출간될 때까지의 40년 정도로 볼 수 있습니다. 이 시기에 프랑스의 국민주의에 영향을 받아 형성된 독일의 민족주의는 자민족 중심주의가 아니라 보편사적인 맥락을 염두에 둔 민족주의였습니다.

역사철학이라는 학문이 본격적으로 생겨났다면 이 학문에서 가장 먼저 거론해야 할 사람은 볼테르Voltaire(1694~1778)입니다. 그는 《역사철학La Philosophie de l'Histoire》(1765)이라는 책을 써서 '역사철학'이라는 말을 창안했습니다. 계몽주의자였던 볼테르는 자신의 책에서 《성서》에 나타난 섭리적 역사관을 논박하고자 했습니다. 다시 말해서 그는 기독교가 제시하는 신 중심의 역사관을 타파하고 인간을 역사의 주인으로 만들려고 했습니다. 계몽주의적 역사관을 가장 잘 보여 주는 이러한 입장은 인간 활동의 총체로서의 역사, 인과관계의 총체로서의 역사를 옹호했습니다. 둘째로 거론해야 할 사람은 데이비드 흄(1711~1776)입니다. 그는 역사에는 법칙이 없으며 따라서 역사로부터 교훈을 얻으려는 노력 자체가 무의미하다고 보았습니다. 그에 따르면 역사는 각자의 주관적 관점에서 배열한 인간의 경험일 뿐이었습니다. 이것을 주관주의적 역사관이라고 합니다. 마지막으로 거론해야 할 사람은 헤르더Johann Gottfried von Herder(1744~1803)입니다. 그가 역사철학에 관하여 쓴 책으로는 《인류 도야를 위한 또 하나의 역사철학 Auch eine Philosophie der Geschichte zur Bildung der Menschheit》(1774) — 한국어 번역본(한길사, 2011)의 제목은 "인류의 교육을 위한 새로운 역사철학"입니다 — 이 있습니다. 이 책의 제목에서 "또 하나의"는, 자신과 다른 책이 하나 있음을 전제한 것인데 이 '다른 책'은 볼테르의 《역사철학》을 가리킵니다. 다시 말해서 헤르더는 볼테르와 다른 역사관을 가지고 있었다는 것입니다. 헤르더는 볼테르와 달리 신의 섭리를 부인하지 않았습니다. 또한 역사가 인간 활동의 총체임은 인정하지만, 볼테르처럼 엄격한 기계적인 인과관계로 되어 있다고 여기지는 않았습니다.

헤르더의 책 제목에서 가장 중요한 단어는 '빌둥Bildung'입니다.

교육, 육성, 교양, 도야 등으로 번역할 수 있는 이 말은 독일 인문주의의 핵심 개념입니다. 독일 낭만주의의 대표자인 괴테의 소설 중에 《빌헬름 마이스터의 수업 시대》(1796)라는 것이 있습니다. 이 소설은 철없는 인간이 성숙한 인간으로 발전하는 과정을 보여 줍니다. 이러한 과정을 보여 주는 작품을 '빌둥스로만Bildungsroman', 즉 도야 소설이라고 합니다. 20세기에 쓰인 헤르만 헤세(1877~1962)의 《유리알 유희》(1943), 토마스 만(1875~1955)의 《마의 산》(1924) 등은 도야 소설의 전통에 속하는 소설들입니다. 인간은 스스로를 도야함으로써 신의 섭리를 알 수 있고 그 결과 신적인 경지에 올라설 수 있습니다. 이렇게 도야하는 과정에서 저 멀리에 있는 것으로 여겨졌던 신의 섭리가 인간의 내면에 들어올 수 있습니다. 이것이 헤르더를 비롯한 독일 낭만주의자들의 기본적인 생각입니다. 《인류의 교육을 위한 새로운 역사철학》의 목차 일부를 봅시다.

1장 인류 문명의 탄생과 성장: 메소포타미아 문명에서 로마 문명까지
인류의 기원
유년기: 메소포타미아 문명
소년기: 이집트 문명
청소년기: 페니키아 문명
청년기: 희랍 문명
장년기: 로마 문명
인류 역사의 의미와 목적

2장 인류 문명의 보편적 확산: 중세에서 근대까지
게르만 민족의 등장과 기독교 문명의 성립

근대 문명의 위대성과 한계

헤르더에 따르면, 인류의 역사는 "게르만 민족의 등장과 기독교 문명의 성립"이라는 최종 단계에 이르기 위한 도야의 과정이었습니다. 헤르더에게 역사는 인류의 학교였습니다. 이 학교에서 어떤 민족은 역사의 목적을 알지 못하고, 또 신의 섭리를 내재화하지 못한 채 사라졌습니다. 이런 점에서 역사는 학교이면서 동시에 심판장, 법정이었습니다. 여기서 헤르더가 말하는 신은 전통적인 의미에서 기독교적인 신이 아니라 세계를 움직이는 범신론적인 법칙, 고대 희랍의 용어로 말하면 로고스logos였습니다. 따라서 내재화된 섭리는 '합당한 이치를 갖춘 법', 즉 '이법理法'으로 이해하면 됩니다. 이 법칙을 파악하고 그것에 따라 개인과 집단이 교양의 상태로 나아가야 한다는 것이 헤르더가 궁극적으로 주장하는 것입니다. 그런데 이러한 도야를 수행하려고 할 때 신의 목적이 무엇인지를 누가 알 수 있는지가 심각한 문제가 됩니다. 도야의 목적이 인문주의적 맥락에서 벗어나 국수주의적인 것과 결합하거나 단기간에 성취하려는 특정 목적과 결합하면 굉장히 위험한 이데올로기가 될 수 있는 것입니다. 그런 까닭에 이러한 역사 목적론은 항상 경계의 대상이 되어 왔습니다.

우리가 여기서 집중적으로 읽고자 하는 헤르더의 대표작《인류의 역사철학에 대한 이념Ideen zur Philosophie der Geschichte der Menschheit》(1784~1791)은 본래 25장으로 계획되었습니다만 그중에서 20장만 서술된 미완성 저작입니다. 그는 자신의 역사관에 입각하여 철학적인 의미의 역사를 쓰려고 합니다. 그 순서는 우선, 인간의 위치를 서술하는 것입니다. 인간은 동물 세계와 정신 세계 사이를 연결하고 형성하는 위치에 있다는 것입니다. 이러한 주장은 1장에서 5장에 들어 있습니다. 그런 다음 6장에서 10장까지는 역사에 대한 지리, 기후의 영향, 인종의 분화 등을 다루고 있습니다. 이는 '풍토(환경) 이론'인데, 당시에 굉장히 유행한 이론이라 몽테스키외(1689~1755)의 《법의 정신》(1748)과 헤겔(1770~1831)의 《역사철학강의》(1837)에서도 다루어졌습니다. 특정한 인간 공동체는 물리적 환경과 그 공동체의 정신이라는 두 가지 핵심적인 요소에 근거하여 살아갑니다. 여기서 물리적 환경이 외부적 힘이라면 공동체의 정신은 내부의 힘을 의미합니다. 독일 낭만주의자들은 이 공동체 정신을 '폴크스가이스트Volksgeist'라 하였습니다. 이 말은 민족정신, 집단정신, 공동 정신 등으로 번역할 수 있습니다. 그런데 여기서 '민족정신'은 적절한 번역어가 아닙니다. 헤르더가 말하는 폴크스가이스트는 혈연적인 관계에 얽힌 집단이 아닌, 문화를 공유하는 특정 집단이 가진 정신을 가리키기 때문입니다. 헤르더에 따르면, 특정 집단의 역사는 그 집단이 처한 외부적인 물리적 환경과 그 안에서 집단이 형성해 온 내부적인 정신이 결합할 때 하나의 독자적인 특성을 이룰 수 있습니다. 그러므로 집단의 역사를 이해하기 위해서 이 두 가지 요소를 잘 고찰해야 하는 것입니다.

《인류의 역사철학에 대한 이념》의 10장에서 20장까지는 인류 역사의 사실을 구체적으로 다루고 있습니다. 10장에서 14장까지는 고대 세계를 다루었고, 16장에서 20장까지는 근대 초기까지의 유럽 세계를 다루었습니다. 이 두 부분의 가운데에 있는 15장은 이러한 구체적인 인류 역사를 바탕으로 역사 전반에 대한 헤르더 자신의 견해를 담고 있습니다. 그런 까닭에 이 15장은 헤르더의 역사철학이 들어 있는 부분이라 하겠습니다.

지금까지 이야기한 것을 다시 정리하겠습니다. 헤르더는 신의 섭리, 자연환경, 인간의 노력이라는 요소들이 역사를 이끌어 가는 동력이라고 보았습니다. 그에 따르면 역사에는 선한 목적을 가진 신의 섭리가 내재해 있습니다. 이 섭리의 실현은 자연환경의 제약을 받지만 인간의 노력은 이 제약을 극복할 수 있습니다. 역사는 이러한 과정을 거쳐서 완전한 인간성에 이르는 것을 가리킵니다. 그런데 여기서 섭리의 실현을 위해 인간이 노력해야 한다는 것은 헤르더가 독자적으로 제시한 것입니다. 헤르더에 따르면, 역사는 인류의 보편적인 목적과 개별 공동체의 고유한 정신을 함께 실현하는 과정입니다. 헤르더는 '참다운 인간성'을 인류의 보편적인 목적으로 제시했는데 이것은 칸트가 말한 '세계시민' 개념을 다르게 표현한 것이라 할 수 있습니다.

독일의 철학자 헤겔은 이 사상을 받아들여 역사철학의 핵심적인 개념으로 전개하였습니다. 헤겔은 인간의 노력을 '노동Arbeit'으로 규정했습니다. 여기서 노동은 인간의 주체적 자각적 합목적적 활동을 총괄하는 말입니다. 인간은 노동을 통해 스스로를 도야할 수 있습니다. 그리고 인간이 도야하는 과정에서 세계도 더 높은 수준으로 올라섭니다. 이것은 세계의 도야라 말할 수 있습니다. 인간과 세계의 도야, 이것이 바로 헤겔이 말하는 역사입니다. 그는 보편적 목적과 개별적 목적을 총괄하는 개념으로 '세계정신Weltgeist'을 제시하였습니다. 이 용어를 사용해서 말해 보면 역사는 세계정신을 실현하기 위한 과정이며, 각각의 시대는 세계정신의 흔적과 표현을 보여 주는데 이것이 '시대정신Zeitgeist'입니다.

헤르더의 책 제15장 "역사 발전의 법칙"의 목차를 봅시다.

역사 발전의 법칙
1. 인간성은 인간 본성의 목적이며, 신은 이 목적과 함께 인간 자신의 운명을 인간에게 위임했다.

2. 자연의 모든 파괴력은 시간이 지남에 따라 보존력에 자리를 내주어야 할 뿐만 아니라 궁극적으로 전체의 형성에 기여해야 한다.
3. 인류는 문명의 다양한 단계를 다양한 형태로 거치도록 운명지어졌다. 그러나 인류 행복의 영속성은 오직 본질적으로 이성과 정의에 근거한다.
4. 내적인 자연법칙에 따라, 이성과 정의는 시간이 지나면서 인류에게서 더 많은 비중을 차지하게 되고 영속적인 인간성을 증진시킨다.
5. 현명한 선이 인간의 운명을 결정한다. 따라서 선의 뜻을 따르는 것보다 더 고귀한 가치나 더 영속적이고 순수한 행복은 없다.

이 목차에 핵심 내용이 모두 들어 있습니다. 1에서 말하는 "인간성"은 완전한 의미의 인간성입니다. 인간은 인간성이라는 목적을 성취하려고 하는데, 이 목적은 신으로부터 "위임" 받은 것입니다. 어떻게 자신을 도야하느냐에 따라서 이 목적의 성취 여부가 결정됩니다. 즉 '목적지향적 인간 실천'이 역사를 움직이는 힘인 것입니다. 2는 '자연적 필연성'에 대한 내용입니다. 자연현상도 역사를 만들어 가는 과정에서 고려해야 할 부분입니다. 목적지향적 인간 실천과 자연적 필연성, 이 두 가지가 역사의 근본 바탕에 놓여 있습니다. 도야의 과정은 3에서 말한 것처럼 "다양한 단계를 다양한 형태로 거치도록" 되어 있습니다. 그처럼 다양한 단계를 거쳐 가지만 4에서 말하는 것처럼 "이성과 정의"가 점차로 더 많은 비중을 차지하게 됩니다. 다시 말해서 이성과 정의가 증가할수록 인간의 역사는 발전한 것이고 완전성의 단계에 접근한 것입니다. 5에서 "현명한 선"은 선한 목적을 가리킵니다. 이 현명한 선이라는 개념이 인간의 목적을 결정합니다.

민족의 전체 역사는 우리에게 인간성과 인간의 가치라는 가장 아름다운 월계관에 도달하는 경주를 가르쳐 주는 학교이다. […] 역사의 증언을 통해 인류의 인간성을 발전시키는 이러한 자연법칙을 고려해 보자. 이러한 자연법칙은 신의 자연법칙만큼 진실하기 때문에 인간성의 발전을 증진시켜 줄 것이다.

_《인류의 역사철학에 대한 이념》

역사는 인간 개개인과 인류가 도야하는 곳, 즉 학교입니다. 이처럼 헤르더를 비롯한 당시 독일인들은 세계사의 관점을 갖는 수준까지 올라섰습니다. 물론 독일인들이 모든 일을 인간이 독자적으로 만들어 가는 세계사의 관점에서 파악하고 그것을 실현하려고 노력했다고 말할 수는 없습니다. 아직은 신의 섭리를 말하고 있기는 하지만 '세계사'를 의식한다는 것, 이는 상당히 진전된 수준이라 할 수 있겠습니다.

제 34 강

마르크스는 **엥겔스**와 함께 1848년 혁명의 선언서, 《**공산당 선언**》을 작성한다. 그들은 근대 세계의 주인공인 **부르주아계급의 등장 과정과 업적**을 극적으로 묘사한다. 이 문헌은 묘사로 가득 찬 듯하지만 미래의 전망을 세우기는 마찬가지다. 다가올 세상의 주인공이 신의 섭리나 인류 일반이 아닌 프롤레타리아계급이라는 점이 다를 뿐이다.

지금부터는 마르크스Karl Marx(1818~1883)와 엥겔스Friedrich Engels (1820~1895)가 함께 쓴 《공산당 선언Manifest der Kommunistischen Partei》 (1848)을 읽으면서 근대 자본주의가 어떻게 전개되었는지를 살펴보기로 합니다. 근대 자본주의의 전개 과정을 이해하기 위해서 먼저 장기長期 19세기를 다룬 에릭 홉스봄의 3부작(한길사, 1998)을 떠올려 봅시다. 《혁명의 시대(1789~1848)》, 《자본의 시대(1848~1875)》, 《제국의 시대(1875~1914)》가 그것입니다. 이 시대 구분에 따르면, 앞서 우리는 혁명의 시대를 살펴보았고 지금부터는 자본의 시대를 공부합니다. 따라서 《공산당 선언》을 읽으면서 알아두어야 할 구체적인 역사적 사실은 《자본의 시대》를 참조하면 적절하겠습니다.

먼저 《공산당 선언》의 텍스트 구조를 알아보겠습니다. 이 텍스트는 한 편의 드라마처럼 쓰여 있습니다. 드라마에는 주인공과 적대자가 있습니다. 이 책의 주인공과 적대자는 각각 부르주아지와 프롤레타리아트입니다. 목차를 보면 "하나의 유령이 떠돌고 있다"로 시작하는 발문이 있고 1~4장으로 구성되어 있습니다. 1장은 자본주의의 전개 과정과 주인공인 부르주아계급에 대한 설명, 2장은 프롤레타리아계급의 입장에서 본 향후 세계 전망, 3장은 당시의 세계 정세 분석과 사회주의 운동의 방식, 4장은 부록입니다.

이 책은 첫 문장이 중요합니다. "지금까지의 모든 사회의 역사는 계급투쟁의 역사이다." 이 문장에서 투쟁하는 주체는 개인이 아니라 계급입니다. 다시 말해서 계급이 역사의 행위자로 등장한 것입니다. 이것은 아주 중요한 인식입니다. 여기에는 어떤 탁월한 개인이 역사를 만들어 간다고 하는 영웅사관이 설 자리가 없습니다. 실제로 이 책 1장을 읽어 보면 사람의 이름이 한 번도 나오지 않습니다. 부르주아지와 프롤레타리아트, 즉 계급만 나옵니다. 역사에서 행위하는 주체가 계급이라면 역사의 연구 대상은 그 계급이 서로 대립하고 있는 인공적 구성물로서의 사회입니다. 마르크스는 노예제, 봉건제 같은 생산양식을 중심으로 역사를 살펴봅니다. 다시 말해서 사회구성체를 중심으로 계급의 역학 관계를 살펴보는 것입니다.

《공산당 선언》을 읽으면서 부르주아지와 프롤레타리아트의 화해를 기대하면 안 됩니다. 또한 두 계급 사이에 중간계급이 있지 않으냐고 반문해도 안 됩니다. 역사의 과정에서는 중간계급이 등장하였지만 이 텍스트는 드라마이며 이에 맞는 전형화를 시도했기 때문입니다. 이 드라마의 주인공들은 부르주아계급과 프롤레타리아계급입니다. 이 두 주인공들 중에서 먼저 부르주아계급의 등장 과정을 봅시다.

중세의 농노에서 처음으로 도시의 성 밖 시민이 생겨났고, 이러한 성 밖 시민에서 부르주아계급이 가진 최초의 요소들이 전개되었다.

_《공산당 선언》, 1장

부르주아계급은 역사에서 매우 혁명적인 역할을 수행하였다.

_《공산당 선언》, 1장

부르주아계급(이라는 행위자)의 혁명적인 행위를 통해서 자본주의 세계의 구조가 만들어졌다는 것입니다. 이 문장부터는 부르주아계급에 대한 찬가, 즉 희극comedy입니다. "그리하여 우리는 다음과 같은 것을 알게 되었다"로 시작하는 문단은 부르주아계급에 대한 찬가를 집약한 부분입니다. 고대 희랍 비극에 비유해 본다면 코로스가 등장하는 부분입니다.

그 자리에 자유로운 경쟁이 스스로에 잘 맞는 사회적 정치적 제도와 함께, 부르주아계급의 경제적 정치적 지배와 함께 들어섰다.

_《공산당 선언》, 1장

부르주아계급은 중세의 신분 질서를 무너뜨리고 자신들의 정치적 지배를 최종적으로 확립하였다는 것입니다. 이것이 부르주아계급의 최종적인, 눈부신 업적입니다.

우리 눈앞에서 비슷한 운동이 일어나고 있다.

_《공산당 선언》, 1장

두 주인공 중의 또 다른 하나인 프롤레타리아계급의 등장을 알리는 말입니다.

그러나 부르주아계급은 자신을 죽음으로 몰고 갈 무기를 버렸을 뿐만 아니라 이 무기들을 지니게 될 사람들도 낳아 놓았다 — 현대의 노동자, 프롤레타리아.

_《공산당 선언》, 1장

마르크스와 엥겔스에 따르면 부르주아계급은 새로운 시대의 주인으로 등장하여 눈부신 업적을 이룩했지만, 결국 자신들의 그러한 노력 자체가 자신들의 파멸을 불러오는 과정이었습니다. 그런 까닭에 부르주아계급에 대한 이야기는 희극으로 시작해서 비극으로 끝납니다. 한마디로 희비극 tragicomedy입니다. 프롤레타리아계급의 이야기는 그것과 반대입니다. 그 이야기는 비극으로 시작하여 희극으로 끝납니다.

그러므로 대공업의 발전과 함께, 부르주아계급이 생산하며 생산물을 취득하는 기초 자체가 부르주아계급의 발밑에서 빠져 나간다. 부르주아계급은 무엇보다도 자기 자신의 무덤을 파는 사람들을 만들어 낸다. 부르주아계급의 몰락과 프롤레타리아계급의 승리는 똑같이 불가피하다.

_《공산당 선언》, 1장

대공업의 발전은 부르주아계급의 업적입니다. 그런데 대공업이 발전할수록 부르주아지는 "자기 자신의 무덤을 파는 사람들", 즉 프롤레타리아계급을 만들어 냅니다. 《공산당 선언》이라는 드라마는 자본주의 사회에서 부르주아계급과 프롤레타리아계급이 그려 내는 희비극을 보여 줍니다. 그리고 1장은 2~4장과 달리 완결된 구조 속에서 이 희비극을 그리고 있습니다. 부르주아계급의 등장(희극), 부르주아계급의 몰락과 프롤레타리아계급의 등장(비극이면서 희극), 프롤레타리아계급의 처참한 상황(비극), 프롤레타리아계급의 최종적인 승리(희극)라는 전개 방식을 띠고 있는 것입니다.

《공산당 선언》의 드라마적 구조에 대한 설명은 이쯤에서 그치고, 구체적인 역사적 사실을 거론하면서 이 책에 나오는 구절을 고찰해 보기로 합시다. 《공산당 선언》은 1848년에 일어난 혁명을 계기로 나온 선언문입니다. 1848년 2월 24일 프랑스에서 혁명이 일어났습니다. 곧이어 3월 2일에는 남서부 독일, 3월 6일에는 바이에른, 3월 11일에는 베를린, 3월 12일에는 빈, 3월 18일에는 밀라노에서 연쇄적으로 혁명이 일어났습니다. 《공산당 선언》은 이러한 혁명의 영향을 받은 20대 후반의 열혈 청년들이 쓴 것입니다. 그렇지만 영국을 제외한 유럽 전역에서 불같이 일어났던 혁명은 금세 사그러들었습니다. 왜 그랬을까요? 이유는 간단합니다. 1848년부터 1875년까지는 유례없는 호황기였기 때문입니다. 역사가들은 이 시기를 '대호황Great Boom'이라고 부릅니다. 그 이후로 경제는 불황과 호황을 반복하다가 1914년 제1차 세계대전 시기에 최저점을 찍습니다.

대호황의 증거로는 박람회를 들 수 있습니다. 1851년 영국 런던에서 최초로 박람회가 열렸는데, 이때 참여한 기업 수는 총 1만4천 개였습니다. 이후 1855년 파리(2만4천 개), 1862년 런던(2만9천 개), 1867년 파리(5만 개) 박람회를 거치는 동안 참여 기업 수가 급격하게 증가했습니다. 미합중국 건국 100주년을 기념한 1875년 필라델피아 박람회 때까지 호황이 이어졌고, 이 시기에 자본주의 선진국이 된 나라들은 지금도 여전히 선진국의 자리를 유지하고 있습니다. 다시 말해서 이 시기에 자본주의 세계의 중심 국가와 주변 국가가 형성되었습니다. 또한 전 지구적 자본주의 역시 본격적으로 이 시기에 시작되었습니다. 이것은 통계 수치를 보면 알 수 있습니다. 1800년에서 1840년 사이에 세계무역량은 2배로 증가한 반면 1869년부터 1870년까지는 260퍼센트가 증가했습니다. 다른 수치도 살펴봅시다. 영국은 1850년부터 1875년까지 해외에 10억 파운드를 투자했습니다. 그리고 인도의 벵골 지역에서 아편을 길러 중국에 팔았습니다. 1844~1849년에는 4만3천 상자의 아편을 팔았으며 1869~1874년에는 그 수가 8만7천 상자에 이르렀습니다.

대호황의 시대에는 크게 세 가지 변화가 일어났습니다. 첫째는 철도의 확장입니다. 철도는 '산업의 혈맥'으로 불릴 정도로 중요한 역할을 했습니다. 야콥 부르크하르트가 쓴 《세계 역사의 관찰》(휴머니스트, 2008)에 따르면, "철도는 혁명과 반동, 전쟁에 대한 특별한 관계"를 맺습니다. "철도를 진짜로 소유하거나 오직 그 수단만 소유한 사람은 누구든 모든 민족들을 꼼짝도 못하게 할 수 있"습니다. 이처럼 철도는 이 시대에 가장 중요한 요소였습니다. 둘째는 산업구조의 변화입니다. 이 시기를 거치면서 섬유, 중공업, 화학, 전기 공업 순으로 산업구조가 고도화되었습니다. 셋째는 대중 교육제도의 정착입니다. 그 결과 문맹률이 급속도로 하락했고, 이는 다시 산업 발전의 동력으로 작용하게 되었습니다. 전 지구적 자본주의의 성립과 함께 역사는 이때부터 본격적인 의미의 세계사가 되었습니다. 그런데 이 대호황은 대불황Great Depression을 거쳐 대파국, 즉 제1차 세계대전Great War으로 끝났습니다. 《공산당 선언》이 예언서로 느껴질 정도로 부르주아의 희극이 비극으로 끝을 맺은 것입니다. 한 가지 덧붙이자면 한반도는 바로 이 시기에 전 지구적 자본주의의 역사 속으로 편입되어 들어갔습니다. 이 시기 자본주의 전개 과정에 관한 개관은 이쯤 해 두고 《공산당 선언》을 들여다봅시다.

> 봉건 사회에 들어 있던 혁명적 요소가 급격하게 발전하게 되었다.
>
> _《공산당 선언》, 1장

부르주아 사회는 어느 날 갑자기 등장하지 않았다는 말입니다.

> 지금까지의 봉건적 또는 동업 조합적 공업 경영 방식은 새로운 시장과 함께 늘어난 수요를 맞추기에는 충분하지 않았다.
>
> _《공산당 선언》, 1장

부르주아계급이 지배하는 사회가 성립되는 과정에서 가장 먼저 변화가 일어난 영역은 공업 경영 방식입니다. 그때까지 공업 경영은 중세적인 동업 조합, 즉 길드guild에 의한 것이었습니다. 그런데 그 방식으로는 사람들의 수요를 감당할 수 없게 된 것입니다.

> 시장은 끊임없이 번성했고, 수요는 끊임없이 늘어났다. 공장제 수공업으로도 더 이상 감당할 수 없었다.
>
> _《공산당 선언》, 1장

이 책을 읽을 때는 "더 이상 감당할 수 없었다"와 같은 표현에 주의해야 합니다. 그 표현이 나오는 지점에서는 새로운 방식이 등장하는, 이를테면 전환이 일어나기 때문입니다. 이는 역사적으로 중요한 '계기moment' 입니다.

그때 증기와 기계장치가 공업 생산에 혁명을 일으켰다. 공장제 수공업 대신 현대의 대공업이 등장했고, 공업 중간 신분 대신 공업 백만장자들과 공업 군대 전체의 우두머리들 그리고 현대의 부르주아가 등장했다.

_《공산당 선언》, 1장

이것은 도식적인 설명이므로 실제로 그렇게 전개되었는지는 역사적 사실과 맞춰 봐야 합니다. "공업 군대 전체의 우두머리들"은 은유적인 표현이지만 상당히 들어맞습니다. 이 표현은 공업 경영 방식의 혁신을 통해 산업의 주도권을 쥐게 된 부르주아계급을 가리킵니다. 그들은 슬슬 세계의 주인공이 될 준비를 마친 상태입니다.

아메리카의 발견으로 대공업은 세계시장을 갖추게 되었다.

_《공산당 선언》, 1장

중요한 문장입니다. 아메리카 대륙의 발견과 대륙횡단 철도의 건설은 대호황의 중요한 계기였기 때문입니다.

철도가 확장된 만큼, 꼭 그만큼 부르주아계급은 발전했으며

_《공산당 선언》, 1장

앞서 대호황 시기를 언급하면서 살펴보았듯이 철도는 이 시기의 자본주의 발전에서 핵심적인 역할을 하였습니다. 철도가 놓이면 그 지역은 급속하게 자본주의적 생산의 영역으로 들어오게 됩니다.

그러므로 우리는 현대의 부르주아계급이 어떻게 해서 기나긴 발전 과정

의 산물이며, 생산방식과 교통 방식에서 일어난 일련의 변혁의 산물인지를 알게 된다.

_《공산당 선언》, 1장

"교통 방식"은 운송 수단뿐 아니라 커뮤니케이션 수단 일반을 가리킵니다. 생산방식과 교통 방식은 부르주아계급의 발전을 이끌어 간 중요한 비인간 행위자였습니다. 여기까지가 자본주의 발전의 경제적인 측면에 대한 이야기이고, 다음 문단부터는 정치적인 것에 관한 논의가 전개됩니다.

부르주아계급이 발전해 온 이러한 단계 각각에는 그것에 상응하는 정치적 진보가 병행하였다. […] 납세 의무를 지닌 군주국의 제3신분이었고, 그 다음 공장제 수공업 시대에는 신분제 군주국이나 절대적 군주국에서 귀족에 대한 균형 세력이었으며, 일반적으로 대군주국의 주요 기반이었는데, 대공업과 세계시장이 세워진 이후에는 마침내 현대의 대의제 국가에서 배타적인 정치적 지배를 쟁취하였다.

_《공산당 선언》, 1장

경제적 성취를 바탕으로 하여 부르주아가 정치적 지배에서 헤게모니를 장악한 사실을 설명하고 있습니다.

현대의 국가권력은 부르주아계급 전체의 공동 업무를 처리하는 위원회일 뿐이다.

_《공산당 선언》, 1장

이 문장은 곧이곧대로 이해하면 안 됩니다. 당연히 국가권력은 부르주아계급의 꼭두각시가 아니기 때문입니다. 그렇지만 부르주아계급이 근대 국가에서 주도적인 지배권을 행사하는 것은 사실입니다.

> 부르주아계급은 역사에서 매우 혁명적인 역할을 수행하였다.
> _《공산당 선언》, 1장

이 문장부터 "그리하여"로 시작하는 문단까지는 앞의 개요를 상세하게 설명한 부분입니다.

> 그 자리에 자유로운 경쟁이 스스로에 잘 맞는 사회적 정치적 제도와 함께, 부르주아계급의 경제적 정치적 지배와 함께 들어섰다.
> _《공산당 선언》, 1장

이 부분에서 핵심은 '부르주아 경제의 세계화'입니다. 이제 역사는 세계사가 되었습니다.

> 이해타산이라고 하는 얼음처럼 차가운 물 속에
> _《공산당 선언》, 1장

부르주아계급이 세상을 살아가는 가장 기본적인 원리는 "이해타산"입니다.

> 부르주아계급은 지금까지 존경받았고 사람들이 경건하게 바라보던 모든 활동에서 신선한 후광을 벗어 버렸다. 부르주아계급은 의사, 법률가, 시

인, 학자를 자신들을 위해 일하는 임금 노동자로 바꾸어 놓았다. […] 부르주아계급은 가족관계에서 심금을 울리는 감상적 장막을 찢어 버리고 그것을 순전히 화폐 관계로 환원시켰다.

_《공산당 선언》, 1장

여기서 중요한 단어들은 "이해타산", "임금 노동자", "화폐 관계"입니다. 부르주아계급은 경제적인 타산에 관련되지 않은 모든 관계를 없앴다는 말입니다.

부르주아계급이야말로 인간의 활동이 이룩할 수 있는 것들을 증명하였다. 부르주아계급은 이집트의 피라미드, 로마의 수로, 중세의 고딕 성당과는 아주 다른 기적을 이룩하였으며, 민족 대이동과 십자군 원정과는 아주 다른 원정을 수행하였다.

_《공산당 선언》, 1장

부르주아계급은 이러한 기적을 자신들의 업적이라고 생각했습니다. 그런데 마르크스는 그 업적 뒤에 숨어 있는 '불안'을 끄집어내고 있습니다.

부르주아계급은 생산도구와 그에 이어 생산관계, 그리고 더 나아가 사회적 관계 전체에 끊임없이 혁명을 일으키지 않으면 존재할 수 없다. 이와는 반대로 이전의 모든 산업 계급의 첫째 존재 조건은 낡은 생산방식을 변함없이 지속시키는 것이다. 부르주아 시대는 생산의 끊임없는 변혁, 모든 사회적 상황의 부단한 동요, 영원한 불안과 격동을 통해 다른 모든 시대와 구별된다. 견고하고 녹슨 모든 관계들은 오래되고 존귀한 생각들 및 의견과 함께 해체되고 새롭게 형성된 것들도 모두 자리를 잡기도 전에 낡은 것이 되어 버린다. 신분과 관련된 것들과 정체되어 있는 것들은 모두 증발해 버리고, 신성한 것은 모두 모욕당하며 마침내 사람들은 자신의 생활의 지위와 서로의 관계를 냉철하게 응시해야만 한다.

_《공산당 선언》, 1장

부르주아계급은 혁신이라는 이름으로 끊임없이 혁명을 일으켜야 합니다. 그렇지 않으면 자신들이 주인인 체제를 유지할 수 없습니다. 이것이 19세기 말에 나타난 세기말적 증상의 근본적인 원인입니다. 끊임없는 혁명은 불안을 낳아 놓습니다.

제 35 강

부르주아계급은 새로운 기술에 기반한 문명을 창출했고, 이로써 19세기는 그들의 시대가 된다. 부르주아 체제의 헤게모니를 부정하였기에 폭력으로 완벽하게 진압된 파리코뮌 같은 **프롤레타리아계급 운동**은 그러한 운동이 있었다는 것만을 역사가 기록할 뿐이다.

부르주아계급은 자신들의 세계시장을 착취함으로써 모든 나라들의 생산과 소비가 범세계적인 형태를 갖추게 하였다.

_《공산당 선언》, 1장

여기서는 "자신들의"라는 말이 중요합니다. 경제적인 영역을 장악하고 그에 이어 정치적인 지배를 강화한 부르주아계급은 세계로 진출합니다. 그리고 그렇게 진출한 지역에서 부르주아계급은 국제적인 표준화를 추진합니다.

이른바 문명을 자기 나라에 도입하라고, 다시 말해서 부르주아가 될 것을 강요한다. 한마디로 부르주아계급은 자신의 고유한 모습에 따라 하나의 세계를 창조하였다.

_《공산당 선언》, 1장

부르주아계급은 문명 전체를 부르주아 자신의 방식으로 새롭게 만들려고 합니다. 그들은 계속해서 부르주아적 삶의 방식을 퍼트립니다. 이는 상당히 중요한 뜻을 함축하고 있습니다. 부르주아가 획득한 지역에서 일종의 문화적인 주도권까지 쥐게 되었기 때문입니다. 그러한 지배에서 가장 중요한 계기는 앞서 말했듯이 철도의 확장입니다. 1869년 미합중국에 대륙횡단 철도가 건설되면서 아메리카 대륙이 세계시장으로 편입되었고 그 결과 대호황이 시작되었습니다. 이 시기의 유명한 인물 중의 한 사람으로는 영국의 토마스 브라시(1805~1870)가 있습니다. 철도 엔지니어이자 기업가였던 그는 5개 대륙에서 8만 명을 고용한 철도 회사를 운영했습니다. 브라시는 자신이 부르주아계급의 일원이라는 자부심으로 가득 차 있었으며 모든 것을 이윤 동기에 따라 움직이는 사람이었습니다. 다시 말해서 그는 귀족의 세계관과는 구별되는 부르주아계급의 세계관을 가지고 있었습니다.

철도만큼이나 중요한 것이 전신電信입니다. 1871년에는 영국 런던에서 열린 경마 대회의 결과가 전신에 의해 5분 만에 인도 콜카타에 도착했습니다. 철도와 전신은 인간의 기본적인 인식까지 바꿔 놓았습니다. 시공간에 대한 감각이 달라진 것입니다. 지리적으로 멀리 떨어진 공간이 더 이상 멀게 느껴지지 않게 되었습니다. 일종의 공간 압축이 일어난 것입니다. 사람들이 거리낌없이 세계 여기저기로 이주하기 시작하였습니다. 예를 들어 1849년 캘리포니아로 이주한 중국인은 76명이었지만, 골드러시 열풍이 불면서 1852년에는 2만 명의 중국인이 이주했습니다. 《공산당 선언》에 나와 있듯이 교통 방식, 운송 방식, 대량 이주를 통해 표준화된 단일 세계가 생겨난 것입니다. 그런데 이러한 부르주아의 희극 이면에는 전쟁의 그림자가 드리워져 있었습니다. 19세기에는 네 번의 큰 전쟁이 일어났는데 그중 마지막 전쟁이 프랑스와 프로이센이 벌인 전쟁(1870~1871)입니다. 이 전쟁은 선진 공업 국가들의 헤게모니 다툼에서 비롯되었습니다. 그런데 한 가지 고려해야 할 점이 있습니다. 그것은 바로 공업의 발전이 기술의 발전, 즉 무기의 정교화를 의미한다는 것입니다. 또한 대량 살상 무기를 만든다는 것은 국제분쟁이 일어날 때 외교보다는 전쟁으로 해결하려는 생각이 증가했다는 것을 의미합니다. 이렇게 전쟁이 긴요한 정책 수단으로 고려되면서 인간의 가치는 엄청나게 하락했습니다. 사람들은 기계를 발명했고, 이 기계는 인간의 능력을 놀라울 정도로 높여 놓았습니다. 그러나 전쟁에 임하는 인간은 이 기계가 가진 위력을 아직 실감하지 못하고 있었습니다. 다시 말해서 인간의 의식은 대량생산 이전 시기에 머물러 있는데 기계는 대량 살육이 가능한 상태로까지 발전해 버린 것입니다. 이것은 나중에 제1차 세계대전에서 심각한 비극을 만들어 냅니다.

 19세기의 부르주아는 계급적 자부심을 느끼고 있었습니다. 자부심이 어찌나 강했던지 독일 출신의 철강왕 크루프는 귀족 작위를 거절하기도 했습니다. 이처럼 부르주아는 귀족을 철저히 무시했습니다. 그들은 전통적인 신분에는 무관심했고 자신의 능력으로 성취한 것만 이야기했습니다. 부르주아는 신분 질서라는 "신성한 후광"을 찢어 버렸고 그 과정에서 자신이 '능력 있는 개인individual' 임을 입증하려고 했습니다. 부르주아는 근면과 검소를 제1의 미덕으로 삼았으며 종교에 무관심한 대신 과학과 문화를 신봉했습니다. 또한 그들은 다원주의에 열광하여 우승열패의 신화를 만들어 냈습니다. 부르주아로 인해 다원주의는 생물학적 이론에 그치지 않고 사회적 진화론으로 변형되었습니다.

19세기 부르주아의 정치적 토대는 자유주의였습니다. 여기서 자유주의는 자유로운 개인의 자유로운 기업 활동을 허용한다는, 굉장히 좁은 의미의 시민적 자유주의입니다. 부르주아는 가난한 자들이 착취에 대해 저항하지 않는 범위에서만 그들에게 자유를 용납했습니다. 프롤레타리아가 대중 정치를 시도하면 부르주아는 가차 없이 공권력을 동원하여 진압했습니다. 그것의 대표적인 예가 파리코뮌입니다.

부르주아는 또한 소유권과 지배권을 결합하려고 했습니다. 그들에게 소유권은 지상 최고의 원칙이므로 누군가 자신들의 소유권을 침해하려고 하면 곧바로 응징했습니다. 부르주아는 소유권을 통해 정치적 지배권을 획득하려고 하지만, 그렇게 되지 않더라도 주도적인 영향력을 행사하려고 노력합니다. 이는 부르주아가 지배를 관철하는 일관된 방식입니다. 그들은 직접적으로 권력을 잡아 지배하지는 않더라도 정치적인 지배권을 가진 자본 권력을 통해 지배하고 있습니다.

마르크스에 따르면 프롤레타리아가 등장함으로써 부르주아의 비극이 시작됩니다. 그렇지만 오늘날까지도 부르주아가 사회 전반에 미치고 있는 영향력은 결코 무너뜨릴 수 없을 정도로 강고합니다. 그들은 스스로 귀족이 되었고, 프롤레타리아와의 간격이 좁혀지는 것을 결코 허용하지 않습니다. 그런 까닭에 마르크스가 말한 의미에서의 프롤레타리아의 희극은 아직 시작되지 않았다고 할 수 있습니다.

부르주아계급, 다시 말해서 자본이 발전하는 것과 같은 정도로 프롤레타리아계급, 즉 현대의 노동자가 발전하는데, 그들은 일을 찾을 수 있을 때에만 살아갈 수 있을 뿐이요, 자신의 노동이 자본을 증식시켜야만 일을 찾을 수 있을 뿐이다. 자신을 조각내어 팔아야만 하는 이 노동자는 다른 모든 판매물과 마찬가지로 하나의 상품이며 그에 따라 다른 상품과 똑같이 모든 경쟁의 부침과 시장의 변동에 내맡겨져 있다.

_《공산당 선언》, 1장

이 인용문에서 핵심은 프롤레타리아의 노동이 시장의 변동에 내맡겨져 있다는 것입니다. 앞에서도 말했지만, 마르크스와 엥겔스의 설명은 있는 그대로의 사실이 아니라 앞으로 검토할 주제를 제시하는 것으로 이해해야 합니다. 따라서 이 인용문을 정확하게 이해하기 위해서는 노동시장의 형성에 관한 역사적인 검토가 필요하다 하겠습니다. 그 검토는 뒤에서 하기로 하고 우선《공산당 선언》에서 노동자계급에 대해 설명하고 있는 부분을 살펴봅시다.

프롤레타리아의 노동은 기계장치의 확산과 분업 때문에 자립적 성격을 모두 잃어버렸고 그에 따라 노동자에 대한 매력도 모두 없어졌다.

_《공산당 선언》, 1장

마르크스가 노동자계급을 다루면서 가장 먼저 거론하는 것은 "기계장치의 확산과 분업"입니다. 이로 인해 프롤레타리아계급의 성격이 변화했기 때문입니다.

현대의 공업은 가부장적인 장인의 작은 작업실을 산업자본가의 거대한 공장으로 바꾸어 놓았다. 〔…〕 손 노동이 숙련과 힘의 과시를 덜 요구할수록, 다시 말해서 현대의 공업이 발전할수록 남성 노동은 여성 노동에 의해 밀려난다. 성性과 연령의 구별은 노동자계급에게 더 이상 어떠한 사회적 타당성도 없다. 연령과 성에 따라 비용이 달리 드는 노동 도구가 있을 뿐이다.

_《공산당 선언》, 1장

자신을 노동자로 생각하지 않았던 장인들은 기계장치의 확산과 분업이 일어나면서 몰락했습니다. 기계장치가 등장하면서 이제 생산의 주체는 인간이 아니라 기계로 바뀌었습니다.

프롤레타리아계급은 여러 발전 단계를 거쳐 간다. 부르주아계급에 대한 그들의 투쟁은 그들의 존재와 함께 시작된다.

_《공산당 선언》, 1장

여기부터는 프롤레타리아계급이 부르주아계급에 맞서 어떠한 투쟁을 하는가에 대한 이야기입니다. 그렇지만 19세기는 부르주아계급의 시대였고 프롤레타리아계급의 투쟁은 결코 시대를 압도하지 못했습니다.

때로는 노동자가 승리하지만 그것은 일시적일 뿐이다.

_《공산당 선언》, 1장

굉장히 단순화해서 이야기한 부분이므로 프롤레타리아계급의 투쟁 조직이 어떻게 생겨났고 어떠한 투쟁 과정을 거쳤는지는 역사적 사실과 함께 살펴보아야 합니다.

> 프롤레타리아가 계급으로 조직되고 그에 따라 정당으로 조직되는 것은 노동자 자신들의 경쟁 때문에 여러 차례 파괴된다.
>
> _《공산당 선언》, 1장

프롤레타리아계급 안에서 어떤 분열이 일어나는지도 검토해 보아야 합니다.

> 오늘날 부르주아계급에 대항하고 있는 모든 계급들 가운데 프롤레타리아계급만이 현실적으로 혁명적인 계급이다. 그 밖의 계급들은 대공업과 함께 쇠퇴하고 몰락하지만 프롤레타리아계급은 대공업이 만들어 낸 가장 고유한 산물이다.
>
> _《공산당 선언》, 1장

"프롤레타리아계급만이 현실적으로 혁명적인 계급"이라는 말은 마르크스와 엥겔스의 희망 사항일 뿐입니다.

> 낡은 사회의 생활 조건들은 프롤레타리아계급의 생활 조건들 속에서 이미 소멸되어 버렸다. 프롤레타리아는 재산이 없다. 그가 아내와 자녀에 대해 가진 관계는 부르주아적 가족관계와 더 이상 아무런 공통점이 없다.
>
> _《공산당 선언》, 1장

여기부터는 프롤레타리아계급이 어떤 입각점을 가지고 나아갈 것인가에 대한 이야기입니다.

> 프롤레타리아 운동은 거대한 다수의 이해관계에 따른, 거대한 다수의 자립적 운동이다.
>
> _《공산당 선언》, 1장

이는 프롤레타리아 운동에 대한 마르크스와 엥겔스의 정의定義입니다. 그러면 이제부터 19세기의 현실에서 노동자계급은 어떻게 등장하고 변화하였는지를 살펴봅시다. 프롤레타리아는 공업이 발전하면서 급속도로 증가했습니다. 예를 들어 독일 철강회사 크루프Krupp는 1824년에 직원 수가 72명이었는데 1873년에는 1만6천 명으로 늘어났습니다. 이처럼 프롤레타리아의 증가는 기업 규모의 확대를 의미했습니다. 또한 기업 규모가 커지면서 자본을 동원하는 다양한 방법이 실험적으로 운용되기 시작했습니다. 화폐를 매개로 한 노동시장은 이러한 배경에서 성립했습니다. 직원이 72명일 때는 사장과 노동자 사이에 온정적인 관계가 있을 수도 있겠지만, 직원이 1만6천 명으로 증가한 이후에는 더 이상 그런 관계를 기대할 수 없게 되었습니다. 화폐를 매개로 한 노동시장이 형성되면서 노동자의 삶은 한마디로 불안정해졌습니다. 엥겔스는 《영국 노동자계급의 상태》에서 경쟁이 그들의 삶을 지배한다고 말했습니다. 언제 해고당할지 모른다는 불안정성이 노동자들의 심성 속에 구조적으로 자리 잡게 된 것입니다. 이러한 '예측 불가능한 불안정성' 때문에 노동자들은 오랜 기간 단결하고 신뢰를 만들어 가기가 어렵습니다. 그들은 당장 생계 문제를 걱정해야 하는 처지에 놓여 있습니다. 프롤레타리아계급은 여러 집단과 계층으로부터 다양한 경로를 거쳐서 형성되었습니다. 그래서 각자의 이해관계와 문화적 성향 등이 다를 수밖에 없었습니다. 게다가 19세기에는 농민과 하층 중간계급의 수가 프롤레타리아계급의 수와 맞먹을 정도여서 노동자가 단결을 이루기가 굉장히 어려운 상황이었습니다.

1800~1890년에는 농촌 프롤레타리아와 도시 프롤레타리아를 하나로 묶을 수 있는 강력한 힘이 없었습니다. 19세기는 부르주아의 힘이 압도적이었으므로 마르크스가 말한 단일한 노동자계급이 생겨나기 어려웠던 것입니다. 더욱이 이 시대는 대호황의 시대였으므로 노동자계급 안에서도 자본주의를 뒤엎자는 사람이 드물었습니다. 자신들에게 성장의 과실이 곧바로 떨어지는 때에 체제를 전복하려는 의지를 갖는다는 것은 불가능했던 것입니다. 게다가 이후 화이트칼라 계층으로 불리게 될, 유능하고 지적인 노동자들은 자신들이 부르주아라는 '허위의식'을 가지고 있어서 체제를 지탱하는 중요한 기둥 역할을 했습니다. 혁명의 가능성과 부르주아의 불안감이 완전히 사라진 것은 아니지만, 1848년 이후로는 노동자 혁명을 생각하기 어려워졌습니다. 1871년 파리코뮌 역시 거의 완벽하게 진압되었습니다. 잠깐이나마 노동자가 주도한 시기가 있었다는 것이 이 사건의 의의라면 유일한 의의입니다. 거듭 말하지만 19세기는 대호황의 시대이자 부르주아가 헤게모니를 장악한 시대였습니다. 따라서 이 시대에 일어난 몇 가지 혁명적 전복의 징후에 지나친 의미를 부여해서는 안 됩니다.

《공산당 선언》이 이 시기의 주요한 특징으로 거론한 "기계장치의 확산과 분업"은 기술, 자연과 인간의 관계, 현실의 생산과정, 일상의 생산과 재생산, 사회적 관계, 정신적 개념이라는 항목들을 가지고 검토해 볼 필요가 있습니다. 기계제 생산을 하면서 인간은 자연의 지배에서 벗어날 수 있게 되었습니다. 인간이 자연의 지배자이자 소유자가 될 힘을 갖게 된 것입니다('자연과 인간의 관계'). 기계제 생산의 주역은 부르주아입니다. 그들은 기계제 생산을 통해 경제적 발전을 이룩하고 사회 전반을 지배할 수 있게 되었습니다('현실의 생산과정'). 이것이 얼마나 대단한 일인지는 중세 봉건 사회와 비교해 보면 잘 알 수 있습니다. 중세에도 신분에 따른 착취가 일어났지만 인간을 완전히 없애 버릴 정도로 나아가진 않았습니다. 다시 말해서 무한한 착취와 무한한 사유재산이 불가능했습니다. 그렇지만 근대에는 기계가 도입되면서 인간을 완전히 배제할 수 있게 되었습니다('일상의 생산과 재생산'). 부르주아는 자신들이 주도권을 잡기 이전의 세상을 '구체제'라고 부르면서 귀족과의 관계를 단절했습니다('사회적 관계'). 또한 화폐를 매개로 인간관계를 재조직하면서 근면과 성실을 중심으로 한 부르주아 이데올로기를 만들었습니다('정신적 개념'). 모든 사람에게 기회를 주고 경쟁을 통해서 성패가 결정된다는 시장 사회 모형이 만들어지면서, 성공한 사람은 합리적인 사람이고 실패한 사람은 비합리적인 사람이라는 결과론적 설명이 자리 잡았습니다. 물론 부르주아는 자유, 평등, 우애 같은 보편적인 이상을 주장하기도 했습니다. 그렇지만 그것은 자신들의 이익이 관철되는 한에서만 용인되며 상황에 따라 언제든지 철회될 수 있습니다. 프롤레타리아는 부르주아의 세계관에 찬동하는 한에서만 사회의 정당한 구성원으로 인정받을 수 있습니다. 그들이 체제의 근본적인 작동원리를 부정하는 순간, 체제 밖으로 곧바로 떨려 나갑니다.

제 36 강

19세기 세계에서는 **국민경제들 사이의 경쟁**이 절정에 이른다. 이 시대의 주인공인 부르주아계급은 유한계급으로 변태하고, 세계에는 **세기말적 징후들**이 여기저기서 솟아난다. 프롤레타리아계급 운동이 아직은 절멸되지 않은 상태이다.

여러 차례 강조했듯이 19세기는 부르주아의 시대였습니다. 이 시기에 경제적 토대와 정치적 헤게모니를 장악한 부르주아는 오늘날까지도 지배계급의 지위를 놓치지 않고 있습니다. 19세기는 자본주의 시스템이 정착하고 부르주아의 정치적 헤게모니가 관철된 시대였습니다. 그런데 부르주아가 헤게모니를 장악하려면 도덕적 정당화가 어느 정도 뒷받침되어야 합니다. 막스 베버(1864~1920)가 《프로테스탄티즘의 윤리와 자본주의 정신》(1904~1905)에서 말했듯이 부르주아는 근검절약하는 청교도 정신을 내세워 도덕적 정당화를 획득했습니다.

프롤레타리아계급은 부르주아계급이 세계의 헤게모니를 장악하는 와중에 등장했고 결국 두 계급은 1871년 파리코뮌에서 물리적 대결을 벌인바 있습니다. 부르주아의 헤게모니는 경제적 힘, 합법적인 폭력, 이데올로기적 설득력으로 이루어집니다. 다시 말해서 부르주아는 세 가지 대응 방식을 준비하고 있으며 상황에 따라서 이 방식들을 적절하게 사용합니다. 가령 기업에서는 직무 연수 같은 프로그램을 시행하거나 자기계발과 성공에 대한 열망을 부추겨서 직원들을 자본가가 되기를 원하는 사람으로 만듭니다. 그런데 그 과정이 원활하게 진행되지 않고 노동자들이 저항을 하면 경제적 힘을 이용해 노동자를 해고하는 방식을 취합니다. 파리코뮌에서는 부르주아들이 철저하게 물리적 폭력을 사용했습니다. 주모자는 처형되었고 나머지 가담자는 누벨칼레도니 섬으로 강제 추방되었습니다. 또한 그 이후로 파리는 1977년이 될 때까지 직선제 시장을 뽑지 않았습니다. 이 사태를 통해 우리는, 부르주아의 헤게모니가 침해당했을 때 그들이 얼마나 철저하게 폭력으로 대응하는지 알 수 있습니다.

파리코뮌은 처음에는 프랑스가 전쟁에서 패배한 것에 대한 반발에서 시작되었습니다. 그런데 그것의 성격이 노동자계급의 헤게모니를 추구하는 것으로 바뀌자 부르주아의 대응도 달라졌습니다. 파리코뮌은 1871년 3월부터 5월까지 불과 두 달간 유지되었습니다. 이 기간에 완전한 의미에서 자치 정부가 수립되었고 10시간 노동, 야간 노동 철폐, 정교 분리, 여성 참정권 보장 등 당시로서는 대단히 진보적인 요구를 내놓았습니다. 몽마르트르 언덕을 최후의 거점으로 삼은 코뮌 군을 진압하기 위해 프랑스 정부군, 독일군, 오스트리아-헝가리 제국군, 벨기에 군, 영국군이 나섰습니다. 프랑스 정부군만으로는 진압하기 어려워서 국제 연합군을 조직한 것이 아니라 부르주아가 헤게모니를 장악한 모든 나라가 참전함으로써 '국제적 연대를 통한 폭력적 응징'이라는 상징적인 효과를 생산하기 위해서였던 것입니다.

파리코뮌을 폭력으로 진압한 다음, 유럽의 부르주아계급 사이에서 이른바 민주화 문제가 논의되기 시작했습니다. 폭력으로 진압하는 것에는 한계가 있으니 프롤레타리아계급에게도 참정권과 피선거권을 제공해서 계급 갈등을 유화적으로 해결하고자 한 것입니다. 사실 민주주의는 서양의 전통에서는 경멸적으로 쓰인 단어였습니다. 고대 희랍의 아리스토텔레스는 《정치학》에서 민주주의를 "데모스가 지배하는 정치"로 정의했는데, 여기서 데모스는 가난한 자를 가리키는 말입니다. 19세기 유럽에서도 민주주의는 가난한 자들이 지배하는 정치라는 뜻으로 통용되었습니다. 부르주아가 선호하는 체제는 보통선거 없는 정치 시스템으로서의 자유주의입니다. 그런데 파리코뮌 이후로 민주주의를 받아들여야 할 상황에 직면하자, 부르주아는 자신의 헤게모니를 훼손하지 않는 장치를 마련하면서 이 국면을 넘기려고 했습니다. 그 결과물 중 하나가 귀족정의 흔적이 남아 있는 미합중국의 상원 제도입니다. 인구 비례로 뽑는 하원과 달리 상원은 주당 2명씩 뽑는데 이들은 대부분 현대적 의미의 귀족이라 할 수 있습니다. 상원을 가리키는 '세너트senate'라는 단어는 귀족 공화국이었던 고대 로마의 '원로원senatus'에서 따온 것입니다.

민주화가 되면 혁명을 방지할 수 있지만 부르주아의 헤게모니를 관철하기 어려워집니다. 그래서 부르주아는 상원 제도 같은 장치를 마련하여 인구 비례로 대표를 뽑는 하원을 압박했는데, 그것과는 다른 종류의 장치가 '대중 동원'입니다. 즉 선전 선동을 강화해서 노동자가 자신의 계급적 정체성을 깨닫지 못하게 하는 것입니다. 대중의 표를 받아야 부르주아계급의 헤게모니를 유지할 수 있으므로 다양한 선전 선동 기법이 개발되었는데 이를 가리키는 용어가 바로 '포퓰리즘' 입니다.

지금까지의 상황을 간단히 정리하면, 19세기는 부르주아의 헤게모니가 관철된 시대인데 1871년 파리코뮌을 계기로 민주화에 대한 요구가 생겨나면서 각 계급의 정체성을 재정립하는 일종의 전환기에 들어선 것입니다.

1870년대를 거치면서 자본주의 체제는 새로운 국면에 들어섰습니다. 1873~1890년은 공황기, 1890~1914년은 호황기였습니다. 이때부터 경제 이론가들은 자본주의의 경제변동 주기를 생각하게 되었습니다. 또한 이 시기에 석유, 전기, 내연기관 같은 새로운 기술과 동력원이 등장하고 열효율이 높아지면서 기계를 훨씬 빨리 돌릴 수 있게 되었습니다. 강철, 합금, 비철금속 같은 새로운 재료가 나오면서 현대 산업의 총아라 할 수 있는 유기화학 공업도 등장했습니다. 모든 이들이 승용차를 갖게 된 상황을 상징하는 '나의 벤츠Mein Benz' 처럼 시대를 표상하는 포스터도 이때 나왔습니다. 자본주의 체제가 새로운 국면에 들어서면서 내수시장에 대한 의존도가 높아졌고 그 결과 내부 소비재가 대량생산되기 시작했습니다. 그리고 아주 중요한 사태가 벌어졌는데, 바로 카르텔kartell(기업 연합)과 트러스트trust(기업 합동) 같은 거대 독점 회사가 등장한 것입니다. 아담 스미스(1723~ 1790)가 《국부론》(1776)을 쓸 때만 해도, 오늘날로 치면 중소기업 규모의 사기업만 존재했습니다. 따라서 이 책의 주장대로 시장 경쟁을 통한 기술 개발이 가능했습니다. 그렇지만 1870년대 이후로는 《국부론》을 가지고 경제 상황을 설명할 수 없게 되었습니다. 이제 문제는 경쟁이 아니라 독점이 되었습니다.

자본주의 체제가 독점 상태로 변하면서 국민경제들이 경쟁하는 사태가 발생했습니다. 이전에는 영국이 해외시장을 독차지했다면 이제는 영국 경제, 독일 경제, 프랑스 경제 등이 해외 식민지 쟁탈전을 벌이게 되었습니다. 국가 단위의 경쟁, 즉 제국주의가 시작되면서 1876년부터 1914년 사이에는 단 6개국이 지구 영토의 4분의 1을 나눠 가졌습니다. 또한 경쟁이 치열해지면서 강력한 국가가 대두하고 보호무역주의가 등장했습니다. 이러한 변화들로 말미암아 전통적인 의미에서 자유주의 국가, 고전적인 의미의 부르주아 경제는 사라졌습니다. 새로운 기술의 등장이 경제적 관계를 바꾸고 국제정치적 관계의 변화로 이어지는 이 과정을 잘 기억해 두어야 합니다. 전혀 다른 종류의 세계가 되었기 때문입니다.

1876년과 1889년은 상징적인 해라고 할 수 있습니다. 1876년은 미합중국 혁명 100주년, 1889년은 프랑스혁명 100주년이 되는 해였습니다. 그동안 부르주아의 지배는 더욱 공고해졌습니다. 그런데 그들은 더 이상 도덕적 설득력을 갖춘 부르주아가 아니었습니다. 상당수의 부르주아가 청교도적 삶을 버리고 상속재산에 의지하는 유한계급이 되었기 때문입니다. 따라서 이 시대 이후를 이해하기 위해서는 베버의 《프로테스탄티즘의 윤리와 자본주의 정신》이 아니라 토르스타인 베블런(1857~1929)의 《유한계급론》(1899)을 읽어야 합니다. 베버가 부르주아의 등장 과정과 주요 요인을 역사적으로 연구했다면 베블런은 당대 부르주아의 성격을 사회과학적으로 분석했습니다. 《유한계급론》의 부제는 "제도의 진화에 대한 경제학적 연구"입니다. 여기서 진화는 환경에 적응해 변화하는 것을 가리킵니다. 그리고 이 책의 핵심은 유한계급의 소비 방식이 사회제도를 어떻게 바꾸는가에 있습니다.

19세기에 들어서 부르주아가 유한계급이 되면서 소비가 수입만큼 중요해졌습니다. 어떻게 버느냐가 아니라 어떻게 쓰느냐가 중요해진 것입니다. 예를 들어 19세기 후반 미국에서는 록펠러 재단, 카네기

재단 같은 사회 기부가 늘어났고, 그때부터 미국의 부르주아는 증세를 반대하고 기부를 강조했습니다. 자신의 부와 권력을 과시할 수 있도록 사회적 제도를 변화시키는 것, 베블런이 지적하는 것이 바로 이것입니다. 이러한 제도 중에서 대표적인 것이 대학입니다. 베블런Thorstein Veblen의 《미합중국의 고등교육The Higher Learning in America》(1918)은 이에 대한 분석입니다. 시카고 대학은 록펠러가 만들었고 MIT는 산학협동을 목표로 세워졌습니다. 또한 아이비리그 주변에 7개의 여자 대학이 만들어졌는데 이것은 부르주아 집안의 여성이 다닐 대학이 필요해서였습니다. 귀족 수준까지 오른 부르주아는 더 이상 돈 버는 데 필요한 공부를 하지 않습니다. 그들이 다니는 자유교양 대학Liberal Arts College은 음악학, 수학, 철학, 천문학 같은 순수 학문만을 가르칩니다. 19세기 전반의 부르주아는 근면 성실한 삶을 통해 도덕적 설득력을 획득했습니다만 19세기 후반에 그들은 유한계급, 즉 기생하는 존재로 전락했습니다. 세기말의 부르주아는 불안감을 드러내 보였고, 그러한 막연한 불안감, 목표를 잃은 상실감, 기생하는 삶에 대한 죄책감 등이 복합적으로 얽히면서 등장한 것이 바로 세기말 문화입니다.

다시 《공산당 선언》을 펼쳐 봅시다. 뒷부분에는 1872년 독일어판 서문, 1882년 러시아 어판 서문, 1883년 독일어판 서문, 1888년 영어판 서문, 1890년 독일어판 서문, 1892년 폴란드 어판 서문이 차례로 실려 있습니다. 1848년에 출간된 《공산당 선언》은 거의 30년간 잊힌 문헌이었습니다. 그런데 1870년대에 들어서면서 다시 책을 찍어 내기 시작했습니다. 그러므로 각각의 서문이 작성된 연대를 유심히 볼 필요가 있습니다. 이 서문들을 연대순으로 읽어 보고 각 시대를 살펴보면 이것이 가진 의의가 더 잘 드러납니다. 이 서문들은 《공산당 선언》의 전개사뿐 아니라 유럽의 부르주아지와 프롤레타리아트의 헤게모니 관계를 보여 주고 있습니다.

> 프롤레타리아계급이 처음으로 두 달 동안 정치권력을 차지했던 파리코뮌의 실천적 경험에 비추어 볼 때, 오늘날 이 강령은 곳곳이 낡은 것이 되어 버렸다.
>
> _《공산당 선언》, 1872년 독일어판 서문

1872년 독일어판 서문에 나오는 구절입니다. 《공산당 선언》이 1848년에 주장한 내용 중에서 일부는 이제 낡은 것이 되었습니다. 그것은 이미 파리코뮌에서 현실적으로 관철되었기 때문입니다.

> 그렇다고 해도 〈선언〉은 역사적 기록 문서이며, 우리는 그것을 변경할 권리가 더 이상 우리에게 있는 것은 아니라고 본다.
>
> _《공산당 선언》, 1872년 독일어판 서문

"역사적 기록 문서"라는 말을 통해 1872년 당시에 마르크스와 엥겔스가 《공산당 선언》의 유효성을 스스로도 의심하고 있었다는 것을 짐작할 수 있습니다. 파리코뮌(1871)이 진압되는 것을 보고 노동자계급이 앞으로 승리할 것이라고 생각하기는 어려웠을 것입니다.

> 여기에는 요컨대 빠져 있는 것이 있다 — 러시아와 미합중국. 당시는 러시아가 유럽의 전체 반동의 최후의 거대한 예비군을 이루고 있던 때였으며, 미합중국이 유럽 프롤레타리아의 여력을 이민을 통해 흡수하던 때였다.
>
> _《공산당 선언》, 1882년 러시아 어판 서문

1882년 러시아 어판 서문을 봅시다. 1882년은 파리코뮌이 일어난 지 10년이 지난 해입니다. 이 시기는 공황기였습니다.

> 유럽의 이민 때문에 북아메리카는 거대한 농업 생산이 가능해졌으며, 그것의 경쟁은 유럽의 토지 소유 — 대토지 소유든 소토지 소유든 — 를 그 근저에서 뒤흔들고 있다. 게다가 그 이민 때문에 미합중국은 서유럽, 특히 잉글랜드의 이제까지의 공업 독점을 머지않아 부술 수밖에 없을 힘과 규모로 방대한 공업 자원들을 빼앗을 수 있게 되었다.
>
> _《공산당 선언》, 1882년 러시아 어판 서문

1882년에 마르크스와 엥겔스가 볼 때 미합중국의 자본주의가 굉장히 발전했다는 말입니다. 대륙횡단 철도를 건설한 이후로 미합중국이 자본주의에서 중요한 역할을 했다는 것을 이 문헌을 통해 다시 확인할 수 있습니다. 1883년 독일어판 서문부터는 마르크스의 죽음 이후 엥겔스가 쓴 것입니다. 1883년의 서문에는 사태에 대한 전망은 없고 선언을 정리한 내용만 있습니다. 그만큼 프롤레타리아트의 힘이 약해져 있었던 것입니다.

> 1848년 6월 파리 봉기 — 프롤레타리아계급과 부르주아계급 사이의 최초의 대전투 — 의 패배는 당분간 유럽 노동자계급의 사회적 정치적 열망들을 다시 뒷전으로 몰아냈다. 그때 이후 패권을 잡기 위한 투쟁은 다시 2월혁명 이전에 그랬듯이 유산계급의 다양한 분파들 사이에서만 있었으며, 노동자계급은 정치적으로 간신히 움직일 정도의 여지를 얻기 위한 투쟁과 중간계급 급진파의 극좌익이라는 지위로 축소되었다.
>
> _《공산당 선언》, 1888년 영어판 서문

1888년 영어판 서문의 이 구절은 1848년 이후의 헤게모니 장악을 위한 투쟁이 "유산계급의 다양한 분파들 사이에서만 있었"음을 알려 줍니다.

〈선언〉에 관해 말하자면, 그것은 그때 이후 잊히는 저주를 받은 것처럼 보였다.

_《공산당 선언》, 1888년 영어판 서문

노동자계급이 어떤 처지에 놓여 있었는지, 그에 따라 《공산당 선언》이 어떤 상태에 있었는지를 알 수 있습니다. 1848년 이후에 이 문서의 역사를 간략히 설명하고 있습니다.

우선 주목할 것은 〈선언〉이 최근에 어느 정도는 유럽 대륙의 대공업의 발전에 대한 지표가 되었다는 것이다. 어떤 나라에서 대공업이 확장되는 것만큼 그 나라의 노동자들 사이에서도 유산계급에 맞서는 노동자계급으로서의 자신들의 지위를 해명하라는 요구가 커지며, 그들 사이에 사회주의 운동이 확산되며, 〈선언〉에 대한 수요가 상승한다.

_《공산당 선언》, 1892년 폴란드 어판 서문

1892년에 작성된 폴란드 어판 서문의 이 구절은 중요한 부분입니다. 대공업 확장, 노동자 증가, 계급 정체성 자각, 사회주의 운동 확산, 《공산당 선언》 수요 상승이라는 이 연쇄 고리는 거꾸로 살펴볼 수도 있습니다. 다시 말해서 《공산당 선언》의 수요의 증가라는 맨 나중의 결과는 대공업의 확장에서 시작되었음을 말해 주는 것입니다. 그리고 그 중간에는 계급적 정체성을 자각한 노동자계급의 증가라는 사태가 있습니다.

따라서 새로운 폴란드 어판은 폴란드 공업의 결정적 진보를 나타낸다.

_《공산당 선언》, 1892년 폴란드 어판 서문

《공산당 선언》에 대한 수요가 증가했다는 것은 자신의 계급 정체성을 자각한 노동자의 수가 늘어났다는 것을 증명합니다. 그러나 이것은 일시적인 현상이었을 뿐 노동자계급은 결코 세계의 주인공이 되지 못했습니다.

제 37 강

> 프롤레타리아계급은 쉽게 단결하지 못한다. 그들이 공동의 계급의식을 갖는 것은 너무나 어렵다. 그들은 하나의 정체성만 가진 게 아니기 때문이다. 이런 모습을 반영이라도 하듯이 **프롤레타리아계급 운동 내부에서도 전선은 분열**되었다.

"선언 100주년이 기념될 때에는 제4차 인터내셔널이 이 행성의 결정적 혁명 세력이 되어 있을 것이다."

_《공산당 선언》, 트로츠키 1937년 아프리칸스 어판 서문

1937년에 트로츠키가 "선언 90주년에 붙여" 쓴 서문의 마지막 부분입니다. 그런데 트로츠키의 기대와는 반대로 1940년대에는 제2차 세계대전이 끝나고 전후 자본주의 황금시대가 시작되었습니다. 노동자계급의 상태는 마찬가지였습니다. 19세기에 들어서 부르주아계급은 세계의 주인으로 확실하게 자리 잡았습니다. 중세 이후 서구는 '근대 국민국가'라는 새로운 구조를 향해 왔습니다. 이것이 미리 설

정된 역사의 목적은 아니었지만 19세기에는 확고한 구조가 되었습니다. 지금까지 우리가 살펴보았듯이 이 구조를 만들어 내는 과정에는 르네상스, 종교개혁, 과학혁명, 계몽주의, 산업혁명, 프랑스혁명 등의 사건이 있었습니다. 이 사건들에서 역사의 주인이 되기 위해 여러 종류의 행위자가 등장하였습니다. 중세의 가톨릭 세력, 인문주의자, 프로테스탄트, 과학자, 부르주아 등이 그들입니다. 그들은 다양한 방식으로 서로 대립하고 연대하기도 하면서 시대의 주도권을 쥐기 위해 쟁투를 벌였습니다. 그리고 오랜 이 쟁투의 결과, 부르주아 계급은 시대의 주인으로 우뚝 서게 되었습니다.

그러면 지금부터는 이 시기에 노동자계급이 어떻게 변화했는지를 살펴봅시다. 1871년 파리코뮌 이후로 사회 전반에 걸쳐 민주화가 진행되면서 프롤레타리아계급의 정치적 발언권이 강화되었고, 노동조합 역시 부르주아가 그것의 처리 문제를 고민하지 않을 수 없을 정도로 점차 힘을 얻어 갔습니다. 그러나 사실 1905년 이전에는 노동자계급의 조직화가 활발하지 않았고 노조 활동도 찾아보기 어려웠습니다. 마르크스가 태어난 독일에서도 19세기 말 20세기 초에는 노동자계급 혁명을 주장하는 혁명가를 거의 배출하지 못했습니다. 로자 룩셈부르크(1871~1919), 칼 카우츠키(1854~1938), 루돌프 힐퍼딩(1877~1941) 등과 같이 당시 독일 사회민주당에서 활동한 유명한 혁명가들은 대부분 외국에서 온 사람들이었습니다. 한마디로 혁명의 불꽃은 사그라져 있었습니다.

그렇다면 어떤 과정을 거쳐서 이런 상황, 즉 부르주아계급에 대항하는 프롤레타리아계급의 세력 약화라는 상황에 이른 것일까요? 도시 인구가 급격하게 늘어나면서 프롤레타리아가 양적으로 성장하고, 그 결과 사회주의 이상을 실현하려는 희망이 불타오르던 시기가 있었습니다. 그러나 사회학적 범주로서 프롤레타리아의 수가 늘어난 것과 그들이 노동자 의식을 갖는 것은 별개의 문제입니다. 부르주아와 마찬가지로 프롤레타리아 안에도 여러 층이 있으며, 노동자라고 해서 노동자 의식을 저절로 갖게 되는 것은 아닙니다. 이런 점에서 존재가 의식을 규정한다는 마르크스의 말은 틀렸다고 할 수도 있습니다. 존재와 의식 사이에는 이데올로기와 사회적 관습이 개입합니다. 어떤 사람에게는 자신이 노동자라는 의식보다 가톨릭 교도라는 의식이나 프랑스 인이라는 의식이 더 중요할 수도 있습니다. 인간은 누구나 여러 종류의 정체성을 가지고 있는데 19세기에는 아직 노동자 의식이 전면으로 부각되어 나오는 상황이 아니었던 것입니다.

노동자계급이 강력한 구심체, 즉 하나의 정당으로 집약되지 않은 까닭은, 무엇보다도 19세기가 약간의 경제적 부침이 있긴 했지만 전반적으로 대호황의 시기였다는 것을 들 수 있습니다. 둘째로는 규모와 직종에 따른 노동자들 간의 구분과 차별이 있었습니다. 예를 들어 대기업 노동자와 중소기업 노동자, 외국인 이주 노동자는 각각 처한 상황이 달랐습니다. 남성 중심의 제조업 노동자들과 여성 중심의 면방직 노동자들도 마찬가지였습니다. 이런 상황에서 비롯된 노동자 의식의 차이는 그들의 결합을 방해하는 요인으로 작용했습니다. 대기업 노동자와 남성 노동자는 소규모 기업의 노동자와 여성 노동자를 무시하려는 경향이 있었습니다. 셋째로는 노동자들 간의 문화적 민족적 사회적 종교적 차이를 들 수 있습니다. 특히 서양에서는 오랜 기간에 걸쳐 세속화 과정이 진행되었다고는 해도 종교가 정체성 형성에 중요한 역할을 했습니다. 똑같은 곳에서 일하는 노동자라 해도 프로테스탄트냐 가톨릭 교도냐에 따라 차별 대우를 받을 수 있었고, 때로는 거주 지역과 거주 기간, 거주 환경에 따라 노동자들 간의 편

가르기도 일어났습니다. 한 인간의 정체성을 구성하는 사회적 지리적 민족적 언어적 문화적 종교적 성향의 차이에 따라 노동자들도 다양한 정체성을 가지고 있었고, 이를 '노동자'라는 의식으로 묶어 내는 데에는 많은 장애들이 있었다고 할 수 있습니다.

《공산당 선언》은 "만국의 프롤레타리아여, 단결하라"라는 유명한 문장으로 끝나는데, 이것을 흔히 마르크스주의가 내세우는 노동자계급의 국제주의라고 합니다. 그러나 이것은 하나의 이상일 뿐이었습니다. 오늘날에도 이는 마찬가지입니다. 이를테면 미합중국의 노동자와 한국의 노동자는 각 나라의 부르주아에 대항하여 단결하지 않습니다. 한국인 노동자들끼리도 다양한 정체성에 따라 서로를 구분하며 이주 노동자와 단결하지 않습니다. 유럽처럼 계절노동이 성행하는 곳에서는 체코 인, 이탈리아 인 같은 국적 의식이 노동자 의식보다 먼저였습니다. 이 국적 의식 때문에 노동자계급의 국제주의는 큰 효과를 발휘하지 못했습니다. 여러 정체성 중에서 계급적 정체성을 전면에 내세우는 것은 굉장히 어려운 일입니다. 그것은 노동자로서 살아온 역사가 상대적으로 그리 길지 않기 때문일 것입니다. 다시 말해서 계급적 정체성은 종교적 정체성과 민족적 정체성에 비하면 새롭고 낯선 것입니다.

상황은 이렇게 열악했지만 19세기 말이 되자 노동자계급에 기반을 둔 대중정당이 등장했습니다. 대표적인 예가 독일 사회민주당이며 1914년에는 미합중국에서도 대중적인 사회주의 정당이 등장했습니다. 그렇다면 이와 같은 노동자 정당을 구성하도록 만든 요소들은 무엇이었을까요? 첫째는 신념의 내재화였습니다. 자신이 노동자계급에 속한 존재라는 이데올로기적 자기암시가 중요한 역할을 하였습니다. 둘째는 조직화된 집단에 대한 의식이었습니다. 노동자계급이라는 신념을 내재화하면서 동시에 그것을 조직된 집단으로 드러내야 할 필요가 있었던 것입니다. 셋째는 도시 공간의 계급적 세분화입니다. 산업혁명이 진행되면서 부르주아와 프롤레타리아는 각자 분리된 공간에 살게 되었습니다. 이 점은 엥겔스의 《영국 노동자계급의 상태》에서 확연하게 드러난바 있습니다. 그런데 이렇게 된 것이 노동자 단결에 큰 역할을 했습니다.

이러한 과정은 프랑스혁명 시기 이후부터 나타납니다. 프랑스혁명 시기에는 제3계급과 제4계급이 서로 힘을 합하여, 귀족과 성직자로 이루어진 특권계급에 맞섰습니다. 이러한 연합은 일종의 '미묘한 연합'이었습니다. 19세기는 이 연합이 유지된 상태에서 제3계급, 즉 부르주아계급의 헤게모니가 관철된 시대였습니다. 그런데 제4계급에 기반을 둔 대중정당이 건설되면서 미묘한 연합이 깨지기 시작했습니다. 이와 동시에 초기 자유주의 정치체제에서 유지되었던 역사적 정치적 세력균형이 붕괴되고 계급 적대가 형성되었는데, 이 과정에는 두 가지 요소가 작용했습니다. 하나는 프롤레타리아의 단결이고 다른 하나는 앞서 말한 부르주아의 유한계급화입니다. 일하지 않는 귀족과 근면 성실한 부르주아가 대립하는 19세기 중반까지만 해도 부르주아와 프롤레타리아는 서로의 정체성을 공유할 수 있었습니다. 두 계급 모두 열심히 일하는 사람이라는 특징을 가지고 있었다는 말입니다. 그렇지만 부르주아가 유한계급이 되면서부터는 이것이 불가능해졌습니다. 게다가 부르주아가 과거의 귀족들처럼 특권계급이 되면서 국가권력과 특권을 남용하게 되고 금권주의가 만연하기 시작했습니다.

여기에 더해서 노동자계급이 전진하는 두 가지 계기가 있었습니다. 하나는 제2차 인터내셔널(1880~1890)이고 다른 하나는 러시아혁명(1905~1914)입니다. 제2차 인터내셔널이 쟁취한 성과는 노동절 제정입니다. 그리고 이 시기에 독일 사회민주당 당원이 2배로 늘어났습니다. 독일 사회민주당은 1887년부터 1893년 사이에 전체 인구의 10퍼센트에서 23퍼센트로 성장했습니다. 러시아혁명이 내놓은 성과는 노동조합주의의 구축입니다. 나중에 소련이 산산이 해체되지만 러시아혁명이 노동자계급에 미친 영향력은 굉장히 중요한 것이었습니다.

상황이 이처럼 노동자계급에게 유리하게 전개되었고, 대중정당의 등장, 계급 적대의 형성, 노동자계급의 전진이 이루어졌지만 러시아를 제외한 유럽에서는 자본주의 붕괴에 대한 생각을 찾아보기 어려웠습니다. 다시 말해서 당대의 유럽 인들은 대부분 자본주의가 쉽게 무너지지 않을 것으로 생각했습니다. 이런 상황에서 벌어진 것이 이른바 '수정주의 논쟁' 입니다. '자본주의가 즉각적으로 붕괴하지 않는다면 독일 사회민주당이 나아갈 방향은 무엇인가'를 둘러싸고 대규모 논쟁이 벌어졌던 것입니다. 수정주의 논쟁에 가담한 핵심 인물은 에두아르트 베른슈타인(1850~1932)과 로자 룩셈부르크입니다. 이와 관련해서는 베른슈타인이 쓴《사회주의란 무엇인가》(1918)와 로자 룩셈부르크가 쓴《사회 개혁이냐 혁명이냐》(1900)를 읽거나, 막스 갈로가 쓴《로자 룩셈부르크 평전》(푸른숲, 2002) 등을 참조할 수 있습니다. 이 논쟁 당사자들의 주장을 간략하게 정리하자면 베른슈타인은 즉각적인 자본주의 붕괴를 목표로 삼는 사회혁명을 시도하지 말고 선거를 통한 노동자계급의 강화를 추구하면서 야당의 위치를 굳건히 하자고 했습니다. 즉 그는 이론적으로는 사회혁명을 목표로 하지만 실천적으로는 체제 내화의 상태로 들어가는 것을 선택했습니다. 이에 대해 로자 룩셈부르크는 다음과 같은 반론을 제기했습니다.

이 글의 제목을 처음 본 순간 놀랄지도 모른다. 사회 개혁이냐 아니면 혁명이냐? 그렇다면 사회민주주의는 사회 개혁에 반대할 수 있단 말인가? 또는 사회민주주의는 사회혁명, 즉 자신이 최종 목적으로 설정한 현존하는 질서의 전복을 사회 개혁에 대립시킬 수 있단 말인가? 물론 그렇지 않다. 사회 개혁을 위한, 또 기존의 기반 위에서 노동하는 대중의 상황을 개선하기 위한, 그리고 민주적 제도를 위한 일상적 실천 투쟁은 사회민주주의가 프롤레타리아계급 투쟁을 지도하며, 정치권력을 장악하고 임금체계를 폐지한다는 최종 목표에 이를 수 있는 유일한 길이다. 사회민주주의를 위하여 사회 개혁과 사회혁명 사이에는 분리될 수 없는 연관이 존재한다. 왜냐하면 사회민주주의에서 사회 개혁을 위한 투쟁은 수단이며, 사회혁명은 목적이기 때문이다. 이러한 노동운동의 두 계기 간의 대립은 베른슈타인의 이론에서 처음 나타난다. 그는 1896~1897년에 《새로운 시대》에 발표한 논문 〈사회주의의 여러 문제Probleme des Sozialismus〉에서, 그리고 특히 《사회주의의 전제와 사회민주주의의 과제Die Voraussetzungen des Sozialismus und die Aufgaben der Sozialdemokratie》라는 책에서 이러한 대립을 제시하고 있다. 그의 전체 이론은 실천적으로는 사회민주주의의 최종 목표인 사회변혁을 포기하고, 반대로 사회 개혁을 계급투쟁의 수단이 아니라 목적으로 만들라는 충고로 귀결될 뿐이다. "최종 목표가 무엇이든 간에 나에게는 항상 무無이며, 운동이 전부다"라는 베른슈타인의 말은 가장 적절하고 날카롭게 그의 견해를 표현하고 있다. 그러나 사회주의의 최종 목표는 유일한 결정적 요소이다. 즉 그것은 사회민주주의 운동을 부르주아 민주주의 및 부르주아 급진주의와 구별하고, 또 전체 노동운동이 자본주의 질서를 교정하는 한가로운 수선 작업에 머무는 것이 아니라 자본주의 질서에 반대하여 이것을 지양하는 계급투쟁으로 나아가도록 만드는 유일한 결정적 요소이다. 따라서 베른슈타인이 제기하는 사회 개혁이냐 혁명이냐의 문제는 사회민주주의로서는 곧 사느냐 죽느냐의 문제이다. 베른슈타인 및 그의 추종자들과 벌이는 논쟁에서 (이에 대해 당에 있는 모든 사람이 자신의 입장을 결정해야만 한다) 문제가 되는 것은 이러저러한 투쟁 방식이나 전술 사용의 문제가 아니라, 사회민주주의 운동의 전체 실존에 관한 것이다.

《사회 개혁이냐 혁명이냐》, 서문

 룩셈부르크에 따르면, 노동운동은 "자본주의 질서를 교정하는 한가로운 수선 작업"이 아니라 "자본주의 질서에 반대하여 이것을 지양하는 계급투쟁으로 나아가도록 만드는 유일한 결정적 요소"입니다. 즉 혁명이 아니라 사회 개혁을 따라가면 사회민주주의는 죽는다는 것입니다. 그렇지만 대세는 수정주의로 기울어졌습니다.
 이것이 제1차 세계대전 이전의 노동자계급의 상태입니다. 그들은 어느 정도 통일된 모습을 보이긴 했지만 그렇다고 계급적 정체성을 전면에 내세운 상황은 아니었습니다. 또한 대중적이고 조직화되고 규율 잡힌 계급정당이 출현하였다는 사실 그 자체가 혁명의 후퇴를 가져온 측면도 간과할 수 없습니다. 조직화된 대중 집회, 주의깊게 계획된 대중 시위나 행진, 선거운동 등이 폭동이나 봉기를 대체하면서 노동자계급 정당도 체제 내화되어 갔던 것입니다. 그런데 여기서 한 가지 놓치지 말아야 할 것이 있습니다. 19세기 도시에는 노동자 의식을 갖지 못하고, 노동자 정당의 도움도 받지 못한 사람들이 있었습니다. 그들은 범죄자 계급이나 패배자 집단으로 불릴 정도로 가난과 폭력에 찌든 삶을 살았습니다. 사회 밑바닥에 있는 그들에게 도움을 주는 사람은 이웃과 친척, 조직폭력배뿐이었습니다. 이 집단은 오늘날에도 근대화가 진행되는 곳이면 어디서나 생겨납니다.

지금까지 우리는 19세기의 역사를 집중적으로 공부하였습니다. 서구에서는 17세기 과학혁명과 18세기 계몽주의를 거치면서 정치적 이념으로서의 자유주의가, 경제 시스템으로는 자본주의가 자리를 잡았습니다. 이렇게 역사의 흐름을 살펴보면 특정한 역사적 국면에 따라 변화하는 조건들을 확인할 수 있으며, 그러한 조건들에 따라 특정한 사상들이 등장했음을 알 수 있습니다. 예를 들어 제러미 벤담(1748~1832)이 16세기에 태어났다면 《파놉티콘》(1791) 같은 책을 쓰지 못했을 것입니다. 그 책은 18세기 산업혁명 시기에 발생한 도시 빈민의 문제를 나름의 방법으로 해결하려는 노력의 산물이었기 때문입니다. 마찬가지로 19세기의 시대적 조건들은 19세기 사상과 제도들을 만들어 냈습니다. 그리고 그렇게 만들어진 사상과 제도들은 오늘날까지도 우리의 삶을 규정하는 기본 바탕입니다. 다시 말해서 19세기는 우리가 사는 시대의 여러 요소들이 원형의 형태로 존재하는 시기입니다. 그 핵심적인 요소들 중의 하나는 부르주아계급과 프롤레타리아계급입니다. 이 계급들은 19세기를 지나오면서 역사의 행위자로서 형성되었습니다. 그리고 이 구도는 오늘날까지도 계속해서 이어지고 있습니다.

IV

제 1, 2차 세계대전과 전지구적 자본주의 체제

IV

제 38 강

절정은 파국에 앞선 것일 뿐이다. **두 번에 걸친 20세기의 세계대전들은** 19세기 부르주아 전성기의 거의 필연적인 귀결이다. '대전쟁'이었던 제1차 세계대전은 인간의 진보와 이성에 대한 신념을 파괴했고, **인간은 국가라는 거대 행위자가 동원하는 부품**으로 전락한다.

두 번에 걸친 세계대전은 19세기 부르주아 시대의 연장선상에 있습니다. 특히 제1차 세계대전은 우리가 지금 살아가는 시대의 여러 모습을 직접적으로 규정하고 있는 사건이기도 합니다. 제2차 세계대전이 오늘날보다 더 가까운 시기에 일어났지만 그것은 제1차 세계대전이 만들어 놓은 조건들 위에서, 그리고 제1차 세계대전이 해결하지 못한 문제 상황에서 또다시 벌어진 사태에 불과하다고도 할 수 있습니다. 제1차 세계대전이 어떻게 진행되었는지 살펴보기 전에 그것이 인류의 역사에서 어떤 의의를 가지고 있는지를 미리 알아 둡시다. 결론부터 말하면 제1차 세계대전이 끝나면서 19세기에 전성기를 이루었던 부르주아 시대가 막을 내렸습니다. 그때부터 오늘날까지 약 1

세기 동안 새로운 것이 등장하지 않았습니다. 긴 역사의 흐름에서 보면 그때부터 지금까지는 혼란스러운 이행기라고 할 수 있습니다. 여기서 먼저 과거의 이행기들을 한번 되짚어 보고 제1차 세계대전이 이행기로서 가지는 의의를 살펴봅시다.

근대 국민국가로 이행하는 일종의 첫단추가 끼워진 시기는 30년 전쟁이었습니다. 이를 통해서 오랫동안 분쟁의 주요 요인이 되어 왔던 종교의 대립이 끝을 맺고 동시에 가톨릭의 보편적 지배, 즉 '기독교 공화국' 이념이 무너졌습니다. 이때부터가 본격적으로 근대 국민국가 시대입니다. 근대 국민국가 시대가 전개되는 과정에서 주요한 계기 중의 하나는 프랑스혁명이었습니다. 프랑스혁명은 왕정의 지배라는 정치체제를 확실히 정리하고 근대적인 공화정으로의 길을 열었으며, 동시에 근대적 의미의 민주정의 씨앗을 뿌렸습니다. 프랑스혁명이 부르주아 헤게모니에서 진행된 것은 틀림없는 사실이지만 동시에 부르주아계급은 제4계급과 연대함으로써 프롤레타리아계급에게도 정치적 지위를 일정 부분 내주었던 셈이니까 그런 것입니다. 그러나 프랑스혁명 이후의 세계는 여러 차례 말했듯이 확실히 부르주아의 시대였습니다. 경제적인 부침이 있기는 했으나 그 시대는 대호황의 시대였습니다. 이 대호황의 시대를 부르주아는 마음껏 구가하였던 것입니다.

19세기 말이 되면서 부르주아의 시대는 총체적으로 붕괴되기 시작하였습니다. 부르주아가 헤게모니를 쥐고 있기는 했지만 국가는 독자적인 실체가 되었습니다. '국가이성'이라는 말이 상징하듯이 국가 자체의 힘을 강력하게 만드는 장치와 제도들이 발전하면서 이를 위한 학문도 생겨났습니다. 간단히 말해서 국가 자체가 학문의 대상이 되기 시작한 것입니다. 제1차 세계대전은 이러한 국가가 주체가 되어 수행한 전쟁입니다. 본격적으로 전개되기 시작한 전 지구적 자본주의의 시대, 즉 제국주의 시대에 국가는 국가의 이익을 위해 움직이기 시작하였습니다. 국가는 총력전 체제를 수립하고 국민을 동원하였습니다. 국가 중심주의, 즉 국가주의의 깃발 아래 국민은 애국주의로 뭉쳤고, 부르주아 시대의 자유시장 경제가 아닌 전시 명령 경제가 지배적인 경제체제가 되었습니다. 이로써 국가는 인간 사회를 계획적으로 조직할 수 있는 가능성을 시험하였고, 그 힘을 획득하였습니다. 이 국가주의와 국민 동원은 모든 개인, 모든 계급을 하나로 몰아넣은 괴물이었습니다. 제2차 세계대전 이전에 극성을 부린 파시즘은 이미 이때부터 그 전조를 보였습니다. 파시즘을 이끌어 가는 기본적인 추동력은 인간의 정욕적 측면을 동원하고, 그렇게 동원된 열정을 국가, 즉 전체 속으로 집어넣어 맹목적으로 타자를 절멸시키는 일에 투입하는 것입니다. 국가라는 괴물의 위력 아래서 인간 진보와 이성에 대한 신념이 파괴되었고, 인간의 삶의 조건 자체가 극적으로 변화하였습니다. 제1차 세계대전이라는 '대전쟁Great War' ― 실제로 제1차 세계대전은 이 명칭으로 불립니다 ― 은 19세기 대호황의 파국적 귀결이었던 것입니다.

 제1차 세계대전이 이러한 의의를 가지고 있음을 미리 염두에 두고 그것에 대해 공부하기로 합시다. 이에 앞서 세계대전과 연관된 책들을 몇 권 소개하겠습니다. 존 키건의 《1차 세계대전사》(청어람미디어, 2009)는 제1차 세계대전에 관한 사전 같은 책이고, 《세계전쟁사》(까치, 1996)는 전쟁 무기를 중심으로 전쟁의 역사를 살핀 책입니다. 《전쟁의 얼굴》(지호, 2005)은 세계사에서 중요한 전투로 손꼽히는 아쟁쿠르 전투(1415년 10월 25일 발발), 워털루 전투(1815년 6월 18일 발발), 솜 전투(1916년 7월 1일 발발)를 분석한 책이고, 《전쟁과 우리가 사는 세상》(지호,

2004)은 라디오 강연을 엮은 책으로 인류의 역사를 전쟁의 측면에서 살펴본 일종의 전쟁론입니다. 조지프 나이의 《국제분쟁의 이해 - 이론과 역사》(한울, 2011)는 대표적인 국제정치학 교과서입니다. 제목에서 짐작할 수 있듯이 국제분쟁은 국제정치학의 주요 분야입니다. 이 책과 존 베일리스 등이 쓴 《세계정치론》(을유문화사, 2009)을 함께 읽으면 국제정치학의 주요 주제와 방법론, 주변 학문과의 관계 등을 알 수 있습니다.

요즘 몇몇 사태로 인해 북아프리카 지역에 대한 관심이 높아졌지만, 이 지역에 대한 우리의 지식은 거의 없는 편입니다. 오늘날 이 지역에 있는 모로코, 알제리, 튀니지, 리비아, 모리타니 5개국을 마그레브라고 부릅니다. 북아프리카 지역은 제국주의 시대에 유럽 열강이 석유를 확보하기 위해 식민지 쟁탈전을 벌였던 곳입니다. 특히 2차 모로코 사태(1911)는 제1차 세계대전으로 가는 중요한 계기였습니다. 이 사태가 벌어짐으로써 이른바 '선택의 깔대기'가 좁아졌고 결국 제국주의 국가들의 직접적인 충돌이 일어났습니다.

제1차 세계대전이 발발한 조건conditions을 알기 위해서는 제국주의 시대의 경제적인 상황을 살펴보아야 합니다. 그런 다음에야 우리는 제1차 세계대전의 원인, 진행, 결과를 이야기할 수 있습니다. 제국주의 시대의 경제적인 상황은 흔히 '2차 산업혁명'이라는 말로 집약됩니다. 그 내용을 살펴보면, 우선 기술이 획기적으로 바뀌면서 산업구조가 중공업 중심으로 재편되었습니다. 산업구조가 이렇게 재편됨에 따라 유럽의 열강들은 고무, 철강, 석유 등과 같은 새로운 원자재를 얻기 위해 새로운 식민지를 개척하기 시작했습니다. 기술의 변화가 산업구조의 변화로, 다시 원자재 수급 구조의 변화로 이어진 것입니다. 제국주의 국가들은 팽창주의적 무역정책을 펼치면서 자국의 경제적 이익을 보호하기 위해 전략적으로 식민지 쟁탈전을 벌였습니다. 요컨대 2차 산업혁명의 최종 귀결은 전략적 식민화였습니다. 이 무렵 중심부와 주변부의 지배 종속 관계를 바탕으로 이른바 '근대 세계 체제'가 성립했는데, 이 체제가 전략적 식민화와 맞물리면서 제국주의적 경쟁, 즉 팽창주의적 무역 경쟁이 일어났습니다. 그 결과 1876년에서 1914년까지 세계 육지의 4분의 1이 유럽의 여러 나라들에게 복속되거나 그 나라들 사이에서 재분배되었습니다.

그런데 문제는 이러한 경쟁 상황은 너무나 치열한 반면, 해결의 방법은 마땅치 않았다는 데에 있었습니다. 요즘 같으면 세계의 헤게모니 국가인 미합중국이 나서서 이러한 경쟁 상황을 정리하거나 미합중국의 주도 아래 유엔이 나서겠지만, 당시에는 여러 국가들이 모여서 협상하는 일이 원활하지 않았습니다. 국제사회의 분쟁을 해결할 수 있는 상위 권위체가 없는 상황에서 그들은 결국 무력으로 사태를 해결할 수밖에 없었습니다. 제1차 세계대전 이후에 국제정치학이 등장한 이유가 여기 있습니다. 국가 간의 협상 문제를 본격적으로 연구할 필요가 생긴 것입니다. 이 사태를 두고 누군가는 이렇게 질문할지도 모르겠습니다. '제국주의적 경쟁을 하는 대신 국가들끼리 서로 사이좋게 지낼 수는 없었는가?' 국가가, 또는 국가의 국민들이 곧게 그리고 굳게 마음먹으면 될 수도 있었겠습니다만 그게 안 되는 결정적인 이유가 있었습니다. 2차 산업혁명으로 기술과 산업이 발전하면서 과잉생산이 일어났고 이것이 장기간의 이윤율 하락으로 이어지면서 불황이 발생했습니다. 이윤율이 장기간 하락했다는 것은 자본주의 체제를 돌리는 동력이 떨어졌다는 뜻입니다. 그래서 너도나도 식민지를 독점하고 싼값에 원료를 공급받으려고 한 것입니다. 사실 이러한 사태는 익숙한 상황이 아니어서 부르주아들 자신도 어떻게 대처해야 할지 모르기도 했습니다.

식민지 쟁탈전은 전쟁을 전문적으로 수행해야 할 필요성을 강력하게 제기하였습니다. 총체적인 의미에서의 전쟁과 그것의 수행을 의미하는 '국방' 개념이 없었던 제1차 세계대전 당시에는 전쟁과 관련된 중앙 행정기관을 '전쟁부Ministry of War'라고 불렀습니다. 그러나 제1차 세계대전을 거치면서 그 명칭은 '국방부Ministry of National Defense'로 바뀌었습니다. 오늘날의 전쟁은 단순한 싸움이 아니라 총체적인 국력 싸움입니다. 제1차 세계대전이 일어나기 5년 전부터 제국주의 국가들은 엄청난 군비경쟁을 벌였습니다. 사태를 해결하는 방법이 무력밖에 없는 상황에서 이는 당연한 일이기도 했습니다. 군수산업이 무기를 만들면 정부가 그것을 구입해서 군대에 제공합니다. 이런 관계가 형성되면서 군軍·산産·정政 복합체가 만들어지기 시작했습니다. 전쟁 자체가 비즈니스의 범주에 포함되면서 군수산업의 이익을 위해 전쟁을 하는 상황도 벌어질 수 있게 되었습니다.

나폴레옹 시대에 프로이센 장군 클라우제비츠(1780~1831)는 《전쟁론》(1832)에서 "전쟁은 다른 수단을 가지고 하는 정치의 단순한 연장"이라고 말했습니다. 전쟁을 하는 것과 정치적으로 협상을 하는 것이 그리 큰 차이가 없을 때에는 이런 말이 대수롭지 않게 들리기 마련입니다. 그런데 19세기 말 20세기 초가 되자 전쟁은 더 이상 단순한 것이 아니게 되었습니다. 게다가 무기 체계는 첨단으로 발전했는데 ― 19세기 이전에는 대량 살상 무기가 개발되지 않아서 전쟁에서도 한 번에 많은 사람을 죽일 수 없었습니다 ― 그것을 운용하는 전쟁 이론은 과거의 단순한 전쟁 상황에서 만들어진 것에 머물러 있었습니다. 즉 전쟁에 관한 문화 지체 현상이 일어났습니다. 이는 제1차 세계대전 때에 심각한 인명 손실로 이어졌습니다. 한 예로 솜 전투에서는 기관총을 갖춘 적의 진지를 향해 무작정 돌격하는 전술을 시도하다가 많은 사람이 전사했습니다. 실제로 유럽은 18세기 이후로 전술의 변화를 겪어 왔습니다. 이미 기병 돌격을 통해서는 적을 제압할 수 없다는 것을 알고 있었습니다. 상황이 이러한데도 제1차 세계대전 당시의 기병 장군들은 전면 돌격에 대한 미련을 버리지 못하였습니다. 반대편에 철조망과 기관총 사수가 기다리고 있다는 사실을 뻔히 알면서도 계속해서 돌격 명령을 내렸습니다. 이를 보면 인간은 변화된 상황을 명백히 알면서도 의식에 자리 잡은 고집의 궤도를 벗어나지 못하는 존재임을 알 수 있습니다. 또한 제1차 세계대전은 인류 역사에서 처음으로 기계가 가진 무시무시한 위력을 온몸으로 알아차리게 된 계기이기도 하였습니다.

앞서 이야기했듯이 제1차 세계대전은 '국가'라고 하는 새로운 행위자가 역사에 전면적으로 등장한 시기에 벌어졌습니다. '국가'를 검토할 때 사용할 수 있는 주요한 개념으로는 '권력 자원power resource'이라는 것이 있습니다. 이 개념을 알아 두어야 그 당시는 물론이고 우리가 살고 있는 현대사회에 대한 이해에도 도움이 됩니다. 권력 자원은 크게 경제력과 군사력, 그리고 문화적인 힘으로 구성됩니다. 찰스 킨들버거의 《경제강대국 흥망사 1500~1990》을 보면 자본주의 선도국가agent state의 역사적 변천이 고찰되고 있습니다. 지금부터 이 선도국가들을 예로 들면서 그 국가들의 권력 자원이 어떻게 변천했는지 살펴보도록 합시다.

16세기의 선도국가는 스페인입니다. 스페인의 경제력은 금괴였고, 문화적인 힘은 합스부르크 왕조의 정통적 권위였습니다. 스페인의 군사력은 용병이었습니다. 이들은 전쟁 전문가이기는 하지만 스페인이라는 국가에 속한 것은 아니었습니다. 이 군사력을 자국군, 즉 상비군으로 만들어 내지 못한 스페인은 곧 선도국가에서 탈락합니다. 17세기의 선도국가는 네덜란드입니다. 그들은 무역과 자본시장, 해군(군사력)을 통해 패권을 잡았습니다. 18세기의 선도국가는 프랑스입니다. 프랑스의 경제력은 인구와 농업, 문화적 힘은 나폴레옹 법전과 프랑스 문화, 군사력은 육군이었습니다. 19세기의 선도국가는 영국입니다. 영국의 경제력은 공업과 금융, 문화적 힘은 정치체제로서의 자유주의, 군사력은 해군이었습니다. 마지막으로 20~21세기 선도국가는 미합중국입니다. 경제력은 경제 규모와 과학기술, 문화적 힘은 팝 문화, 군사력은 해군입니다. 19세기 말이 되면서 제국주의 국가들은 식민지 쟁탈전을 벌였고 이를 위해 권력 자원을 최대한 축적하려고 하였습니다. 그러나 세상의 모든 나라가 이 권력 자원을 모든 측면에서 갖출 수는 없습니다. 간단히 말해서 모든 나라가 '강대국', '선진국'이 될 수는 없으며 그럴 필요도 없습니다. 그런데도 서구의 열강들은 그 경쟁에 들어섰습니다. 엥겔스가 《영국 노동자계급의 상태》에서 말했던 것처럼 '경쟁'은 근대 사회의 모든 개인, 계급, 심지어 국가에까지 스며들었던 것입니다.

이제 제1차 세계대전의 원인에 대해 알아봅시다. 이를 탐색하기 위해서는 먼저 다섯 시기를 구분해야 합니다. 1815~1822년, 1822~1854년, 1854~1870년, 1870~1890년, 1890~1914년이 그것입니다. 칼 폴라니(1886~1964)는 《거대한 전환》(1944)에서 이 시기를 "100년간의 평화"라고 부르기도 했습니다. 1815~1822년은 유럽의 협조 시기였습니다. 1789년 프랑스혁명 이후 보수 반동의 물결이 혁명 세력을 제압했던 시기였던 것입니다. 1822~1854년은 느슨한 협조 시기였고, 1854~1870년에는 독일과 이탈리아가 통일 국가를 이루었습니다. 여기서는 1870년과 1890년이 주목해야 하는 연도입니다. 1870년은 프로이센을 중심으로 독일이 통일된 해이며, 1890년은 독일제국의 초대 총리였던 오토 비스마르크(1815~1898)가 실각한 해입니다. 세력균형 정책을 펼친 비스마르크는 독일제국, 오스트리아-헝가리 제국, 러시아 제국과 이른바 삼제동맹三帝同盟을 맺어 독일 서쪽에 있는 영국과 프랑스를 견제했습니다. 독일은 유럽 한가운데에 있어서 전쟁이 나면 전선이 서부와 동부로 나뉠 수밖에 없습니다. 그래서 서부와 동부 어느 한 쪽과는 우호적인 관계를 맺어야 했던 것입니다. 세력균형 정책 이전 시기를 포함하여 1815년에서 1870년까지는 전반적으로 유럽의 여러 나라들이 느슨한 다극 체제를 이루고 있었습니다. 그런데 1890년 비스마르크가 실각하자 독일은 러시아와의 동맹을 갱신하지 않았습니다. 특별한 이유가 있었던 것이 아니었습니다. 그냥 어쩌다 보니 재보장 조약을 맺지 않았고 이것은 독일이 러시아에 적대적이라는 인상을 주었습니다. 독일이 '엉뚱한 신호'를 보낸 결과, 러시아는 영국, 프랑스와 연합했고(삼국협상), 독일은 오스트리아-헝가리, 이탈리아와 동맹을 맺었습니다(삼국동맹). 느슨한 다극 체제가 1890~1914년 사이에 양극 체제로 바뀌면서 전쟁의 긴장이 높아지게 된 것입니다.

제1차 세계대전의 원인은 깊은 원인deep cause, 중간 원인 또는 매개 원인intermediate cause, 촉발 원인precipitating cause으로 크게 나눌 수 있습니다. 깊은 원인은 방금 설명했듯이 느슨한 다극 체제에서 양극 체제로의 변화입니다. 중간 원인은 독일의 세력 강화와 미숙한 외교정책입니다. 이것은 깊은 원인에 잠재되어 있던 전쟁의 기미를 표면으로 드러나게 했습니다. 촉발 원인은 1914년 6월 28일에 사라예보에서 오스트리아 황태자 부부가 세르비아 청년 가브릴로 프린치프에게 암살당한 사건입니다. 앞서 설명한 2차 산업혁명과 식민지 쟁탈전은 제1차 세계대전의 조건이고, 지금 설명한 것은 제1차 세계대전의 원인들입니다. 사태를 구조적으로 파악하려면 조건과 원인을 구별할 줄 알아야 합니다. '조건'은 마르크 블로크의 《역사를 위한 변명》(한길사, 2000)에서 취한 개념입니다. 그에 따르면 '조건'은 "약간 특수한 것이긴 하지만 어떤 항구성을 지니고 있는 선행 여건"이며, '원인'이라는 말은 "그러한 선행 여건, 즉 사건을 낳는 각종 힘 가운데서 이른바 차별적 요소를 드러내는 선행 여건"에 부여됩니다. 그런데 이 구별은 조금 모호한 것이므로 우리는 '시대의 바탕에 놓여 있는 물질적 환경과 경제적 생산의 구조, 장기 지속적 흐름' 등을 조건으로 규정하는 것이 좋겠습니다.

제1차 세계대전이 발발하기 전에 독일은 이른바 '슐리펜Schlieffen 계획'을 가지고 있었습니다. 이는 1905년 12월에 독일제국의 육군 참모총장 알프레드 폰 슐리펜(1833~1913)이 프랑스에 대해 수립한 작전 계획으로 전쟁이 벌어지면 먼저 서부전선에서 프랑스를 무찌르고 동부전선으로 이동해 러시아를 공격한다는 것입니다. 그런데 제1차 세계대전이 발발하자 이 계획은 처음부터 꼬여 버렸습니다. 1914년 8월에 전쟁을 시작한 독일군은 프랑스에 승리를 거두고 그해 크리스마스를 고향에서 보낼 것으로 생각했습니다. 그러나 전격전으로 시작한 전쟁은 솜 전투에서 참호전으로 바뀌어 130만 명의 사상자를 냈고—자세한 내용은 존 엘리스의 《참호에 갇힌 제1차 세계대전》(마티, 2009)을 참고할 수 있습니다—나중에는 전 국민과 모든 물자를 동원하는 총력전으로 이어지고 말았던 것입니다. 게다가 미합중국과 러시아까지 참전하면서 이 전쟁의 성격은 소모전으로 바뀌었습니다. 안타깝게도 이 소모전에서 가장 두드러지게 소모된 것은 인간의 생명이었습니다. 그 점을 두고 존 키건은 《1차 세계대전사》에서

"1차 세계대전은 대량 살상을 개시했으며, 2차 세계대전은 이를 냉혹하게 완성했다"라고 지적하기도 하였습니다. 1918년 11월 11일 전쟁이 끝나고 1919년 1월 파리에서 강화회의가 열렸습니다. 그러나 영토 문제로 승전국 사이에서 논란이 일어나면서 원만한 타협을 이루지 못했습니다. 이탈리아는 회의에서 철수했고, 영국과 프랑스는 다툼을 벌였으며, 미국은 유럽 문제에 흥미를 잃었습니다. 결국 회의는 제2차 세계대전의 씨앗을 남긴 상태로 미봉되었습니다. 제1차 세계대전의 직접적인 결과로, 삼제동맹을 맺었던 독일, 오스트리아-헝가리, 러시아는 모두 제국의 지위를 잃었고 미합중국과 영국이 주요 행위자로 등장했습니다.

앞서 말했듯이 제1차 세계대전에서 가장 중요한 것은 전 국민과 모든 물자를 동원한 '국가의 등장'과 '국가에 의한 총력전'입니다. 부르주아 시대의 자유주의 이론에 따르면, 국가는 허구이고 개인은 실체이므로 각자 열심히 살면 사회는 알아서 돌아갑니다. 그러나 이러한 생각은 제1차 세계대전과 함께 끝났습니다. 다시 말해서 개인주의, 자유주의에 바탕을 둔 19세기 부르주아 시대가 막을 내렸습니다. 국가가 거의 모든 것의 주체가 된 반면, 개인은 전쟁을 겪으면서 지극히 무의미한 존재로 전락했습니다. 더욱이 대량 살상 무기 앞에서 인간의 목숨은 하찮은 것이 되었고, 그에 따라 인간의 존재 가치마저 위협받게 되었습니다. 거듭 말하지만 이런 상황에서 등장한 이념 아닌 이념이 파시즘인 것입니다. 파시즘은 '열정적이고 욕망에 충실한 이데올로기 passionate ideology'입니다. 파시즘은 인간이 가진 정욕적 열정적 측면을 동원해서 어떤 정치적 목적을 실현하는 데 사용합니다. 즉 그것은 이념 체계가 아니라 운동 방식이며, 인간의 열정을 동원하는 방식입니다. 파시즘은 제1차 세계대전과 제2차 세계대전 사이, 즉 전간기戰間期처럼 합리적 이성이 마비된 시기에 등장했습니다.

제1차 세계대전은 20세기 세계가 가지고 있는 문제를 깔끔하게 해결하지 못한 채 미봉되었습니다. 제2차 세계대전이 일어나는 것은 바로 이때부터 이미 예견된 일이었는지도 모릅니다. 따라서 제2차 세계대전은 제1차 세계대전의 연장선상에서 파악해야 합니다. 또한 이 시기의 가장 중요한 사건 중의 하나인 대공황도 간과할 수 없습니다. 이 시기를 공부하는 데 필요한 책도 몇 권 소개하겠습니다. 한스 모겐소의 《과학적 인간과 권력정치》(나남, 2010)는 국제정치학에 관한 표준도서입니다. 그의 테제는, 17세기부터 서구 사회를 지배했던 합리주의에 근거한 자유주의가 막을 내렸다는 것입니다. 논의가 정교하게 다듬어지진 않았지만, 국제정치학을 연구하는 사람들에게 중요한 발상을 제공합니다. 제1차 세계대전 이후부터는 국제정치학이 현실을 분석하는 중요한 학문으로 등장하는 만큼 관련된 책들을 잘 챙겨 읽을 필요가 있습니다. 케네스 월츠의 《인간 국가 전쟁》(아카넷, 2007)도 국제정치학의 교과서입니다. 인간의 본성을 깊이 연구해서 인간성 자체를 바꾼다면 전쟁이 발생하지 않을까요? 그렇지 않습니다. 조직에는 조직의 논리가 있기 때문입니다. 이에 대해 논의한 철학자들은 루소, 헤겔, 마르크스 등으로 그들은 인간을 개개인이 아니라 집단 속에서 연구했습니다. 근대는 개인주의 시대이며 그것을 바탕에 두고 만든 것이 자유주의 정치체제입니다. 이 시대를 넘어 새로운 차원을 생각했다는 점에서 그들의 논의는 긍정적인 의미로 포스트모던postmodern합니다. 케네스 월츠의 책은 이러한 고민들을 잘 다루고 있습니다. 우리가 여기서는 대공황을 자세히 다루지 못하지만 반드시 검토해야 할 주제이기는 합니다. 찰스 킨들버거의 《대공황의 세계》(부키, 1998), 디트마르 로터문트의 《대공황의 세계적 충격》(예지, 2003), 양동휴가 엮은 《1930년대 세계 대공황 연구》(서울대출판부, 2000) 등이 대공황에 대한 공부에 도움이 될 것입니다.

제2차 세계대전으로 본격적으로 들어가기에 앞서 제1차 세계대전과 프롤레타리아계급의 관계를 먼저 간략히 살펴봅시다. 《공산당 선언》에서 확인했듯이 마르크스주의는 기본적으로 국제주의와 평화주의를 표방합니다. 그러나 제1차 세계대전이 벌어지자 프롤레타리아계급은 국제주의와 평화주의를 내버렸고 지배계급이 주창하는 국민 개념 속으로 휩쓸려 들어갔습니다. 한마디로 애국주의자가 된 것입니다. 애국심으로 똘똘 뭉친 국민끼리 벌이는 전쟁은 국제주의와 평화주의를 무너뜨린다는 점에서 사회주의 운동에는 커다란 재앙입니다. 이처럼 제1차 세계대전은 사회주의 운동의 궤멸에 큰 역할을 했습니다. 전쟁이 끝나고 경제가 어려워지자 프롤레타리아계급은 사회변혁을 추구하기보다 노동조합을 법률적으로 인정받게 하는 데 노력을 기울였습니다. 정치적 좌파는 지지 기반이 좁은 편인데 전쟁을 겪으면서 그 기반이 더욱 줄어들었고, 경제적 난관으로 말미암아 생존에 급급해진 것입니다. 게다가 더 큰 문제는 기간산업의 국유화말고는 정치적 좌파가 내놓은 대책이 별로 없었다는 점입니다. 새로운 사회의 건설을 부르짖으면서도 대중에게 다가갈 만한 구체적인 프로그램이 없었다는 점이 좌파 몰락의 핵심적인 요인으로 작용했습니다. 좌파가 몰락한 이 사태는 제2차 세계대전 이전의 유럽 여러 나라의 상황을 규정하는 중요한 요인입니다.

부르주아계급은 제1차 세계대전이 끝나자 좌절감을 느꼈습니다. 국가가 전 국민을 동원하는 전쟁을 겪으면서 그들이 지배하던 19세기 황금시대가 막을 내렸기 때문입니다. 이러한 정서를 잘 보여 주는 작품이 슈테판 츠바이크의 《어제의 세계》(지식공작소, 2001)입니다. 제목에서 짐작할 수 있듯이 '어제'는 그 좋았던 19세기 황금시대를 가리킵니다. 부르주아는 츠바이크의 말대로 "질서와 평화의 희미한 황금시대"를 떠나 "전쟁과 동요와 폭발의 세계"로 들어선 것입니다.

다음으로 전간기의 세계 정세를 간략히 살펴봅시다. 우선 미합중국에서는 워렌 하딩이 유럽에 대한 불간섭 원칙을 공약으로 내세우며 대통령에 당선되었습니다. 그를 지지한 사람들이 원한 것은 제1차 세계대전 이전 상태로의 복귀였습니다. 한편 미합중국은 전쟁을 겪으면서도 본토의 피해가 없었으므로 1920년까지 경제적으로 호황 국면이 계속되었습니다. 이 시기에 미합중국 인구의 대부분이 도시에 거주하게 되었고 부유해진 사람들은 자동차와 라디오 같은 소비재를 구매하는 데 열을 올렸습니다. 오늘날 우리가 떠올리는 미합중국의 전형적인 이미지가 이때 만들어졌다고도 할 수 있습니다.

영국은 정부의 규제가 없던 제1차 세계대전 이전으로 복귀했지만 산업은 불황에 빠졌고 만성적인 실업 상태가 계속되었습니다. 영국의 자본 축적은 내부의 기술 발전과 외부의 식민지 착취로 가능했는데, 식민지 경영이 상당한 정도로 제약받으면서 더 이상 세계 패권을 유지하기가 어려워졌습니다. 프랑스는 국토를 복구하는 데 대규모의 공공 경비를 지출했고, 독일을 비롯한 중동부 유럽은 국토뿐 아니라 사회구조 자체가 붕괴했습니다. 특히 폴란드는 제1, 2차 세계대전을 겪으면서 전체 인구의 약 10퍼센트가 사망했습니다(영국은 0.5퍼센트 이내로 사망했습니다). 동유럽 국가들인 헝가리, 체코, 슬로바키아, 루마니아, 불가리아 등은 모두 전쟁의 참화를 간신히 딛고 일어선 나라들입니다.

소련은 전쟁을 겪으면서 러시아혁명을 마무리했고, 전시에 가동

했던 이른바 전시 경제체제를 계속 이어 갔습니다. 그 결과 경제 회복이 상대적으로 빨랐고 이런 이유로 유럽의 지식인들이 소련에 상당히 경도되었습니다. 마지막으로 이탈리아에서는 각계각층의 불만이 폭발하면서 정치적 소요가 발생했습니다. 이런 상황에서 군대가 쿠데타를 일으켰고 1922년 베니토 무솔리니(1883~1945)가 로마로 진군하면서 파시스트 정권이 성립했습니다. 이것이 전간기 파시즘이 등장하는 가장 전형적인 경로입니다. 정치적 소요가 발생했다는 것은 각계각층의 국민이 사회에 대해 불만을 가지고 있어서 사회적 통합력이 떨어졌다는 뜻입니다. 그렇다면 불만에 의한 정치적 소요를 제압하는 힘은 어디에서 나오겠습니까? 바로 군대에서 나옵니다. 게다가 전쟁을 겪으면서 수많은 사람들이 군대의 위력을 실감하기도 했습니다.

전간기에서 핵심적인 것은 국가가 주체가 되어 국민을 동원하고 경제를 계획하는 시스템이 일정 정도 효과를 거두었다는 점입니다. 1933년에 루스벨트(1882~1945, 대통령 재임 1933~1945)가 펼친 뉴딜 정책도 이를 모방한 것입니다. 전시 경제에서 비롯된 이 시스템은 전통적인 의미의 자유방임 경제가 아니었습니다. 앞서 말했듯이 제1차 세계대전을 거치면서 자유주의적 자본주의는 파탄에 이르렀는데, 이는 19세기 자본주의의 이윤 축적 방식과 그에 대응하는 국가의 역할이 더 이상 작동하지 않게 되었기 때문입니다. 다시 말해서 자본주의 시스템의 구조적인 변화가 일어난 것입니다. 따라서 대공황은 일시적인 경기 후퇴가 아니라 이러한 구조적인 변화의 결과로 발생한 것입니다. 2차 산업혁명 이전에는 상품의 과잉생산이 일어나지 않았습니다. 기계화가 대폭 진전되기 이전이므로 기존의 상품이 떨어질 때쯤에 새로운 상품이 만들어졌습니다. 따라서 정부가 규제하지 않아도 큰 문제가 일어나지 않았습니다. 그러나 기계화가 진전되면서 생산의 무정부 상태가 벌어졌습니다. 이미 생산된 상품이 떨어지지 않았는데도 새로운 상품이 만들어졌습니다. 이 문제를 해결하는 방법은 제1차 세계대전을 겪으면서 그 위력을 입증한 국가가 개입하는 것이었습니다. 다시 말해서 국가권력에 의지해서 경쟁을 규제하고 사람들의 구매력을 일정 정도 보장해 준 것입니다. 제1차 세계대전을 겪으면서 자유주의적 자본주의는 완전히 사라졌습니다. 아무리 다종다양한 수식어가 붙는다 해도 그 이후 시기는 국가권력의 시대입니다.

제 39 강

어떻게 해서든 파국과 절멸은 막아야 한다. 한가하게 이상주의를 말할 때가 아니다. **에드워드 카**는 전간기에 쓰인 《**20년의 위기**》에서 질타와 처방을 제시한다. 그러나 전쟁을 막을 수 있는 건 아니다. 전쟁은 **자기운동을 가진 체제가 벌이는 최악의 결과**다.

전간기에 대해 자세히 알아보기 위해 에드워드 카Edward Hallett Carr(1892~1982)의 《20년의 위기The Twenty Years' Crisis》(1939)를 살펴 봅시다. 이 책은 베르사유 체제가 성립된 1919년부터 제2차 세계대전이 발발한 1939년까지 20년 간의 국제정치를 분석한 책인데, 분석 대상으로 삼은 시기인 1939년에 출간된 것입니다. 에드워드 카가 이 책을 쓴 까닭은 간명합니다. 그는 1945년 재판 서문에서 "그 20년간 영미에서 학계와 대중의 국제 문제에 대한 생각을 절대적으로 지배하던, 권력 요소를 전적으로 무시한 이상주의적 풍조의 위험성에 대한 일종의 해독제로 쓴 것"이라 말하고 있습니다. 제1차 세계대전이라는 미증유의 참화를 겪었으면서도 국제 문제를 여전히 이상주의적으로 파악하는 풍조가 위험하다 여겼기 때문인 것입니다. 국제관계는 도덕으로 움직이지 않습니다. 그것은 냉혹한 정세 분석 위에서만 올바른 판단을 가능하게 하는 엄연한 현실입니다. 그러므로 카는 "국제정치에서 현실에 뿌리를 두지 않는 유토피아는 미래에 아무런 영향도 줄 수 없다"라든가, "어떠한 도덕적 문제에도 도덕의 이름으로 표현할 수 없는 권력의 문제가 있다"와 같은 말을 하고 있는 것입니다. 이런 말을 하는 것은 그가 비도덕적이어서가 아니라 냉혹한 20세기의 세계를 외면할 수 없는 학자적인 태도에서입니다. '권력', 이것이 문제인 것이니 이 책에서 우리가 핵심적으로 살펴볼 부분은 당연히 "제3부 정치, 권력, 그리고 도덕"입니다. 그 전에 다음 내용을 읽어 봅시다.

18세기 서유럽에서 무역의 중요성이 크게 증가하였다. 이에 따라 당시 정부가 중상주의 이론에 따라 시행한 많은 규제 조치들에 대한 불만이 생겨났고, 이 불만은 곧 세계 자유무역에 대한 환상으로 나타났다. 그리고 이러한 환상으로부터 프랑스의 중농주의자들과 영국의 아담 스미스(1723~1790)는 정치경제학이라는 학문을 창설했다. 이 새로운 학문은 주로 현실에 대한 부정과, 가정 속의 '경제적 인간homo economicus'의 형태에 대한 인위적이고 아직 입증되지 않은 일반론에 근거한 것이었다. 그리고 현실에서 이 새로운 학문은 매우 유용하고 중요한 결과를 달성했다. 그러나 경제이론은 오래도록 그 유토피아적 성격을 벗어나지 못했다. 심지어 오늘날에도 일부 '고전주의' 경제학자들은 ― 역사상 단 한번도 존재한 적이 없는 상상 속의 조건인 ― 세계 자유무역을 경제학의 기본 전제로 삼고, 모든 현실을 위와 같은 유토피아적 조건에 대한 배신으로 간주하고 있다.

_《**20년의 위기**》, 1장

아담 스미스는 18세기 사람입니다. 그의 이론을 바탕으로 자유방임주의 무역 이론이 만들어졌고 이것이 19세기 자유주의적 자본주의 시대를 지배했습니다. 그러나 제1차 세계대전 이후로는 국가가 가장 중요한 경제 행위자가 되었습니다. 경제적 인간이라는 인간론에 바탕을 둔 세계 자유무역은, 본래도 그러했지만 지금은 더욱이나 유토피아적인 이상이 되었습니다. 이런 상황에서 경제적인 유토피아론을 고수하고 있는 사람들은 현실을 철저하게 외면한 사람들에 불과합니다. 경제적 유토피아론에 대한 카의 비판은 다음과 같이 계속됩니다.

> 자유주의 정치경제학은 수많은 유토피아 중 하나이다. 이는 모든 사람들이 완벽한 조화 속에 경제활동에 종사하는 사회를 상정하고 있다. 오늘날 우리는 그러한 이상적 사회가 플라톤의 이상향보다도 더 현실성이 떨어진다는 것을 본다.
>
> _《20년의 위기》, 1장

"모든 사람들이 완벽한 조화 속에 경제활동에 종사하는 사회"를 흔히 완전경쟁 시장이라고 합니다. 이런 사회는 실제로 존재한 적이 없습니다. 위의 내용을 한마디로 정리하면 자유주의적 자본주의의 종말을 냉정하게 인식하자는 것입니다. 그런데 자유주의 정치경제학의 유토피아를 고집하는 것 못지않게 정치학에서도 유토피아적인 태도를 가진 입장이 있습니다. 정치를 이해하는 두 가지 기본적인 사유 방식이 있는데, 하나는 "도덕 기반만으로도 정치체제를 세울 수 있다고 믿는 이상주의"고, 다른 하나는 "모든 정치적 행위는 자기 주장에 기반한다고 믿는 현실주의"입니다. 당연하게도 두 가지 사유 방식을 모두 고려해야 합니다. 카도 그 점은 인정합니다.

> 정치에서 권력을 무시하는 것은 도덕을 무시하는 것과 마찬가지로 치명적 결과를 가져온다.
>
> _《20년의 위기》, 7장

> 국가가 권력의 기반뿐만 아니라 국민의 동의라는 도덕적 기반도 아울러 가지고 있다는 사상은 로크와 루소가 주장하였고 미합중국과 프랑스의 혁명으로 널리 유포되었다.
>
> _《20년의 위기》, 7장

국가를 유지하는 가장 기본적인 바탕은 권력과 국민의 동의입니다. 카는 국민의 동의를 "도덕"이라고 말하는데 엄밀히 따지면 '정당성'이라고 할 수 있습니다.

> 1914년 봄 영국의 자유당 정부는 효과적인 군사력의 뒷받침 없이 도덕적 권위만을 앞세워 아일랜드 정책을 추진한 결과 커다란 재앙을 만날 뻔했다. 독일 통일을 논의한 1848년의 〈프랑크푸르트 회의〉는 권력을 무시한 이념이 얼마나 무기력한가를 보여 준 고전적 사례이다. 독일 바이마르 공화국이 붕괴한 이유는 그것이 추구한 거의 모든 정책에 (반공 정책을 예외로 하면) 효과적인 군사력의 뒷받침이 없었기 때문이다.
>
> _《20년의 위기》, 7장

훌륭한 명분으로 무장한 혁명군이 군사력을 가지고 있지 않았다면 그 혁명은 성공할 수 없을 것입니다. 프랑스혁명에서 우리는 이

점을 분명히 보았습니다. 카의 분석은 이러한 '상식적인 차원'을 벗어나지 않습니다. 그러므로 우리가 제1차 세계대전 이후의 정치를 고찰할 때에는 권력과 도덕이라는 두 가지 요소를 균형 있게 사용해야 하는 것입니다.

> 이제 권력과 도덕이라는 두 가지 핵심 요소가 국제정치에서 어떻게 나타나는지를 검토할 필요가 있다.
>
> _《20년의 위기》, 7장

그리고 카는 권력과 도덕이라는 두 가지 핵심 요소를 '정치권력'이라는 개념으로 결합시키고 이를 다시 셋으로 나눕니다.

> 국제 문제에서 정치권력은 논의의 목적상 세 가지로 나누어 볼 수 있다. (1) 군사력, (2) 경제력, (3) 생각에 대한 통제가 그것이다.
>
> _《20년의 위기》, 8장

> 저자가 권력의 요소를 삼분한 것은 권력을 "사회과학의 근본 개념"으로서 분석한 러셀의 이 책에서 빌려 온 것이다.
>
> _《20년의 위기》, 8장

카는 권력 개념을 버트런드 러셀(1872~1970)의 책《권력》(1938)에서 빌려 옵니다. 이 책에서 러셀은 다음과 같이 말하고 있습니다. "내가 주장하고 싶은 바는 사회적인 역학의 법칙들이란 갖가지 형태로서의 권력에 입각해서만 논할 수 있으리라는 점이다. 이 법칙들을 찾아내기 위해서는 우선 권력의 형태들을 분류하고, 다음에는 집단과 개인들이 사람들의 삶에 대한 통제력을 장악한 갖가지 방법의 중요한 역사적 예들을 살펴보는 것이 필요하다." 권력의 구성 요소는 세 가지입니다. 먼저 군사력이 중요합니다.

군사적 수단이 가장 중요한 이유는 국제관계에서 권력의 궁극적 시험은 전쟁을 통해서 이루어지기 때문이다.

_《20년의 위기》, 8장

전쟁은 군사적 수단을 가지고 이루어지며, 국력은 일단 군사적 요소를 가지고 확인합니다.

전쟁의 잠재적 가능성이 국제정치에서 지배적인 요인인 한 군사력은 정치적 가치의 주된 기준으로 인정될 수밖에 없다. 역사에 위대한 문명으로 기억되는 것치고 당시 군사력의 우위를 누리지 않는 문명은 없다.

_《20년의 위기》, 8장

정치적 가치의 주된 기준은 군사력입니다. 다시 말해서 강대국이 되려면 정치적 지위를 획득해야 하는데 이때 가장 필수적인 요소가 군사력인 것입니다. 유럽에서는 제1차 세계대전이 벌어지기 전에 치열한 군비경쟁이 일어났습니다. 군비 증강에 큰 역할을 했던 것이 산업의 발전이었습니다. 그러므로 군사력이 준비되어 있다는 것은, 총력전으로서의 현대전의 관점에서 본다면 사실상 국력이 전반적으로 증진되었음을 의미하게 됩니다.

일상의 국가 활동에 필수 요소인 군사력은 수단일 뿐만 아니라 그 자체로서 하나의 목적이기도 하다. 지난 100여 년 동안 일어난 중요한 전쟁 중 무역이나 영토를 늘리기 위한 목적으로 일어난 전쟁은 거의 없다. 대신 자국의 군사력을 보다 강하게 유지하기 위해, 혹은 다른 나라가 군사적으로 보다 강해지는 것을 막기 위해 일어났다.

_《20년의 위기》, 8장

"지난 100여 년 동안 일어난 중요한 전쟁 중 무역이나 영토를 늘리기 위한 목적으로 일어난 전쟁은 거의 없다"는 말은 굉장히 무서운 말입니다. 달리 말하면 전쟁의 목적이 군사력을 과시하기 위해, 즉 전쟁 그 자체에 있었다는 말이기 때문입니다. 카에 따르면 "제1차 세계대전에 참전한 거의 모든 나라는 처음에는 이를 자위를 위한 전쟁으로 규정했다. […] 그러나 전쟁이 진행되면서 모든 연합국 정부는 전쟁의 목적에 적국으로부터 영토를 획득하는 것이 포함된다고 선언했다." 처음에는 정치적 지위를 획득하기 위해 군사력을 유지합니다. 그러나 그 다음에는 군사력을 과시하고 영토를 획득하기 위해 군사력을 사용합니다. 이렇게 군사력은 자체의 목적을 위해 작동하고 있기 때문에 단순히 인간성을 회복한다고 해서 전쟁을 막을 수 있는 것은 아닙니다. 인간성 회복을 통한 전쟁 억지는 순진한 발상입니다.

앞서 말했듯이 경제력은 군사력과 밀접한 관계를 맺고 있습니다. 제1차 세계대전은 각국의 경제력을 더 늘리기 위한 전쟁이었고, 경제력 증가의 핵심 요소인 식민지를 획득하기 위해서는 군사력이 필요했습니다.

고전 경제학자들이 자유방임주의를 내세워 이와 같은 전제에 대해 일대 공격을 시작하였다. 자유방임주의의 내용과 의의에 대해서는 이미 앞에서 논의하였다.

_《20년의 위기》, 8장

19세기 자유주의 국가 이론은 정치 체계와 경제 체계라는 두 개의 체계가 별도로 존재한다고 전제하였다.

_《20년의 위기》, 8장

이것이 19세기 자유주의 국가 이론의 오류입니다. 그것이 전제한 것과 달리 정치 체계와 경제 체계는 별도로 존재하지 않습니다. 이미 '군사력'이라는 개념 안에 경제적 능력과 정치적 가치가 포함되어 있음을 인정하는 것이 현실의 상황을 명료하게 분석하는 출발점인 것입니다.

1900년 이전에 이미 정치와 경제의 분리가 환상에 지나지 않음이 급속히 드러나고 있었다. 19세기 말의 제국주의가 정치적 무기를 이용한 경제 행위인지 아니면 경제적 무기를 이용한 정치 행위인지는 여전히 논쟁의 여지가 있다. 그러나 경제와 정치가 손을 맞잡고 한 가지 목적을 향해 나아간 것만은 분명하다. "정치적 힘을 이용해 경제적 이득을 취하고 모든 경제적 이득을 정치권력으로 전환하는 것이 바로 영국 정치가들의 전매특허가 아닌가?"라고 히틀러는 말했다. 제1차 세계대전은 국내 및 외교정책에서 동시에 경제와 정치를 명시적으로 접합시킴으로써 이미 진행 중이던 과정을 보다 촉진시켰다. 경제를 정치의 영역에서 완전히 배제하였던 19세기의 관행이 실제로는 전례 없이 막강한 경제 무기를 국가정책적 목적으로 사용한 것에 지나지 않았음이 드러났다.

_《20년의 위기》, 8장

이것이 제1차 세계대전이 알려 준 것 중의 하나입니다. 카가 인용하는 히틀러의 말을 유심히 봅시다. 일반적으로 잘못 알고 있는 것과는 달리 히틀러는 현실의 정치가 어떤 식으로 움직이고 있는지를 분명히 깨닫고 있었습니다.

적국의 경제 체계를 마비시키는 것이 적국의 육해군을 격파하는 것과 마찬가지로 하나의 전쟁 목표가 되었다. 국가가 정치적 목적으로 경제활동을 통제하는 것을 의미하는 '계획경제planned economy'는 제1차 세계대전의 산물이었다. '전쟁 잠재력war potential'이라는 용어는 경제력의 또 다른 표현이기도 하다.

_《20년의 위기》, 8장

경제가 정치와 분리되지 않는다는 생각, 그에 따라 경제를 정치적으로 조절해야 한다는 생각은 자유시장주의의 종말을 의미하는 것이고, 여기서 계획경제가 등장하였습니다. 이는 앞서도 보았듯이 제1차 세계대전의 중요한 성과 중의 하나입니다. '전쟁 잠재력'은 군인의 숫자와 무기 규모가 아니라 그 나라의 경제력을 가리킵니다. 경제를 전쟁의 주요한 수단으로 삼으면 총력전이 됩니다. 이로써 제1차 세계대전은 자유방임 경제라는 19세기 패러다임을 완전히 무너뜨렸습니다.

생각을 지배하는 것이 힘의 제3요소이다. "배도 있고 사람도 있고 돈도 있다"고 한 국수주의자들의 노래는 군사력과 인력과 경제력이라는 정치권력의 3대 요소를 정확히 표현하고 있다.

_《20년의 위기》, 8장

군사력과 경제력을 분석한 다음에는 생각을 논의할 차례입니다. 생각을 지배하는 것은 권력을 가진 자가 해야 할 일입니다.

> 생각, 특히 다수의 생각, 즉 여론에 대한 통제란 따라서 정치적 목적을 달성하기 위해서 군사력이나 경제력 못지 않게 중요한 것으로 항상 권력의 다른 요소들과 밀접한 관련을 맺어 왔다.
>
> _《20년의 위기》, 8장

권력은 군사력과 경제력뿐만 아니라 생각까지 장악할 때에야 비로소 확고해집니다. 특히 폭력과 경제력이 부족한 이들은 생각을 장악하는 일에 몰두합니다.

> 근래에 들어와 여론에 대한 지배가 갈수록 중요성을 띠게 된 이유는 명백하다. 곧 정치의 저변이 확대되고 이에 따라 그 여론 주도층의 숫자가 크게 확대되었기 때문이다.
>
> _《20년의 위기》, 8장

'근래'는 1930년대를 가리킵니다. 카는 분명히 그가 대상으로 삼는 시대가 여론에 의해 정치가 좌우되는 대중 민주주의 시대로 접어들었음을 알고 있었습니다. 지금도 마찬가지입니다.

> 히틀러의 말을 빌면 '과학적 설명'은 인텔리를 위한 것이고, 프로파간다라는 현대적 무기는 대중을 위한 것이다.
>
> _《20년의 위기》, 8장

다시 한번 여기서 히틀러의 확실한 현실 인식을 보게 됩니다. 그는 대중의 동의를 — 열광적 지지든 암묵적 동의든 — 얻지 못하면 권력은 쉽게 붕괴된다는 것을 알고 있었습니다. 사실상 법도 대중의 정서와 합치할 때 강력한 힘을 발휘합니다. 그런데 인류의 역사를 보면 대부분의 권력은 대중에게 두려움을 심어 줌으로써 복종을 얻었습니다. 권력을 이렇게 행사하는 것은 원시적인 방식입니다. 가장 성공적으로 작동하는 권력은, 대중이 열망하는 것을 한치의 어김도 없이 실현할 수 있다고 공언하고 모든 대중의 열광적인 지지를 얻어 냅니다. 물론 이것은 독재입니다. 그러나 독재는 어떤 점에서 보면 가장 성공적인 민주정일지도 모릅니다. 민주정의 절정은 대중 독재일 수 있는 겁니다.

> 전체주의 국가라 하더라도 그 정책을 결정할 때는 대중의 의사를 따른 것이라고 공언公言하고 있으며, 그러한 공언이 늘 공언空言인 것만은 아니다. 또 민주주의 국가들 혹은 그 지배집단들이라고 해서 여론을 조작하고 지도하지 않는 것도 아니다.
>
> _《20년의 위기》, 8장

현재 우리가 사는 민주정 국가에서 가장 중요한 것은 대중의 동의를 얻는 것입니다. 그런데 여기서 심란한 문제가 발생합니다. 다수가 원하는 것이 옳지 않은 것이라면 어떻게 해야 하겠습니까? 민주정 국가에서는 그냥 겪어 보는 것 말고는 다른 방법이 없습니다. 따라서 민주정 국가의 국민에게 필요한 덕목은 참고 견디는 능력입니다. 민주정을 시행하는 아테나이 시민들의 반지성주의 때문에 스승을 잃었던 플라톤의 대화편을 읽어 보면 종종 비애를 느낄 수 있습니다. 플라톤 시대의 아테나이는 옳지 않은 길로 가고 있었습니다. 펠로폰네소스 전쟁이 일어났고, 페리클레스 이후 대중 선동에만 능한 무능한 자들이 공직에 나서면서 아테나이는 자기 파괴를 향해 가고 있었던 것입니다. 그것을 목격한 플라톤의 한탄이 대화편 곳곳에 배어 있습니다. 그러나 그것은 민주정이 겪어야 할 필연적인 운명입니다.

"노동자에게는 조국이 없다"라고 주장한 마르크스의 말은 바로 그 노동자가 국가교육 과정을 거침으로써 타당성을 잃게 되었다.

_《20년의 위기》, 8장

제1차 세계대전을 겪으면서 대중은 국가교육 과정을 받게 되었고, 그 결과 대중은 국민이 되었습니다. 카는 국민의 탄생이 계급의 멸망을 불러왔음을 뚜렷하게 짚고 있습니다.

제1차 세계대전이 시작되면서 전쟁 당사국들은 곧 "경제적 전쟁 및 군사적 전쟁은 심리적 전쟁과 더불어 전개해야 한다"는 것을 깨달았다. 아군의 사기를 진작하는 한편 적군의 사기를 무너뜨리는 것이 군사 및 경제 전선에서 이기기 위한 조건이었던 것이다. 항명과 반란을 선동하는 전단을 적국 진영에 살포하는 일이 빈번했다. 이러한 새로운 전술은 대개 모든 전술이 그랬듯이 처음에는 국제법 위반이라는 비난을 받았다. 더욱이 제1차 대전에서 나타난 새로운 조건은 전투원과 비전투원 간의 구별을 모호하게 만들었기 때문에 후방의 비전투 시민들의 사기를 유지하는 것이 군사적 목표의 하나가 되었다.

_《20년의 위기》, 8장

제1차 세계대전은 권력의 세 가지 요소 — 군사력, 경제력, 선전 — 가 집약되면서 총력전의 양상을 띠었습니다. 제1차 세계대전 이전에는 군인들만 전쟁을 벌였지만 이제는 전후방 가릴 것 없이 전쟁터가 되었습니다. 그런 까닭에 이때에는 세 가지 요소 중 어느 하나도 소홀히 할 수가 없게 되었습니다.

(1918년 영국 합참의 기록에 의하면) 장거리 폭격이 그 최대한의 효과를 누리기 위해서는 짧은 간격을 두고 지속적으로 폭격을 가함으로써 피폭 지역에서 지속적인 불안 효과가 일어나야 한다. 단발적 공격이 아닌 지속적 공격을 통해서만 산업 생산에 지장을 초래하고 대중의 자신감을 훼손시킬 수 있기 때문이다.

_《20년의 위기》, 8장

심지어 전쟁 행위인 폭격도 "대중의 자신감을 훼손"시키는 것을 중요한 목표로 삼을 정도가 되었습니다.

제1차 세계대전의 전 과정에서 군사, 경제, 선전이라는 정치권력의 세 가지 형태 사이의 밀접한 관련성은 지속적으로 드러났다.

_《20년의 위기》, 8장

이를테면 미합중국 사람들은 자기 나라 군대가 '외국을 침략한다'고 생각하지 않습니다. 그들은 자유와 민주주의를 지키기 위해 독재 국가를 무너뜨린다고 생각합니다. 미합중국 정부는 지속적으로 이러한 선전 선동을 대중에게 퍼뜨립니다. 따라서 미합중국에서는 반전 여론이 만들어지기 어렵습니다. 자기와 직접 관련 있는 사람이 전쟁터에서 죽은 다음에야 전쟁의 실상에 가까스로 눈을 뜨게 됩니다. 군사력과 경제력은 명백히 눈에 보이지만, 선전 선동은 권력에 어떠한 영향을 끼치는지 쉽게 파악하기 어렵습니다. 이 점을 잘 활용한 사람들이 히틀러와 괴벨스입니다. 카는 프로파간다의 여러 사례들을 다음과 같이 나열합니다.

> 인간 세상에 막강한 영향을 미친 정치사상은 대개 보편적 원칙에 기반하기 마련이고 따라서 적어도 이론적으로는 국제적 성격을 띤다. 프랑스대혁명의 사상, 자유무역 이론, 1848년에 태어나고 1917년에 부활한 공산주의, 유태주의, 국제연맹주의 등은 모두 처음에는 권력에서 분리되고 국제적 프로파간다에 의해 지지된 국제 여론의 예라고 할 수 있다.
> _《20년의 위기》, 8장

> 그들은 새로운 독트린의 전파를 프랑스 국력의 확장과, 인류의 구원을 공화국의 위대함과, 이성의 지배를 프랑스의 지배와, 인간의 해방을 국가의 정복과, 유럽의 혁명을 유럽에 대한 프랑스혁명의 지배와 혼동하고 있었다.
> _《20년의 위기》, 8장

> 1789년의 혁명 정신을 유럽 전역에 전파시킨 것은 나폴레옹의 군사력이었다.
> _《20년의 위기》, 8장

프랑스혁명이 일어나고 나폴레옹 군대가 당시 소규모 국가들로 분열되어 있던 독일을 침략했습니다. 당시 독일인 중 몇몇은 프랑스혁명의 자유 군대가 왔다며 기뻐했습니다. 이것과 비교하기는 어렵지만 일본의 식민지 지배를 우리 민족의 축복으로 생각하는 사람들이 여전히 존재합니다. 이것은 개인의 심성 문제라기보다는 일본이 군사력과 경제력, 프로파간다를 복합적으로 한반도에 투여했던 성과라고 할 수 있습니다.

> 프로파간다는 한 나라를 모국으로 하여 그 군사적 경제적 힘을 얻기까지는 정치적 힘을 발휘하지 못한다.
>
> _《20년의 위기》, 8장

프로파간다가 핵심적인 요소이긴 하지만, 그것이 힘을 발휘하려면 군사력, 경제력과 결합해야 합니다. 군사력, 경제력, 프로파간다, 이 세 가지 요소를 분석의 개념으로 삼아서 제1, 2차 세계대전과 그 이후의 국제정치적 관계를 살펴봐야 한다는 것이 우리가 이 책을 통해서 얻는 성과입니다. 그런데 에드워드 카의 이 책은 본래의 소임을 다하지 못하였습니다. 국제관계는 이상주의가 아닌 현실의 악마적인 힘에 의해 움직인다는 것을 설파한 책이 있다 해도, 세상은 그 책이 경고한 것을 피해 가지 않는 듯합니다. 제2차 세계대전이 일어난 것은 이것을 가장 잘 증명하는 사례일지도 모르겠습니다.

제 40 강

제2차 세계대전 이후는 **미합중국의 헤게모니가 관철되는 시대**이다. 황금시대도 있었으나, 더욱 짧아진 전 지구적 자본주의 체제의 순환고리는 다시 저점을 향하고 있다. **대규모의 체제 전환기라는 조짐**은 있는데, 인간 행위자는 무엇을 해야 하는지 아직 모르고 있는 듯하다.

이제부터 제2차 세계대전을 공부할 것입니다. 제2차 세계대전의 기원을 연구한 자료는 그리 많지 않습니다. 제1차 세계대전의 결과가 곧 제2차 세계대전의 조건이기 때문입니다. 다시 말해서 굳이 연구할 필요가 없었다고 하겠습니다. 제1차 세계대전이 끝나고 영국 제국을 제외한 유럽의 모든 제국이 해체되었습니다. 이때부터 근대 국민국가는 아주 새로운 단계에 들어섰는데, 이는 자본주의 체제가 완전한 성숙기에 이르렀음을 의미합니다. 제2차 세계대전을 통해 우리가 얻을 수 있는 교훈이 있다면 인간은 개인 차원에서는 어떠한지 잘 모르겠지만 적어도 집단 차원에서는 학습 능력이 부족하다는 것입니다. 역사를 공부하는 사람은 소수에 불과하며 그들이 역사의 흐름에 미치는 영향은 미미합니다. 이를테면 현대사에 가장 큰 영향을 미친 한 사람으로 꼽힐 히틀러는 역사를 공부하지 않은 '순진한' 사람이 었습니다. 닐 그레고어는 《HOW TO READ 히틀러》(웅진지식하우스, 2007)에서 히틀러(1889~1945)의 책 《나의 투쟁》(1927)을 분석하면서, 그 책의 내용이 헛소리인 것은 분명하지만 히틀러가 그것을 실제로 행동에 옮겼다는 점을 놓쳐서는 안 된다고 합니다. 히틀러는 자신의 헛생각을 현실에서 실현하려 했고, 그렇게 하는 과정에서 인류에게 비극을 안겨 주었다는 말입니다. 그가 사려 깊고 역사 책을 많이 읽은 사람이었다면 분명 그렇게 하지 않았을 것입니다. 그렇다고 해서 역사 책을 많이 읽은 지성적인 독일인들이 그를 추종하지 않은 것도 아닙니다. 역사는 이처럼 알 수 없는 일로 가득 차 있습니다.

제2차 세계대전의 '깊은 원인'은 이른바 '독일 문제'입니다. 이 문제는 긍정적인 의미에서건 부정적인 의미에서건 21세기인 지금도 현재진행형인 문제입니다. 유럽 문제는 곧 독일 문제이며, 따라서 우리가 신문에서 접하는 유럽의 여러 문제들에서는 항상 독일이 핵심적인 행위자입니다. 독일은 강대국이 될 수 있는 기본적인 조건을 가지고 있습니다. 우선 유럽의 한가운데 위치하고, 유럽에서 가장 많은 인구를 보유하고 있습니다. 제2차 세계대전 당시 독일 인구는 6천5백만 명, 프랑스는 4천만 명이었습니다. 또한 석탄과 철 같은 경제적 자원이 풍부하고 과학기술이 발전해 있습니다. 말하자면 독일은 베르사유 조약이 부과한 여러 제약을 이겨내고 다시 강대국으로 올라설 수 있는 여건을 충분히 갖추고 있었습니다. 게다가 독일을 견제했던 유럽의 세력균형이 무너진 것도 '독일 문제'를 키우는 데 한몫했습니다. 제1차 세계대전을 겪으면서 독일 동부의 러시아 제국과 남부의 오스트리아-헝가리 제국이 붕괴했으며, 서부의 프랑스는 국력이 완전히 쇠퇴했고 영국 역시 세계를 호령하던 강대국의 지위에서 서서히 내려오기 시작했습니다.

'중간 원인'은 독일 문제와 관련한 '배상 문제'입니다. 제1차 세계대전의 승전국들은 베르사유 조약을 통해 독일이 점령했던 땅을 회수하고 독일 군대의 무장을 해제했으며, 독일에 전쟁 책임을 물었습니다. 그런데 이와 함께 요구한 배상 문제는 의도하지 않은 결과를 낳았습니다. 독일 국민들 사이에서 모든 경제적 어려움을 배상금 탓으로 돌리는 분위기가 팽배하게 된 것입니다. 사실 배상 금액은 독일의 반발을 우려해서 매년 하향 조정되었고 독일 경제에 미친 영향도 그리 크지 않았지만 — 당시 독일 여론과는 달리 1923년 물가 폭등, 1929년 대공황은 배상 문제와 아무런 관계가 없었습니다 — 이러한 분위기는 독일인들에게 베르사유 조약의 족쇄에서 벗어나려는 강한 열망을 심어 주었습니다.

마지막으로 제2차 세계대전의 '촉발 원인'은 '단치히 문제'입니다. 오늘날 폴란드 그단스크의 옛 지명인 단치히 자유시Freie Stadt Danzig는 제1차 세계대전이 끝나자 중립을 선포하고 자유 도시가 되었습니다. 그런데 히틀러는 독일인이 많이 사는 이 도시를 돌려받는다는 구실로 제2차 대전 발발일인 1939년 9월 1일에 폴란드를 침공했습니다. 당시 독일과 폴란드가 팽팽한 긴장 상태를 유지하고 있던 — 이 문제를 놓고 영국, 프랑스와 협상을 벌이고 있었습니다 — 상황이어서 한쪽이 발을 내딛으면 사태가 걷잡을 수 없이 커지게 되어 있었습니다. 다시 말해서 히틀러가 합리적인 사람이었다면 도저히 전쟁을 시작하지 않을 상황이었습니다. 그렇지만 그는 단치히 침공을 밀어붙였고 허를 찔린 영국과 프랑스는 이틀 뒤인 9월 3일 독일을 상대로 선전포고를 했습니다.

제2차 세계대전의 자세한 전개 과정은 관련 책들을 읽어 보면 될테니까 여기서는 핵심적인 단층선만을 살펴봅시다. 1933년 1월 히틀러가 독일 총리에 임명되자 나치, 즉 민족사회주의 독일 노동자당 NSDAP, Nationalsozialistische Deutsche Arbeiterpartei은 독재권 확보, 군사력 재건, 인간과 기계의 결합을 통한 조직화를 추구했습니다. 이를 통해 나치는 전시 (경제)체제를 구축했고 위대한 독일제국을 목표로 내세웠습니다. 그들은 돌격대 같은 조직을 통해 사소해 보이지만 매우 위협적인 폭력을 행사했으며, 각종 단체를 조직하고 의식 행사를 개최해서 독일인으로 하여금 위대한 독일제국 건설에 동참하게 했습니다.

앞서 보았듯이 나치 독일은 1939년 9월 폴란드를 침공했고 유고슬라비아와 그리스를 차례로 점령했습니다. 그런데 여기서부터 히틀러가 중대한 실수를 저지르기 시작했습니다. 먼저 그는 독소불가침조약을 파기하고 1941년 6월 소련을 침공했지만 독일군은 혹독한 기후를 견디지 못하고 그해 12월 6일 모스크바 전선에서 퇴각했습니다. 또한 일본이 1941년 12월 7일 진주만을 침공하자 독일은 갑자기 대미 선전포고를 하였고 이로 인해 불간섭주의를 고수하던 미합중국이 전쟁에 개입하게 되었습니다. 소련과 미합중국이 참전하지 않았다면 나치 독일은 오래 유지되었을 수도 있었을 것입니다. 그러나 두 강대국이 참전하면서 전쟁은 총력전 체제로 바뀌었고, 이것은 곧 독일의 패배를 의미하는 것이었습니다. 1944년 소련의 베를린 공세, 1944년 6월 6일 미합중국의 노르망디 상륙작전, 1945년 5월 1일 히틀러의 자살로 제2차 세계대전은 막을 내렸습니다. 이 전쟁의 전개 과정에서 중요한 연도는 지금 살펴보았듯이 1939년, 1941년, 1944년, 1945년이고, 그중에서 핵심적인 단층선은 1941년입니다. 사실

히틀러의 성공은 전쟁이 유럽 안에서만 이루어져서 독일이 여러 가지 이점을 충분히 누릴 수 있었기 때문에 가능했던 것인데, 그는 1941년에 소련을 침공하고 대미 선전포고를 함으로써 별다른 미련 없이 이 이점을 버렸습니다. 또한 그는 엄청난 규모의 군수품 생산력을 가진 미합중국을 전쟁에 끌어들임으로써 패배를 자초하였던 것입니다.

제2차 세계대전이 끝난 1945년 이후의 역사를 '현대사'라고 합니다. 이 시기를 설명할 때 흔히 거론되는 냉전 체제는 그리 중요하지 않습니다. 양쪽 체제 모두 국가가 국민을 동원했다는 점에서는 별 차이가 없기 때문입니다. 제2차 세계대전 이후의 역사는 한마디로 미합중국의 세계 패권이 관철되고, 각국의 정치적 경제적 구조가 전면적으로 재편되는 과정이라고 말할 수 있습니다. 그런 까닭에 현대사에서 가장 중요하게 거론해야 할 것은 마셜 플랜(유럽 부흥 계획)입니다. 미합중국은 돈을 써서 패권을 장악했고 그 출발점이 바로 마셜 플랜이었습니다. 미합중국은 1947년 7월부터 4년에 걸쳐 130억 달러를 유럽에 제공한 대가로 유럽 국가 간의 관세 철폐를 요구하고 — 이것이 유럽 경제 통합의 출발점이 되었습니다 — 관세 및 무역에 관한 일반협정GATT, General Agreement on Tariffs and Trade과 국제통화기금IMF, International Monetary Fund을 만들어 전후 경제체제를 성립시켰습니다.

마셜 플랜은 복지 차원에서 실시한 것이 아닙니다. 미합중국은 경제적 지원의 대가로 유럽 정부에 노동운동 저지를 요구했습니다. 미합중국과 유럽을 하나로 묶어서 중심부 블록을 형성하고 그 안에 있는 개별 국가의 정치 경제 시스템을 재구조화한 것입니다. 이때부터 유럽 여러 나라에서는 국가 공권력이 기업과 노조의 이해관계를 조정하였습니다. 또한 유럽 국가들은 완전고용 시행과 사회보장 확대를 추진하는 이른바 유럽형 복지를 시작했습니다. 이에 발맞춰 노동운동은 사회혁명을 포기하고 노조의 지위를 법률상으로 인정받는 데 노력을 기울였습니다. 다시 말해서 노동자계급은 일정한 배당금을 받는 대가로 기업의 생산성 향상에 협력했고, 자본가계급의 동반자의 위치에 자리 잡았습니다. 이것을 코포라티즘corporatism, 즉 담합주의라고 합니다.

때마침 1949년부터 자본주의 시스템은 장기적인 호황 국면에 들어갔습니다. 이른바 '전후 자본주의 황금시대'가 시작된 것입니다. 전쟁을 통해 과잉생산이 해소된 상태에서 — 수많은 사람과 물자가 사라졌습니다 — 대량생산과 임금 인상이 이루어졌고, 돈이 생긴 사람들은 생산 단가가 낮아진 세탁기, 청소기, 자동차 등을 대량 소비함으로써 자본의 이윤 축적을 가능하게 했습니다. 이러한 축적 체제를 포드주의fordism라고 하며, 완전고용 시행, 사회보장 확대 등으로 이 체제를 뒷받침하는 경제이론이 케인스주의입니다. 그러나 자본주의 시스템은, 따는 사람이 있으면 반드시 잃는 사람도 있는 제로섬 게임입니다. 이 시기 미합중국이 새롭게 조직한 중심부의 이윤은 사실 주변부를 수탈해서 가져온 것입니다. 제1차 세계대전 이전에는 여러 국가가 각자 식민지를 관리했지만 제2차 세계대전 이후에는 미합중국이 전 세계를 관리하고 그 대가로 중심부가 정치적 경제적 이익을 얻는 새로운 식민 체제, 즉 신식민주의 체제가 시작된 것입니다.

전후 자본주의 황금시대는 1960년대 중반부터 자본의 이윤율이 하락하는 경향을 보이기 시작했습니다. 결정적인 사건은 1971년 닉슨 대통령이 발표한 달러 태환 중지 선언입니다. 그동안 미합중국은 불황이 발생하면 새 화폐를 공급해 대처했는데 — 그러려면 그 금액

만큼의 금을 준비해야 했습니다 — 장기불황 국면에 들어서 물가와 임금을 억제할 필요가 생겨나 이것이 어려워지자 닉슨은 금 없이도 새 화폐를 발행할 수 있도록 조처를 취한 것입니다. 그리고 1973~1974년에 일어난 석유파동은 포드주의와 케인스주의로 이루어진 자본주의 시스템에 결정타를 가했습니다.

이러한 위기가 닥치자 케인스주의는 퇴조하고, 중심부 경제체제뿐 아니라 중심부와 주변부의 관계도 변화했습니다. 중심부의 경제체제는 첨단산업, 금융, 서비스 중심으로 재편되었고 섬유, 철강, 선박 같은 공업은 주변부로 이전되었습니다. 이것을 넘겨받은 주변부 국가 중에는 한국을 포함한 싱가포르, 말레이시아, 대만, 홍콩 등이 있었는데 이들을 가리켜 '아시아의 네 마리 용'이라고 합니다. 한국은 1965년 한일협정을 통해 일본으로부터의 기술 이전과 차관 제공을 승인했고, 그것을 바탕으로 이른바 '한강의 기적'을 이룩했습니다. 이렇게 국제적인 분업 체제가 성립하면서 자본주의는 새로운 단계에 들어섰지만, 가장 밑바닥에 놓여 있는 미합중국의 헤게모니는 여전히 그대로입니다. 미합중국은 국제분업 체제를 관리하고 통제하는 세계 초강대국입니다. 세계는 국제분업 체제 이후 다극 체제로 바뀌었고 소련이 붕괴한 이후에는 미합중국 일극 체제가 되었습니다.

오늘날 많은 사람들이 이야기하는 신자유주의의 등장에는 이러한 배경이 놓여 있습니다. 자본의 이윤율 하락, 중심부의 경제체제 변화, 중심부와 주변부의 관계 변화 속에서 신자유주의는 자본의 이윤을 축적하는 체제로서 등장했습니다. 이것이 지금 우리가 살아가는 세계의 개략적인 상황입니다.

여기서 잠깐 정조(재위 1776~1800)가 사망한 해인 1800년부터 한일병탄 조약까지 100여 년에 걸쳐 조선과 제국주의 국가들의 교류가 어떻게 일어났는지를 주요 사건들의 연대들을 중심으로 살펴봅시다. 이 100년은 한반도가 근대 자본주의 체제를 기조로 하는 국제사회에 편입된 기간입니다.

1800년 정조 사망

1811년 홍경래의 난

1829년 대흉년, 이재민 259만 명

1840~1842년 영국과 중국의 아편전쟁

1847년 서양 직물의 수입 증가로 면포점 상인들이 경영난에 처함.

1848년 이양선 출몰

1859년 일본 개국

1866년 제너럴 셔먼 호 사건

1876년 강화도 조약(정식 명칭은 '조일수호조규' : 외국과 맺은 최초의 근대 조약, 불평등 조약)

1878년 일본 제일은행 부산지점 개점

1882~1886년 미합중국, 영국, 독일, 이탈리아, 러시아, 프랑스와 수호통상 조약 체결

1894~1895년 청일전쟁

1897년 대한제국 선포

1904~1905년 러일전쟁

1905년 을사늑약(제2차 한일협약: 외교권 양도)

1910년 한일병탄 조약(일제가 사용한 공식 명칭은 '한국병합 조약')

한반도에서 제국주의 세력에 대한 '개국'은 19세기 중반부터 시작되었습니다. 이 연대들을 보면 정조 사후 한반도의 100년은 한마

디로 제국주의의 주변부로 편입되는 역사였음을 알 수 있습니다. 조선은 1910년에 동아시아 세계에서 서구적인 제국주의를 구현했던 일본 제국에 강제로 주권을 탈취당했습니다. 그리고 40년 가까운 세월 동안 일본 제국주의의 직접적인 식민 지배를 받았습니다. 한반도는 1945년 8월 15일에 이 지배에서 벗어났지만 과연 완전한 의미에서 제국의 지배로부터 벗어났는지에 대해서는 더 많은 성찰이 필요할 듯합니다. 한반도 남쪽에 건국된 대한민국은 1965년 한일협정(한일 기본조약)을 맺으면서 이른바 미·일·한 삼각 체제 속으로 들어갔으며, 그때부터 오늘에 이르기까지 전 지구적 자본주의 체제 속에서 국가를 유지하고 있습니다.

마지막 시간

 지금까지 우리는 고대 희랍의 폴리스 시대부터 현대사회에 이르기까지 서구의 역사를 공부했습니다. 그리고 그 과정에서, 당대에 쓰였던 서구 역사의 고전들을 함께 읽었습니다. 서구 역사의 주요 계기들이라고 생각하는 것을 골라 전반적으로 살펴보기는 하였으나, 역사학을 본격적으로 공부하듯이 촘촘하게 따져 물으면서 한 것은 아닙니다. 이 공부가 부족하다 여기는 이들은 다른 책들을 참조하면서 더 깊이 있게 학습하면 될 것입니다.

 사람들은 흔히 역사를 학문으로 간주하지 않습니다. 일반적으로 학문은 법칙을 만들어 내야 하는데, 법칙이 있을 수 없는 인간 활동의 기록인 역사에는 당연히 뚜렷한 법칙이 없기 때문일 것입니다. 그러니 역사를 공부하는 것은 그저 옛날 이야기를 읽는 것에 지나지 않을 수도 있습니다. 옛날 이야기를 읽는다 해도 어떤 것을 읽을지는 읽는 이들이 제멋대로 선택하였을 것입니다. 그러나 역사는 그저 이야기 묶음에 불과한 것이 아닙니다. 역사를 공부하면서 우리는, 오늘을 사는 인간의 삶이 과거로부터 전해진 수많은 유산들 위에서 영위되고 있음을 깨닫게 됩니다. 우리가 역사 공부를 하면서 얻게 되는 첫째 성취는 바로 이것입니다.

역사는 인간의 기억에서 시작됩니다. 그 기억이 가능하려면 일단 역사적 상황 속으로 들어가 그것과 일체가 되면서도 동시에 그것에 대해서 반성적인 태도를 취해야만 합니다. 다시 말해서 벌어지고 있는 사태에서 한걸음 물러나 과연 그 사태에서 중요한 것은 무엇인지, 그것의 의미는 어떠한지 등을 따져 물어야 하는 것입니다. 이러한 사색을 거듭하면서 우리는 오늘날 우리 눈앞에서 벌어지고 있는 사태들에 대해서도 '역사적으로' 생각해 보는 훈련을 하게 됩니다. 이것이 역사 공부의 둘째 성과입니다.

지금 시대는 어느 때보다도 앞날을 장기적으로 내다보는 안목이 요구되는 시기입니다. 근대와 현대의 역사를 살펴보면서 우리는 지금의 세계가 새로운 구조로 들어가기 직전의 단계임을 짐작할 수 있었습니다. 앞으로 다가올 새로운 단계는 불안정하게 흔들리고 있는 구조 속의 행위자들이 어떻게 행위하는지에 따라 그 경로를 결정하게 될 것입니다. 그런 까닭에 우리는 우리 자신이 역사의 주인이라는 의식을 철저하게 가지고 일종의 '역사 창조자'로서 행위할 필요가 있겠습니다. 역사 공부의 셋째 성과는 여기에 있습니다.

우리는 민주주의 국가에 살고 있습니다. 민주주의 국가의 근본 원리는 '주권 재민'입니다. 다시 말해서 국민이 주권자이며 주인입니다. 그런데 민주주의 국가에서 대다수의 주권자는 자신의 주권이 유린당하고 있는지를 알지 못한 채 살아가기 쉽습니다. 우리가 뚜렷하게 자각하고 있지 않으면 부당한 권위는 끊임없이 우리의 삶에 파고들어 우리의 행위를 제약합니다. 부당한 권위는 강제력과 지식으로 이루어집니다. 그런 까닭에 주권자인 우리가 강제력에 저항할 수 있는 힘과 지식을 갖고 있지 못하면 부당하고 불필요한 권위가 우리의 몸과 정신을 침탈하는 것입니다. 그러한 상황에 처하지 않기 위해서는 공부를 해야 합니다. 거듭 말하지만 역사는 과거의 사실史實을 확인하고 이야기하는 학문이 아닙니다. 우리는 역사를 공부하면서 자연스럽게 과거의 집적으로서의 우리의 현 상황을 이해하게 되고 그것을 바탕으로 미래를 설계하게 됩니다. 그렇다면 우리가 역사적인 안목을 가지고 살아가기 위해서는 구체적으로 어떤 것들이 필요할까요? 사회구성원의 삶에 도움이 되는 정치적 경제적 상황에 대한 이해, 우리가 살고 있는 동아시아 세계에 대한 전망, 국제정치학적 지식과 지정학적 통찰 등이 앞으로의 우리 삶에서 중요한 역할을 할 것입니다. 거창하게 들릴 수도 있지만 이것이 제가 마지막으로 여러분에게 내놓는 말입니다.

더 읽어 볼 책들

첫 시간

《세계의 역사(1, 2)》, 윌리엄 맥닐 지음, 김우영 옮김, 이산

《서양 문명의 역사(상, 하)》, 에드워드 맥널 번즈 외 지음, 손세호 옮김, 소나무

《전쟁의 세계사》, 윌리엄 맥닐 지음, 신미원 옮김, 이산

《말랑하고 쫀득한 세계사 이야기(1, 2, 3)》, W. 버나드 칼슨 지음, 남경태 외 옮김, 푸른숲주니어

《미완의 통일 이탈리아사》, 크리스토퍼 듀건 지음, 김정하 옮김, 개마고원

《아틀라스 역사 시리즈(1~4)》, 한국교원대학교 역사교육과 외 지음, 사계절출판사

《곁에 두는 세계사》, 수요역사연구회 엮음, 석필

《세계사 특강》, 캔디스 고처 외 지음, 황보영조 옮김, 삼천리

I부

《역사》, 헤로도토스 지음, 천병희 옮김, 도서출판 숲

《펠로폰네소스 전쟁사》, 투퀴디데스 지음, 천병희 옮김, 도서출판 숲

제1강

《일본의 군대》, 요시다 유타카 지음, 최혜주 옮김, 논형

《유라시아 유목 제국사》, 르네 그루세 지음, 김호동 옮김, 사계절출판사

제2강

《지중해의 기억》, 페르낭 브로델 지음, 강주헌 옮김, 한길사

《물질 문명과 자본주의(1~6)》, 페르낭 브로델 지음, 주경철 옮김, 까치

《지중해 5000년의 역사(1, 2)》, 존 줄리어스 노리치 지음, 이순호 옮김, 뿌리와 이파리

《서양 고대문명의 역사》, 루카 드 블로와 외 지음, 윤진 옮김, 다락방

Herodotus, *The Landmark Herodotus*, Robert B. Strassler(eds.), Andrea L. Purvis(tr.) (Anchor, 2009)

Thucydides, *The Landmark Thucydides*, Robert B. Strassler(eds.), Richard Crawley(tr.) (Free Press, 2008)

제3강

《군주론》, 마키아벨리 지음, 강정인 외 옮김, 까치

《키루스의 교육》, 크세노폰 지음, 이동수 옮김, 한길사

《일리아스》, 호메로스 지음, 천병희 옮김, 도서출판 숲

〈페르시아 인들〉, 《아이스퀼로스 비극 전집》, 아이스퀼로스 지음, 천병희 옮김, 도서출판 숲

《살육과 문명》, 빅터 데이비스 핸슨 지음, 남경태 옮김, 푸른숲

《플루타르코스 영웅전》, 플루타르코스 지음, 천병희 옮김, 도서출판 숲

제4강

《정치학》, 아리스토텔레스 지음, 천병희 옮김, 도서출판 숲

《이탈리아 르네상스의 문화》, 야콥 부르크하르트 지음, 이기숙 옮김, 한길사

《국가》, 플라톤 지음, 박종현 옮김, 서광사

제5강

《마을로 간 한국전쟁》, 박찬승 지음, 돌베개

《펠로폰네소스 전쟁사》, 도널드 케이건 지음, 허승일 외 옮김, 까치

《고대 희랍 내전, 펠로폰네소스 전쟁》, 빅터 데이비스 핸슨 지음, 임웅 옮김, 가인비엘

제6강

《선거는 민주적인가》, 버나드 마넹 지음, 곽준혁 옮김, 후마니타스

《고대 그리스의 의사소통》, 코린 쿨레 지음, 이선화 옮김, 영림카디널

제7강

〈메데이아〉, 《에우리피데스 비극 전집》, 에우리피데스 지음, 천병희 옮김, 도서출판 숲

《전쟁론》, 카알 폰 클라우제비츠 지음, 김만수 옮김, 갈무리

제9강

《대통령과 권력》, 리처드 뉴스타트 지음, 이병석 옮김, 효형출판

《그리스 인 이야기(1~3)》, 앙드레 보나르 지음, 양영란 외 옮김, 책과함께

Ⅱ부

《갈리아 원정기》, 율리우스 카이사르 지음, 천병희 옮김, 도서출판 숲

《신국론》, 아우구스티누스 지음, 조호연 외 옮김, 현대지성사

《새로운 학문》, 잠바티스타 비코 지음, 이원두 옮김, 동문선

제11강

《로마 공화정》, 허승일 지음, 서울대학교출판부

《공화국의 몰락》, 톰 홀랜드 지음, 김병화 옮김, 웅진닷컴

〈오이디푸스 왕〉, 《소포클레스 비극 전집》, 소포클레스 지음, 천병희 옮김, 도서출판 숲

제12강

《내전기》, 율리우스 카이사르 지음, 박석일 옮김, 동서문화사

《대포, 범선, 제국》, 카를로 치폴라 지음, 최파일 옮김, 미지북스

제13강

《수도원의 역사》, 정성호 지음, 살림

《수도원의 탄생》, 크리스토퍼 브룩 지음, 이한우 옮김, 청년사

제15강

《성 어거스틴의 고백록》, 어거스틴 지음, 선한용 옮김, 대한기독교서회

《어거스틴 생애와 사상》, 피터 브라운 지음, 차종순 옮김, 한국장로교출판사

《기독교 세계의 등장》, 피터 브라운 지음, 이종경 옮김, 새물결

《아우구스티누스》, 헨리 채드윅 지음, 김승철 옮김, 시공사

《초대교회사(펭귄 교회사 1)》, 헨리 채드윅 지음, 박종숙 옮김, 크리스챤다이제스트

《중세교회사(펭귄 교회사 2)》, R.W. 서던 지음, 이길상 옮김, 크리스챤다이제스트

《중세의 형성》, R.W. 서던 지음, 이길상 옮김, 현대지성사

《직업으로서의 정치》, 막스 베버 지음, 전성우 옮김, 나남출판

《파우스트(1,2)》, 요한 볼프강 폰 괴테 지음, 정서웅 옮김, 민음사

제16강

《서양 중세 문명》, 자크 르 고프 지음, 유희수 옮김, 문학과지성사

《봉건 사회》, 마르크 블로크 지음, 한정숙 옮김, 한길사

《철학의 위안》, 보에티우스 지음, 정의채 옮김, 바오로딸

《중세사상사》, 클라우스 리젠후버 지음, 이용주 옮김, 열린책들

《서양중세 정치사상사》, W. 울만 지음, 박은구 옮김, 숭실대학교출판부

《중세의 미학》, 움베르토 에코 지음, 손효주 옮김, 열린책들

《중세의 사람들》, 아일린 파워 지음, 김우영 옮김, 이산

《중세의 가을》, 요한 호이징아 지음, 최홍숙 옮김, 문학과지성사

《잉글랜드 풍경의 형성》, 윌리엄 조지 호스킨스 지음, 이영석 옮김, 한길사

《신곡》, 단테 알리기에리 지음, 김운찬 옮김, 열린책들

《불로만 밝혀지는 세상》, 윌리엄 맨체스터 지음, 이순호 옮김, 이론과실천

제17강

《역사란 무엇인가》, 에드워드 카 지음, 김태현 옮김, 까치

Giambattista Vico, *New Science*, Anthony Grafton(introduction), David Marsh(tr.) (Penguin Classics, 2000)

《신대륙과 케케묵은 텍스트들》, 앤서니 그래프턴 지음, 서성철 옮김, 일빛

《르네상스의 마지막 날들》, 시어도어 래브 지음, 강유원 외 옮김, 르네상스

Marsilius of Padua, *The Defender of the Peace*, Annabel Brett(eds., tr.)(Cambridge University Press, 2006)

《제후 통치론》, 토마스 아퀴나스 지음[《단테 제정론》(단테 알레기에리 지음, 성염 옮김, 경세원) 부록으로 실림].

《단테 제정론》, 단테 알리기에리 지음, 성염 옮김, 경세원

제18강

John Micklethwait and Adrian Wooldrige, *The Company: A Short History of a Revolutionary Idea* (Modern Library, 2005)

〈교회의 바빌론 유폐〉, 〈독일 민족의 기독교 귀족에게 보내는 연설〉, 〈기독교의 자유에 대하여〉, 《말틴 루터의 종교개혁 3대 논문》, 말틴 루터 지음, 지원용 옮김, 컨콜디아사

제19강

《문자강화 I》, 시리카와 시즈카 지음, 심경호 옮김, 바다출판사

제20강

Isaac Newton, *Principia: Mathematical Principles of Natural Philosophy*, I. Bernard Cohen(tr.)(University of California Press, 1999)

Ⅲ부

《인간 정신의 진보에 관한 역사적 개요》, 마르퀴 드 콩도르세 지음, 장세룡 옮김, 책세상
《영국 노동자계급의 상태》, 프리드리히 엥겔스 지음, 박준식 외 옮김, 두리미디어
《인류의 역사철학에 대한 이념》, 요한 고트프리트 폰 헤르더 지음, 강성호 옮김, 책세상
《공산당 선언》, 칼 마르크스·프리드리히 엥겔스 지음, 강유원 옮김, 이론과실천

제21강

《코젤렉의 개념사 사전 2 — 진보》, 라인하르트 코젤렉 외 지음, 황선애 옮김,

푸른역사

《코젤렉의 개념사 사전 3 — 제국주의》, 디터 그로 외 지음, 황승환 옮김, 푸른역사

《코젤렉의 개념사 사전 4 — 전쟁》, 빌헬름 얀센 지음, 권선형 옮김, 푸른역사

《역사의 풍경 — 역사가는 과거를 어떻게 그리는가》, 존 루이스 개디스 지음, 강규형 옮김, 에코리브르

《경제 강대국 흥망사 1500~1990》, 찰스 킨들버거 지음, 주경철 옮김, 까치

《리바이어던(1, 2)》, 토마스 홉스 지음, 진석용 옮김, 나남출판

《신학-정치론》, 베네딕트 데 스피노자 지음, 김호경 옮김, 책세상

Richard Simon, *Histoire Critique Du Vieux Testament* (Kessinger Publishing, 2009)

《치즈와 구더기》, 카를로 긴즈부르그 지음, 김정하 옮김, 문학과지성사

《책들의 전쟁》, 조너선 스위프트 지음, 최수진 옮김, 느낌이있는책

《걸리버 여행기》, 조너선 스위프트 지음, 박용수 옮김, 문예출판사

《30년전쟁》, C. V. 웨지우드 지음, 남경태 옮김, 휴머니스트

제22강

Thomas Hobbes, *The English Works of Thomas Hobbes of Malmesbury* (Nabu Press, 2012)

《신기관》, 프랜시스 베이컨 지음, 진석용 옮김, 한길사

《새로운 아틀란티스》, 프랜시스 베이컨 지음, 김종갑 옮김, 에코리브르

Johannes Kepler, *Astronomia Nova : Neue, urspruenglich begründete Astronomie*(Wiesbaden, Marix, 2005)

William Harvey, *On the Motion of the Heart and Blood in Animals* (Prometheus Books, 1993)

제23강

Denis Diderot, *Diderot Encyclopedia: The Complete Illustrations 1762~1777*, Milan Arnoldo Mondadori(eds.) (Harry N. Abrams, Inc., NY, 1978)

《과학과 계몽주의》, 토머스 핸킨스 지음, 양유성 옮김, 글항아리

Jean le Rond d'Alembert, *Mélanges de Literature, d'Histoire, et de Philosophie*(Amsterdam, 1767)

《계몽주의 철학》, 에른스트 카시러 지음, 박완규 옮김, 민음사

제24강

《파놉티콘》, 제레미 벤담 지음, 신건수 옮김, 책세상

《공교육 5론》, 마르퀴 드 콩도르세 지음[《인간 정신의 진보에 관한 역사적 개요》,(마르퀴 드 콩도르세 지음, 장세룡 옮김, 책세상) 1장에 실림].

제25강

《혁명의 시대》, 에릭 홉스봄 지음, 정도영 외 옮김, 한길사

《헤겔 법철학 비판》, 칼 마르크스 지음, 강유원 옮김, 이론과실천

《법철학 — 서문과 서론》, 게오르그 빌헬름 프리드리히 헤겔 지음, 강유원 옮김, 사람생각

제26강

《영국 노동계급의 형성(상, 하)》, 에드워드 파머 톰슨 지음, 나종일 외 옮김, 창비

제30강

《프로테스탄티즘의 윤리와 자본주의 정신》, 막스 베버 지음, 김덕영 옮김, 길

《국부론》, 아담 스미스 지음, 김수행 옮김, 비봉출판사

《통치론》, 존 로크 지음, 강정인 외 옮김, 까치

《법의 정신》, 샤를 루이 드 스콩다 몽테스키외 지음, 고봉만 옮김, 책세상

David Hume, *Political Discourses* (HardPress Publishing, 2012)

《고용, 이자 및 화폐의 일반이론》, 존 메이너드 케인스 지음, 조순 옮김, 비봉출판사

제31강

《1789년의 대공포》, 조르주 르페브르 지음, 최갑수 옮김, 까치

제32강

《프랑스 혁명에 관한 성찰》, 에드먼드 버크 지음, 이태숙 옮김, 한길사

《에드먼드 버크와 보수주의》, C. B. 맥퍼슨 외 지음, 강정인 외 옮김, 문학과지성사

Immanuel Kant, *Idee zu einer allgemeinen Geschichte in weltbürgerlicher Absicht* (Amazon Digital Services)

《과거의 힘》, 하비 케이 지음, 오인영 옮김, 삼인

제33강

《독일 국민에게 고함》, 요한 고틀리프 피히테 지음, 황문수 옮김, 범우사

《순수이성비판(1, 2)》, 임마누엘 칸트 지음, 백종현 옮김, 아카넷

Voltaire, *La Philosophie de l'Histoire* (Nabu Press, 2010)

《인류의 교육을 위한 새로운 역사철학》, 요한 고트프리트 폰 헤르더 지음, 안성찬 옮김, 한길사

《빌헬름 마이스터의 수업시대(1, 2)》, 요한 볼프강 폰 괴테 지음, 안삼환 옮김, 민음사

《유리알 유희(1, 2)》, 헤르만 헤세 지음, 이영임 옮김, 민음사

《마의 산(상, 하)》, 토마스 만 지음, 홍성광 옮김, 을유문화사

《역사철학강의》, 게오르그 빌헬름 프리드리히 헤겔 지음, 권기철 옮김, 동서문화사

제34강

《자본의 시대》, 에릭 홉스봄 지음, 김동택 옮김, 한길사

《제국의 시대》, 에릭 홉스봄 지음, 김동택 옮김, 한길사

《세계 역사의 관찰》, 야콥 부르크하르트 지음, 안인희 옮김, 휴머니스트

제36강

《유한계급론》, 토르스타인 베블런 지음, 김성균 옮김, 우물이있는집

Thorstein Veblen, *The Higher Learning in America*(Cornell University Library, 2009)

제37강

《사회주의란 무엇인가 외》, 에두아르트 베른슈타인 지음, 송병헌 옮김, 책세상

《사회 개혁이냐 혁명이냐》, 로자 룩셈부르크 지음, 송병헌 외 옮김, 책세상

《로자 룩셈부르크 평전》, 막스 갈로 지음, 임헌 옮김, 푸른숲

Ⅳ부

《20년의 위기》, 에드워드 카 지음, 김태현 옮김, 녹문당

제38강

《1차 세계대전사》, 존 키건 지음, 조행복 옮김, 청어람미디어

《세계전쟁사》, 존 키건 지음, 유병진 옮김, 까치

《전쟁의 얼굴》, 존 키건 지음, 정병선 옮김, 지호

《전쟁과 우리가 사는 세상》, 존 키건 지음, 정병선 옮김, 지호

《국제분쟁의 이해 — 이론과 역사》, 조지프 나이 지음, 양준희 외 옮김, 한울

《세계정치론》, 존 베일리스 외 편저, 하영선 외 옮김, 을유문화사

《거대한 전환》, 칼 폴라니 지음, 홍기빈 옮김, 길

《역사를 위한 변명》, 마르크 블로크 지음, 고봉만 옮김, 한길사

《참호에 갇힌 제1차 세계대전》, 존 엘리스 지음, 정병선 옮김, 마티

《과학적 인간과 권력정치》, 한스 모겐소 지음, 김태현 옮김, 나남

《인간 국가 전쟁》, 케네스 월츠 지음, 정성훈 옮김, 아카넷

《대공황의 세계》, 찰스 킨들버거 지음, 박명섭 옮김, 부키

《대공황의 세계적 충격》, 디트마르 로터문트 지음, 양동휴 외 옮김, 예지

《1930년대 세계 대공황 연구》, 양동휴 엮음, 서울대학교출판부

《어제의 세계》, 슈테판 츠바이크 지음, 곽복록 옮김, 지식공작소

제39강

《권력》, 버트런드 러셀 지음, 안정효 옮김, 열린책들

제40강

《HOW TO READ 히틀러》, 닐 그레고어 지음, 안인희 옮김, 웅진지식하우스

《나의 투쟁(상, 하)》, 아돌프 히틀러 지음, 서석연 옮김, 범우사

역사 古典 강의

초판 1쇄 2012년 6월 5일
초판 5쇄 2023년 5월 30일

지은이 | 강유원

펴낸곳 | 라티오 출판사
출판등록 | 제2021-000075호(2007.10.24)
전화 | 070) 7018-0059
팩스 | 0303) 3445-0059
웹사이트 | ratiopress.com
트위터 | twitter.com/ratiopress
인스타그램 | instagram.com/ratiopress
팟캐스트(라티오 책 해설) | ratiopress.podbean.com

ⓒ Yuwon Kang, 2012

이 책의 무단 전재 및 복제를 금합니다.

ISBN 978-89-960561-7-1   03900